Les sermons du manuscrit de Vienne
(ÖNB MS LAT. 4147)

INSTRVMENTA PATRISTICA ET MEDIAEVALIA

Research on the Inheritance of Early and Medieval Christianity

95

Les sermons du manuscrit de Vienne
(ÖNB MS LAT. 4147)

Interrogations sur leur unité, leur datation et leur origine.
Avec une nouvelle édition critique et une traduction
annotée des vingt-deux Sermons Leroy par le
Groupe de Recherches sur l'Afrique Antique

Études réunies par

Jean MEYERS

TURNHOUT
BREPOLS
2024

INSTRVMENTA PATRISTICA ET MEDIAEVALIA

Research on the Inheritance of Early and Medieval Christianity

Founded by Dom Eligius Dekkers († 1998)

Gert Partoens Alexander Andrée Rita Beyers Emanuela Colombi
Georges Declercq Jeroen Deploige Paul-Augustin Deproost
Greti Dinkova-Bruun Anthony Dupont Jacques Elfassi Guy Guldentops
Hugh Houghton Mathijs Lamberigts Johan Leemans Paul Mattei
Marco Petoletti Dominique Poirel Bram Roosen Kees Schepers
Paul Tombeur Toon Van Hal Peter Van Nuffelen
Marc Van Uytfanghe Wim Verbaal

© 2024, Brepols Publishers n. v./s.a., Turnhout, Belgium.

All rights reserved. No part of this publication may be reproduced,
stored in a retrieval system, or transmitted, in any form or by any means,
electronic, mechanical, photocopying, recording, or otherwise
without the prior permission of the publisher.

ISBN 978-2-503-61094-8
E-ISBN 978-2-503-61095-5
DOI 10.1484/M.IPM-EB.5.136882
ISSN 1379-9878
E-ISSN 2294-8457

Printed in the EU on acid-free paper.
D/2024/0095/78

À la mémoire de
Jean-Noël Michaud (1937-2018) et de Christine Hamdoune (1950-2019)

Table of Contents

Jean MEYERS
    Avant-propos   9

    I. INTRODUCTION   15

Jean MEYERS
    Les sermons du manuscrit de Vienne sont-ils vraiment
    un corpus de catéchèse donatiste ?   17

    II. TEXTE LATIN ET TRADUCTION   31

Jean MEYERS
    La tradition manuscrite du corpus de Vienne
        Un corpus tardo-antique remanié au Moyen Âge ?   33

ÉDITION   45

    III. ÉTUDES SUR LES SERMONS   279

Étienne WOLFF
    Quelques réflexions sur la langue et le style des
    22 sermons Leroy de la catéchèse de Vienne   281

Mickaël RIBREAU
    Qui parle ? À qui ?
        Étude de l'énonciation dans les 22 sermons Leroy de la
        catéchèse de Vienne   289

Jean-Noël MICHAUD †
    Le *De Gedeone*
        Une analyse   319

Anne Fraïsse
    Étude comparative entre le sermon 39 et les autres
    « inédits »   329

Elena Zocca
    Éthique binaire et exégèse dans l'Homéliaire de Vienne   349

Philippe Blaudeau
    Un indice de datation précise dans les sermons dits
    donatistes du *codex* de Vienne ?
        À propos des emplois de *censor, censoria potestas* et *censura*   375

Raúl Villegas Marín
    La transgression d'Adam et ses conséquences selon les
    sermons de la catéchèse de Vienne   391

Carles Buenacasa Pérez
    Cura pauperum
        La compétition entre catholiques et donatistes pour le
        mécénat sur les nord-africains pauvres dans les sermons
        de la catéchèse de Vienne   407

Jean Meyers
    Conclusions générales   423

Bibliographie générale   429

Index nominum antiquorum   439

Index locorum sacrae Scripturae   442

Index locorum auctorum   446

Avant-propos

Jean MEYERS
(*Montpellier*)

Ce volume sera sans doute le dernier publié par le *Groupe de Recherches sur l'Afrique Antique* (GRAA)[1], et tous ses membres sont reconnaissants envers les éditions Brepols, qui ont bien voulu l'accepter dans la prestigieuse collection des *Instrumenta patristica et mediaevalia*, et en particulier envers Bart Janssens, qui s'est occupé de sa publication avec beaucoup de bienveillance et de compétence.

Notre groupe de recherches est né en 1983 à la suite d'une conversation entre deux amis d'enfance nés en Afrique du Nord, l'historien Jean-Marie Lassère († 2011) et le latiniste Georges Devallet. À une époque où, dans nos disciplines en tout cas, personne n'en parlait encore, ils venaient d'imaginer tout ce que l'interdisciplinarité pourrait apporter à l'étude de l'Afrique romaine. Ils furent très vite rejoints par un autre latiniste, Jean-Noël Michaud († 2018), puis par un autre historien Michel Chalon († 2019), un homme d'une érudition prodigieuse qui pourtant a très peu publié, attendant toujours avant de terminer un travail d'atteindre la perfection, qui, comme chacun le sait, est évidemment hors de portée. Deux autres latinistes, le grammairien Michel Griffe et le spécialiste de latin chrétien Paul Force († 2006), devaient encore se joindre à eux avant la première publication du GRAA en 1985 consacrée à des poèmes d'époque vandale de l'Anthologie latine[2].

---

[1] La plupart des contributions réunies ici sont issues du colloque organisé par le GRAA en hommage à Jean-Noël et Christine et tenu à Montpellier les 14 et 15 juin 2019 avec le soutien de l'équipe CRISES EA 4424 (Centre de Recherches Interdisciplinaires en Sciences humaines et Sociales), du Département de Langues et littératures Anciennes de l'Université Paul-Valéry, et du GRAT (Grup de Recerques en Antiguitat Tardana, RYC-2017-23402) de l'Université de Barcelone.

[2] M. CHALON, G. DEVALLET, P. FORCE, M. GRIFFE, J.-M. LASSÈRE et J.-N. MICHAUD, « *Memorabile factum*. Une célébration de l'évergétisme des rois

Pour la deuxième publication du GRAA en 1993 sur les *Flavii* de Cillium[3], le groupe s'était agrandi avec l'arrivée d'un autre grammairien Jean Daude († 2019) et d'un latiniste très intéressé par l'histoire et l'historiographie, Paul-Marius Martin. Je les ai moi-même rejoints en 1992 à mon arrivée à l'Université Paul-Valéry, puis quelques années plus tard ce fut le tour de l'historienne Christine Hamdoune († 2019) et des latinistes Anne Fraïsse, Laure Echalier et Marie-Françoise Delpeyroux.

Ces deux dernières années, comme me l'écrivait Paul-Marius Martin, notre groupe a été littéralement décimé. Déjà la perte de Jean-Marie Lassère en 2011 avait été cruelle pour nous, mais nous avions son héritière directe en la personne de Christine Hamdoune. La disparition de Jean-Noël en 2018, puis de Christine en 2019 risque cette fois de nous être fatale, et j'ai tout naturellement considéré qu'il était de notre devoir de dédier ce travail à leur mémoire et de leur rendre ici hommage à tous deux.

Je ne dirai rien de la carrière de latiniste de Jean-Noël presque entièrement consacrée à la défense des langues anciennes, notamment à travers l'ARELAM (Association Régionale des Enseignants de Langues Anciennes de Montpellier), dont il s'est occupé sans relâche pendant tant d'années, et à l'enseignement du latin aux grands débutants, pour lesquels il avait mis au point, à une époque où beaucoup d'éminents latinistes trouvaient cela indigne de leur haute mission, une admirable méthode d'initiation, pour laquelle il avait dépensé des années de patience et des trésors d'ingéniosité didactique. C'est le chercheur membre du GRAA que je voudrais évoquer ici, celui qui a fait bénéficier notre groupe de sa formidable connaissance de la langue latine et de son sens si profond de la lecture des textes. Jean-Noël aura été un des plus fidèles membres du GRAA, presque toujours présent à nos réunions et toujours prêt à apporter, souvent dans l'ombre, une contribution fondamentale à nos travaux. C'était un esprit qui travaillait et pensait de manière assez singulière, un peu par rumination des textes, et, pour en découvrir tous les secrets et en tirer toute la substance, il écrivait pour clarifier les méandres de sa pensée des dizaines, voire des centaines de notes et de pages de commentaire, dans lesquelles il fallait

---

Vandales dans l'Anthologie latine », *Antiquités africaines*, 21 (1985), p. 207-262.

[3] GRAA, *Les Flavii de Cillium. Étude du mausolée de Kasserine*, École française de Rome, Palais Farnèse, 1993 (*CEFR*, 169).

souvent élaguer, mais dont on tirait toujours une lumière particulière sur les œuvres étudiées. De ce point de vue, les deux volumes sur les *carmina epigraphica* que nous avons publiés[4] ont une dette immense envers lui. C'est aussi sur une de ses initiatives que le groupe avait travaillé sur le *Passion de sainte Salsa*. Pendant l'année universitaire 2006-2007, Jean-Marie Lassère avait invité dans notre groupe une jeune étudiante de Master 2, Sabine Fialon, qui travaillait, sous la direction de Christine Hamdoune, sur les actes et les passions des martyres africaines[5]. Or Jean-Noël avait accepté de relire et de corriger toutes les traductions des textes latins que Sabine avait données dans son mémoire, alors même qu'il n'a pas été invité à participer à la soutenance de ce travail. Mais il avait été frappé par l'intérêt de la *Passion de sainte Salsa* ; il a donc demandé à Sabine si elle accepterait que le groupe travaille sur ce texte. Elle a dit oui évidemment, Jean-Noël nous a ensuite persuadés de travailler sur ce texte, non sans devoir lutter contre les réticences de certains historiens qui ne voulaient voir au début dans cette passion épique qu'un fatras d'inventions sans aucun fond historique, et cela a donné lieu à un des volumes les plus remarqués de notre groupe[6]. Enfin, il me faut dire tout ce que notre dernier travail sur les sermons de Vienne lui doit. Car sans lui ce travail n'aurait sans doute jamais été fini. L'idée de travailler sur ces sermons avait été suggérée par Sabine Fialon. Mais je dois confesser qu'au bout d'un certain temps, ces sermons ont lassé plusieurs membres de notre groupe. Nous avons même un moment abandonné le travail. Et c'est Jean-Noël qui a proposé de finir quand même le recueil en nous répartissant les sermons qui restaient à traduire selon une méthode qui n'était pas la nôtre : notre groupe est en effet un vrai groupe interdisciplinaire, qui élabore édition, traduction et commentaire des textes en commun, il ne s'agit pas, comme dans la

---

[4] C. Hamdoune (éd.), *Vie, mort et poésie dans l'Afrique romaine avec un choix de poèmes funéraires édités et commentés*, Bruxelles, 2010 (*Latomus*, 330) et *Parure monumentale et paysage dans la poésie épigraphique de l'Afrique romaine. Recueil de carmina latina epigraphica*, Bordeaux, Ausonius, 2016 (*Scripta Antiqua*, 85).

[5] S. Fialon, *Recherches sur les martyres africaines à partir de leurs actes et de leurs passions (IIIe-Ve siècles)*, 2 vol., Montpellier, Université Paul-Valéry, Mémoire inédit de Master 2 en Histoire, 2007.

[6] S. Fialon et J. Meyers (éd.), *La Passio sanctae Salsae. Recherches sur une passion tardive d'Afrique du Nord. Avec une nouvelle édition critique d'A. M. Piredda et une traduction annotée du G.R.A.A.*, Bordeaux, Ausonius, 2015 (*Scripta Antiqua*, 72).

plupart des groupes de recherches interdisciplinaires, de juxtaposition de travaux individuels, mais d'un vrai travail collectif, ce qui explique le temps que nous prennent nos recherches, car avant d'adopter une leçon ou une traduction, il faut batailler pour convaincre les autres. Cette fois, Jean-Noël a proposé de confier un ou plusieurs sermons à un traducteur et un réviseur et de ne discuter en groupe que les points de désaccord entre les deux. Du coup nous avons pu finir d'autant plus vite que Jean-Noël et Georges, qui n'était pourtant pas très emballé par la rhétorique de notre prédicateur, en ont pris plus que leur part ! C'est ainsi que le travail a pu être achevé. Je terminerai ce bref portrait en ajoutant que depuis sa disparition, nous sommes privés des disputes légendaires mais toujours amicales entre lui et son vieil ami Georges, qui faisaient partie des joies et des charmes du GRAA, même si, vues d'un œil extérieur, ces joyeuses engueulades pouvaient sembler très peu universitaires. Cela a toujours été une de nos caractéristiques de ne pas envisager notre groupe comme un tremplin à l'ambition ou à la carrière, mais comme un groupe dont les membres, pour reprendre les mots mêmes de Jean-Noël[7], « partageaient, dans la gaieté, une égale passion et une vraie amitié ». Sans Jean-Noël, nos réunions n'ont plus désormais la même saveur et avec lui nous avons perdu un membre phare et un membre moteur de notre groupe.

Mais, comme si le sort s'acharnait sur le GRAA, nous avons appris aussi, début mai 2019, le décès accidentel de Christine Hamdoune au Maroc. Pour nous, c'est évidemment le coup de grâce car désormais nous n'avons plus d'historien dans l'équipe. Au sein de notre groupe, elle était, depuis la disparition de Jean-Marie Lassère, la digne héritière de ce grand africaniste et épigraphiste. Elle avait repris, avec son dynamisme si communicatif, la responsabilité de notre petit groupe et assuré la publication de plusieurs de nos travaux collectifs, notamment de *Vie, mort et poésie dans l'Afrique romaine* et de *Parure monumentale et paysage dans la poésie épigraphique*. Elle avait aussi dirigé l'admirable thèse, liée à nos centres d'intérêt depuis nos travaux sur *Les Miracles de saint Étienne*[8] et sur *La passion de sainte Salsa*, de Sabine Fialon, à qui elle avait su transmettre sa passion de l'Afrique romaine, une thèse qui

---

[7] Voir le texte de Jean-Noël en hommage à Jean-Marie Lassère sur le site de notre équipe de recherches : http://recherche.univ-montp3.fr/crises/.

[8] J. MEYERS (éd.), *Les miracles de saint Étienne. Recherches sur le recueil pseudo-augustinien (BHL 7860-7861) avec édition critique, traduction et commentaire. Études*

avait bénéficié d'un contrat fléché du ministère sur un projet monté par Christine et moi-même et qui a été éditée aux Études Augustiniennes sous le titre : Mens immobilis. *Recherches sur le corpus latin des actes et des passions d'Afrique romaine (II*-IV* siècles)*, Paris (EAA, 203), 2019. La dernière fois que j'avais rencontré Christine, elle me disait combien elle se réjouissait d'avoir ce volume dans les mains. La vie ne lui en aura pas laissé l'occasion. À sa retraite, Christine avait continué à collaborer activement à notre groupe et ses contributions à nos travaux étaient toujours des leçons d'érudition, de méthode et d'intelligence. En 2019, elle avait renoncé à un colloque en Tunisie à la mi-juin pour pouvoir être présente à Montpellier à nos Journées d'études sur les sermons Leroy.

Il ne faudrait surtout pas imaginer Christine, d'après ce que je viens d'écrire, en professeur austère : elle était tout sauf conventionnelle. On la voyait souvent sur le campus toute habillée de cuir, fumant ses petits cigarillos, qui ne l'empêchaient pourtant pas de pratiquer en montagne des sports quasiment extrêmes dans l'Himalaya ou dans les Alpes, où elle s'est un jour gravement blessée au genou en faisant du ski ! Je me souviens d'ailleurs que, comme elle s'ennuyait pendant sa rééducation qui a duré longtemps, le GRAA s'est réuni au moins deux fois dans sa clinique dans une salle de convalescence, où les patients et le personnel hospitalier nous regardaient un peu comme des extra-terrestres. Quel groupe de recherches fait ce genre de choses ? Il y avait chez Christine une force incroyable. Nous nous souvenons tous que c'est lors d'une séance du GRAA qu'elle a appris par téléphone que l'hôtel où sa fille était en vacances en Inde avait pris feu et qu'elle était aux soins intensifs brûlée au troisième degré. Christine nous a quittés sans rien dire et elle est aussitôt partie en Inde, où elle a pu voir sa fille avant qu'elle ne meure de ses brûlures. C'est un de ces événements qui briseraient à jamais n'importe quelle mère ! Et elle a été brisée. Pourtant, quelque temps après, Christine travaillait avec nous, comme si de rien n'était, sur un corpus d'épitaphes funéraires dans lequel tant de parents pleurent leur enfant trop tôt disparu. On n'oublie pas des choses pareilles ! Malgré une souffrance indicible, elle a tenu le coup grâce à son entourage, son mari et son fils, mais aussi, je crois, grâce à cette force, à cette énergie, à cette passion qu'elle avait en elle et que les étudiants magrébins ressentaient, sans doute mieux que les autres, quand elle était à l'*Africa*

---

du Groupe de Recherches sur l'Afrique Antique, Turnhout, Brepols, 2006 (*Hagiologia*, 5).

romana et qu'ils se pressaient autour d'elle comme une cour de fans entourerait leur idole.

Si je crains qu'avec la mort de Jean-Noël et celle de Christine, notre groupe lui aussi ne soit à présent condamné à disparaître, c'est que nous n'avons pu le renouveler ces dernières années, les jeunes chercheurs que nous avons tenté d'y intégrer ayant sans doute jugé que l'ambiance un peu trop enjouée, si désopilante et si peu universitaire de notre groupe, mais aussi et surtout, je crois, que le rythme trop lent de nos publications ne serviraient pas assez efficacement leur carrière. Seules deux anciennes doctorantes, ces dernières années, ont été assidues à nos réunions, et je m'en voudrais de ne pas les citer ici comme un dernier espoir peut-être pour l'avenir : il s'agit de Mathilde Cazeaux, qui a fait sous ma direction et sous celle de Jacques Alexandropoulos une magnifique thèse sur la figure de Massinissa[9] et à qui nos traductions des sermons doivent d'ailleurs quelques-unes de leurs plus belles pages, et, bien sûr, de Sabine Fialon, qui est aujourd'hui l'héritière de Christine et qui, à la fin des remerciements qui ouvrent le livre qu'elle vient de publier, a écrit :

> Enfin, je tiens aussi à dire combien je suis redevable à tous les membres du Groupe de recherches sur l'Afrique antique [...]. Au cours de leurs réunions aussi agréables qu'érudites, j'ai beaucoup appris tant sur les exigences de la recherche que sur les bénéfices que l'on peut retirer de la pluridisciplinarité[10].

Ces deux jeunes chercheurs-là, Mathilde et Sabine, elles au moins, elles auront compris ce qu'était le GRAA.

Je corrigeais les épreuves quand j'ai appris le décès de notre collègue Georges Devallet (1927-2024), à qui notre travail sur les sermons doit beaucoup. Il va de soi que nous dédions aussi ce volume à sa mémoire.

---

[9] M. Cazeaux, *Figures de Massinissa. Constructions et réceptions de l'image du roi numide dans l'historiographie coloniale*, Thèse de doctorat en Études grecques et latines, Université Paul-Valéry, 2018.

[10] S. Fialon, Mens immobilis, p. 8.

I.

Introduction

Les sermons du manuscrit de Vienne sont-ils vraiment un corpus de catéchèse donatiste[*] ?

Jean MEYERS

(*Montpellier*)

Comme chacun le sait, notre connaissance du donatisme repose essentiellement sur les écrits produits dans le cadre de la controverse qui l'opposa en Afrique à l'Église catholique, au IVe et au début du Ve siècle. Mais, depuis les années 1990, la recherche a compris qu'il fallait aborder différemment leurs sources, qu'il était nécessaire d'abandonner une adhésion passive ou servile au « point de vue des vainqueurs » et d'engager dans la recherche des jugements plus équilibrés et dépourvus de préoccupations confessionnelles, qu'il était nécessaire aussi d'adopter une « herméneutique du soupçon[1] ». Enfin,

---

[*] Ce texte reprend pour l'essentiel, avec les mises à jour inévitables, la présentation du projet du GRAA que j'avais faite dans J. MEYERS, « Vingt-deux sermons donatistes du temps d'Augustin encore trop méconnus : les "inédits" de la catéchèse de Vienne révélés en 1994 par François-Joseph Leroy. À propos d'un nouveau projet du GRAA », *Commentaria Classica*, 6 (2019 [suppl.]), p. 131-145 (repris dans *In ricorda di Sandro Leanza. Giornate di studio di Letteratura cristiana antica*, éd. M. A. BARBÀRA et M. R. PETRINGA, Messine, Sicania, 2019, p. 148-162). On sait que parmi les 22 inédits, l'un d'eux ne l'était pas tout à fait puisque le sermon 29 avait déjà été édité en tant que supplément non attribuable à Fulgence de Ruspe en *PL* 65, col. 947-949, ce que François-Joseph Leroy d'ailleurs n'ignorait pas. Sa forme dans le recueil de Vienne est cependant si différente (voir *infra* l'annexe à ce sujet dans l'article d'Elena Zocca) que nous avons estimé que sa réécriture pouvait être considérée comme un inédit et qu'il n'était pas nécessaire de passer du chiffre 22 au chiffre 21.

[1] M. A. TILLEY, *Donatist Martyr Stories. The Church in Conflict in Roman North Africa*, Liverpool, 1996, p. VII-VIII. Voir aussi EAD., *The Bible in Christian North Africa. The Donatist World*, Minneapolis, 1997. Pour une bibliographie récente sur le donatisme, voir aujourd'hui P. MARONE, *Donatism. Online Dynamic*

comme l'a écrit Elena Zocca[2],

> il serait encore plus intéressant de tenter des sondages au sein même des quelques écrits donatistes préservés et d'utiliser les données ainsi obtenues pour contrôler et vérifier les sources polémiques catholiques, qui sont de toute façon essentielles à la richesse et à l'étendue de l'information. En ce sens, la production homilétique donatiste qui a survécu pourrait constituer un banc d'essai particulièrement intéressant, car elle est susceptible de restituer sans médiation, même dans la transmission, l'*ipsissima vox* des protagonistes eux-mêmes. On pourrait ainsi porter le regard au sein même d'une communauté « dissidente », marginalisée par le pouvoir impérial et contestée par l'Église officiellement reconnue[3].

En raison de la victoire des Catholiques, les sources de l'Église schismatique sont malheureusement bien rares, et c'est la raison pour laquelle il est surprenant que les chercheurs, en dehors de quelques spécialistes, ne se soient pas penchés davantage sur la découverte inattendue que fit à la fin du siècle dernier François-Joseph Leroy et qui permettrait pourtant, si ses hypothèses étaient confirmées, d'enrichir le dossier du donatisme ordinaire.

1. La découverte de Leroy

En 1968 paraissait dans le quatrième *Supplementum* de la *Patrologie latine*, sous le nom du *Chrysostomus Latinus*[4], toute une série de sermons anonymes, dont les 28 pièces de la collection de l'Escorial (près de Madrid), transmis par le *codex Escurialensis* R. III. 5 (xive s.)[5]. On reconnut

---

Bibliography. UPDATE 2023, Sapienza Università di Roma, 2023 (373 p. en ligne sur Academia-edu).

[2] E. ZOCCA, « Tertullien et le donatisme : quelques remarques », dans Tertullianus Afer. *Tertullien et la littérature chrétienne d'Afrique*, éd. S. FIALON et J. LAGOUANÈRE, Turnhout, Brepols, 2015 (*Instrumenta patristica et mediaevalia*, 70), p. 63-104 (p. 65 pour la citation).

[3] E. ZOCCA, « Tertullien et le donatisme », p. 65.

[4] Sur les homélies latines du *Chrysostomus Latinus*, voir A. WILMART, « La collection des 38 homélies latines de S. Jean Chrysostome », *Journal of Theological Studies*, 19 (1918), p. 305-327 ; W. WENK, *Zur Sammlung der 38 Homilien des Chrysostomus Latinus (mit Edition der Nr. 6, 8, 27, 32 und 33)*, Vienne (*Wiener Studien Beiheft*, 10), 1988, et J.-P. BOUHOT, « Les traductions latines de Jean Chrysostome du ve au xvie siècle », dans *Traductions et traducteurs au Moyen Âge, Colloques internationaux du CNRS, IRHT 26-28 mai 1986*, Paris, CNRS, 1989, p. 31-39.

[5] *Patrologia Latina. Supplementum*, t. IV, 1968, p. 699-740.

dès cette époque l'origine africaine de ces sermons ainsi que de toute une série d'autres édités dans le même volume sous le nom de pseudo-Chrysostome, mais rien ne retint davantage l'attention des spécialistes. Au début des années 1990, le jésuite belge François-Joseph Leroy découvrait un nouveau témoin tardif de la collection de l'Escorial, le manuscrit latin 4147 de la Bibliothèque Nationale Autrichienne de Vienne, daté de 1435. Or, dans ce manuscrit en papier de 115 folios, la collection des 28 pièces de l'Escorial comporte 22 autres sermons inédits jusqu'alors[6], dont voici les titres :

8	De Ioseph	31	Ego sum qui deleo facinora tua [*Is.* 43, 25]
10	De sabbato		
11	De uirtutibus	34	De tribus pueris
13	De Gedeone	35	De Habacuch propheta
14	De Iob	48	Quod oculus non uidit
17	Confitemini Domino quia bonus	49	De principiis christiani nominis
19	Confitemini Domino quoniam bonus	50	De apostolo [Paulo]
		51	Nescitis quia angelos sumus iudicaturi [1 *Cor.* 6, 3]
20 et 20b	Felix qui intellegit super egenum	53	De misericordia
27	Diligite iustitiam, qui iudicatis terram	55	Item de misericordia
		56	De odio
28	Fili, sta in iustitia et amore	58	De fide
29	De Isaia	60	De oratione

Le savant belge est, dès sa découverte, convaincu qu'il s'agit là du recueil d'un évêque africain donatiste. Dans la liste qu'il a dressée de tous les textes de cette collection viennoise (60 sermons au total), il écrit en effet en 1994, à propos du *Sermon* 39 (= *Sermon* Escorial 18) :

> Comme nous l'avons découvert, c'est un sermon indubitablement donatiste ! Si la collection est bien globalement homogène, ainsi qu'il semble jusqu'à plus ample informé, nous nous trouverions donc pour la première fois en possession de la catéchèse d'un évêque de la célèbre Église africaine[7].

---

[6] Sur ce manuscrit et sur ses inédits, voir F.-J. LEROY, « Vingt-deux homélies africaines nouvelles attribuables à l'un des anonymes du Chrysostome latin (*PLS* IV) », *Revue Bénédictine*, 104 (1994), p. 123-147. Leroy donnera ensuite une édition critique « provisoire » de ces 22 inédits : ID., « Les 22 inédits de la catéchèse de Vienne. Une édition provisoire », *Recherches Augustiniennes*, 31 (1999), p. 149-234.

[7] F.-J. LEROY, « Vingt-deux homélies africaines », p. 134. Sur l'origine africaine, voir aussi ID., « Les sermons africains pseudo-augustiniens Caillau S. Y. I, 46 et

Quelques années plus tard, il consacrera un autre article à la démonstration du caractère donatiste de ce sermon et en donnera la première édition critique[8].

L'argument de ce sermon 39 est qu'il faut se méfier des faux prophètes (*Serm.* 39 [18], 18-20) :

> Domini uox est : *Cauete a pseudo-prophetis, qui ueniunt ad uos in uestitu ouium, intrinsecus sunt lupi rapaces. Ex fructibus eorum cognoscetis* [*Matth.* 7, 15-16].
>
>> La parole du Seigneur dit : « Gardez-vous des faux prophètes, qui viennent à vous sous des habits de brebis ; intérieurement, ce sont des loups rapaces. Vous les reconnaîtrez à leurs fruits. »

Ces loups sont incapables de vivre avec les innocents. Cette impossibilité de vivre avec les loups rapaces entraîne le risque de la persécution ; c'est du moins ce qu'il faut sans doute déduire de la suite du texte, qui fait allusion à la béatitude de *Matthieu* 5, 11 (*Serm.* 39 [18], 54-57) :

> Dominus suos persecutiones passuros praedixit : *Beati*, inquit, *eritis, cum persecuti fuerunt* [*Matth.* 5, 11]. Si qui persecutionem patiuntur beati sunt, qui faciunt, quid sunt ? Quare si persecutionem pateris, christianus es ; si persecutionem facis, inimicus et hostis es.
>
>> Le Seigneur a prédit que les siens souffriraient des persécutions : « Heureux, dit-il, vous serez, quand ils vous auront persécutés. » Si ceux qui souffrent une persécution sont heureux, ceux qui l'infligent, que sont-ils ? C'est pourquoi, si tu souffres une persécution, tu es chrétien ; si tu infliges une persécution, tu es l'adversaire et l'ennemi.

L'Ancien Testament donne des exemples de cohabitation des justes avec les méchants, comme celui de Lot à Sodome ou des Israélites en Égypte, mais à l'époque de l'auteur, celle-ci n'est plus possible. Sa conclusion est donc qu'il faut se séparer des méchants (*Serm.* 39 [18], 86-91) :

> *Discedite*, inquit, *discedite inde, et exite de medio eorum, qui domini uasa portatis* [Is. 52, 11 et II Cor. 6, 17]. Discedite, quotquot *templum dei iam*

Scorialensis 19 (Chrystostomus Latinus) sur l'épisode de Zachée (Luc. 19) », *Wiener Studien*, 106 (1993), p. 215-222.

[8] F.-J. LEROY, « L'homélie donatiste ignorée du Corpus Escorial (Chrysostomus Latinus, *PLS* IV, sermon 18) », *Revue Bénédictine*, 107 (1997), p. 250-262.

estis [II Cor. 6, 16]. Discedite ne malorum consortio conlatam uobis gratiam polluatis, discedite ne quod sanctificauit Christus polluat diabolus, aut quod mundauit deus contaminet inimicus. Inuitate bonis actibus deum, execramini in persecutoribus diabolum.

> « Écartez-vous », dit [l'Écriture], « écartez-vous de là, sortez de leur milieu, vous qui portez les vases du Seigneur. » Écartez-vous, vous tous qui « êtes désormais le temple de Dieu ». Écartez-vous de peur de souiller la grâce qu'on vous a donnée en vous mêlant aux méchants, écartez-vous de peur que le Diable ne souille ce que le Christ a sanctifié ou que l'Adversaire ne contamine ce que Dieu a purifié. Invitez Dieu par vos bonnes actions, exécrez le Diable dans les persécuteurs.

Ce résumé du sermon n'orienterait pas nécessairement vers une lecture donatiste si le texte ne s'en prenait explicitement, et par trois fois, aux *traditores*[9]. En évoquant la nuisance des loups rapaces, l'auteur écrit (*Serm.* 39, 34-36) :

Et tamen lupi, uigilante pastore, ouibus nocere non possunt ; **traditores** uero nec ouibus nec pastoribus parcunt : quod uocantur debellant, quod profitentur impugnant, christianos quod se esse simulant malitiose infestant.

> Et pourtant les loups, face à la vigilance du berger, ne peuvent nuire à ses brebis ; mais les traditeurs, eux, n'épargnent ni les brebis, ni leurs bergers : ils agressent leur nom, ils assaillent leur profession de foi, ils attaquent malitieusement les chrétiens en faisant semblant de l'être.

Plus loin, quand il souligne qu'il n'est plus possible de vivre au milieu des méchants comme dans l'ancienne Alliance, il écrit (*Serm.* 39, 63-72) :

Licuit Sodomis inter inquinatos et turpes, Lot sanctissimum commorari ; christianos uero cum **traditoribus** morari non licuit [...]. Helias sanctissimus auium ministerio pascitur ; a **traditoribus** uero dei seruis uictus pabula denegantur. Babylonia tres pueros contaminari suis cibis non patitur ; at isti familiam dei sacrilegio contaminare nituntur. Da-

---

[9] Sur les premiers emplois du mot *traditor* dans la controverse entre Donatistes et Catholiques, cfr B. KRIEGBAUM, *Kirche der Traditoren oder Kirche der Martyrer ? Die Vorgeschichte des Donatismus*, Innsbruck-Vienne, Tyrolia-Verlag, 1986 (*Innsbrucker Theologische Studien*, 16), p. 151-172.

> nielem leones libenter hospitio susceperunt et isti dei seruos propriis hospitiis uiolenter excludunt, ut quanto in bestiis laudatur humanitas, tanto in istis crudelitas detestetur.

> Il a été permis aux habitants de Sodome de partager la vie de gens souillés et débauchés ; mais il n'a pas été permis que les chrétiens vivent avec les traditeurs [...]. Élie fut nourri par des oiseaux qui le servaient [III *Reg.* 17, 4] ; mais les traditeurs refusent aux serviteurs de Dieu l'aliment de leur subsistance. Babylone n'a pas accepté que trois de ses enfants soient contaminés par ses nourritures [*Dan.* 1, 8] ; mais ces vauriens s'efforcent de contaminer la famille de Dieu par un sacrilège. Des lions ont donné de bon cœur l'hospitalité à Daniel [*Dan.* 14, 31] et ces vauriens chassent avec violence les serviteurs de Dieu de leurs propres demeures : ainsi, autant on loue l'humanité chez des bêtes sauvages, autant on exècre la cruauté chez ces vauriens.

Comme l'explique Leroy, le parfait *licuit* à la ligne 64, par opposition aux présents qui suivent (*denegantur, nituntur, excludunt*), suggère que la décision de séparation d'avec les traditeurs remonte au passé, tandis que les vexations de leur part évoquées dans la suite (privation de nourriture, tentative de contamination et exclusion de leurs demeures) sont actuelles. Comment donc ne pas songer que l'auteur fait ici allusion à la décision schismatique prise dans le passé par les donatistes après les persécutions de Dioclétien et à leur condamnation actuelle après la Conférence de Carthage de 411. Car, à l'issue de la conférence de Carthage, l'empereur Honorius porta le coup fatal au donatisme avec la loi qu'il prit le 30 janvier 412[10] et qui prononça la dissolution de l'Église schismatique et la confiscation de leurs lieux de culte au profit de l'Église catholique, que ses fidèles étaient tenus désormais de rejoindre.

Leroy ajoute encore à ces arguments particulièrement convaincants d'autres échos donatistes du *Sermon* 39, en particulier l'accusation de persécution (*Si qui persecutionem patiuntur beati sunt, qui faciunt, quid sunt ?*) dans une formulation très proche du « slogan » donatiste de la Conférence de 411 bien mis en évidence dans l'entête du *mandatum* des donatistes : *Episcopi ueritatis catholicae quae persecutionem patitur, non quae facit*[11].

---

[10] Cfr *Code Théodosien* XVI, 5, 52.

[11] *Actes de la Conférence de Carthage en 411*, t. III, § 258, l. 260-263 (éd. S. Lancel, *SC* 224, p. 1216).

Dans la mesure où un des sermons de la collection de Vienne (*Serm.* 48, sur lequel je reviendrai plus loin) évoque l'hérésie pélagienne, condamnée par le 16ᵉ concile de Carthage de 418, mais qu'aucune des pièces ne fait allusion ni à l'arianisme, ni à l'invasion vandale en Afrique, Leroy propose de dater le recueil dans la fourchette des années 411 à 429. Enfin, cet ensemble de 60 textes se révélant à ses yeux homogène, Leroy voit donc dans le corpus de Vienne la catéchèse d'un évêque donatiste[12].

2. Accueil par la recherche

La teneur donatiste du sermon 39 a été en général admise très tôt par les chercheurs.

Depuis la découverte de Leroy, quelques-uns se sont d'ailleurs penchés avec plus ou moins d'attention sur le corpus de Vienne, et ils ont tous montré que l'on pouvait trouver dans le reste des sermons des caractéristiques donatistes non repérées par Leroy. Le premier est James S. Alexander, qui a repris et complété les arguments du jésuite belge dans un article paru en 2001[13].

En 2003, le théologien suisse Alfred Schindler reconnaissait à son tour le caractère indéniablement donatiste du sermon 39 et ajoutait que « par conséquent, la probabilité que toute la "collection Leroy" soit donatiste est aussi à peu près assurée », puisque « toute la collection hispano-viennoise forme une unité en raison du style, de la pensée et de la terminologie presque uniforme entre tous ces sermons[14] ».

En 2014, Elena Zocca reconnaît elle aussi comme appartenant à l'homilétique donatiste le sermon 39[15]. Elle signale ainsi de nombreux

---

[12] F.-J. Leroy, « Vingt-deux homélies africaines », p. 140.

[13] J. S. Alexander, « Criteria for Discerning Donatist Sermons », dans *St Augustine and his Opponents Other Latin Writers. Papers presented at the Thirteenth International Conference on patristic Studies held in Oxford 1999*, Louvain, 2001 (*Studia Patristica*, 38), p. 3-7.

[14] A. Schindler, « Du nouveau sur les donatistes au temps de saint Augustin ? », dans Augustinus Afer. *Saint Augustin : africanité et universalité. Actes du colloque international Alger-Annaba, 1-7 avril 2001*, éd. P.-Y. Fux et al., Fribourg, Éditions universitaires de Fribourg, 2003, p. 149-153 (p. 150 pour les citations).

[15] E. Zocca, « La voce della dissidenza : omiletica donatista fra testo, contesto e metatesto », *Auctores Nostri*, 14 (2014), p. 337-354.

et précieux parallèles entre celui-ci et la *Passion de Donatus*[16] et ajoute qu'un certain nombre de thèmes liés à l'homilétique donatiste se retrouve aussi dans les 22 inédits de la catéchèse de Vienne. Mais elle s'étonne cependant que le ton polémique n'apparaisse nulle part ailleurs, même quand les sermons abordent des thèmes typiques de l'opposition aux Catholiques, comme la condamnation de la haine fratricide (55, 4), la mise en garde contre les attaques portées en temps de paix (28, 2) ou le rejet des ministres pécheurs (56, 2)[17]. Et elle conclut :

> On a l'impression que le prédicateur, pourtant si enflammé dans le sermon 39, se soumet à une autocensure dont il est difficile de discerner les contours et les motivations.

L'origine donatiste des sermons de Vienne semblerait donc désormais acquise définitivement et, à ma connaissance, au moins deux études d'importance leur ont d'ailleurs été consacrées depuis lors. Il s'agit d'une part de la thèse de doctorat soutenue en 2014 à l'Université de Saint Louis par Alden L. Bass[18] et du long article de Maureen A. Tilley dans le volume collectif sur la prédication latine tardive[19].

Il ne faudrait pourtant pas conclure de ce rapide aperçu que tous les problèmes liés au corpus de Vienne sont à présent résolus. Certes, si l'hypothèse de Leroy s'avérait exacte, la découverte du corpus de Vienne serait « une découverte exceptionnelle », comme l'a écrit Elena Zocca, mais elle ajoute, avec une prudence qu'on ne retrouve pas partout, qu'il reste quand même objectivement quelques doutes et difficultés[20] :

1) il manque une édition critique complète des 60 sermons et celle des 22 inédits est provisoire ;

---

[16] E. Zocca, « La voce della dissidenza », p. 349-350.

[17] E. Zocca, « La voce della dissidenza », p. 350-351.

[18] A. L. Bass, *Fifth-Century Donatist Catechesis : An Introduction to the Vienna Sermon Collection ÖNB m.lat. 4147*, Ph. D. diss., Saint Louis University, 2014. Cette thèse est malheureusement inédite, mais on peut s'en procurer un exemplaire sur le site de *ProQuest* (*Dissertation Copies for Researchers*). Dans un échange avec l'auteur en 2022, celui-ci me confiait cependant avoir désormais renoncé à ses hypothèses.

[19] M. A. Tilley, « Donatist Sermons », dans *Preaching in the latin Patristic Era : Sermons, Preachers, Audiences*, éd. A. Dupont et al., Leyde, Brill, 2018, p. 373-398.

[20] Cfr E. Zocca, « La voce della dissidenza », p. 346 : « Se fosse accertata definitivamente l'ipotesi avanzata, si tratterebbe di una scoperta eccezionale. Permangono, tuttavia, alcuni dubbi e difficoltà oggetive. »

2) il manque une introduction suffisamment détaillée qui permette de comprendre pourquoi la polémique anti-catholique n'apparaît que dans un seul sermon et semble si effacée dans le reste du recueil.

Certains chercheurs, comme François Dolbeau par exemple, ont d'ailleurs mis en garde contre l'hypothèse de Leroy, qui « risque de fourvoyer durablement la recherche[21] ». En 2020, dans une intéressante étude, Paola Marone a rassemblé dans un seul fichier, d'après les éditions existantes et en harmonisant leurs graphies, les 60 sermons du manuscrit de Vienne, qu'elle a pu ainsi comparer entre eux d'un point de vue lexical : d'après elle, le sermon 39 n'aurait rien en commun avec les autres sermons de la collection[22].

Bref, les problèmes restent nombreux et sont loin d'avoir été résolus définitivement.

3. Enjeux et problèmes : le projet du GRAA

La première difficulté tient donc au caractère « provisoire » de l'édition de Leroy. Celle-ci, rappelons-le, ne comporte ni traduction[23], ni annotation. Un examen attentif du texte édité par Leroy révèle par ailleurs

---

[21] F. DOLBEAU, « Sermons africains : critères de localisation et exemple des sermons pour l'Ascension », dans *Praedicatio Patrum. Studies on Preaching in Late Antique North Africa*, Turnhout, Brepols, 2017, p. 5-39, ici p. 15. De la même façon, selon J.-P. BOUHOT, « Adaptations latines de l'homélie de Jean Chrysostome sur Pierre et Elie (CPG 4513) », *Revue bénédictine*, 112 (2002), p. 36-71, ici p. 47, « on ne saurait accepter l'attribution donatiste de ces soixante homélies à un prédicateur donatiste ».

[22] P. MARONE, « I *Sermones* del *corpus* di Vienna ÖNB MS LAT. 4147 », *Ager Veleias*, 15.08 (2020) [www.veleia.it], p. 4 : « Da questi dati emerge chiaramente che il *Sermo* 39, ovvero l'unico testo del corpus di Vienna di chiara matrice donatista, non ha nulla in comune con gli altri *Sermones* della stessa collezione. Invece altri 46 *Sermones* hanno in comune con uno o più *Sermones* della stessa collezione 69 sequenze di lemmi (v. tab. 1) e 16 passi biblici (v. tab. 2). » Je remercie chaleureusement Bart Janssens d'avoir attiré mon attention sur cette étude. On notera cependant que l'affirmation avancée dans le passage cité est contredite par l'article d'Anne Fraïsse (cfr *infra*).

[23] Dans un document dactylographié et jamais édité, Leroy avait fourni aussi aux *Sources chrétiennes* une traduction des 22 inédits, dont nous avons pu obtenir une copie grâce à Philippe Blaudeau, que je remercie vivement. Cette traduction n'était qu'un premier jet, mais nous en avons néanmoins de temps en temps tiré profit.

ses imperfections : celui-ci est en effet déparé par de nombreuses mélectures, mais aussi par un grand nombre de corrections et de conjectures inutiles, de restitutions peu fiables, de déplacements hasardeux et de lacunes supposées, dont on peut le plus souvent se passer en modifiant simplement la ponctuation[24]. Il a donc semblé au GRAA que le travail le plus urgent à faire était de donner une nouvelle édition critique et une traduction annotée de ces 22 « inédits[25] ». Ce travail achevé, nous avons voulu l'entourer d'une analyse fouillée pour éclaircir les points qui à nos yeux n'ont pas encore reçu d'explication définitive. Ce fut l'objectif du colloque organisé à Montpellier en 2019 et dont les contributions sont rassemblées à la fin de ce volume.

Parmi les points obscurs, il y a la question de l'auteur, que presque tous les spécialistes estiment unique. Pourtant, cela ne va pas de soi. Le premier à ma connaissance à avoir mis en doute cette hypothèse est Alden Bass. Selon lui, rien ne prouve que l'ensemble des sermons soit d'un même auteur. À ses yeux, il est d'ailleurs fort probable que les sermons aient été écrits au moins par deux personnes différentes[26]. Dans ce cas de figure, il se demande même si certains sermons ne pourraient pas avoir été écrits par un auteur catholique, mais cela lui paraît quand même improbable en raison de la cohérence du style et de la théologie dans la collection. Ce qui lui semble assuré en revanche, c'est que ces sermons auraient été à l'origine rassemblés en un seul volume par un évêque donatiste[27]. Seule une critique interne détaillée, consacrée à la langue, au style et à la rhétorique[28], permettra de trancher la question ou du moins de lui apporter des éléments de réponse solides. Par

---

[24] Il ne s'agit pas pour nous de dévaloriser ici le travail pionnier et érudit de Leroy, car nous savons combien l'exercice de l'*editio princeps* d'un texte, surtout quand il n'est transmis que par un seul témoin, est un travail périlleux. C'est précisément parce que le jésuite belge le savait qu'il a présenté son édition comme « provisoire ».

[25] L'idéal serait bien entendu de donner un jour une édition critique avec traduction de l'ensemble des 60 sermons, mais le GRAA a d'abord voulu assurer celle des 22 « inédits », qui sont restés moins connus et dont l'édition est pour l'instant défectueuse.

[26] A. L. BASS, *Fifth-Century Donatist Catechesis*, p. 43. C'est aussi l'avis du membre senior de notre groupe de recherches, Georges Devallet.

[27] A. L. BASS, *Fifth-Century Donatist Catechesis*, p. 44.

[28] Sur la langue et la rhétorique, les contributions d'A. L. BASS, *Fifth-Century Donatist Catechesis*, p. 73-79 et de M. A. TILLEY, « Donatist Sermons », p. 382-397, ont déjà apporté des indications précieuses, mais encore insuffisantes.

exemple, pour ce qui est du style, il y a dans la plupart des sermons une véritable manie du tricolon, qui envahit le plus souvent tous les paragraphes avec une volonté de ressassement, de trituration répétitive des mêmes idées. En voici un exemple (*Serm.* 39, l. 1-6) :

> Omnibus notum est clementissimi dei curam in hominis semper salute consistere ; quippe qui semper monuerit ut iudex (1), ut magister docuerit (2) suos, semper ut benignus instruxerit (3). Vnde nec patrem agnoscit (1) qui monita tanta contemnit (1), nec magistrum intelligit (2) qui documenta salutaria negligit (2), nec ad Deum se pertinere cognoscit (3) qui eius benignas instructiones aspernatur ac respuit (3).

Mais, dans certains sermons, selon plusieurs membres du GRAA, cette manie s'effacerait presque totalement. Est-ce vraiment le cas ? Et si c'est le cas, pourquoi ?

Il y a aussi le problème mystérieux de la présence dans la collection d'un seul sermon polémique. Comme le signalait Elena Zocca, en l'absence d'une introduction suffisamment détaillée[29], on ne comprend pas pour quelle raison la polémique anti-catholique, si évidente dans un seul texte des sermons, semble substantiellement effacée dans les autres[30]. Leroy voit dans le maintien du sermon 39 ou une « inadvertance » ou une « signature » d'un évêque donatiste converti. On reconnaîtra avec Alden Bass que cette explication est assez « farfelue[31] ». J'avais moi-même proposé une autre hypothèse en 2019 en suggérant que l'attente déçue d'une imprégnation polémique de tout le recueil, ou en tout cas d'une partie importante de celui-ci, n'avait peut-être été motivée que par l'idée que l'histoire du christianisme dans l'Afrique du IVe et du début du Ve siècles avait été dominée par le schisme donatiste et par la querelle entre les deux Églises. Mais, comme l'a écrit Peter Brown,

---

[29] À l'époque, E. Zocca ne pouvait pas connaître le travail inédit d'A. L. Bass, qui n'avait pas encore été soutenu. Quant à la thèse, inédite elle aussi, de M. KIRIKA LOSEBE, *Les vingt-huit homélies anonymes de la collection Escorial du Chrysostomus Latinus (P.L.S. 4). Étude philologique et édition critique*, Université de Lubumbashi, 2006-2007, elle souffre de trop de maladresses et d'insuffisances pour pouvoir combler l'absence de l'introduction souhaitée. Je tiens à remercier ici chaleureusement Luc Jocqué et Bart Janssens, du *Corpus christianorum*, grâce auxquels j'ai pu obtenir une copie de cette thèse.

[30] E. ZOCCA, « La voce della dissidenza », p. 346.

[31] A. L. BASS, *Fifth-Century Donatist Catechesis*, p. 45 : « This theory seems far-fetched. »

« cette impression est largement due au talent polémique d'Augustin ». La rivalité entre les deux Églises, qu'Augustin présente comme une catastrophe spirituelle et comme un conflit stérile, « fut vécu[e] sur le terrain (dans chaque région, chaque site, chaque village) comme deux formes vigoureuses et à peine distinguables du même christianisme, chacune se prétendant plus zélée que l'autre[32] ». Il n'y a donc aucune raison que dans une prédication ordinaire, un évêque donatiste ait systématiquement traité des sujets polémiques[33]. On pourrait donc très bien supposer qu'une grande partie de la collection remonte à des années tranquilles, entre 400 et 410 par exemple, et que la présence du sermon 39 n'aurait été maintenue que pour rappeler le tournant fatal aux donatistes de l'année 411. Mais tout cela bien sûr n'est envisageable que si l'origine donatiste des sermons est confirmée par les analyses, ce qui est loin d'être le cas, comme le lecteur s'en rendra compte en lisant les études en fin de volume.

Un autre problème est celui du pélagianisme prégnant selon certains à travers tout le recueil. Le premier à l'avoir souligné est James S. Alexander, qui écrit : « Il est tentant de dire que l'auteur semble plus intéressé par le pélagianisme que par le donatisme, mais il serait plus proche de la vérité de suggérer qu'il y a un lien important, souvent négligé entre les deux, que ces sermons illustrent pleinement[34]. » Ce pélagianisme sous-jacent[35] rend donc assez surprenante la mise en garde dans le *Sermon* 48, 2, qui défend pourtant une position quasiment pélagienne du libre arbitre : *Cave Pelagianum errorem !* Elle a tant surpris Alfred Schindler qu'il propose d'y voir une interpolation issue d'une glose ultérieure, ajoutée *in margine* par un copiste médiéval ou par un lecteur quelconque et introduite ensuite dans le texte. Selon

---

[32] P. Brown, *À travers un trou d'aiguille. La richesse, la chute de Rome et la formation du christianisme*, Trad. de l'anglais par B. Bonne, Paris, Les Belles Lettres, 2016, p. 331.

[33] Cfr ce qu'écrivait déjà J. S. Alexander, « Criteria for Discerning Donatist Sermons », p. 4 : « An alternative or perhaps complementary solution is that the sermons in the collection cover a wide range of subjects wich seldom lend themselves to polemical exposition. »

[34] J. S. Alexander, « Criteria for Discerning Donatist Sermons », p. 4.

[35] Sur celui-ci, voir en particulier A. L. Bass, « An Example of Pelagian Exegesis in the Donatist Vienna Homilies (Ö.N.B. lat. 4147) », dans M. Gaumert *et al.*, *The Uniquely African Controversy : Studies on Donatist Christianity. Proceedings of the International Donatist Studies Symposium*, Louvain, Peeters, 2014, p. 197-210 et M. A. Tilley, « Donatist Sermons », p. 385.

lui, un auditoire donatiste s'intéressait probablement très peu à ce courant spirituel, plutôt international, aristocratique et ascétique, qu'était le pélagianisme. Par ailleurs, le fait que *Pelagianum* soit le seul nom propre de tout le recueil, en dehors des noms bibliques, prouve selon lui que c'est là une glose passée par erreur dans le sermon[36]. Son argumentation a été suivie par Alden L. Bass et par Maureen A. Tilley[37]. L'emploi du nom propre non biblique est en effet un *unicum*, comme l'est aussi le ton polémique du sermon 39, sur lequel on fonde pourtant le caractère donatiste de toute la collection. Dans mon article de 2019[38], j'avais écrit que l'argument du caractère unique de ce nom propre, qui est en outre un adjectif, ne suffisait pas à mes yeux à justifier son exclusion. J'avais donc avancé l'hypothèse que comme pour le sermon 39, la mise en garde du sermon 48 devait être liée à des circonstances exceptionnelles, peut-être à la condamnation du pélagianisme comme hérésie dans l'édit impérial du 30 avril 418, et que la présence du *cave Pelagianum errorem* pourrait ainsi avoir une discrète saveur polémique à destination d'un auditoire qui ne devait peut-être pas s'intéresser de près aux doctrines de Pélage, mais qui appartenait, comme l'a montré Alden L. Bass, à un public cultivé de lecteurs[39]. Lors du colloque de Montpellier, Elena Zocca m'a définitivement convaincu que ce passage était bel et bien une interpolation introduite par un copiste dans le texte et qu'il fallait par conséquent l'exclure[40].

Il reste enfin le problème du public et du but visés par ces sermons. Leroy a parlé, dès sa découverte, de catéchèse, mais sans apporter aucun argument à cette interprétation du recueil. C'est Alden L. Bass, suivi par Maureen A. Tilley, qui s'est efforcé de prouver que la collection de Vienne était de nature catéchétique et était destinée à l'enseignement oral des cathécumènes et des pénitents, et spécialement à la préparation au re-baptême des Catholiques convertis[41]. Mais est-ce vraiment le cas ?

---

[36] A. Schindler, « Du nouveau sur les donatistes », p. 152.

[37] A. L. Bass, *Fifth-Century Donatist Catechesis*, p. 46-47 ; M. A. Tilley, « Donatist Sermons », p. 385.

[38] J. Meyers, « Vingt-deux sermons », p. 142-143.

[39] Voir, sur ce point, les remarques d'A. L. Bass, *Fifth-Century Donatist Catechesis*, p. 67-70 et ce qu'il écrit p. 70 : « These sermons were not only heard, they probably would have been read as well. »

[40] Voir *infra* l'article d'E. Zocca.

[41] Cfr A. L. Bass, *Fifth-Century Catechesis*, p. 80-119 ; M. A. Tilley, « Donatist Sermons », p. 379-381.

On voit ainsi tous les problèmes encore posés par les sermons Leroy, mais on voit aussi toute la richesse de ceux-ci et tout l'intérêt qu'il y a à en donner une nouvelle édition critique et une étude détaillée. Certes, cette collection de sermons est à présent bien connue par les spécialistes du donatisme, mais elle est encore très largement ignorée en dehors de ce cercle étroit, alors qu'elle mérite sans conteste une notoriété bien plus grande. C'est une des ambitions de ce volume que de rendre justice à la découverte de François-Joseph Leroy en aidant à la faire mieux connaître à un public plus large et de chercher aussi à résoudre au moins une partie des nombreux problèmes qu'elle pose encore aujourd'hui : la plupart des contributeurs auxquels nous avons fait appel apportent donc, ainsi que le lecteur le découvrira, des réponses ou au moins des éclaircissements sur tous les points encore obscurs de ce recueil et, en particulier, sur son origine prétendument donatiste.

II.

Texte latin et traduction

Introduction par Jean Meyers
Édition critique par Sabine Fialon et Jean Meyers

Traduction et notes par
le *Groupe de recherches sur l'Afrique antique*

(Mathilde Cazeaux, Marie-Françoise Delpeyroux, Sabine Fialon,
Anne Fraïsse, Christine Hamdoune †, Georges Devallet †,
Michel Griffe, Jean Meyers, Jean-Noël Michaud †)

La tradition manuscrite du corpus de Vienne

Un corpus tardo-antique remanié au Moyen Âge ?

Jean Meyers
(*Montpellier*)

1. Le manuscrit de Vienne (W)

Le corpus de nos sermons a été découvert par François-Joseph Leroy dans le *codex Vindobonensis* 4147 (Wien, Österreichische Nationalbibliothek, Cod. 4147 [olim 269]). Dans le premier catalogue des manuscrits de Vienne, Michael Denis n'avait pas jugé bon de donner ni la liste, ni les titres de ces homélies, attribuées au Chrysostome latin, et avait simplement écrit *omnes [sermones] suis paginis designare, operae pretium mihi visum non est* (col. 473). Quant aux *tabulae* de 1869, elles se contentaient elles aussi d'indiquer pour les folios 1^r à 77^v : *Johannes Chrysostomus, Sermones LXXI latine versi cum indice praemisso* (p. 182). On ne trouve aucune indication non plus dans le catalogue des manuscrits datés de Franz Unterkircher publié en 1976. C'est François-Joseph Leroy qui a donné du manuscrit la première description détaillée après avoir eu l'attention attirée sur lui par une remarque de Wolfgang Wenk, qui avait reconnu parmi les sermons du *codex* ceux de la collection de l'Escorial[1].

Le *codex Vindobonensis Palatinus* 4147 est un manuscrit de papier, daté de 1435 (fol. 108^v : *Deo gracias anno Domini millesimo quadringentesimo XXXV°*), qui comprend 115 folios de 298 × 220 mm.

---

[1] F.-J. Leroy, « Vingt-deux homélies africaines », p. 124, n. 8 : « Wenk indiquait sommairement sans plus : ms. de papier, 115 ff., deux colonnes à la page format 4°, XVe s. Et le contenu qui nous intéresse et nous a surpris, seulement par les mots : "58 teils sehr kurze lateinischer Predigten unter dem Namen des Chrysostomus, darunter die Nr. 1-26 der Collectio Scorialensis." »

François-Joseph Leroy le dit « de provenance inconnue », mais d'après Csaba Csapodi, il s'agirait d'un manuscrit hongrois originaire de Budapest et transféré à Vienne en 1686 à la suite de la reprise, par la sainte Ligue, de la ville, qui était alors aux mains des Turcs[2]. Il est écrit en deux colonnes, le plus souvent de 41 à 43 lignes, par deux mains, la seconde, qui est aussi celle du rubricateur, commençant au folio 77^v. Ce rubricateur n'a pas achevé son travail puisqu'il n'a pas rubriqué la partie de la première main, qui a laissé libres les espaces destinés aux titres et aux initiales, restés vides sauf vers la fin, à partir du folio 74^r (et non 74^v comme l'indique Leroy, p. 126). La première main a cependant écrit, à l'intention du rubricateur et en module réduit, la lettre à enluminer à l'endroit prévu de chaque initiale et, dans le coin des marges, en petits caractères également, les titres des sermons, bien que dans certains cas, le titre ne soit pas donné. Celui-ci peut cependant être retrouvé dans la table des matières que donne le premier folio du manuscrit.

Les 22 sermons Leroy font partie de la première section du manuscrit, composé de 71 sermons, mais ce qui distingue les soixante premiers des suivants, c'est qu'ils sont les seuls à être numérotés par le copiste dans le corps du manuscrit, contrairement aux homélies qui suivent[3], « premier indice », comme l'écrit François-Joseph Leroy, « d'une double source ayant présidé à la constitution de l'exemplaire ou d'un de ses ancêtres[4] ». En réalité, certains numéros ont été oubliés : les 6 premiers n'ont pas de numéro, ni les sermons 9 à 11, 13 à 15, 18, 23 et 33, mais ces oublis ne perturbent jamais le compte, et le dernier sermon est bien numéroté LX[5]. Si le copiste de *W* était le compilateur du recueil, il n'y aurait évidemment aucune explication à l'absence de numérotation pour certains textes ou alors cette absence aurait dû en bouleverser le compte. Il est donc probable que le copiste recopie un modèle dans lequel les numéros de certaines pièces n'étaient plus lisibles. Le copiste

---

[2] Sur cet épisode, cfr par ex. J. BÉRENGER, « Le siège de Bude de 1686 », *Dix-septième siècle*, 229 (2005), p. 591-611.

[3] Celles-ci appartiennent à la collection des trente-huit homélies latines de saint Jean Chrysostome. Sur celles-ci, cfr A. WILMART, « La collection des 38 homélies » ; W. WENK, *Zur Sammlung der 38 Homilien* et F.-J. LEROY, « Vingt-deux homélies africaines », p. 137-140.

[4] F.-J. LEROY, « Vingt-deux homélies africaines », p. 137.

[5] Pour plus de détails, cfr F.-J. LEROY, « Vingt-deux homélies africaines », p. 129-137.

de *W* semble d'ailleurs un peu trop distrait et négligent pour être à l'origine du recueil[6].

Bibliographie : M. DENIS, *Codices Manuscripti Bibliothecae Palatinae Vindobonensis Latini Aliarumque Occidentis Linguarum*, vol. 2/1, Vienne, 1799, col. 472-474 (n° 269) ; *Tabulae codicum manu scriptorum, praeter graecos et orientales in Bibliotheca Palatina Vindobonensi asservatorum*, éd. Academia Caesarea Vindobonensis, vol. 3 : *Codices 3501-5000*, Vienne, 1869, p. 182 ; F. UNTERKIRCHER *et al.*, *Die datierten Handschriften der Österreichischen Nationalbibliothek von 1501 bis 1600*, Vienne, 1976 (*Katalog der datierten Handschriften in lateinischer Schrift in Österreich*, IV, 1), p. 190 [IV, 2, n° 545 pour la planche du folio 198ᵛ] ; C. CSAPODI, « Codices, die im Jahre 1686 von Buda nach Wien geliefert wurden », *Codices manuscripti*, 7 (1981), p. 121-127 ; C. CSAPODI et K. CSAPODINÉ GÁRDONYI, Bibliotheca hungarica. *Kódexek és nyomtatott Könyvek Magyarországon 1526 elött*, t. I, Budapest, 1988, p. 81 [n° 176] ; W. WENK, *Zur Sammlung der 38 Homilien des Chrysostomus Latinus mit Edition der Nr. 6, 8, 27, 32 und 33*, Vienne, 1988 (*Wiener Studien*, 10), p. 79-80 ; F.-J. LEROY, « Vingt-deux homélies africaines » ; F.-J. LEROY, « Les 22 inédits », p. 149-160.

2. Origine du recueil

À quand remonte la compilation des 60 premiers sermons, dont 28 se recoupent donc avec la collection de l'Escorial ? Comme l'a montré François-Joseph Leroy, un certain nombre de mécoupures suggèrent à un moment de la transmission un modèle en *scriptio continua*[7]. Selon Leroy, il s'agit d'une collection homogène due à un évêque donatiste, qui « a dû éclater à un moment de sa transmission : c'est ainsi que seuls les 28 Sermons Escorial du *PLS* 4 étaient connus à ce jour comme corpus[8] ». La collection des 60 textes devait donc exister dès le IXᵉ siècle comme le prouvent les 28 sermons de l'Escorial qui en ont été extraits

---

[6] Voir sur ce point F.-J. LEROY, « Les 22 inédits », p. 158-159.

[7] F.-J. LEROY, « Les 22 inédits », p. 159 : *peccator est* pour *peccatores* (31, 4) ; *factu recessauerit* pour *facturae cessauerit* (35, 2) ; *sed ibi* pour *se tibi* (48, 4) ; *si ue dubio* pour *sine dubio* (48, 5). Le dernier exemple donné par Leroy (*in deo* pour *Iudaeo*), qui renvoie à la ligne 105 du sermon 49, est une erreur (le texte ne fait que 92 lignes), et il n'y a nulle part ailleurs de *Iudaeo* dans son édition.

[8] F.-J. LEROY, « Vingt-deux homélies africaines », p. 140.

et qui sont transmis par le *codex Parisinus* 12141, daté du IXe-Xe siècle[9]. Toute cette reconstitution ne repose évidemment que sur l'hypothèse de l'homogénéité du corpus. Or la plupart des études en fin de volume mettent en doute cette hypothèse et plusieurs arguments militent même en faveur de deux, voire de trois auteurs.

Pour résoudre la question de l'origine du recueil de Vienne, il est sans doute prudent de se rappeler ici ce que nous savons de la transmission des sermons antiques[10]. Dans l'Antiquité tardive, la transmission se fait surtout par sermons isolés, par petits blocs, ou par sermonnaires homogènes. Entre le VIe et le IXe siècle, il se produit un changement dans la transmission des sermons : les modes de transmission antérieurs continuent d'exister, mais d'autres types apparaissent et l'on voit désormais des recueils hétérogènes, plus épais, subordonnés aux évolutions liturgiques, mais surtout, la compétence rhétorique étant en recul, la notion d'auteur se perd et favorise le travail de compilateurs qui simplifient souvent et recomposent les textes[11]. Comme l'écrit François Dolbeau, désormais « les recueils hétérogènes, mêlant la production de plusieurs orateurs (nommés ou non), occupent le devant de la scène ». Ces recueils composites, « irrespectueux de leur modèle », souvent retouchés et tronqués, visent à fournir le moyen à des prêtres peu cultivés de prêcher à partir de ces modèles (selon l'obligation imposée par le concile de Vaison en 529) mais aussi à procurer aux moines des lectures pour l'office de la nuit[12]. C'est évidemment à l'époque carolingienne que l'on va assister à « une véritable explosion créatrice et compilatrice[13] ».

On peut donc se demander si le corpus de Vienne ne serait pas une compilation du haut Moyen Âge. Plusieurs caractéristiques plaident en ce sens : les textes y ont manifestement été remaniés, comme le prouve la comparaison, faite par Elena Zocca, entre le texte du sermon 29 dans le *codex* de Vienne et celui du même sermon dans la *Patrologie* (cfr aussi *infra*). Ils se caractérisent par « une absence quasi totale d'allusions à la

---

[9] Voir la savante démonstration de F.-J. Leroy, « Vingt-deux homélies africaines », p. 141-147.

[10] Voir sur ce point le magistral exposé de F. Dolbeau, « La Transmission de la prédication antique de langue latine », dans *Preaching in the Patristic Era. Sermons, Preachers and Audiences in the Latin West*, éd. A. Dupont et al., Leyde-Boston, 2018, p. 31-58.

[11] F. Dolbeau, « La Transmission de la Prédication », p. 42-43.

[12] F. Dolbeau, « La Transmission de la Prédication », p. 44.

[13] F. Dolbeau, « La Transmission de la Prédication », p. 50.

vie concrète, à un contexte historique précis aussi bien qu'à la liturgie et ses cérémonies[14] », absence que François-Joseph Leroy avait constatée sans l'expliquer. Or cette absence pourrait justement s'expliquer par le travail d'un compilateur, qui gomme tout ce qui n'intéresse plus son époque et ne retient que ce qui peut servir à un modèle de prédication, à une lecture ou une méditation. Si l'origine des sermons était donatiste, il aurait pu ainsi faire disparaître également les passages trop polémiques liés à la querelle entre donatistes et catholiques, qui n'avaient plus de sens pour lui, mais conserver malgré cela le sermon 39, parce qu'à son époque, le sens donatiste de *traditores* pouvait ne plus être prégnant. Si l'on suppose dans la chaîne de transmission un modèle ou plusieurs modèles en *scriptio continua*, ce compilateur pourrait donc bien être un compilateur carolingien, qui aurait retravaillé une ou plusieurs collections antérieures[15].

Il y a peut-être un moment particulier qui aurait pu favoriser la confection d'un tel recueil. C'est l'époque de la querelle sur la double prédestination[16], qui a provoqué, dans les années 840-870, la production de documents de tous genres[17]. Les sermons de notre corpus, si archaïques dans leur théologie et si éloignés des débats sur la grâce, auraient pu retenir l'attention d'un intellectuel intéressé par les questions soulevées par la querelle. Cela pourrait aussi expliquer l'introduction marginale, par le compilateur ou un de ses lecteurs, du *Cave pelagianum errorem*, qui serait ensuite passé dans le texte au cours de la transmission. J'en rappelle ici le texte :

> Caue **pelagianum errorem** ! Primo tuum est quod uenis, sed donum est quod uocaris. Venite ad me, inquid, omnes qui laboratis et ego uobis requiem dabo. Tuum est, inquam, quod uenis, sed donum est quod uocaris, tuum est quod certas, tuum est quod dimicas, sed ille uires exage-

[14] F.-J. Leroy, « Les 22 inédits », p. 154.
[15] On pourrait d'ailleurs très bien imaginer que la collection de l'Escorial n'a pas été extraite de notre corpus, mais qu'elle a circulé séparément avant d'être insérée dans celui-ci.
[16] Sur celle-ci, cfr W. Pezé, *Le virus de l'erreur. La controverse carolingienne sur la double prédestination : essai d'histoire sociale*, Turnhout, Brepols, 2017 (*Haut Moyen Âge*, 26).
[17] Cfr *La controverse carolingienne sur la prédestination. Histoire, textes, manuscrits*, éd. P. Chambert-Protat et al., Turnhout, Brepols, 2018 (*Haut Moyen Âge*, 32).

> rat, fortitudinem donat, uictoriam subministrat. Vt uelis, tuum est, ut possis, illius. Contra Apostolum gerimus ! Ille enim, ille ait : **Deus est qui operatur in nobis uelle et posse**.

En consultant la *Library of Latin Texts* de Brepols, j'ai pu noter que l'expression *pelagianus error* n'apparaît au IXe siècle qu'une fois chez Claude de Turin[18] et sept fois chez Florus de Lyon[19], qui a été si impliqué dans la querelle sur la prédestination[20]. Dans la préparation de ses compilations, Florus annote abondamment les textes qu'il lit. Pierre Chambert-Protat en donne un exemple dans son étude sur le travail de Florus[21]. Dans sa préparation d'un extrait commentant II *Cor.* pour l'*expositio* augustinienne sur l'Apôtre, en marge d'un passage du *De praedestinatione* d'Augustin[22], Florus note par exemple en bas du folio 122[v] du manuscrit de Lyon, BM, 608 :

> Quam absurdum et fallacissimum sit quod quidam dicere ausi sunt paruulos iuxta merita eorum futura siue bona siue mala si in corpore mansissent, alios per baptismum saluari, alios absque hoc remedio rapi de corpore, quasi dicitur futura quae numquam futura sunt damnet.

C'est bien à une annotation de ce genre qu'appartient le commentaire impliqué par notre *cave pelagianum errorem*. J'ajouterai que celui-ci n'est pas très éloigné de deux passages de Florus de Lyon dans lesquels il évoque l'erreur pélagienne :

> Et non iuxta impium **Pelagianum errorem** credat primum hominem solo suo arbitrio in bono, quod acceperat, permanere potuisse, sed etiam ipsum, quamdiu stetit, diuina gratia adiutum fecisse ; nec omnipotentem deum, ut idem homo in sanctitate et iustitia permaneret,

---

[18] Claude de Turin, *Tractatus in Epistola ad Ephesios* 1.

[19] Florus de Lyon, *Libellus de tenenda immobiliter scripturae sanctae ueritate* 1 ; *Libellus aduersus Ioannem Scottum* 2, 4, 5 et 8 (2 fois) ; *Libellus de tribus epistolis* 1.

[20] Voir P. CHAMBERT-PROTAT, « Le travail de Florus de Lyon sur la prédestination. Un état de la documentation conservée, avec un dossier d'extraits patristiques resté inédit », dans *La controverse carolingienne*, p. 169-220.

[21] P. CHAMBERT-PROTAT, « Le travail de Florus », fig. 1.

[22] Augustin, *De praedestinatione* 12, 24 (*PL* 44, col. 977) : *Quis enim audiat quod dicuntur parvuli pro suis futuris meritis in ipsa infantili aetate baptizati exire de hac vita ; et ideo alii non baptizati in eadem aetate mori, quia et ipsorum praescita sunt merita futura, sed mala ; non eorum vitam bonam vel malam Deo remunerante vel damnante sed nullam ?*

tantummodo uoluisse, sed, ut permanere posset, etiam adiutorium dedisse[23].

Quia, sicut beatus Petrus apostolus docet : Non est in ullo alio salus et non est aliud nomen sub caelo datum hominibus, in quo oporteat nos saluos fieri, nemo omnino possit, nisi **in eo deus operetur et uelle et posse**, sicut apostolus testatur dicens : Deus est enim, qui operatur in uobis et uelle et perficere pro bona uoluntate[24].

Je n'irai pas jusqu'à avancer que Florus est l'auteur de notre commentaire ou le compilateur de notre recueil, mais on a là des éléments de comparaison qui autorisent à penser que le corpus de Vienne pourrait avoir été élaboré, au IXe siècle, dans un milieu intellectuel proche de celui de Florus de Lyon.

3. Autres témoins

a. Sermon 17 (D)
Manuscrit Darmstadt 2775, Universitäts- und Landesbibliothek, fol. 75[r]-77[v]

Ce manuscrit du XVe siècle, originaire de la Chartreuse Sainte-Barbe de Cologne (n° 0043 dans son catalogue), est un manuscrit de papier de 200 × 140 mm, de 171 feuillets. Il s'agit d'un recueil composite de nature théologique, qui contient un grand nombre de sermons d'origines diverses. Le sermon 17, attribué ici à saint Augustin, y suit deux autres sermons de Césaire d'Arles, attribués eux aussi à Augustin (*Serm.* 57 et 31 ; *CC* 103, 251 et 34).

Bibliographie : F. W. E. ROTH, « Altdeutsche Handschriften der Bibliothek zu Darmstadt », *Germania*, 32 (1887), p. 333-351, ici p. 345 ; H. KNAUS, *Die Handschriften der Hessischen Landes- und Hochschulbibliothek Darmstadt*, Bd. 4 (*Ältere theologische Texte*), Wiesbaden, 1979, p. 265-267 (n° 170) ; K. GÄRTNER, « Stadtregimentslehren » (nd.), *Verfasserlexikon*, 9 (1995), col. 217-219 et 11 (2004), col. 1455.

---

[23] Florus de Lyon, *Libellus de tenenda immobiliter scripturae sanctae ueritate* 1 (éd. K. ZECHIEL-ECKES et E. FRAUENKNECHT, Turnhout, Brepols, 2014 [*CCCM*, 260], p. 429).

[24] Florus de Lyon, *Libellus de tribus epistolis* 1 (éd. K. ZECHIEL-ECKES et E. FRAUENKNECHT, [*CCCM*, 260], p. 344).

b. Sermon 17, 19 et 28 (R)
Manuscrit Reg. lat. 261[25], fol. 169^v-171^v (28) et 173^r-175^r (17 et 19)

Ce manuscrit du XVe siècle, copié au plus tôt vers 1450, est un codex de papier, de 237 × 169 mm (150 × 103), de 179 feuillets à 35 lignes. Il s'agit d'un recueil d'ouvrages spirituels et de sermons, conservé parmi les manuscrits de la Reine au Vatican. Il a peut-être été copié au plus tôt vers 1450, dans une chartreuse du midi de la France. Dans ce manuscrit, seule la fin du sermon 19 (§ 8-9 de *pro nefas* à *punitur*) est donnée sans aucune transition à la suite du sermon 17.

Bibliographie : A. Fayen, « Notices sur les manuscrits de le Bibliothèque Vaticane concernant la Belgique : I. Fonds de la Reine de Suède », *Revue des bibliothèques et archives de Belgique*, 3 (1905), p. 1-26, ici p. 3 ; A. Wilmart, « Le grand poème bonaventurien sur les sept paroles du Christ en croix », *Revue bénédictine*, 47 (1935), p. 235-278, spéc. p. 248-261 ; Id., *Codices Reginenses latini* : 2. *Codices 252-500*, Cité du Vatican, Biblioteca Apostolica Vaticana, 1937, p. 28-33 ; *Les manuscrits de la Reine de Suède au Vatican. Réédition du catalogue de Montfaucon et cotes actuelles*, Cité du Vatican, Biblioteca Apostolica Vaticana, 1964.

c. Sermon 29 (M)
Manuscrit Saint-Mihiel, n° Z 20[26], fol. 112^v-114^v

Il s'agit d'un *codex* de 142 feuillets de parchemin de 260 × 187 mm, écriture à longues lignes, du IXe-Xe siècle. Il contient d'abord une liste de *capitula*, qui comprenait 80 titres, mais par suite de la perte du premier feuillet, elle ne commence qu'au n° 26. Ce manuscrit de 80 homélies du Pseudo-Fulgence contient une version du sermon *De Isaia* (*W* 29), transmise dans la collection sous le n° 76. Ce recueil est connu par trois manuscrits : un exemplaire perdu provenant de Lorsch, décrit en détail dans les catalogues médiévaux de l'abbaye (= *L*) ; le témoin disparu (= *R*) utilisé par le Jésuite Théophile Raynaud pour son *editio princeps* de la collection en 1633, et le seul manuscrit préservé, celui de Saint-Mihiel, *Bibliothèque municipale*, Z 20 (= *M*), signalé dès 1909 par Dom Morin.

---

[25] En ligne sur le site *Vatican Manuscripts of the Reginensi Latin/Latin Fond* : https://digi.vatlib.it/view/MSS_Reg.lat.261.

[26] En ligne sur le site des archives départementales de la Meuse [manuscrits de Saint-Mihiel, daté du Xe siècle] : archives.meuse.fr/ark :/52669/.

Comme l'ont montré Pierre-Maurice Bogaert et Matthieu Pignot, il s'agit d'une collection composite, qui contient d'importants éléments africains (notamment augustiniens) et un nombre significatif de pièces non attestées par ailleurs. Elle se serait constituée à partir d'un dossier transmis sans doute sous la forme de livrets, encore détectables dans L, qu'un compilateur aurait regroupés pour former une collection de quatre-vingts homélies, destinées à faciliter la prédication. Ce serait au plus tard au IXe siècle que la collection aurait été réorganisée en homéliaire liturgique sous la forme qu'elle présente dans M et R.

La comparaison entre W et M, comme celle faite par Elena Zocca entre W et R (d'après Migne, qui a reproduit l'édition de Raynaud), montre que chacune des trois versions se distinguent par de nombreuses variantes et réécritures significatives.

Bibliographie : *Catalogue général des manuscrits des bibliothèques publiques des départements*, t. III, Paris, 1861, p. 518-519 (daté du Xe siècle) ; G. MORIN, « Notes sur un manuscrit des homélies du pseudo-Fulgence », *Revue bénédictine*, 26 (1909), p. 223-228 ; P.-M. BOGAERT et M. PIGNOT, « L'ordre ancien des *Octoginta Homiliae* du Pseudo-Fulgence d'après les catalogues de Lorsch I », *Revue bénédictine*, 131 (2021), p. 17-49 et IID., « L'ordre ancien des *Octoginta Homiliae* du Pseudo-Fulgence d'après les catalogues de Lorsch II », *Revue bénédictine*, 131 (2021), p. 344-386.

d. Sermon 31 (G)
Manuscrit New York, Pierpont Morgan, M 17, fol. 29^v-31^r

Il s'agit d'un manuscrit en parchemin de 67 feuillets, de 230 × 140 mm, sur une colonne de 20 à 24 lignes, du milieu du VIIIe siècle, probablement originaire de Luxeuil. Il contient des sermons, homélies et lettres attribuées à Augustin.

Bibliographie : S. DE RICCI et W. J. WILSON, *Census of Medieval and Renaissance Manuscripts in the U.S.A. and Canada*, New York, 1935-1937, p. 1368 ; B. M. PEEBLES, « An Early Latin Homiliary in the Morgan Library », *Revue bénédictine*, 61 (1951) p. 261-264 ; P. ANTIN, « Extraits de Jérôme (Ép. 58 et 125) dans le ms. 17 de la Morgan Library », *Revue bénédictine*, 62 (1952), p. 292-293 ; E. A. LOWE, *Codices Latini Antiquiores*, vol. XI, Oxford, 1934-1972, p. 23, n° 1658 ; R. GRÉGOIRE, *Homéliaires liturgiques médiévaux. Analyse de manuscrits*, Spolète, 1980, p. 59-60 ; B. TEEWES, *Die Handschriften der Schule von Luxeuil. Kunst und Ikonographie eines frühmittelalterlichen Skriptoriums*, Wiesbaden, 2011, p. 43-44, 151-153 (et *passim*) ; P.-M. BO-

GAERT, « Extraits d'un sermon d'Augustin à propos d'*Éphésiens* 6,12 sur l'amour des ennemis (*CPL* 419 et *S.* 167A) », *Revue bénédictine*, 128 (2018), p. 230-251.

e. Sermon 53 (K)
Manuscrit Melk, Bibliothek des Benediktinerstifts, 210 (217, E 7), fol. 24ᵛ-25ʳ

Ce manuscrit du xvᵉ siècle de 306 feuillets contient essentiellement des sermons attribués à Augustin et au Chrysostome latin. Notre sermon y porte le titre de *S. Augustinus sermo de eleemosynis*, dont la version, sensiblement raccourcie (environ 45% du texte y a disparu), avait été publiée dans la *Patrologie* parmi les sermons du Pseudo-Augustin (*PL* 39, col. 2342-2344).

Bibiographie : V. STAUFER, *Catalogus codicum manu scriptorum, qui in bibliotheca monasterii Mellicensis O.S.B. servantur* I, Vienne, 1889, p. 287-300 ; D. WEBER, *Die handschriftliche Überlieferung der Werke des heiligen Augustinus*, VI : Österreich, vol. 2, Vienne, 1993 (*Veröffentlichungen der Kommission zur Herausgabe des Corpus der lateinischen Kirchenväter*, 11-12), p. 194-196 ; R. KOTTJE, *Verzeichnis der Handschriften mit den Werken des Hrabanus Maurus*, Unter Mitarbeit von Thomas A. ZIEGLER, Hannovre, 2012 (*Monumenta Germaniae Historica, Hilfsmittel*, 27), p. 98, n° 552 ; M. PIGNOT, « The Catechumenate in Anonymous Sermons from the Late Antique West », *Papers presented at the Seventeenth International Conference on Patristic Studies held in Oxford 2015*, vol. 3 : *Becoming Christian in the Late Antique West (3rd-6th Centuries)*, éd. A. BODIN *et al.*, Louvain–Paris–Bristol, 2017 (*Studia Patristica*, 77), p. 11-32, ici p. 20-25.

4. Principes d'édition

Contrairement à Leroy, nous n'avons pas normalisé l'orthographe du texte latin et nous respectons donc scrupuleusement – sauf quand elles sont aberrantes – les graphies du manuscrit de Vienne, caractérisées par les phénomènes suivants : disparition des diphtongues, spécialement de la diphtongue *ae* et *oe* (*seuo* pour *saeuo*, *pena* pour *poena*), graphie *-cia/-cium/-cius/-cio* au lieu de *-tia/-tium/-tius/-tio* (*potencia*, *spacium*, *tocius*, *oracio*), disparition ou ajout fréquent du *h* (*ypocrita*, *onorem*, *prothoplastus*), emploi de *i* pour *y* (*helemosina*, *cataclismo*), et inversement de *y* pour *i* (*dyabolus*, *ymmo*), graphie *michi* pour *mihi* et *nichil* pour *nihil*, notation du *phi* grec par *f* (*orfanus*) ou l'inverse (*prophanus*), introduction d'un *p* transitoire (consonne épenthétique) entre *m* et *n* (*sompnium*, *sollempnia*), présence d'un *d* en finale à la place de *t* (in-

quid), tendance germanique – mais non systématique – à remplacer le *u* consonne par un *w* (*ewangelium*). Lorsque la graphie pourrait égarer le lecteur, la forme normalisée est donnée dans l'apparat : par exemple « pene] *lege* poenae ». En revanche, lorsqu'une forme est abrégée par le copiste, la forme reconstituée est donnée dans sa graphie normalisée, ce qui permet au lecteur de savoir que le mot n'est pas écrit en toutes lettres dans le manuscrit : on trouvera donc des formes comme *mihi* à côté de *michi*, *quae* à côté de *que*, *haec* à côté de *hec*, *iustitia* à côté de *iusticia*, *praemia* à côté de *premia*, etc. Chaque fois que la logique et la syntaxe le permettaient, ce qui est loin d'être toujours le cas, nous avons respecté la ponctuation du manuscrit.

La numérotation des paragraphes donnée par Leroy a été reprise sans modification, mais nous en avons ajouté une dans les sermons qui n'avaient pas été divisés par le premier éditeur. De même, dans quelques sermons où les subdivisions nous ont semblé vraiment trop rares, nous les avons multipliées.

Dans la mesure où nous considérons que les sermons ont manifestement fait l'objet de réécritures et de réductions, nous privilégions le manuscrit de Vienne contre les autres témoins pour les pièces transmises ailleurs sauf quand son texte est incompréhensible. C'est la raison pour laquelle plusieurs ajouts de Leroy tirés des autres témoins ont été rejetés quand ceux-ci n'étaient pas nécessaires à la compréhension.

L'apparat critique est un apparat positif – sauf pour les additions, transpositions et omissions. Toutes les interventions du premier éditeur (= *ed.* dans l'apparat), que nous les suivions ou que nous les rejetions, y sont indiquées. Face à la leçon retenue avec mention du ou des témoins, on trouvera les variantes manuscrites ou les lectures de Leroy qui ont été rejetées. Pour faciliter la comparaison avec son édition provisoire, toutes les modifications par rapport à elle sont donc notifiées, y compris les changements de ponctuation lorsque ceux-ci impliquent une construction ou une signification sensiblement différente. Mais les variantes orthographiques par rapport à l'*editio princeps* ou par rapport aux autres manuscrits ne sont pas mentionnées sauf exception. Dans les rares cas où nous ne suivons pas l'orthographe du manuscrit de Vienne, celle-ci en revanche est toujours donnée sous la forme d'un apparat négatif.

Conspectus siglorum[27]

W Wien, Österreichische Nationalbibliothek, Cod. 4147 [olim 269], *anno*1435

D Darmstadt 2775, Universitäts- und Landesbibliothek, xve s. [*Serm.* 17]

G New York, Pierpont Morgan, M 17, viiie s. [*Serm.* 31]

K Melk, Bibliothek des Benediktinerstifts, 210 (217, E 7), xve s. [*Serm.* 53]

M Saint-Mihiel, Bibliothèque municipale, Z 20, ix-xe s. [*Serm.* 29]

R Vatican, Reg. lat. 261, *circa* 1450 [*Serm.* 17, 19, 28]

---

[27] Les manuscrits *R* et *M* ont été collationnés par Sabine Fialon et Jean Meyers sur leur numérisation en ligne, *W* et *D* sur les copies achetées à leur bibliothèque de conservation, et *G* et *K* ont été collationnés sur microfilm par Sabine Fialon à l'IRHT à Paris.

ian
Édition

8
Incipit alius euentus de Ioseph
ubi ab uxore patroni apud eumdem accusatur.

1. | "*Aduxisti*, inquid, *ad nos istum puerum hebreum ad illudendum michi et cum uidelicet* michi uellet inferre, exclamaui uoce magna; *hic autem relictis uestibus fugit.*" *Que cum patronus audisset, iratus misit eum in carcerem ubi uincti regis detinebantur.* Cumque peculans mulier et lasciuie furore incensa Yoseph sanctum appeteret cumque apud maritum falso crimine incusaret, fit Ioseph quia peccare noluit reus, fit castitatem dum diligit inimicus.

2. Creditur enim contra uerum falso, contra innocentem mendacio, contra uirum sanctum periurio. O miserum mariti ac detestabile meritum, cuius mens nec calumpniam respicit, nec uerum admittit, nec ream intelligit, nec innocentem agnoscit! Mutatur in eo ueritatis iudicium nec simulatum uxoris cernit obprobrium. Denique meruit Yoseph pro innocentia penam, pro disciplina custodiam. Meruit pro castitate uindictam, adeo in carcerem truditur, in custodiam religatur,

7va

1/3 cfr Gen. 39, 17-18   3/4 cfr Gen. 39, 19-20

tit., 1 incipit – euentus] *om. ed.*   **2** eumdem *W*] eum *ed.*
1 aduxisti *W*] induxisti *ed.*   **3** patronus *W*] protinus *ed.*   **14** adeo *ed.*] a deo *W*   religatur *W*] relegatur *ed.*

8[1]
Ici commence une autre histoire[2] au sujet de Joseph, celle où il est accusé par la femme de son maître auprès de celui-ci.

1. « Tu as introduit, dit-elle, auprès de nous ce jeune Hébreu pour qu'il se joue de moi et, quand il a clairement voulu s'attaquer à moi, j'ai poussé un grand cri ; et lui, abandonnant ses vêtements, s'est enfui. » Aussitôt, après avoir entendu ces mots, le maître[3], plein de colère, le fit incarcérer là où étaient détenus les prisonniers du roi. Et, alors que la femme effrontée et brûlant d'un désir fou de débauche s'en prenait au saint homme[4] Joseph et qu'elle l'incriminait faussement auprès de son mari, Joseph est traité, parce qu'il n'a pas voulu pécher, comme un coupable, il est traité, lui qui aime la chasteté, comme son ennemi.

2. En effet, contre un homme véridique, on accorde crédit à une fausseté, contre un innocent, à un mensonge, contre un homme saint, à une trahison. Pitoyable et détestable mérite d'un mari dont l'esprit ne décèle pas la calomnie et n'admet pas la vérité, ne voit pas la coupable et ne reconnaît pas l'innocent ! En lui la reconnaissance de la vérité est pervertie, et il ne discerne pas que le déshonneur de son épouse est inventé. Finalement, Joseph a été récompensé de son innocence par une punition, de sa maîtrise de soi par la détention, il a été récompensé de sa chasteté par la condamnation. Voici qu'on le jette en prison, on le met dans les fers. Mais le Seigneur le tint dans sa prison en si haute

---

[1] La traduction est l'œuvre collective des membres du GRAA. Cependant, même si un certain nombre de leçons textuelles ont été choisies par l'ensemble des membres au cours de la traduction, ce n'est qu'après celle-ci que l'édition critique proprement dite a été établie par Sabine Fialon et Jean Meyers. Ce sont donc eux qui ont repris seuls la traduction en fonction des choix textuels différents de ceux de Leroy.

[2] *Alius euentus* s'explique ici par le fait que le sermon précédent porte lui aussi sur Joseph (VII : *De Ioseph ubi a fratribus uenditur*, fol. 6ʳ, col. b *in margine*).

[3] *Patronus* nous semble ici utilisé au sens de *dominus*, d'où notre traduction par « maître ».

[4] Pour éviter une confusion entre Joseph, le fils de Jacob, dont il est ici question, et Joseph le Juste, l'époux de Marie de Nazareth, nous avons choisi de traduire l'expression *sanctum Ioseph* non par saint Joseph mais par « le saint homme Joseph ».

sed Dominus ita eum in carcere honorauit ut illum iam tot periculis exuit. Denique in carcere ipse fit reorum praepositus, fit custos, fit seruator omnium inclusorum, ut esset ipse refrigerium reis, solacium miseris, curam | susciperet iam defessis. Adeo interpretatur sompnia, 7vb inminencia disserit, futura condicit.

3. Quid agis, tociens innocentem adpetens, inimica temptatio? Cur grassaris in simplicem, cur sanctum persequeris, cur Dei hominem insectaris? Vbique uinceris, ubique turbaris. Ioseph innocentia pollet, sanctitate ualet, merito gaudet. Denique liberatur a fratribus, calumpnia mulieris impudice exuitur, in custodia sublimatur. Exere quantas poteris uires, concinna falsa, necte mendacia: Dei seruus semper in periculo tutus est, in morte securus. Nec quitquam in eum poteris uiolenter inferre quod non ab eo Dei uirtute pellatur.

4. Haec interea dum geruntur, felicitatis tempus a Deo dispositum Yoseph sancto aduenit et temptacionis aduerse transactis laboribus in lucem glorie et dignitatis emicuit. Tunc enim pharao rex nocturna in

---

16/17 Denique – inclusorum] cfr Gen. 40, 4

16 exuit *W*] exuerit *ed*. **17** *ante* reis *del*. regis *W* **18** curam] cu/ram *W* adeo *ed*.] a deo *W* interpretatur *ed*.] interpretantur *W* **20** agis *ed*.] agit *W* **21** grassaris *ed*.] crassaris *W* **22** uinceris *W*] conicis *ed*. turbaris *W*] turbas *ed*. **23** calumpnia] calupnia *W*

estime qu'il le libéra[5] bientôt de tant de périls. En prison, il finit par devenir le responsable des accusés, il en devient le gardien, il devient le protecteur de tous ceux qui ont été écroués, de sorte qu'il est lui-même le réconfort des accusés, la consolation des malheureux et que, bientôt, c'est lui qui prend soin des découragés. Voici qu'il interprète les songes, qu'il expose ce qui va arriver, qu'il annonce l'avenir[6].

7vb

3. Que peux-tu, toi qui si souvent t'en prend à l'innocent, haine tentatrice ? Pourquoi t'attaques-tu à un cœur simple, pourquoi poursuis-tu un être saint, pourquoi persécutes-tu un homme de Dieu ? Partout tu es vaincue, partout tu es confondue. Le pouvoir de Joseph est dans son innocence, sa valeur dans sa sainteté, sa joie dans son mérite. Le voilà libéré de ses frères[7], délivré des calomnies d'une femme impudique, élevé aux nues dans sa prison. Engage toutes les forces que tu pourras, manigance tes inventions, ourdis tes mensonges ; le serviteur de Dieu est toujours en sûreté dans le péril, en sécurité dans la mort ; et tu ne pourras contre lui lancer attaque si violente qu'elle ne soit écartée de lui par la puissance de Dieu.

4. Tandis que se déroulaient ces événements, advint pour le saint homme Joseph le temps de félicité que Dieu avait préparé et, passées les peines de la tentation ennemie, il brilla jusqu'à atteindre la lumière de la gloire et des honneurs. C'est alors en effet que le roi pharaon au

---

[5] Même si l'indicatif est rarissime dans les consécutives en latin avant le VIe siècle (voir J. GALLEGO, « Les subordonnées consécutives à l'indicatif existent-elles ? », dans *Éléments « asyntaxiques » ou hors structure dans l'énoncé latin*, éd. C. BODELOT, Clermont-Ferrand, Presses universitaires Blaise Pascal, 2007, p. 179-198), peut-être est-il possible de maintenir la leçon *exuit* du manuscrit.

[6] Cfr Gen. 40, 5-40 (le songe des trois eunuques), Gen. 41 (le songe de Pharaon), Gen. 42-45 (prédictions de Joseph à ses dix frères).

[7] Image paradoxale qui traduit la situation de Joseph libéré, grâce à la prison, des méchantés de ses frères et de la femme de Potiphar : la prison devient donc le lieu de sanctification. Cette image se lit très tôt, par exemple dans l'exégèse de Philon d'Alexandrie, qui décrit la prison comme une école de sagesse (Philon d'Alexandrie, *De Iosepho* 85-87). Sur les enjeux de la figure de Joseph chez Philon, voir R. GOULET, *La Philosophie de Moïse. Essai de reconstitution d'un commentaire philosophique préphilonien du Pentateuque*, Paris, Vrin, 1987, p. 341-348 ; J. LAGOUANÈRE, « Les Songes et les Signes. L'Interprétation dans le *De Iosepho* de Philon d'Alexandrie », *Mélanges de Science Religieuse*, 67/4 (2010), p. 3-19.

requie *sompnium uidet*. Visitatur a Deo, necessarie remissione terretur, maxime cum nullus qui disserat, nullus ad sompnium qui aperiat inuenitur, quia Yoseph sancto ista gloria seruabatur.

5. Estuanti itaque regi: "Est uisionis generum seruus interpres et explanator omnium sompniorum, qui ut nostra nobis disseruit, ita tibi poterit disserere. Hunc igitur iube accersiri, hunc iube ad te quia dignus est conuocari; ex illo quod exigis tu potes recognoscere: ille tibi cuncta disponet. Ille tibi manifeste uniuersa aperiet."

6. Mox rex ad carcerem misit, Yoseph adduci protinus imperauit. Ad quem cum uentum fuisset, deponit humilitatem cum sordibus, reatum cum coma abiecit. Deinde resumit in ueste nitida, gloriosissimam humilitatem in custodia dereliquid. Qui cum ad regem uenisset: "Quoniam te, inquid rex, a meis interpretem comperi sompniorum, poterisne michi interpretari quod uidi et explanare fideliter quod sompniaui?" Quod quidem sompnium cum Ioseph audisset: "Rex, istud quod quaeris, inquid, hominum non est sed Dei. Nec a sapientibus poterit mundi praeferri sed diuina sapientia poterit indicari. Hec est itaque interpretacio sompnii: septem anni magne ubertatis aduenient. Post hos | alii septem anni aderunt in quibus non erit aracio neque messis. Hec est interpretacio sompnii quod uidisti. *Nunc* itaque consilium do tibi: *prouide uirum sollertem quem huic rei praeponas ut septem annis ubertatis colligat frumentum* in horrea propter septem annorum futuram famem ut genus hominum non exterminetur a fame." – "Quoniam, inquid rex, et bene et uere interpretatus es et consilium salubre dedisti. Virum quem dicis prouidendum tu es; nec quisquam te melior poterit inueniri. Vade itaque, accepta potestate cuncta ista exequere." 8ra

---

31 Gen. 41, 1   **51/52** Gen. 41, 33-34

34 est *nos*] et *W ed.*   *post* generum *lacunam suspicatus est ed.*   **35** explanator *ed.*] explantator *W*   **36** accersiri *ed.*] accertiri *W*   **39/40** ad quem *W*] atque *ed.*   **40** uentum *nos*] uinctum *W ed.*   **51** quem *ed.*] que *W*

cours du repos de la nuit fait un rêve. Il est visité par Dieu ; inévitablement, dans ce moment d'abandon, il est terrifié, surtout que pour ce rêve, il ne se trouve personne pour le lui expliquer, personne pour lui en révéler le sens, car cette gloire était réservée au saint homme Joseph.

5. Au roi ainsi tourmenté : « Il y a un esclave capable d'interpréter différentes sortes de vision et d'expliquer tous les rêves, qui, de même qu'il nous a expliqué les nôtres, pourra t'expliquer les tiens. Ordonne donc qu'on aille le chercher, ordonne qu'on le fasse venir auprès de toi car il en est digne. De lui tu peux apprendre ce que tu veux : il t'exposera tout, il n'y aura rien qu'il ne te révèle clairement. »

6. Bien vite le roi envoya des gens à la prison, il ordonna qu'on lui amène Joseph sur-le-champ ; quand on fut arrivé devant lui, Joseph abandonne son abaissement en même temps que ses haillons : il s'est débarrassé de l'accusation en même temps que de ses cheveux. Puis il se relève dans un vêtement brillant : il a laissé dans la prison son très glorieux abaissement. Lorsqu'il fut devant lui, le roi lui dit : « Puisque j'ai appris des miens que tu es un interprète des rêves, pourras-tu m'interpréter ce que j'ai vu et m'expliquer exactement ce que j'ai rêvé ? » Et quand Joseph eut appris le rêve, il lui répondit : « Roi, ce que tu demandes ne relève pas des hommes, mais de Dieu ; cela ne pourra pas être montré par les sages du monde, mais expliqué par la sagesse divine. Voici donc l'interprétation du rêve : sept années de grande fécondité vont advenir ; après elles, il y aura sept autres années pendant lesquelles il n'y aura ni labour ni moisson. Voilà l'interprétation de la vision que tu as eue. C'est pourquoi je te donne maintenant un conseil : choisis un homme habile à qui confier la mission de rassembler, pendant les sept années de fécondité, du blé dans les greniers en vue de la future famine de sept années : ainsi la famine ne détruira pas le genre humain. » – « Puisque, dit le roi, tu as été un interprète bon et véridique et que tu m'as donné un conseil salutaire, l'homme que tu me dis de choisir, c'est toi ; on ne pourra trouver personne qui soit meilleur que toi. Va donc, accepte ce pouvoir et fais tout ce que tu as dit. »

8ra

7. Mox Ioseph procedit dignitate et gloria sublimatus. Redigit frumenta, pabula congregat, alimenta comportat ut si quid uentura fames miseris mortalibus denegasset, Ioseph prouidendo conferret. Suscipit igitur, suscipit Ioseph tocius terre Egipti curam, suscipit salutis omnium causam, miserandam cunctorum suscipit uitam. Pendebat in sollicitudine eius salus omnium populorum, pendebat suscepte uite sollicita semper intencio. Nec tantum quidem quid colligeret sed quid necessitati sufficeret cogitabat. Exigit ab omnibus quod nec in praesenti grauaret nec in futuro deesset, fit moderator praesencium sollicitus futurorum. Exhibet se in exigendo moderatum, in seruando sollicitum, sed Deo qui sui serui sollicitudinem reuelabat, tantum fecit frumenti colligi quantum sciebat posse tempore necessitatis impendi.

8. Quid agis nunc, scelestissima mulier, quid meditaris, quid cogitas? Ioseph innocens sublimatur qui tua blandimenta contempsit; potestatem magnam adeptus est qui castitate propria tuam peculanciam uicit, tantam potenciam consecutus est qui pudicitia mentis tue illecebram superauit. Vel nunc igitur fatere uerum quem ante confinxeras falsum, fatere sanctum, fatere pudicum quem apud maritum accusaueras uiolentum. Disce quanto castitas ualeat, quanto constet integritas, quanto sanctitas Dei iudicio expendatur. Vel nunc fatere tua, purga aliena. Indica quid uolueris, quid ille noluerit. Quin ymmo edicito te uoluisse quod illum constitit noluisse. Cogat te eius sublimitas confiteri de quo falsum | apud maritum aptasti. Credat nunc maritus a te 8rb audiens uerum, qui antea credidit falsum. Quare desine ulterius, desine aut turpitudinem gerere, aut falsa de innocentibus concinnare, aut lasciuiam cupere, aut in alium male cupita transferre. Tunc enim poterit tue saluti prodesse si utraque didiceris obseruare.

---

68 deo *W*] deus *ed*.   **70** scelestissima *ed*.] celestissima *W*   **74** fatere *ed*.] facere *W*   **75** fatere¹ *ed*.] facere *W*   fatere² *ed*.] facere *W*   **77** fatere *ed*.] facere *W*   **78** edicito *corr. ed*.] edicio *W*

7. Bientôt Joseph entre en scène, porté au sommet de la dignité et de la gloire. Il fait rentrer le blé, accumule le ravitaillement, fait transporter la nourriture : ainsi tout ce que la famine à venir aurait refusé aux malheureux mortels, lui Joseph le leur fournirait grâce à sa prévoyance. C'est donc la charge, la charge de la terre d'Égypte tout entière que Joseph assume, il assume la charge du salut de tous, dans sa compassion il se charge de la vie de tous. De sa sollicitude dépendait le salut de tous les peuples, d'elle dépendait le souci, toujours pressant, de se charger de la vie. Et il ne se préoccupait pas seulement de ce qu'il pouvait rassembler, mais aussi de ce qui était suffisant pour répondre aux besoins. Il exige de tous les quantités qui ne rendraient pas le présent difficile et ne manqueraient pas dans le futur, il devient un gestionnaire du présent soucieux de l'avenir. Il se montre modéré dans ses exigences et soucieux de faire des réserves, mais grâce à Dieu, qui révélait la sollicitude de son serviteur, il fit mettre de côté la quantité exacte de blé dont il savait qu'elle pouvait suffire en période d'urgence.

8. Que vas-tu faire maintenant, femme si criminelle, que médites-tu, à quoi penses-tu ? Joseph innocent est porté très haut, lui qui a méprisé tes avances ; il a atteint une grande puissance, lui qui a triomphé par sa chasteté de tes provocations, il a acquis un immense pouvoir, lui qui, par sa pudeur, l'a emporté sur ta volonté de le séduire. Maintenant avoue donc plutôt qu'il est véridique, lui que tu avais auparavant présenté comme un menteur, avoue qu'il est saint, avoue qu'il est pudique, lui que tu avais accusé de violence auprès de ton mari. Apprends quelle est la valeur de la chasteté, quel est le prix de l'intégrité, à combien le jugement de Dieu estime la sainteté. Reconnais plutôt maintenant tes actes, innocente ceux d'autrui, révèle ce que tu as voulu, ce qu'il a refusé. Que dis-je ? proclame haut et fort que tu as voulu ce qu'il a refusé en toute certitude. Que sa grandeur te contraigne à confesser au sujet de quoi tu as tramé un mensonge devant ton mari. 8rb Que ton mari maintenant, en t'écoutant, accorde foi à la vérité, lui qui, auparavant, a accordé foi à ton mensonge. Aussi cesse dorénavant, cesse ou de te livrer à des turpitudes ou de porter des accusations mensongères contre des innocents, d'aspirer à la débauche ou de transférer à autrui tes désirs coupables. Alors, en effet, il pourra être utile à ton salut d'avoir appris à respecter l'une et l'autre règles.

85 **9.** Interea ubertate transacta destinatum tempus aduenit et priuatorum subsidia in penuriam temporis reseruata iamiamque cotidie finiuntur. Timetur per singulos dies miseranda necessitas et impensa inopia tabefacta iam corpora macerabant. Tunc interpellatur pharao a populo, tunc rex a cunctis mortalibus corrogatur, tunc universi
90 frumenta sibi distrahi miserabili planctu poscebant. "Ite, inquid rex, *ite ad Yoseph.* " Distrahenda qui ea acceperat, exigenda quod collegit erogat, quod redegit dispensat; praestat Yoseph populo in fame cibum, in inopia uictum, subsidium in necessitate distribuit, praestat, inquam, Yoseph quod fames abstulerat, dat populo quod sterilitas denegabat,
95 exhibet cunctis quod miseranda necessitas subtrahebat. Pascuntur unius prouidentia cuncti; saginantur unius consilio populi. Nullus ad Ioseph ueniens esuriuit, nullus illo uiso sine alimento discessit. Yoseph

---

90/91 Gen. 41, 55

87 impensa *W*] impensas *ed.*   **91** distrahenda *nos*] distrahendi *W*, distrahendi ⟨ab eo⟩ *ed.*   exigenda *nos*] exigendi *W ed.*   **97** yoseph] yosep *W*

9. Cependant, la période de fécondité terminée, arrive le moment fixé, et les ressources que les particuliers avaient réservées pour la période de pénurie s'épuisent de jour en jour. On craint chaque jour une cruelle urgence et déjà une disette généralisée faisait fondre les corps et les consumait. Alors Pharaon est pris à partie par le peuple, alors le roi est sollicité par la foule des mortels ; alors tous, avec des gémissements pitoyables, demandaient qu'on leur distribue du blé. « Allez, répond le roi, allez trouver Joseph. » C'est que Joseph avait engrangé le blé pour le répartir[8] : pour répondre à la demande, il l'a collecté et le redistribue, il l'a stocké et le partage ; Joseph fournit au peuple en temps de famine de quoi manger, en temps de disette de quoi vivre, en temps d'urgence il lui donne un secours. Oui, Joseph fournit ce que la famine avait ôté, il donne au peuple ce que la stérilité lui refusait, il accorde à tous ce qu'une cruelle urgence leur enlevait. Par la prévoyance d'un seul, tous sont nourris ; par la sagesse d'un seul, les peuples se remplument. Personne n'est venu auprès de Joseph et n'a eu faim, personne ne l'a vu et ne s'est éloigné sans nourriture. Car Joseph

---

[8] Le texte, à partir de *distrahendi*, semble incompréhensible. L'éditeur a voulu le rendre intelligible en supposant un *ab eo*, antécédent de *qui* et représentant sans doute *Ioseph*, ce qui implique de voir en *distrahendi* une forme passive, donc un adjectif verbal qu'il faudrait alors rattacher au sujet de *ite*. En réalité, *ab eo* ne permet pas d'expliquer *distrahendi*, qui, nominatif pluriel d'un adjectif verbal, est une forme passive et on ne peut comprendre qu'il faudrait distribuer ou vendre en détail les *cuncti mortales* ou *uniuersi* qui précèdent. *Exigendi* se heurte à la même objection. Il paraît tout aussi impossible de les interpréter comme des gérondifs au génitif, faute d'un substantif à quoi les rattacher, du type *facultas uidendi*, ou d'une postposition *causa* ou *gratia*. L'ensemble demeure donc incompréhensible sans supposer un texte corrompu. Nous avons donc corrigé le texte en tentant d'intervenir le moins possible et en supposant simplement dans les deux gérondifs une confusion entre *a* et *i*, confusions présentes ailleurs dans le manuscrit (cfr par ex. *diuersi* pour *diuersa* en 10, 4).

enim personam Christi portauit, qui fame spirituali exclusa, cunctis ad se uenientibus saginam pabuli celestis exibuit. Adeo distrahitur Ioseph, ut distractus est Christus et distrahitur a fratribus ut distractus est Dominus: a suis traditur, a proximis uenumdatur. Adeo distractus est ut redimeret, uenumdatus est ut saluaret. Yoseph distrahi potuit, mori non potuit, quia *mori pro populo* Christo Domino Dei iussu conuenit.

10. Quid agis nunc, inimica fraternitas, quid tecum cogitas, quid famis tempore meditaris? Audis esse frumenta in Egipto sed a quo prouisa sint nescis. Ecce pabula apud pharaonem addiscis, sed a quo | distrahantur non audis. Vrget te fames ut uenias, urget te inopia ut in Egiptum festinato descendas, urget iam tempus ut quod Yoseph sompniasse obrueras recognoscas.

11. Veni et uide Dominum quem feceras seruum, conspice inclitum quem distrahendum putasti in famulum. Veni ad orandum quem audieras adorandum in sompno. Posses enim mox cognoscere fratrem si non in seruum uenderes sompniatorem.

12. Igitur postquam urgente fame in Egiptum Ioseph fratres uenerunt, agnoscit eos ipse nec ab eis agnoscitur. A fratribus non dinoscitur sed eos ipse dinoscit. Illos enim simplex cultus ostenderat, illum dignitas qui fuerat obtegebat: fulgebat enim habitu, fulgebat gloria, fulgebat

---

103 cfr Ioh. 18, 14

99 adeo *ed.*] a deo *W* **101** adeo *ed.*] a deo *W* **105** tempore *ed.*] temporem *W* frumenta *ed.*] frumentum *W*

a assumé le rôle du Christ[9], qui a chassé la famine spirituelle et donné à tous ceux qui viennent à lui la nourriture fortifiante des pâturages célestes. De plus Joseph est vendu comme le Christ a été vendu, et il est vendu par ses frères comme le Seigneur a été vendu : il est livré par les siens, mis à prix par ses proches. Et même il a été vendu pour racheter, mis à prix pour sauver. Joseph a pu être vendu, mais il n'a pu mourir, car mourir pour le peuple appartient au Christ Seigneur selon la volonté de Dieu.

10. Que vas-tu faire maintenant, haineuse fratrie, à quoi réfléchis-tu, que médites-tu au temps de la famine ? Tu entends dire qu'il y a du blé en Égypte, mais tu ignores qui y a veillé. Tu apprends qu'il y a du ravitaillement chez Pharaon, mais qui le distribue, tu ne l'entends pas dire. La faim te presse d'y aller, la disette te presse de descendre au plus vite en Égypte, le temps désormais te presse de reconnaître le rêve de Joseph que tu avais enseveli dans l'oubli.

11. Viens et vois un seigneur dans celui dont tu avais fait un esclave, contemple dans sa gloire celui que tu avais pensé devoir vendre comme serviteur. Viens prier celui que tu devais adorer selon le songe que tu avais entendu. Tu aurais pu vite reconnaître un frère si tu n'avais vendu comme esclave celui que tu prenais pour un rêveur.

12. Et donc, quand, poussés par la faim, les frères de Joseph sont arrivés en Égypte, lui les reconnaît mais ils ne le reconnaissent pas. Ses frères ne le distinguent pas mais lui les distingue[10]. Car la simplicité de leur tenue les avait fait reconnaître tandis que sa dignité cachait celui qu'il avait été : il était en effet dans l'éclat de la position, dans l'éclat de

---

[9] L'expression *personam Christi portauit* pose un problème d'interprétation. En effet, lorsque Tertullien et Cyprien proposent une interprétation christologique de Joseph, ils emploient plutôt le terme de *figura* pour le premier (*Aduersus Iudaeos* 10, 37) et *typus* pour le second (*Ad Quirinum* 1, 20), terme que l'on retrouve chez Ambroise (*De Ioseph* 3, 11 notamment). La notion de *persona* sous-tend que Joseph n'est pas seulement un type allégorique du Christ, mais « incarne » déjà le Christ (cfr R. BRAUN, Deus christianorum. *Recherches sur le vocabulaire doctrinal de Tertullien*, 2e éd., Paris, Ét. Aug., 1977, p. 207-242), sans compter que l'expression, pour l'époque (IVe-Ve s.), joue un rôle crucial dans les débats théologiques. Il semblerait donc que la *persona Christi* va ici un peu au-delà de la simple « figure du Christ » (sens exégétique de *figura* ou de *typus*). D'ailleurs, la notion de *persona* est absente en ce sens du traité exégétique du donatiste Tyconius, le *Liber regularum*.

[10] Jeu de mots intraduisible entre *agnoscere* et *dinoscere*.

potencia. Denique illi adorant et ille dissimulat, illi suspiciunt et ille auertitur, illi uenerantur et ille potestate censoria comminatur.

13. Sed postquam cuncta Dei nutu completa sunt et Yoseph recognosci se uellet a fratribus, iussit omnes Egiptios a se discedere, iussit cunctos extraneos sui absenciam procurare et lato ore prorupit in uocem : *"Ego sum Yoseph, frater uester, quem uendidistis in Egiptum. Nolite itaque, fratres, nolite metuere.* Ego enim iniurie nichil retineo, ego cuncta concedo, ego enim culpam ignosco." Tunc ad patrem misit cognacionem et eum uocauit, distractoribus suis ignouit et ipse cum suis beatus in gloria et dignitate permansit.

123/124 Gen. 45, 4-5

126 cognacionem *W*] cogere coram *ed.*

la gloire, dans l'éclat de la puissance. Finalement ils se prosternent, et lui dissimule, ils le regardent à la dérobée, et lui se détourne, ils le vénèrent, et lui les menace de son pouvoir de censeur[11].

13. Mais quand tout eut été accompli selon la volonté de Dieu et que Joseph voulut se faire reconnaître des siens, il ordonna à tous les Égyptiens de s'éloigner de lui, il ordonna à tous les étrangers à sa famille de bien vouloir prendre congé et d'une voix forte il éclata : « Je suis Joseph, votre frère, que vous avez vendu pour l'Égypte. Mais non, mes frères, n'en concevez nulle crainte, car du tort que vous m'avez fait je ne retiens rien, je vous fais remise de tout, je vous pardonne en effet votre faute. » Alors il envoya à son père sa parenté pour l'appeler à lui, il pardonna aux siens qui l'avaient vendu et, en leur compagnie, il eut le bonheur de demeurer dans sa gloire et sa dignité.

---

[11] Sur l'importance ici de l'expression de *censoria potestas* pour dater ce sermon, voir *infra* l'article de Philippe Blaudeau.

10
De sabbatismo

1. | Christiane fidei congruit semper inmensitatem operum diuinorum iugi admiracione instanter cogitare animo, perspicere sensu, narrare sermone ut dum in hiis semper deuote uersatur, ex creatura creatorem agnoscat, ex opere opificem senciat, ex factura factorem suspiciat ueneretur ac timeat. Hac de causa efficitur ut et se noscat et Deum intelligat et sui noticiam habeat et Dei potenciam extimescat.

2. Nec enim quisquam hominum poterit creatorem cognoscere nisi eius creaturam tractando pernoscat. Aut quid tante potencie esse debeat poterit inueniri, nisi creature famulatum et cunctarum rerum obsequium cogitando potuerit uestigare, ut prouocatus exemplo, tanto magis sibi seruiendum cognoscat quanto cuncta seruire genitori intelligat. Nec se solum rebellem esse pacietur cum cognouerit magis sibi esse parendum, cui ista cogitare uel noscere prae omni creatura Deus ipse permiserit.

3. Nam nemo qui nesciat in praeteritum Hebreis uacacionem sabbati idcirco diuinitus esse imperatam ut memoria operum Dei et mundi fabricae recordatio per septenos dies ita celebraretur a cunctis ut dum singula perspicerent, diuersa tractarent, tantarum rerum ac talium mirantes artificem, non modo eius laudibus occupati sed ab omni mundana cura tunc uacui, iusticie opera hiis saltem frequentantes diebus, si quas forte ceteris diebus contraxerant culpas, hac die purgarent atque corrigerent, ut ex sabbatorum diebus cognoscerent qualiter

---

3/5 ex – timeat] cfr Rom. 1, 20   15/17 uacacionem – dies] cfr Ex. 20, 8 et 20, 11

tit. sabbatismo *nos*] sabba~simo *W ut uid.*, sabbato *ed.*
2 cogitare animo *interp. ed.*] cogitare. Animo *W*   **5** timeat. Hac *interp. et corr. ed.*] timeat ac *W*   **9** inueniri *W*] inuenire *ed.*   **10** exemplo, tanto] exemplo tanto, *interp. ed.*   **11/12** intelligat. Nec] intelligat, nec *interp. ed.*   **13** parendum, cui *interp. ed.*] parendum. Cui *W*   **16** diuinitus esse *ed.*] esse diuinitus esse *W* imperatam ut *interp. ed.*] imperatam. Vt *W*   **18** *ante* perspicerent *del.* persi *W*
22 corrigerent, ut *interp. ed.*] corrigerent. Vt *W*

10
De l'observation du sabbat

1. La foi chrétienne implique que toujours l'esprit médite profondément, avec une constante admiration, sur l'immensité des œuvres divines, que l'intelligence la comprenne, que la parole la raconte : alors, en s'y consacrant toujours avec ferveur, la foi reconnaît dans sa création le créateur, elle sent dans son art l'artisan, elle admire dans son œuvre l'ouvrier, l'adore et le craint. De cette façon, on accède à la connaissance de soi et à l'intelligence de Dieu, on finit par se connaître soi-même et par craindre la puissance de Dieu.

2. Et, en effet, aucun être humain ne pourra connaître le créateur s'il n'approfondit la connaissance en étudiant sa création. Il ne pourra pas non plus découvrir ce qui doit relever de sa puissance, si sa pensée n'a pu déceler que la création est servante et que tout ce qui existe est obéissance ; ainsi, interpellé par cet exemple, il reconnaîtra d'autant plus la nécessité de sa servitude qu'il comprendra que tout est au service de celui qui a engendré. Et il ne supportera pas d'être le seul à se rebeller, quand il reconnaîtra qu'il lui faut d'autant plus obéir que c'est à lui plus qu'à toute autre créature que Dieu lui-même a permis de penser et de connaître tout cela.

3. Car il n'y a personne qui ignore que, dans le passé, la vacance[12] du sabbat a été ordonnée par Dieu aux Hébreux pour que la mémoire des œuvres divines et le souvenir des sept jours où le monde a été fait soient célébrés par tous ; ainsi, par l'examen séparé des choses et l'étude de leur diversité, en admirant l'artisan de si grandes et si merveilleuses créations, ils se consacreraient non seulement à le louer mais encore, libérés des occupations ordinaires, ils se voueraient pendant ces jours uniquement aux œuvres de justice, et s'ils avaient commis des fautes pendant les autres jours, ils en profiteraient pour les expier et les réparer. Ainsi,

---

[12] *Vacationem* : l'hébreu *shabbat* (שבת) signifie « cessation, absence ». Il est impossible de le traduire, comme on le fait d'ordinaire, par « repos », car tout le sermon tend à expliquer que le sabbat n'est pas un jour de repos, mais un jour « vide » de péchés (*peccata, culpae, delicta*) pendant lequel il est possible de travailler, mais sans commettre de péchés et pour s'exercer à la justice. Nous l'avons donc rendu par « vacance », qui au singulier conserve un peu de son origine étymologique (le vide) et renvoie aussi au repos. Dernier avantage : on peut maintenir la contiguïté étymologique avec *vacare* « vaquer », à la fin du sermon.

ceteris diebus uiuere debuissent, ut et ea dies bonis operibus adsueta ceteris diebus uiuendi formam induceret et iusticie exempla cunctis temporibus propagaret.

4. Vnde Cristus, eiusdem sabbati Dominus et interpres, diuersa curarum mirabilia uirtutum | in salutem hominum sabbatis exercebat. Ostendens atque demonstrans hunc diem maxime sanctis operibus frequentandum, ipse enim dixit: *Obserua diem sabbatorum ut sanctifices eum,* ut operis mundani uacacio misericordie operibus pensaretur, ut ex sese ostenderet quid cunctos sub sabbato constitutos operari die uoluisset. *Dicite,* inquid, *mihi: licet hominem sabbato saluare aut perdere, animam uiuificare an interficere? Bos* enim tuus si sabbato ceciderit *in foueam,* nonne extrahis eum? Igitur *licet sabbato benefacere.* Nam cecum a natiuitate sabbatis oculauit, paraliticum triginta septem annorum sabbato plene ac perfecte curauit. Aridam manum hac die in statum pristinum reddidit. Spicas discipulos ista die uellentes Dauid exemplo defendit. Et ne singula recensendo moremur, scripture testimonio hoc quod dicimus comprobemus. Prophetam, inquid, persequebantur Iudei Christum quia ista sabbato faciebat, sicuti ad eos Dominus dixit: *Indignamini,* inquid, *michi qui totum hominem sabbato curaui.* Et ne solius Dei obtulisse uideamur exemplum, Heliseus propheta sanctissimus uidue filium unicum mortuum sabbato suscitauit, Ierico ciuitatem Ihesus Naue filius cum populo sabbato

---

26 sabbati Dominus] cfr Matth. 12, 8 **29/30** Deut. 5, 12 **32/33** cfr Marc. 3, 3-4; Luc. 6, 9 **33/34** Bos – benefacere] cfr Matth. 12, 11-12 **35** cecum – oculauit] cfr Ioh. 9, 1-14 **35/36** paraliticum – curauit] cfr Ioh. 5, 1-17 **36/37** Aridam – reddidit] cfr Matth. 12, 10-13; Marc. 3, 1-5; Luc. 6, 6-10 **37/38** Spicas – defendit] cfr Marc. 2, 23 et 28 **41/42** Ioh. 7, 23 **42/44** Heliseus – suscitauit] cfr IV Reg. 4, 8-37 **44/45** Ierico – uicit] cfr Ios. 6, 15-16

23 debuissent, ut *interp. ed.*] debuissent. Vt *W*   et *corr. ed.*] est *W* **26** interpres diuersa *corr. ed.*] interpretes diuersi *W*   **30** uacacio *ed.* (-tio)] uacuacio *W* **32** *post* perdere *iter. et del.* aut *W* **33** uiuificare *W*] saluificare *ed.* **42** solius dei *ed.*] solius deo *W* **43** uidue] *ex* uiuidue *corr. W*, ui induc *leg. ed.* qui uidue *corr.*

ils apprendraient grâce aux jours de sabbat comment ils auraient dû vivre les autres jours. Ainsi, ce jour consacré aux œuvres bonnes donnerait un modèle de vie pour les autres jours et prolongerait aussi les exemples de justice pour tous les temps.

4. C'est pourquoi le Christ, maître et interprète du sabbat, accomplissait toutes sortes de guérisons miraculeuses pendant les jours de sabbat pour le salut des hommes. Montrant et prouvant que ce jour-là, plus que tout autre, devait être consacré aux œuvres saintes, lui-même a dit : « Observe le jour du sabbat pour le sanctifier », pour que la place laissée vide par les occupations ordinaires fût occupée par les œuvres de miséricorde, pour montrer par son exemple ce qu'il a voulu que tous ceux qui sont soumis au sabbat fissent ce jour-là. Il disait : « Dites-moi ce qui est permis le jour du sabbat : guérir un homme ou le laisser mourir, rendre la vie à une âme ou la laisser se perdre ? En effet, si ton bœuf le jour du sabbat tombe dans une fosse, ne vas-tu pas l'en sortir ? » Il est donc permis de faire le bien le jour du sabbat. C'est ainsi qu'il a donné la vue à un aveugle de naissance le jour du sabbat, rendu pendant le sabbat une santé pleine et parfaite à un homme paralysé depuis trente-sept ans. Il a ramené le même jour une main desséchée à son état premier. En se fondant sur l'exemple de David, il a défendu ses disciples, qui arrachaient ce jour-là des épis. Et, pour ne pas nous attarder à énumérer tous les cas un par un, pour prouver ce que nous disons, faisons appel au témoignage de l'Écriture, qui dit que les Juifs, tenant le Christ pour un prophète, le persécutaient parce qu'il accomplissait ces actes le jour du sabbat ; voici ce que le Seigneur leur dit : « Vous vous indignez contre moi, qui ai complètement guéri un homme le jour du sabbat[13]. » Et pour ne pas qu'on ait l'impression que je cite seulement l'exemple de Dieu, le très saint prophète Élisée a ressuscité le fils unique d'une veuve le jour du sabbat[14] ; Jésus, le fils de Navé, prit la ville de Jéricho avec son peuple un jour de sabbat[15]. Les

---

[13] Cfr Ioh. 7, 23.

[14] Cfr IV Reg. 4, 8-37 : Confusion avec l'huile de la veuve. La femme de 8-37 n'est pas veuve et son fils n'est pas ressuscité le jour du sabbat, mais en semaine (le texte le dit explicitement).

[15] Encore une fois, le texte de *Josué* 6 ne dit pas que Jéricho a été prise le jour du sabbat, mais « le septième jour » après l'arrivée des Juifs.

45 uicit. Machabei sabbato non pugnando uicti sunt, pugnando uicerunt. Vnde ueteribus ac nouis probatur exemplis uacacionem sabbati culpe esse non uictus, peccatorum esse non operum; a delicto uacandum, non a negotiis esse cessandum. Dum enim diuina opera cogitantur et uirtutum effectus implentur, uiciorum memoria aboletur et salutis
50 lucra conduntur.

5. Bona sunt, o homo, quae instituit Deus. Prius hac die septima requieuit, hanc diem benedixit, hanc sanctificauit, hanc uacacione ipse primus dedicauit. Hac denique in meditacione operum suorum in effectum salutarium rerum te quoque uacare praecepit. *Vacate,* inquid,
55 *et cognoscite quia ego sum Dominus.* Qui bonus | a bono effectus es, 10rb mala operari non debes. Imitator creatoris existe ut bonis operibus deditus factoris Dei exemplum gaudeas imitatus; sancti actus occupent uitam et tunc numquam meditaberis culpam; si salutaribus uacetur officiis, in opere manus non dabitur uiciis. Tunc scies non ab opere
60 uictus sabbato esse uacandum, cum cognoueris tibi iusticiam exercendo numquam esse peccandum.

---

45 Machabei – uicerunt] cfr I Mach. 2, 38-41   **54/55** Ps. 45, 11 (cfr etiam Ex. 2, 20; Ioel 2, 27 etc.)

45 pugnando² *nos*] pugnandi *W*, pugnantes *ed.*   **46** nouis *ed.*] nobis *W*   **51** quae instituit *ed.*] qui instituire *W*   **53** hac denique *ed.*] hac. Denique *interp. W*

Macchabées qui refusaient le combat[16] pendant le sabbat ont été vaincus, ils furent vainqueurs en combattant. Ainsi, les anciens comme les exemples récents prouvent que la vacance du sabbat est celle de la faute, non celle de l'activité, celle des péchés et non des occupations ; il faut s'abstenir du péché et non renoncer à toute occupation. En méditant les œuvres de Dieu et en accumulant les actes vertueux, on efface le souvenir des actes vicieux et on se ménage des avoirs en vue du salut.

5. Bonnes, ô hommes, sont les institutions de Dieu. Il a commencé par se reposer le septième jour, il a béni ce jour, il l'a sanctifié, il l'a lui-même, le premier, consacré par une vacance. Il a prescrit que, toi aussi, tu consacres une vacance à cette méditation de ses œuvres en vue de la réalisation d'actions salutaires. Vaquez, dit-il, et reconnaissez que je suis le seigneur. Toi qui es devenu bon par la pratique du bien, tu ne dois plus faire le mal. Deviens un imitateur du créateur afin que, te consacrant aux bonnes actions, tu te réjouisses d'avoir imité l'exemple du Dieu créateur. Que les saintes actions remplissent ta vie, alors tu ne songeras plus jamais à faillir. Si tu vaques à des occupations salutaires, dans cette action tu ne donneras pas prise aux vices. Tu sauras que, pendant le sabbat, il ne faut pas s'abstenir de toute action de la vie courante quand tu reconnaîtras qu'en pratiquant la justice tu ne commets aucun péché.

---

[16] Il ne serait pas impossible de conserver le *pugnandi* du manuscrit : l'adjectif verbal en *-ndus* remplace parfois en latin tardif le participe futur en *-turus*, cfr J. B. HOFMANN et A. SZANTYR, *Lateinische Grammatik*, II : *Syntax und Stylistik*, Münich, 1997 [1965], p. 370, § 3 (*tranandus* pour *tranaturus* in *Culex* 260, *cenandus* pour *cenaturus*, *militandus* pour *militaturus* dans la *Règle des Bénédictins* [VIe siècle], etc.). Il nous semble cependant que la finale en *-i* de *pugnandi* peut avoir été entraînée par *victi* et qu'ici, le parallélisme *non pugnando / pugnando* s'impose.

II
Incipit alius de uirtutibus per legem,
id est per archam testamenti factis,
et inde maiestas uenerande legis ostenditur.

1. Si in origine mundi prothoplausti Dei iussa seruassent, si ex ipsis post nata progenies nature iura intra certa metarum spacia coherceret, numquam nec Dominus offenderetur, nec dyabolus grassaretur. Proinde nec mors dominaretur in homine, nec diuerso iudiciorum genere mortalium milia cederentur dum aut diluuio scelerata merguntur, aut Sodomite imbre flammifero abolentur, aut Egiptii post plagas innumeras mari rubro digne ac merito delentur.

2. Quibus post clades Israelitis Dominus in heremo Legem constituit, iura conscripsit, praecepta signauit. Liberati enim parere debuerant in legibus Domino qui paruerant pharaoni in Egipto, ut liberatori Deo seruirent qui praedoni ante seruierant et gratum Deo exiberent obsequium qui non ociosum exibuerant seruitutis officium, et quamuis ab exordio mundi sine lege homo non fuerit, quam Legem et Abel sanctissimus nouerat et Enoch translatus perfecerat et Noe arche fabricator impleuerat. Ceterique sancti seruauerant aut prophani contempnendo perierant, tamen liberatus ab Egipto populus euidencius fuerat instruendus ut et quid obseruaret addisceret et quid declinaret audiret.

3. O miranda benignitas Dei, o liberati in exitu populi! Imponitur scribendum Legis necessitas Deo. In litteris uoluntas eius exprimitur et salutaria | iura populo liberato conduntur ut tanto sollicicior populus redderetur quanto sua manu scriptam Legem eis dedisse Dominum

---

4/5 diuerso – merguntur] cfr Gen. 6, 13-7, 21 **6** Sodomite – abolentur] cfr Gen. 19, 24 **6/7** Egiptii – delentur] cfr Deut. 28, 59-60 **13/15** Abel – impleuerat] cfr Hebr. 11, 4-7 et Eccli. 44, 16-18

2 progenies *ed.*] proienies *W* **3** dominus *ed.*] dominis *W* grassaretur] crassaretur *W* **5** cederentur] *lege* caederentur **7** merito *W*] merite *ed.* delentur *ed.*] delerentur *W* **11** *ante* gratum *del.* gratiam *W*

II
Ici commence un autre ⟨sermon⟩ sur les prodiges accomplis grâce à la Loi à savoir l'Arche d'alliance, et de là est montrée la majesté de la Loi vénérable.

1. Si, aux origines du monde, le premier couple créé avait obéi aux ordres de Dieu, si la descendance qui en naquit ensuite maintenait le droit naturel dans les limites fixées, jamais le Seigneur ne serait offensé, jamais le diable n'attaquerait. En ce cas, la mort ne règnerait pas sur l'humanité, des condamnations différentes n'entraîneraient pas le massacre de milliers de mortels : le Déluge noie des agissements scélérats, la pluie de feu efface les Sodomites, les Égyptiens, après d'innombrables plaies, sont détruits par la Mer Rouge, et c'est bien mérité.

2. Après ces désastres, pour les Israélites le Seigneur dans le désert établit la Loi, en fixa par écrit les articles, en scella les préceptes. Une fois libres, ils avaient dû obéir au Seigneur dans ses Lois après avoir obéi à Pharaon en Égypte, si bien qu'ils se soumirent à Dieu, qui les avait libérés, après s'être soumis auparavant à un bandit, et qu'ils firent preuve envers Dieu d'une obéissance reconnaissante alors qu'auparavant ils s'étaient trouvés dans une accablante situation d'esclavage. Depuis le commencement du monde, l'homme n'était pas demeuré sans Loi : cette Loi, Abel le juste l'avait connue, Énoch l'avait transmise et complétée, Noé le constructeur de l'arche et tous les autres justes l'avaient respectée, et les criminels qui en avaient fait fi en étaient morts. Pourtant, il fallait absolument que ce peuple, une fois libéré d'Égypte, reçoive ses commandements, pour qu'il sache bien ce qu'il devait observer et qu'il apprenne ce qu'il devait rejeter.

3. Admirable bonté de Dieu, foule libérée par l'exode ! Ecrire la Loi s'impose à Dieu comme une nécessité, des lettres expriment sa volonté et un droit qui procure le salut est établi pour le peuple libéré afin que le peuple soit rendu d'autant plus scrupuleux qu'il était certain que le Seigneur leur avait donné une Loi écrite de sa propre main. Ce que

nosceretur. Pendet uoluntas Legis in arbitrio hominis, ius diuinum hominum uoluntati committitur ut de electione hominis iudicium
25 celeste nascatur: audit quid gerat, discit quid fugiat. Instruitur et docetur quid de obseruancia quidue de contemptu proueniat; fit beata uoluntas si fidei uoluntati consentiat.

4. Gaudet et Deus si homo in Lege proficiat; fit enim felix hominis causa si ei obseruantia attulerit uitam nec contemptus illi adferat
30 penam. Quid agis, contemptor, Deo quam excusacionem obtendis? Propter te tabule lapidee inciduntur, propter te ab eo Lex tota conscribitur ut tibi obseruande Legis formido nascatur.

5. Respice maiestatem eiusdem Legis diuersis uirtutibus operatam dum Iordanis fluuius praesencia eius siccatur, dum in medio aluo uie
35 spacium aperitur et uniuerso populo iter mirabile exhibetur. Respice, inquam, Iordanem fluuium cuius aquarum procliuitas impetum perdit, cuius institutum Lex ipsa mutauit, dum in se replicato impetu festinans unda rediit. Statuitur, quin ymmo unde uenerat reuocatur nec solitos potuit cursus repetere donec populum totum cum archa
40 conspiceret pertransisse.

6. Ierico ciuitas uallata muris, portis clausa, armatis instructa eiusdem Legis praesenciam ferre non potuit. Non enim aries uiolenter saxa contundit aut ars bello perita aliqua machinamenta composuit aut trabifero libramine dispositos impetus in muros iracundus miles excus-
45 sit, quibus aut demolirentur turres aut saxa excluderet aut portas effringeret. Sed solo septimo per septem dies confecto circuitu una ipsa exclamatione tot cum portis et turribus corruerunt.

39/40 populum – pertransisse] cfr Ios. 3, 14-17   **46/47** Sed – corruerunt] cfr Ios. 6, 20

38 *post* statuitur *add.* ⟨fluvius⟩ *ed. in spatio 6/7 litteris uacuo relicto in* W   **43** aut' *ed.*] ut W   **44** libramine *ed.*] libamine W   **47** *post* tot *add.* ⟨i muri⟩ *ed. in spatio 8/9 litteris uacuo relicto in* W

veut la Loi est lié à la responsabilité de l'homme, le droit de Dieu est confié à la volonté des hommes, de sorte que du choix de l'homme naît le jugement du Ciel. Il entend ce qu'il doit faire, il apprend ce qu'il doit fuir. Il est informé et instruit sur les fruits de l'observance et du refus. Bienheureuse la volonté si elle est en accord avec ce que veut la foi.

4. Dieu aussi se réjouit si l'homme progresse dans la Loi, en effet la cause de l'homme est gagnée si l'observance de la Loi lui a valu la vie et si aucune transgression de celle-ci ne lui vaut de sanction. Que vas-tu plaider, toi qui transgresses la Loi de Dieu ? quelle défense vas-tu mettre en avant ? C'est à cause de toi que les tables de pierre sont gravées, à cause de toi qu'il rédige toute la Loi pour que naisse la peur qui te fera observer la Loi.

5. Considère la majesté de cette Loi. Plusieurs prodiges en manifestent la puissance : c'est sa présence qui assèche le Jourdain, au milieu de son lit elle ouvre un chemin, à tout le peuple elle offre un passage miraculeux. Oui, considère le Jourdain : malgré sa pente, ses eaux ne courent plus, la Loi a changé ce qu'elle lui avait fixé, le flot revient sur lui-même et l'eau se rue en arrière. Il s'arrête, que dis-je ?, il est rappelé vers l'amont, et il ne peut reprendre son cours habituel qu'après avoir vu l'ensemble du peuple traverser avec l'Arche.

6. La ville de Jéricho, malgré les remparts qui la fortifiaient, les portes qui la fermaient, les hommes d'armes qui y étaient cantonnés, ne put résister à la présence de la Loi. Ce n'est pas en effet le bélier qui vint frapper violemment les pierres, ni une habile tactique qui rassembla des engins de siège, ni le soldat furieux qui lança grâce aux poutres d'une catapulte des assauts organisés contre les murs pour jeter à bas les tours, faire sauter les pierres, briser les portes. Mais, après qu'on eut fait le tour de la ville pendant sept jours, il a suffi le septième jour d'une seule clameur pour que tout cela s'écroule, y compris les portes et les tours.

7. Taceo istius Legis maiestate Amorreorum gentes esse deletas, sileo Azotos diuersis plagis affectos, taceo unum ex populo indignum loco, indignum merito. Qui cum | eandem arcam impudenter attingeret, 10vb interiit. Hancne Legem quisquam audet contempnere? Huius Legis iura impune aliquis poterat uiolare? Pro nefas! Expauescit fluuius, muri cadunt, gentes pereunt et homines desperata mente contendunt. Humanas leges nullus unquam sine pena contempsit. Nullus sine gloria obseruauit; principum iussa, edita, iudicium cuncti formidant; quanto sollicicius diuina implenda sunt que eundem habent iudicem quam

---

48 maiestate – deletas] cfr Ios. 24, 18 **49** Azotos – affectos] cfr I Reg. 5, 6 **50/51** Qui – interiit] cfr II Reg. 6, 6-7

49 *post* taceo *add. dubit.* uirum *aut* hominem *ed. in spatio 5 litteris uacuo relicto in W* **55** iussa, edita *nos*] iussa edita *interp. ed.*

7. Je ne dis rien de la destruction des tribus Amorrhéennes par la majesté de la Loi, je passe sous silence les diverses plaies qui ont touché les gens d'Ashdod, je ne dis rien du seul homme[17] du peuple, indigne de sa place, indigne de sa fonction[18] : il eut l'audace de toucher l'Arche et en périt. Cette Loi, est-il quelqu'un qui ose la refuser ? Les prescriptions de cette Loi, quelqu'un pouvait-il les violer impunément ? Quel sacrilège ! Un fleuve est saisi d'effroi, des murs s'écroulent, des peuples périssent, et des hommes se battent sans espoir. Jamais personne n'a transgressé les lois humaines sans être puni, personne ne les a respectées sans être honoré. Les ordes, les édits, la justice des princes[19], tous les craignent : combien plus faut-il s'inquiéter d'être en règle avec les Lois divines, qui ont pour juge celui-là même qui les a établies. Jamais

10vb

---

[17] Après *taceo*, le copiste a laissé un blanc dans lequel pourrait entrer, comme le signale Leroy, le mot *uirum* ou *hominem*. *Virum* est sans doute préférable car sa proximité avec *unum* peut expliquer son omission, mais on peut aussi comprendre sans restituer aucun mot.

[18] L'incident est tiré de II Reg. 6, 6 : *Postquam autem uenerunt ad aream Nachon, extendit manum Oza ad arcam Dei et tenuit eam quoniam recalcitrabant boues. Iratusque est indignatione Dominus contra Ozam et percussit eum super temeritate qui mortuus est ibi iuxta arcam Dei*. Lors du transfert de l'Arche, les lévites l'ont manipulée sans dommage car ils sont qualifiés pour le faire. En revanche, Oza ne l'est pas (il n'est qu'*unus ex populo* dans notre texte), et s'il meurt pour l'avoir touchée, c'est qu'il n'était ni à sa place normale (*loco*) ni dans sa fonction (un des sens de *meritum*). *Indignum* reprend donc ici *indignatio* de la Vulgate avec le même sens d'acte déplacé. Oza a été chargé de conduire l'arche (II Reg. 6, 3-4), mais il s'est montré indigne de cette place et de cette fonction, en ayant l'audace, sans réfléchir (c'est la *temeritas*), de la toucher. Nous avons compris *indignum merito* comme signifiant « indigne de cette fonction », *meritum* ayant bien le sens de « action par laquelle on acquiert des droits à la reconnaissance de quelqu'un et à une récompense ».

[19] En raison de *eumdem iudicem quam auctorem*, il faut comprendre *iudicium* comme désignant l'appareil judiciaire : quand il s'agit de Yahvé, législatif et judiciaire sont confondus. Dans les royaumes de la terre, ils sont distincts, même si au total tout dépend des mêmes : ce ne sont pas les mêmes qui légifèrent et qui jugent, même si c'est toujours au nom du prince. Si l'on ne comprend pas ainsi, *eumdem iudicem*, etc. ne peut avoir de sens. Du coup, il est très probable que la ponctuation de l'éditeur est erronée pour *iussa edita, iudicium* : la juxtaposition de *iudicium* à *iussa edita* est en effet assez choquante : il s'agit d'une énumération à trois termes *iussa, edita, iudicium* (*edita* étant une variante de *edicta*).

habent auctorem. Nullus aliquando seruiendo offendit, nullus contempnendo promeruit. Numquam contumacia inuenit praemium. Numquam obseruancia perdidit beneficium.

8. Te iam, homo Dei, conuenio, tua obsequia quae a te debentur exquiro. Propter te fluuius Iordanis expauit, Ierico ciuitas corruit, Amorrea nacio interiit. Accipe de transactis exemplum, sume de praeteritis salutare iudicium: metue Legem ut tunc Iordanis metuit fluuius, cade adorando ut Ierico concidit murus, time ne incidas contempnendo quemadmodum Amorreorum incidit populus. Non enim Lex hic propter Iordanem data est ut timeret, aut propter Amorreorum populum ut periret. Tibi antiquitas negocium gessit. Tibi Dominus uirtutum gloriam procurauit ut te signa excitent, miranda prouocent, uirtutes instigent. Poteris enim obseruando uiuere, contempnendo multos conspicis interisse.

9. Dictum est de decalogo, dicendum nobis est de euangelio. Et quamuis decalogus et euangelium unum habeant eundemque auctorem, tamen decalogi uirtutes facile numerantur, euangelii uero numerari non possunt. Non enim uirtutes eius a solo Christo perfecte sunt, cum constet apostolos sanctos maiora eciam ipsos fecisse et in ecclesia numquam ista cessasse dicente ipso Domino: *Si credideritis, maiora hiis facietis.*

10. Testimonium uirtutis probacio est qualitatis; nec enim potest uirtus deesse qua ueritate Dominus consuetus est demonstrari. Sed et illa quae per decalogum gesta sunt, eciam in nouo gesta esse noscuntur, ut perfectio euangelii eciam decalogi secum | spiritualiter gesta contineat. Fluuius enim Iordanis qui aliquando Legem diuinam expauit, nunc et placidus Christum Dominum baptizauit; Ierico ciuitas quae fuerat aliquando obstructa, quam hostes obcluserant, inimici fir-

---

76/77 Ioh. 14, 12

64 *post* ierico *del.* tunc *W* **69** instigent *ed.*] instingent *W* **74** sunt] *iter. et primum del. W* **75** *ante* apostolos *del.* apud sanctos *W* **79** est] *add. s.l. W* **83** *post* nunc *add.* etiam *ed. in spatio 5 litteris uacuo relicto in W* **84** fuerat *ed.*] fueras *W*

personne n'a eu de malheur en obéissant à la Loi, jamais personne n'a eu de bonheur en la transgressant. Jamais la rébellion n'a trouvé de récompense, jamais l'obéissance n'a manqué d'heureux effets.

8. Voici, homme de Dieu, que je viens à toi, j'exige de toi la soumission que tu dois. C'est à ton intention que le Jourdain a été saisi d'effroi, que Jéricho s'est écroulée, que le peuple des Amorrhéens a disparu. Prends exemple sur le passé, tire du passé une leçon salutaire. Crains la Loi comme en son temps le Jourdain l'a crainte, tombe pour adorer comme est tombé le mur de Jéricho, redoute de t'écrouler si tu transgresses la Loi comme s'est écroulé le peuple des Amorrhéens. Car, dans ces cas, la Loi n'a pas été donnée à l'intention du Jourdain pour qu'il eût peur, ou à l'intention de peuple des Amorrhéens pour qu'il pérît : c'est pour toi que l'ancien temps a mené cette entreprise, pour toi que le Seigneur a fait briller la gloire de ses prodiges, pour qu'ils soient des signes qui te fassent agir, des miracles qui t'interpellent, des prodiges qui te stimulent ; en observant la Loi, tu pourras vivre ; en la refusant, tu le vois bien, beaucoup sont morts.

9. Nous avons parlé du Décalogue ; il nous faut parler de l'Évangile. Et bien que le Décalogue et l'Évangile aient un même et unique auteur, on peut dénombrer aisément les prodiges du Décalogue alors que ceux de l'Évangile sont innombrables. Car ses prodiges n'ont pas été accomplis par le Christ seul, puisque l'on voit bien que les saints apôtres eux-mêmes en ont réalisé de plus grands encore, et que cela n'a jamais cessé dans l'Église, comme l'a bien dit le Seigneur : « Si vous avez la foi, vous accomplirez des prodiges plus grands que ceux-ci. »

10. Le témoignage que donne le miracle prouve l'identité de son auteur ; car on ne peut faire abstraction du miracle quand on veut montrer en toute vérité qui est le Seigneur. Mais les merveilles dont le Décalogue a vu la réalisation ont été aussi réalisées dans le Nouveau : l'Évangile en sa perfection contient aussi la réalisation de ces merveilles au niveau spirituel. Le Jourdain, qui un jour avait subi avec terreur la Loi divine, avait maintenant retrouvé son calme pour baptiser le Christ comme Seigneur ; Jéricho, qui un jour avait fermé ses portes, que les ennemis avaient barricadée, que les adversaires avaient fortifiée, que son

85 mauerant, rex ipse, id est dyabolus, de intus obsederat, uirtute Christi deiecta et euangelii maiestate prostrata, interfectis hostibus, id est spiritibus nequam subactis, christianis iam patuit et habitandi locum Dei famulis fecit Amorreorum gens, id est alienigenarum populus; per totum iam orbem diffusos non iam gladius alienigenorum Hebraeo-
90 rum peremit sed doctrina Christi in agnicionem ueritatis adduxit: *gladios* iam *in aratra* et *lanceas in falces* uertentes, spirituale certamen cum diabolo gererent et noua proelia cum demonibus committerent ut inter sese homines cum hominibus mitescant, inuicem pacis federa retinentes, solo cum hoste bella committerent et palmarum titulos cumu-
95 larent.

11. Quid de uirtutibus dicam quas ipse Christus exercuit, quid de euangelio quod prior ipse compleuit, quid de indulgentia quam contulit, quid de praemio quod promisit? Ad terras descendit ut nos leuaret ad celum, corpus induit ut spirituales efficeret, mortem obiit ut uitam
100 credentibus exhiberet. Nos peccauimus et Christus perimitur, nos contempsimus et ille mactatur. Quid pro tantis ac talibus reddimus, quid pro cunctis Christo Domino exhibemus? Exerce quantas poteris uires, excita animi deuocionem, non compensat quod facis si intelligas quod mereris. Omne obsequium praemio minus est, omnis seruitus futura
105 gloria leuis nec poteris merito compensare quod credis, cum idipsum ⟨quod⟩ credis extimare non possis.

12. Te iam christiane, conuenio, tua obsequia quae promittis exquiro. Te, inquam, conuenio, qui gremio uiri constringeris et hortamentis dominicis prouocaris. Tu in ueteribus instrueris, tu in nouis armaris;

---

91 Mich. 4, 3 et Is. 2, 4

86 spiritibus *ed.*] spiritualibus *W*   **88** fecit – gens] fecit. Amorreorum gens *interp. ed., qui scrips.* 'aliquid deesse uidetur post gens *vel* gentes *legendum*'   populus *W*] populos *ed.*   **89** alienigenorum] *om. ed.*   **90** *post* adduxit *add.* ut *ed.*   **103** compensat *ed.*] compensas *W*   **106** quod *rest. ed.*] *om. W*   **108** gremio uiri (geio uir') *W ut uid.*] genitoris lege *legit ed.*   **109** nouis *ed.*] nobis *W*

roi lui-même, c'est-à-dire le Diable, avait investie de l'intérieur, ses murs jetés à bas par la puissance du Christ et ruinés par la force de l'Évangile, les ennemis tués, c'est-à-dire les esprits mauvais terrassés, s'est désormais ouverte aux chrétiens, et la tribu des Amorrhéens, c'est-à-dire un peuple d'étrangers, a offert un séjour aux serviteurs de Dieu ; ce n'est pas l'épée des Hébreux, des étrangers pour eux, qui a éliminé ces gens dispersés dans le monde entier, mais c'est l'enseignement du Christ qui les a conduits à reconnaître la vérité : désormais, changeant les épées en charrues et les lances en faucilles, ils devaient engager contre le Diable un combat spirituel et affronter les démons en des batailles nouvelles pour que s'adoucissent les rapports entre les hommes, ils devaient, en observant chacun pour sa part les traités de paix, ne faire la guerre qu'au seul Ennemi et accumuler les palmes de victoire.

11. Que dirai-je des prodiges que le Christ a réalisés en personne, de l'Évangile qu'il a avant tout autre accompli en personne, du pardon qu'il a accordé, de la récompense qu'il a promise ? Il est descendu jusqu'à la Terre pour nous élever jusqu'au Ciel, il a pris un vêtement corporel pour faire de nous des êtres spirituels, il a affronté la mort pour donner la vie aux croyants. Nous avons péché, et c'est le Christ qu'on fait périr, nous avons refusé la Loi, et c'est lui qui est sacrifié. Pour tant d'admirables bienfaits, que donnons-nous en retour, pour eux tous que manifestons-nous au Christ notre Seigneur ? Fais usage de tes forces autant que tu pourras, éveille la ferveur de ton âme, si tu peux le comprendre, ce que tu fais n'est pas au niveau de ce que tu gagnes. Aucune soumission n'est à la hauteur de la récompense, aucune vie d'obéissance ne fait le poids devant la gloire future, et tu ne pourras pas égaler par ton mérite ce à quoi tu crois, puisque tu ne peux estimer à sa juste valeur cela même en quoi tu crois.

12. Alors, chrétien, je m'adresse à toi, j'exige de toi les actes d'obéissance que tu promets. Oui, je m'adresse à toi qui es enchaîné par la surveillance de l'Époux[20] et interpellé par les exhortations du Seigneur. Tu tires un enseignement de l'Ancien Testament, et des armes du Nou-

---

[20] Leroy édite ici *genitoris lege* sans aucune indication dans son apparat, alors que le manuscrit a l'abréviation *geio uir'*. Il nous semble plus prudent de lire *gremio uiri*, et de voir ici dans *vir* une allusion à l'Époux, donc au Christ (cfr par ex. Grégoire le Grand, *Hom. eu.* 17, 10), ce qui cadre mieux d'ailleurs avec l'allusion, dans les deux phrases suivantes, à l'Ancien Testament et au Nouveau.

110 tibi praeterita exempla proficiunt, tibi Christi merita procurantur. Fuge malorum contemptus | et bonorum appete famulatus nec poteris praemia promissa percipere nisi legum iussa contenderis adimplere.

veau. Les exemples du passé sont pour ton profit, les mérites du Christ pour ton bénéfice. Fuis les méchants et leurs négations, recherche les bons et leur dévouement car tu ne pourras recevoir les récompenses promises si tu n'as pas fait effort pour respecter complètement les prescriptions de la Loi.

11rb

13
De Gedeone

1. | Et factum est in illa nocte exierunt trecenti uiri cum Gedeone
contra Madian et Amalech et dedit singulis Gedeon *faces ardentes* et
ydrias et tubas et singulas dedit *in manus eorum et dixit ad eos: "Quod
me uideritis facientem*, hoc uos quoque facietis." Et signo dato con-
fregerunt ydrias, cecinerunt tuba et clamauerunt *una uoce dicentes:
"Gladius Deo et Gedeon."* Et expauerunt Madianite et exsurrexerunt
festinantes et percussi sunt demencia, ita ut sese ipsi suis gladiis interficerent. Illi uero trecenti adlucebant eis de facibus suis.

2. Exeunt trecenti uiri in bellum, non pugnatores sed testes, nec qui
bellum cum hostibus gererent sed qui geste rei relatores fuissent. Eunt
contra multos pauci, contra armatos inhermes, contra seuos inbelles,
Deo pugnante meliores, ut hostium furor qui in necem iustorum pro-
ruperat in semet conuersus sibi ipse existeret et populus Dei sine certamine belli, sine armorum potencia, uictoriam de hostibus reportaret.
Fiunt aduersarii repente [nec] suis qui fuerant nec nostris qui uene-
rant, fiunt, inquam, aduersarii nec nostris hostes nec suis parentes. In

---

1/6 Et – Gedeon] Iud. 7, 16-22

tit. *Titulum, qui abest in W, rest. ed. ex tabula titulorum*
4 hoc *ed.*] hic *W*   **7** *ante* ita *del. duas litteras W*   **9** in] *ex* ad *corr. s.l. W*
10 eunt] *iter. et primum del. W*   **12** meliores *ed.*] merores *W*   **15** nec¹ *seclusimus*] nec *W ed.*   *ante* fuerant *addendum* secum *uel* ibi *propos. ed.*   **16** parentes *W*] parcentes *leg. ed.*

13
De Gédéon

1. Et il advint qu'en cette nuit-là sortirent contre Madian et Amalech trois cents hommes, sous le commandement de Gédéon. À chacun d'eux Gédéon donna des torches enflammées, des cruches[21] et des cors, les leur remit individuellement en mains propres, et leur dit : « Ce que vous me verrez faire, vous le ferez vous aussi. » Et, au signal, ils brisèrent les cruches, firent résonner les cors, et clamèrent d'une seule voix : « Épée pour Dieu et pour Gédéon[22]. » Les Madianites, épouvantés, se levèrent précipitamment et furent frappés de démence, au point de retourner contre eux-mêmes leurs propres épées, et les trois cents les éclairaient de leurs torches.

2. S'en vont à la bataille trois cents hommes, non en guerriers mais en témoins, non pour livrer bataille à leurs ennemis mais pour être les narrateurs d'un haut fait. Ils vont, petit nombre contre une multitude, sans armes contre des gens armés, pacifiques contre des furieux, ils ont le dessus, car c'est Dieu qui combat, de sorte que la folie furieuse des ennemis qui s'était déchaînée pour un massacre des justes se trouva tournée contre elle-même, tandis que le peuple de Dieu, sans livrer bataille, sans la puissance des armes, remportait la victoire sur ses ennemis. Ils ont soudain en face d'eux des adversaires pour les leurs qui avaient été là, mais pas pour les nôtres qui étaient venus ; oui, ils ont en face d'eux des adversaires, qui n'étaient ni des ennemis pour les nôtres, ni des parents pour les leurs. En eux s'est établie cette double situa-

---

[21] Les cruches, *lagenae* ou *hydriae*, permettent de dissimuler la flamme des torches jusqu'au moment fixé par Gédéon.

[22] *Gladius Deo et Gedeon* : le texte de Iud. 17, 18 (*et conclamate : Domino et Gedeoni* ; et 17, 20 : *clamaueruntque : Gladius Domini et Gedeonis*) et l'ordre des mots conduisent à comprendre : « Notre épée pour Dieu et pour Gédéon », ce qui ne serait pas assimiler Dieu et Gédéon, mais le considérer comme médiateur, ce qui est parfaitement biblique. Mais il est vraiment surprenant qu'à trois lignes de distance, le même mot soit considéré comme déclinable (*cum Gedeone*) et indéclinable. Selon J.-N. Michaud (cf. son article *infra*), il faudrait soit corriger et écrire *Gedeoni*, soit traduire « Notre épée et Gédéon pour Dieu. » Nous avons pourtant préféré maintenir le texte du manuscrit.

istis constitit utrumque ut, suorum hostes effecti, contra se ipsos ipsi pugnarent: non filium parens, non parentem filius noscit; nemo | fratrem, nemo proximum nouit. Furor enim omnium dominans cunctos sibi hostes effecerat; festinant, properant, coguntur implere quae Dei potestas urgebat.

3. Indignum enim uisum est Deo scelerum tantorum reos iustorum manibus interire quominus demencie furore percussi ipsi iniquum quod merebantur inferrent. Turbatur enim mentis officium ubi sanitatis deest consilium nec facile rationis compos redditur cuius animus furore dominante cecatur. Prauitas cordis euersio est hominis, peruersitas uoluntatis pena est peccatoris. Supplicium enim desuper meruit cuius uoluntatem mentis prauitas immutauit. Cessat utile remedium ubi meritum prouocauit supplicium nec medentis medelam recipit quem diuina plaga in exemplum ceteris procurauit supplicium. Insanabilis cura est ubi medicina aduersa est, periclitatur reus cui iudex fuerit inimicus, inexorabilis efficitur pena cum seruus sic offendit ut Dominus placari non possit.

---

23 *ante* furore *del.* f *W*   **30** supplicium] *del. ed.*

tion²³, si bien que, devenus des ennemis pour les leurs, ils se battaient entre eux, les uns contre les autres : le père ne reconnaît pas son fils, le fils ne reconnaît pas son père ; personne ne reconnaît un frère, personne ne reconnaît un proche. En effet la folie furieuse qui les dominait tous les avait tous mués en ennemis d'eux-mêmes. Ils se hâtent, il se précipitent, ils ne peuvent s'empêcher d'accomplir ce que leur impose la puissance de Dieu.

12rb

3. Dieu n'a pas trouvé digne que des hommes coupables de si grands crimes périssent de la main des justes, ce qui les aurait empêchés de s'infliger eux-mêmes, frappés de folie furieuse, le malheur qu'ils méritaient²⁴. En effet, le fonctionnement de l'intelligence est perturbé quand un esprit malade perd sa lucidité, et il ne retrouve pas aisément la raison, celui dont l'âme est dominée et aveuglée par la fureur. La dépravation du cœur est la ruine de l'homme, la perversion de la volonté est la punition du pécheur. En effet, il a en outre²⁵ mérité son supplice, celui dont l'intelligence dépravée a dénaturé la volonté. Un remède bénéfique n'agit pas sur celui qui s'est attiré un châtiment mérité, et il est insensible au traitement, celui que son supplice, coup venu de Dieu, a donné en exemple à tous. Un malade est incurable quand les médicaments se retournent contre lui, un accusé est en danger quand il s'est fait de son juge un ennemi, nulle prière ne peut écarter la punition quand l'offense d'un esclave est telle que la colère de son maître ne peut être apaisée.

---

²³ *Vtrumque* : le fait qu'ils ne se comportent pas en ennemis des hommes de Gédéon, et qu'ils combattent contre les leurs. *Vt ... pugnarent* n'introduit pas une explication, mais la conséquence de ces deux faits.

²⁴ *Quominus* introduit une conséquence logique de la volonté divine et a le sens d'une finale ou d'une consécutive négative dépendant de l'infinitive : « de telle sorte qu'ils ne se seraient pas infligé à eux-mêmes ... » Si les méchants avaient été anéantis par la main des justes, cela aurait empêché qu'ils s'anéantissent eux-mêmes.

²⁵ Au lieu de signifier « qui vient d'en haut », comme l'avait compris Leroy, *desuper* doit avoir ici une valeur logique, « de plus », « en outre », car il semble qu'une intervention divine particulière ne soit pas nécessaire pour ajouter un châtiment du péché qui est dans la logique même du péché, ce que tout le texte entend démontrer. L'auteur envisag plus bas pour la rejeter une exception possible à cette loi générale. De plus, l'image de la hauteur pour qualifier l'action divine n'apparaît nulle part dans ce texte.

4. Disce qui timeas de exemplo ne ipse uenias in exemplum, time quod alius patitur ne in par iudicium exeratur, time, inquam, ne quod et patitur ille qui non timuit paciaris. Gaude quod alius castigatur ut discas, letare quod alius torquetur ut timeas, exulta quod alius moritur ut uiuas. Aliena mala in propria bona conuerte; quod malum est alii, bonum est tibi. Castigari enim poteris si alio uapulante timueris.

5. Interea dimicantes inter se hostes gloriosum exhibent iustis, dum alii conserta pugnancium manu dant accipiuntque uulnera, alii uolancia tela excipiunt, alii effossis iugulis cadunt, alii spumant, gladios in uulneribus suis eripiunt ut eodem telo hostem perimerent quo ipsi morituri fuissent. Alii iam lesi dum se ulcisci festinant deficiunt, nonnulli lacertorum ui|ribus toto uertice fundam excuciunt ut saxum quod iecerant tanto ictu ueniret quanta fuerat uirtute proiectum.

6. Haec interea dum geruntur, dum funestas hostium furias et telorum uolatus terribiles ⟨uident⟩, iusti leti exultant. Non eos strictus mucro deterret, non coruscancium armorum fulgor exagitat, non fluencium uiscerum sanguis examinat. Numquam cedit, numquam terretur qui innocentiae felicitate armatus est. Occurrant licet furiarum seuiencium faces et terrentis crudelitas beluarum rabiem uincat, naturalis humanitas crudelitate mutetur, furor seuientis occupet mentem, uultum immanis rabies mutet, crudelitas colores alternet, stridor indicet furiam, tota facies in rabiem migret, terreat semetipse qui terret, immobilis perstat qui celesti protectus est auxilio, sic proeliatur ut uincat.

7. Ignorabat namque Madian potentiam Dei; Amalech oblitus est interitus sui, putabat se Deo absente pugnare, cuius uirtutem in multis

---

40 *post* gloriosum *add.* ⟨exitum⟩ *ed.*   **48** terribiles uident *restituimus*] terribiles ⟨...⟩ *ed., om.* W   leti] *lege* laeti   **58** ignorabat] *iter.* W

4. Toi à qui cet exemple peut faire peur, apprends à ne pas finir toi-même en exemple, crains que ce qu'un autre subit n'aboutisse à une sentence semblable, crains, dis-je, de subir aussi ce que subit celui qui n'a pas craint. Réjouis-toi qu'un autre soit châtié pour que tu apprennes, sois heureux qu'un autre soit torturé pour que tu aies peur, exulte qu'un autre meure pour que tu vives. Transforme le malheur d'autrui en bonheur pour toi ; ce qui est un mal pour cet autre est un bien pour toi. En effet tu pourras être corrigé si, quand un autre reçoit des coups, tu as peur.

5. Comme ils se battent entre eux, les ennemis font la gloire des justes, cependant que, dans l'affrontement des combattants qui en viennent aux mains, les uns reçoivent et s'infligent des blessures, d'autres sont atteints par les traits qui volent dans les airs, d'autres la gorge ouverte s'écroulent, d'autres écument de rage, arrachent dans leurs plaies les épées pour anéantir leur ennemi par la même arme dont ils allaient eux-mêmes mourir. D'autres, déjà blessés, alors qu'ils se précipitent pour se venger, s'abattent ; certains de toute la force de leurs bras font tournoyer leur fronde en un cercle complet, afin que la pierre qu'ils ont jetée ait une puissance d'impact égale à celle de leur lancée.

12va

6. Tandis que ces événements se déroulent, tandis qu'⟨ils voient⟩ la folie dévastatrice de leurs ennemis et les effrayantes volées de traits, les justes exultent de joie : la pointe nue ne les effraie pas, l'éclair jeté par les armes étincelantes ne les trouble pas, le sang qui coule à flot des entrailles ne les glace pas. Jamais ne recule, jamais ne craint celui qui est armé d'une bienheureuse innocence. Les torches des furies déchaînées peuvent bien l'agresser, la cruauté de celui qui sème la terreur peut bien surpasser la rage des bêtes sauvages, la cruauté changer le comportement humain naturel, la folie s'emparer de l'esprit de l'homme déchaîné, une rage monstrueuse transformer son visage, la cruauté le faire changer de couleur, un cri strident trahir sa furie, toute sa personne se faire rage, celui qui terrifie se terrifier lui-même, il reste debout inébranlable, celui que protège le secours du Ciel, son combat lui donne la victoire.

7. Madian ignorait en effet la puissance de Dieu ; Amalech a oublié son propre anéantissement, il s'imaginait que Dieu était absent lorsqu'il combattait, alors qu'il avait entendu raconter les manifestations

60 audierat, in se iam tociens uiderat. Tunc si pharaonis plagas ⟨et⟩ interitum tantummodo audisses, si Egiptiorum multiformes ruinas et tormenta seuissima quorumdam relatu addisceres, si Amorreos immanissimos reges reliquosque Domini hostes populique eius rebelles diuersis interisse generibus meminisses, hec solummodo causa tibi in
65 exemplum proficeret, tibi hic furorem depelleret, salutem tribueret nec talis esse uoluisses quales illos fuisse cognosceres, gauderes tibi perditorum exempla prodesse ne ipse aliis exemplo fuisses. Quid quod tociens uictus quociens audere conatus, tociens deiectus quociens audacter es ausus? Tociens enim interisti quociens pugnare uoluisti. Vnde intelligi-
70 tur interitus uester causam fuisse pugnandi.

---

60 et *rest. ed.*] *om. W*   **67** quid quod *W*] quidque *ed.* (*qui* quid quae *leg.*)   **70** interitus *ed.*] interitu *W*

multiples de sa puissance, et qu'il l'avait lui-même éprouvée tant de fois. Alors, si tu avais seulement écouté rapporter les plaies ⟨et⟩ l'anéantissement de Pharaon[26], si tu apprenais par le récit de certains les calamités variées et les supplices atroces subis par les Égyptiens, si tu te remémorais les diverses manières dont ont été anéantis les très cruels rois amorrhéens, les autres ennemis du Seigneur et ceux qui s'étaient rebellés contre son peuple, ce genre de malheur suffirait à te servir d'exemple, chasserait alors ta fureur, te prodiguerait le salut et tu n'aurais pas voulu ressembler à ce que tu sais qu'ils ont été. Tu te réjouirais que les exemples des âmes perdues t'aient servi à ne pas avoir été toi-même un exemple pour d'autres. Que dis-tu du fait que tu as été vaincu à chacune de tes tentatives présomptueuses, abattu chaque fois que tu as osé agir avec présomption ? En effet, tu as été anéanti chaque fois que tu as voulu combattre. On voit donc bien que votre anéantissement[27] fut la raison profonde du combat.

---

[26] Le sens de *audisses* dans la proposition *Tunc si audisses* fait problème : on se trouve en effet devant une apparente contradiction entre *audierat in multis* et *si audisses* : Amalech a-t-il ou n'a-t-il pas entendu parler des plaies de Pharaon et de son anéantissement ? Si Amalech a entendu raconter bien des manifestations de la puissance divine, il serait surprenant que la phrase suivante commence par évoquer des faits qu'il ne connaissait pas, surprenant aussi qu'on lui reproche une ignorance involontaire. Si l'on note que les verbes des subordonnées conditionnelles parallèles semblent bien supposer une action volontaire (*addisceres* et *meminisses*), il faut peut-être en conclure que *audierat* signifie « avait entendu » et *audisses* « avait écouté ».

[27] *Vester* oblige à corriger *interitus*.

8. Seuerius enim pugnatur qui reorum supplicium spectans non modo non frangitur sed in augmenta malicie prouocatur. Sua pena desiderat alios corrigi qui aliena ipse uoluerit in|formari, salutis iactu- ram patitur cuius facinora omnibus momentis augentur, amare suam conspicitur penam qui in se non correxerit culpam. Cessat medentis remedium si egrotus medici contempnit imperium, nec misericordia proficit instrumentis si crescit perfidia peccatoris. Pietate indignum deputat sese qui penam peccando putauerit declinare, suam detestatur salutem qui comminantem despexerit iudicem. Amat mortem qui salu- tiferam contempserit Legem, nec inde se uiuere deputet posse nisi

---

75 conspicitur *nos*] conspici *W ed.* (*qui* conspicitur forsan legendum *scrips.*) **80** deputet *W*] deputat *leg. ed.*

8. En effet, les conséquences du combat sont plus sévères[28] pour celui qui, devant le supplice des coupables, non seulement n'est pas brisé, mais est poussé à un surcroît de méchanceté. Il désire qu'autrui soit corrigé par son châtiment, alors qu'il aurait voulu que le châtiment d'autrui le forme lui-même ; il subit la perte de son salut, celui dont les forfaits croissent à chaque instant, on voit bien qu'il aime son châtiment, celui qui n'a pas corrigé en lui la faute. Le remède du médecin n'opère pas, si le malade méprise la prescription du praticien, et la miséricorde avec les ressources de l'Écriture[29] est sans effet si grandit l'incroyance du pécheur. Il juge qu'il n'a pas besoin de bienveillance, celui qui croit éviter le châtiment en péchant, il déteste son propre salut, celui qui a détourné les yeux du juge menaçant. Il aime sa mort, celui qui a méprisé la Loi qui porte le salut, et qu'il n'aille pas ensuite

12vb

---

[28] *Seuerius pugnatur*. On peut être tenté, comme Leroy l'envisage, de corriger *pugnatur* en *punitur*. Deux raisons pourraient empêcher de retenir *seuerius pugnatur*, le fait que *seuerius* impose l'idée d'une sanction et non d'un combat. On peut toutefois le comprendre en lui donnant une valeur proleptique : un combat qui a pour conséquence une sanction sévère, à moins qu'en se souvenant que le combat est le châtiment du méchant, qu'il est lui-même la punition, l'auteur considère qu'on peut le qualifier par *seuere*. Reste qu'il faut sous-entendre un antécédent au datif, ce qui paraît difficile à admettre, mais en fait ce datif n'est pas nécessaire, car on peut avoir un *qui* équivalent de *si quis*, parfois, à la faveur d'une anacoluthe, la relative prend la valeur d'une proposition conditionnelle : Plaute, *As.* 323 : *ista uirtus est... qui malum fert fortiter* ; la *Syntaxe latine* d'Ernout et Thomas (§ 332) parle à propos de cet exemple d'« autonomie de la relative ».

[29] Les *instrumenta misericordiae* pourraient bien être l'Écriture sainte, cfr R. Braun, *Deus christianorum*, p. 471-472 : « Ainsi peut-on admettre qu'en Afrique, *instrumentum (-ta)* n'était pas une manière neuve de désigner les livres saints lorsque Tertullien a fait entrer le mot avec cette acception dans la littérature latine. La Synagogue avait créé l'usage, sans qu'on puisse exactement déterminer le sens qu'elle attachait au terme : celui, très concret, de "matériel (de livres)" paraît probable. Quand les premières communautés chrétiennes se sont constituées, elles ont dû pour un temps rester fidèles à certaines habitudes linguistiques du judaïsme : dans ce cas particulier, il était normal qu'elles conservassent, avec les textes de la Loi et des Prophètes, le nom qui servait à en désigner les rouleaux. C'est ainsi que le terme a pénétré dans la langue des chrétiens : la notion qu'il exprimait n'étant pas liée au contenu même de l'Ancien Testament, on a pu parler d'*instrumentum (-ta)* à propos du Nouveau, ou de l'ensemble des livres, ou de tel groupe particulier. C'est ce que fait Tertullien quand il reprend le mot à la langue de ses coreligionnaires. »

alium conspicit interisse. Vniformis est enim iusticia Dei: non potest alteri esse bonum quod alteri est malum, ⟨non potest alteri esse malum⟩ quod alteri fuerit bonum, nec alii salutem poterit operare quod alii uitam constiterit denegasse.

9. Peragitur interea bellum, pugna conficitur, proelium in nocte finitur, funduntur alii, alii delitescunt, in fugam multi uertuntur. Iam fulgida oriens properat dies, iam fugatis tenebris aurora rubescit, iam clarescit luce purissima celum et fulgentis radios solis inferet mundo. Cuncta festinant. Optat uidere uictoriam qui bellum uidere nequiuerat. Tunc Hebrei ad suos nuncios mittunt, socios uocant: "Venite, inquiunt, uenite obuiam nobis, gaudiorum nostrorum estote participes, estote nobiscum sine pugna uictores, spolia capite praedarum. Hostes non euadant quos proprius ensis Dei uirtute fugauit." Exeunt cuncti exeuntque omnes, spolia capiunt, hostes praedantur, exultant quod et incolumes de proelio reuertissent et quod hostes mirabiliter deuiassent et quod potentia Dei cunctis gentibus monstrata fuisset.

---

82 non – malum² *rest. ed.*] *om. W* **83** operare *W ed.*] operari *fortasse melior*

penser qu'il peut vivre s'il ne voit pas qu'un autre a été anéanti[30]. La justice de Dieu n'a qu'une seule forme : ne peut être bien pour l'un ce qui est mal pour l'autre, ⟨ne pourrait être un mal pour l'un⟩ ce qui serait un bien pour l'autre et ce qui, de toute évidence, aura empêché l'un d'avoir la vie ne pourra apporter le salut à un autre.

9. Pendant ce temps, la guerre s'achève, le combat arrive à son terme, la bataille prend fin dans la nuit. Les uns se dispersent, les autres se cachent, beaucoup prennent la fuite. Déjà dans sa splendeur, s'avance le lever du jour, déjà les ténèbres s'enfuient et l'aurore rougit, déjà le ciel s'éclaire de la plus pure des lumières et répand sur le monde les rayons resplendissants du soleil. Tout va très vite : qui n'a pu voir la guerre souhaite voir la victoire. Alors les Hébreux envoient des messages aux leurs et convoquent leurs alliés : « Venez, disent-ils, venez nous rejoindre, prenez part à nos réjouissances, soyez avec nous vainqueurs sans combat[31], prenez le butin des pillages. Que les ennemis ne s'échappent pas, eux que leurs propres épées ont mis en fuite par l'action de Dieu. » Ils sortent tous, il sortent tous sans exception, prennent le butin, pillent les ennemis, exultent, parce qu'ils sont revenus du combat sains et saufs, parce qu'ils ont repoussé miraculeusement leurs ennemis, parce qu'à toutes les nations a été manifestée la puissance de Dieu.

---

[30] Il s'agit du pécheur que ses propres échecs et la connaissance des échecs d'autrui n'ont pas conduit à changer de comportement. *Nec deputet* est une proposition principale, coordonnée à *amat mortem*.

[31] En raison de *non pugnatores* et de *sine certamine belli* (§ 2), nous faisons de *sine pugna* le complément, non de *estote*, mais de *uictores*.

14
De Iob

1. Tunc dicit Dominus ad dyabolum: "*Animaduertisti ad puerum meum?*" Laudat Iob sanctissimum Dominus et inflammatur in eum atque incenditur inimicus. Deus pueri sui praedicat meritum et diabolus contra eum crudescit in peius. Inuidet hostis laudi sanctorum nec praedicari de quoquam magnifica patitur; non glorie titulos, non uictorie palmas, non uirtutum gesta, non meritorum praeconia sustinet indicari, ne aut uictum se doleat | aut prostratum mereat aut iam fatigatum exorreat; sed audacter occurrit, contradicit auide, insolenter refellit promittens sibi uel de futuro uictoriam etiamsi praeterito uictus, ipse de se exigit penam. Denique laudanti Domino contradicit et singulare eius meritum praedicanti sacrilegus ac funestus occurrit.

2. "Ista, inquit, que in Iob praedicas tua sunt; que in eo laudas, tibi, non ei conueniunt; dum enim benedicis eum, tueris filios, patrimonium aggeras, pecora cuncta multiplicas: si talis efficitur ut beatus ab omnibus deputetur, talem eum tua benedictio, non merita eius efficiunt. Denique, tribue michi in eum quam desidero potestatem; nocendi facultas non deest: accedam conuiuiis, patrimonium uastem, pecora exterminem, filiis inopinatam inferam mortem; tunc eius explorabo patienciam, probabo uirtutem et an benedicat agnoscam." Scelestissime hostis, Iob sanctissimus a Domino non quia laudatur meretur, sed quia meretur laudatur. Non enim unquam sine merito laudari quispiam potuit aut sine laude esse potuit qui bene de Domino meruit; laus enim et meritum ita coniuncta sunt atque connexa ut sine altero alterum esse non possit, ut nec laus sine merito aliquando proueniat nec meritum sine laude consistat. Nam quod laudari Iob sanctissimum conspicis, scito istam laudem non esse uacuam et inanem sed magis ex merito prouenisse.

1/2 Iob 1, 8   **12/14** Ista – multiplicas] cfr Iob 1, 10

tit. *Titulum, qui abest in W, rest. ed. ex tabula titulorum*
6 meritorum *ed.*] meritorerum *W*   **7** indicari] *ex* indicare *corr. W*   **8** exorreat] *lege* exhorreat   **9** etiamsi] et iam si *W*   **19** benedicat] *ex* benedicant *corr. W*

14
De Job

1. Alors, le Seigneur dit au Diable : « Tu as porté les yeux sur mon enfant ? » Le Seigneur loue Job, le très saint ; l'Ennemi prend feu et flamme contre lui ; Dieu proclame le mérite de son enfant, et contre lui la cruauté du Diable s'exaspère. L'Ennemi est jaloux de la louange des saints, et ne supporte pas que soient rapportées les belles actions de quiconque ; il ne souffre pas que soient proclamés ni les titres de gloire, ni les palmes de victoire, ni les actes de bravoure, ni que soient publiés les mérites ; il ne veut tolérer ni la douleur d'une défaite, ni l'amertume d'un revers, ni même l'irritation d'une contrariété ; alors, audacieux dans l'agression, ardent dans la contradiction, sans scrupule dans la réfutation, vaincu hier, il se promet la victoire pour demain, c'est lui-même qui s'inflige son châtiment. Bref, quand le Seigneur loue, il dénigre, et quand le Seigneur proclame le singulier mérite de Job, en sacrilège et criminel, il s'oppose à lui :

2. « Ce que tu proclames au sujet de Job est tien, dit-il ; les qualités que tu loues en lui s'appliquent à toi, et non à lui. En effet, quand tu le bénis, tu protèges ses fils, tu accrois son patrimoine, tu multiplies tous ses troupeaux : si sa situation le rend heureux aux yeux de tous, c'est ta bénédiction, et non ses mérites, qui le rendent tel. Accorde-moi donc le pouvoir que je désire avoir sur lui : la capacité de nuire n'est pas ce qui me manque ; laisse-moi m'inviter à ses festins, dévaster son patrimoine, exterminer ses troupeaux, infliger à ses fils une mort brutale ; alors j'explorerai sa patience, je mettrai sa valeur à l'épreuve, et je verrai bien s'il continue à te bénir. » Ô le plus cruel des ennemis, Job, le plus saint des hommes, ne tire pas son mérite de ce qu'il est loué par le Seigneur, mais il est loué parce qu'il le mérite. Personne en effet n'a jamais pu être loué par le Seigneur sans le mériter, personne s'il a bien mérité du Seigneur ne peut rester sans louanges ; en effet la louange et le mérite se trouvent liés et unis de telle sorte que l'un ne peut aller sans l'autre, que la louange ne peut jamais s'épanouir sans le mérite, ni le mérite non plus se soutenir sans louange. Car lorsque tu vois Job, le très saint, faire l'objet de louange, sache que cette louange n'est pas creuse et sans motif, mais que, bien au contraire, elle est le fruit de son mérite.

3. Qui iam diu tecum confligens uictoriam de te expectante Deo percepit. Non enim tibi prima haec erit cum illo luctacio quam in praesenti deposcis, quam truculentus ac seuiens expectas, quam tibi tribui sacrilego furore exquiris. Olim, olim, inquam, inter te et illum bella geruntur, olym pugne non desunt, olim de te eius uictorie et palmarum tituli cumulantur.

4. Denique ipsius diuine laudis ordinem et uerba recense: "*Animaduertisti*, inquit Dominus, *in puerum meum Iob?*" Primo de te, diabole, Dominus quod nouerat querit, quod sciebat exigit, quod probarat exquirit. "Animaduertisti, inquit, in eum quemadmodum tuas insidias caueat, dolos fugiat, fallacias subtiles excludat? *Non est illi similis quisquam in terris*; nullum, inquid, talem in | terris conspicio quem contra te pugnare tam atrociter cernam, dimicare fortiter uideam, uictorias de te cumulare cognoscam. Homo est enim *sine querela* quem in nullo umquam obduxeris aut fallere diuersis praestigiis potueris, aut eum assidue pugnando permoueris. Est enim Dei cultor qui sic me suis actibus promereri contendat ut a te intentata respuat, ingesta repellat, subtiliter cogitata illudat, abstinens se ab omni opere malo."

13rb

5. Sicut enim pugna non geritur sine certamine nec sine proelio adimpletur triumphus, sic mali abstinencia uictoria boni est. Tunc enim auctor malitie uincitur quando de suis bonitatibus Dominus gloriatur. Igitur iste laudes quas in Iob protulit Dominus, pure sunt uite insignia et uictorie sunt perfecte praeconia. "Tamen quia poscis, inquid Dominus ad dyabolum, accipe in haec *tantum que habet* quam desideras potestatem, ut nunc quoque idem Iob atrociter uincat qui te aliquociens pugnando uicit."

34/35 Iob 1, 8   **38/39** Non – terris¹] Iob 1, 8   **41** Phil. 2, 15   **45** abstinens – malo] cfr I Cor. 9, 25   **50/51** Tamen – habet] cfr Iob 1, 12

31 exquiris *W*] requiris *ed.*   **35** diabole *ed.*] diaboli *W*   **41** enim *ed.*] aim *W*   **43** est *nos*] cum *W*, quis *coni. ed.*   **45** *ante* illudat *del.* illudit *W*   **48** uincitur *W*] conuincitur *corr. ed.*   **50** *ante* insignia *del.* insignita *W*   **51** haec *ed.*] hoc *W*

3. En lutte depuis longtemps contre toi, il a remporté sur toi la victoire, conformément aux attentes de Dieu. Car ce ne sera pas la première fois que tu affronteras ce duel que tu exiges sur-le-champ, que tu attends plein de cruauté et de haine, que ta fureur sacrilège veut obtenir. Il y a longtemps, oui longtemps, que les guerres sévissent entre toi et lui, longtemps que les batailles se multiplient, longtemps que s'accumulent ses victoires contre toi, ainsi que ses titres de gloire !

4. Enfin, regarde à nouveau les mots mêmes de la louange divine et leur ordre : « Tu as porté les yeux, dit le Seigneur, sur Job, mon enfant ? » C'est d'abord à toi, Diable, que le Seigneur demande ce qu'il savait déjà, il te questionne sur ce qu'il connaissait, il t'interroge sur ce dont il était sûr. « Tu as porté les yeux sur lui, dit-il, pour voir comment il se garde de tes pièges, échappe à tes ruses, déjoue tes subtils traquenards ? Il n'y a personne au monde qui soit semblable à lui ; je ne découvre, dit-il, personne au monde dont je puisse constater qu'il te combatte avec autant d'acharnement, dont je puisse voir qu'il bataille avec autant de courage, dont je sache qu'il accumule autant de victoires contre toi. » En effet, l'homme irréprochable est celui que tu n'as jamais réussi à aveugler sur rien, que tu n'as pu abuser par la palette de tes tours, que tu n'as pu ébranler par tes assauts répétés. En effet, il rend un culte à Dieu, celui qui fait son possible pour bien me servir par ses actes, en rejetant tes tentatives, en repoussant tes incursions, en se jouant de tes plans sournois, mais en se gardant de toute œuvre mauvaise. »

13rb

5. On ne livre pas de guerre sans affrontement, et sans combat on n'obtient pas de triomphe, de même pas de victoire du bien si on ne se garde du mal. En effet, l'auteur du mal est vaincu au moment même où Dieu est glorifié dans ses bontés. Donc, les louanges de Job, que le Seigneur a fait connaître, sont les signes visibles d'une vie pure et les messagères d'une victoire totale. « Pourtant, puisque tu le réclames, dit le Seigneur au Diable, reçois le pouvoir que tu désires, seulement sur ses possessions, afin que, maintenant encore, Job te vainque sans pitié, comme il t'a déjà plusieurs fois combattu et vaincu. »

6. Mox autem ut dyabolo potestas est data, indicitur Iob sanctissimo bellum, insperate prouocatur in proelium; armatur in furore hostis, insania incenditur, crudelitate bachatur; iam furit, iam insanit, iam seuit, iam sese ipse accendit, iam cogitat singulis rebus exicium, iam perdendis cunctis unum excitat tempore ut massatim cuncta disperdens tum respirare non sineret nec permitteret anhelare. Sed Iob sanctissimus in isto certamine que patrimonii genera perdidit, tot palmarum titulos adquisiuit. Adeo diabolus uno momento eius oues combussit, camelos abduxit, asinas perdidit, boues abegit et ruina eius filios epulantes occidit. Dehinc diabolus ordinat per singulos, disponit diuersos qui singularum rerum labem et filiorum interitum nunciarent, ut funestis sibi succedentibus nunciis semel eum referencium in nassa comprimeret et tocius patrimonii | comparatus interitus ad illicita prouocaret. Sed Iob iam paciener cuncta pertulit, qui in aduersis Dominum benedixit. Denique tolerat Iob et diabolus uincitur, dampna contempnit et inimicus prosternitur, benedicit Deum et de hoste uictoria reportatur.

13va

7. Contra te sunt, dyabole, contra te dimicant uniuersa. Malitia tua omnes ammisit uires et crudelitas nocendi perdidit facultatem. Si quid laborasti, uanum est; si quid uoluisti, ineptum. Iob enim sanctissimus alia perdidit et alia acquisiuit; alia ammisit et alia religiosus inuenit. Glorias eius cumulas, dum in eum diuersa excogitas nec eum poteris uincere, quem superare numquam constitit potuisse. Mox uirtus in

---

63/65 Dehinc – nunciis] cfr Iob 1, 14

54 indicitur *ed.*] ind⁻r *W*   **58** tempore *W*] † ipse † *ed., qui hic abreuiationem* ipe *legit*   **62** abduxit *nos*] adduxit *W ed., qui tamen* abduxit *in apparatu prop.*   **63** dehinc] de hinc *W*   *ante* ordinat *del.* de *W*   **64** diuersos *ed.*] disdiuersos *W*   **65** succedentibus *ed.*] succendentibus *W*   **65/66** in nassa *coniecimus*] in assa *W ed.*   **66** comprimeret *W*] comprimerent *ed.*   *ante* et *del.* et *W*   **67** prouocaret *ed.*] prouocari *W*   sed *W*] et *ed.*   **72** omnes *W*] Iob *ed.*

6. Et dès que ce pouvoir est donné au Diable, il déclare la guerre à Job le très saint, il le provoque au combat par surprise ; la fureur arme l'Ennemi, la folie l'embrase, la cruauté l'enivre ; voilà qu'il est furieux, qu'il est fou, qu'il se déchaîne, qu'il allume le feu en lui, voilà qu'il médite la destruction de chacun de ses biens, voilà qu'en les détruisant tous, c'est lui seul qu'il provoque au moment favorable, afin, en détruisant tout en masse, de ne pas alors le laisser respirer, de ne pas lui permettre de reprendre son souffle. Mais Job le très saint, dans cette lutte qui a anéanti toutes les catégories de son patrimoine, a gagné tant de titres de gloire, puisque le Diable, en un moment, a brulé ses brebis, sacrifié ses chameaux, anéanti ses ânesses, tué ses bœufs et occis ses fils sous l'écroulement de la salle où ils banquetaient. Puis, le Diable distribue les rôles, charge chaque fois une personne différente d'annoncer chacune des catastrophes, et puis la perte de ses fils : il comptait ainsi, par la succession de ses funestes annonces, l'enserrer une fois pour toutes dans la nasse[32] que tressaient les messagers et le pousser, par la perte planifiée de tout son patrimoine, à ce qui est interdit. Mais Job en fait supporta tout avec patience, lui qui, dans l'adversité, bénit le Seigneur. Pour finir, Job endure et le Diable est vaincu, Job méprise ses pertes et l'Ennemi est terrassé, Job bénit Dieu et remporte la victoire sur l'Adversaire.

13va

7. Tout est contre toi, Diable, contre toi tout combat. Ta malignité a gaspillé toutes ses forces, et ta cruauté a perdu son pouvoir de nuisance. Tous les efforts que tu as faits sont vains ; tout ce que tu as voulu est resté sans effet. En effet Job, car il était très saint, a perdu d'un côté et gagné de l'autre ; d'un côté il a été dépouillé, mais de l'autre il s'est enrichi en raison de sa piété. Tu lui donnes un titre de gloire de plus à chaque agression que tu inventes contre lui, et tu ne pourras pas vaincre celui dont à l'évidence personne n'a jamais pu triompher. Bien-

---

[32] Le texte du manuscrit *in assa* pourrait être défendu si l'on rapportait *referentium* neutre à *nuntiis*, *assus* désignant une viande cuite mais non assaisonnée, puis quelqu'un ou quelque chose qui est privé de ce qui le lie aux autres (*lapides assae*) ou de sa fonction (*mulier assa*) : c'est bien ce à quoi Job, privé de ses biens et de sa postérité, est réduit : « Nu, je suis sorti du ventre maternel, nu j'y retournerai » (Iob I, 21). Cependant, il a paru difficile de justifier cet adjectif employé seul, qu'il s'agisse d'un neutre pluriel ou d'un féminin, et cela nous a conduits à écarter cette lecture et à préférer la correction minime *in nassa*.

ablatis facultatibus iterum repetit Dominum ut ab eo ipsum Iob grauius appetisset; qua potestate percepta repetit bellum, certamen atrocissimum parat. Tunc itaque seuior quam fuerat redit et totas crudelitatis exserens uires, in eius corpus uiolenter incumbit. Qui ab eo crudeli plaga percussus et uulnere seuo affectus, cedit domo, ciuitatem relinquit, conspectum hominum deserit. Et ille, ille inquam, tante claritatis et glorie in *aceruo stercoris* sedens, testa fluentes sanies et in lumen erumpentes abradit.

8. Ibant itaque per omne corpus reptantes bestiole et singularum specum inquilini uermes tabo madidatis fluebant; putrescunt inluuie artus et destillanti sanie domus inmunda squalebat, iacebat sordida tabe uersum in putredinem corpus, anima iam et delassata malis, dolore increscente, gemebat. Cuncta membra in Iob sancto deficiunt, deuocio sola non deficit. Pugnabat enim cum corporis labe, cum seuo dolore, cum acerba diaboli crudelitate; pugnabat, inquam, contra crudelem; contra seuum paciens, contra reum innocens dimicabat; huic seuit dyabolus. Inde tolerantem letus aspicit Deus, hinc recrudescit inimicus; inde gloriatur in suo famulo Dominus, hinc | crudelitas hostis ut tanto pocior uictoria iusti existeret quanto hostis seuior extitisset. Quibus omnibus uictus, per uxorem inimicus geminat bellum; armatur et ipsa in eum quae tediorum et improperii proferens uerba ipsum quoque ad illicita persuaderet quasi per uxorem eum posset decipere, quod aliquando fecerat in origine.

80/81 Qui – affectus] cfr Iob 2, 7   **82/84** tante – abradit] cfr Iob 2, 8
96 per – bellum] cfr Iob 2, 9

77 *post* facultatibus *lacunam suspicatus est ed.*   **82** relinquit *ed.*] reliquit *W*   ille ille *W*] ille *ed., qui* ille illa *legit et* illa *deleuit*   **83** sanies *ed.*] sanias *W*   **86** specum *W ed.*] specuum *fortasse melior*   **98** persuaderet *nos*] persuadere *W ed., qui hic lacunam suspicatus est*

tôt sa détermination, devant l'échec de ses machinations[33], attaque de nouveau le Seigneur pour s'en prendre, avec sa permission, directement à la personne même de Job ; ce pouvoir obtenu, il reprend la guerre, il prépare un affrontement acharné vraiment atroce. Alors donc, il revient plus féroce qu'auparavant et, mettant en œuvre toute la virulence de sa cruauté, il s'abat brutalement sur le corps de Job. Frappé par le coup cruel du Diable, et affligé d'une affreuse blessure, Job s'éloigne de sa maison, abandonne sa cité, se soustrait à la vue des hommes. Et lui, lui, dis-je, qui avait joui de tant de notoriété et de gloire, assis sur un tas de fumier, racle avec un tesson les flots de pus qui jaillissent au grand jour.

8. Donc des larves allaient rampant sur tout son corps et des vers, logés au creux de chaque plaie, s'écoulaient en un flot de sang corrompu : ses membres pourrissent sous cet épanchement et sous les vagues de pus. Sa demeure immonde était souillée de gouttelettes de pus ; son corps vautré dans une pourriture sordide était en pleine décomposition, son âme accablée de maux gémissait sous la montée de la souffrance. Tout, dans le corps de Job le saint, l'abandonne ; seule sa dévotion ne l'abandonne pas. Elle se battait en effet contre la dégradation du corps, contre l'atrocité de la douleur, contre la terrible cruauté du Diable ; elle se battait, dis-je, contre un ennemi cruel ; elle luttait, endurante, contre un ennemi féroce, innocente contre un coupable ; c'est contre elle que le Diable se déchaîne. Alors Dieu regarde, plein de joie, sa créature qui fait face ; d'où la cruauté redoublée de l'Adversaire. Alors, Dieu est glorifié dans son serviteur, d'où l'acharnement de l'Ennemi, si bien que la victoire du Juste fût d'autant plus éclatante que l'Ennemi s'était montré plus féroce. Vaincu lors de toutes ces épreuves, l'Adversaire redouble la guerre, en se servant de l'épouse de Job : il l'arme elle aussi contre son époux, et lui fait proférer des insultes et des reproches pour le persuader de commettre, comme elle, ce qui est interdit, comme si le Diable pouvait le tromper en se servant de son épouse, comme il l'avait fait une fois à l'origine.

13vb

---

[33] Il n'y a pas de raison de supposer ici après *facultatibus* une lacune, comme le fait Leroy.

9. Sed Iob sanctissimus exemplo iam doctus et protoplausti periculo eruditus telum quod per mulierem iniecerat inimicus in ipsum hostem conuertit et eo illum uictor atque incolumis iugulauit. Vbi uinceris, tot triumphos Iob uictor de te reportat quot causas uolueris subrogare; ceterum te necesse est ab eo uinci in cunctis, qui te iam tociens superauit. Dolet labem corporis, tamen Dominum benedicit; cruciatus patitur sed tibi numquam subcumbit; ab uxore fatigata lassatur sed tamen ei fortiter reluctatur. Nec non grauior per amicos eius illi alia procuratur tentatio; qui cum ad eum uenissent stupentes, plagam trementes, iram et dolorem uexacionis atrocissime contemplantes, nec agnoscere eum nec considerare potuerunt et acerbi meroris exercentes iudicia ⟨tenuerunt silencia⟩; post dies septem silencia Iob primus erupit. Dehinc ipsi pro consolacione iurgium, pro alloquio improperium, pro blandimento conflictus asperos protulerunt. "Fieri non posse, inquiunt, ut bonis Deus mala rependat aut iustos aduersis affligat. Aut enim tu peccasti, aut filii; ceterum Deus iudicia sua non mutat, nec malis prospera nec contraria bonis importat."

10. Sciebant igitur amici Iob sanctissimum iustum, sed passionis eius non intelligunt meritum; norant eum in omnibus probum sed taliter mirabantur affectum; ab eis eius integritas consideratur sed iudicium celeste non noscitur; norant Iob sanctum amici, sed norant et iustum

---

111/112 post – erupit] cfr Iob 2, 13

103 quot *ed.*] quod *W*   **107** *ante* alia *del.* aba *W*   **110** acerbi *ed.*] acerui *W*   **111** tenuerunt silencia *restituimus*] siluerunt *prop. ed.*   **113** asperos] *ex* aspera *corr. s.l. W*

9. Mais Job le très saint, qui connaissait bien ce précédent et avait tiré les leçons du danger couru par le premier homme, retourna contre l'Ennemi lui-même le trait que, par l'intermédiaire d'une femme, lui avait lancé l'Adversaire et ainsi, vainqueur et indemne, il lui transperça la gorge. Lorsque tu es vaincu, Job vainqueur remporte sur toi autant de triomphes que tu as voulu lui intenter de procès ; d'ailleurs, il est inévitable que tu sois battu sur toute la ligne par celui qui a déjà tant de fois pris le dessus sur toi. Il déplore la dégradation de son corps, il bénit cependant le Seigneur ; il supporte des supplices mais ne se soumet jamais à toi ; il est mis à rude épreuve par une épouse accablée, mais cependant lui résiste vaillamment. Et une autre épreuve, encore plus dure, lui est réservée par l'intermédiaire de ses amis ; ceux-ci, qui étaient venus le voir, stupéfaits, tremblant devant ses plaies, sidérés par la violence et la douleur de cet atroce supplice[34], ne purent ni le reconnaître ni le regarder en face et, jugeant la situation avec tristesse et sévérité, ⟨ils gardèrent le silence[35]⟩. Sept jours plus tard, Job, le premier, rompit ce silence. À leur tour ses amis lui offrirent, au lieu de consolation, des remontrances, au lieu d'un dialogue un réquisitoire, au lieu de réconfort des disputes haineuses. « Il n'est pas possible, disent-ils, que Dieu récompense un bien par un mal et inflige aux justes l'adversité. Donc, ou c'est toi qui as péché, ou ce sont tes fils ; Dieu en tout cas ne modifie point ses jugements, et il n'apporte ni la prospérité aux méchants, pas plus qu'il ne la refuse aux hommes de bien. »

10. Ses amis savaient bien que Job était un homme très saint, un juste, mais ils ne comprennent pas que c'est son mérite qui lui a valu sa passion ; ils le savaient droit en toutes choses mais ils s'étonnaient de le voir en cet état ; ils reconnaissent son intégrité, mais les raisons du jugement céleste leur échappent ; ses amis savaient Job saint, mais ils

---

[34] On pourrait aussi comprendre « sidérés par le courroux et le ressentiment que manifestait ce harcèlement atroce » ou même, en suivant la ponctuation proposée par Leroy (*stupentes plagam, trementes iram et dolorem uexationis atrocissimae contemplantes*), « stupéfaits devant ses plaies, tremblant devant le courroux et sidérés par le ressentiment que manifestait ce harcèlement atroce ».

[35] Il manque évidemment un verbe après *iudicia*, comme l'a bien vu Leroy, qui restitue *siluerunt*. Il nous a semblé qu'une expression comme *tenuerunt silencia* (cfr par ex. Sulpice Sévère, *Vita Martini* 24, 5 : *silentium ambo tenuerunt*) était mieux susceptible d'expliquer la faute par un saut du même au même (*iudicia tenuerunt silencia*).

iudicem Dominum; postremo malebant passionem istam ei culpe adscribere quam iudicium celeste culpare. At ubi Iob crebris obiurgacionibus commouetur, et ipse | in eos frequenter inuehitur. Tandem Dominus suum famulum uictorem aspexit et mox ei sanitatem, filios et duplicia cuncta restituit.

11. Tunc uictus est diuturno conflictu diabolus et propicius redditur Deus. Gaudet Iob beatus et merens prosternitur inimicus. Insultat dyabolo, insultat Iob sanctissimus tibi, insultat, inquam, tot passionibus uictor et multiplici proelio triumphator. Qui patrimonii labem ut te uinceret spreuit et corporis penam ut te prosterneret superauit, qui amicorum pertulit iurgia et uxoris sustinuit inproperia, et uictor, ut semper, que perdidit duplicata recepit, et beacior postmodum cum uxore et affectibus uixit.

132 que – recepit] cfr Iob 42, 10

131 inproperia] in properia *W*   131/132 ut semper *W*] ut supra *ed.*, *qui* [ut] *seclusit*

savaient aussi que le Seigneur est un juste juge ; enfin, ils préféraient imputer cette passion à une faute de sa part plutôt que d'incriminer le jugement céleste. Cependant, lorsque Job est en butte à leurs objurgations répétées, lui aussi s'emporte fréquemment contre eux. Enfin, le Seigneur tourna ses regards vers son serviteur victorieux et aussitôt lui rendit la santé, ses fils et tous ses biens en les doublant.

14ra

11. Alors le Diable est vaincu à l'issue de ce long conflit et Job retrouve la faveur de Dieu. Comblé, Job est dans la joie, accablé l'Ennemi est terrassé. Il se moque du Diable, Job le très saint se moque de toi, oui, il se moque de toi, après tant de souffrances à lui la victoire, après de multiples combats à lui le triomphe. Lui qui, pour mieux te vaincre, a méprisé l'effondrement de son patrimoine et, pour te terrasser, a supporté la souffrance de son corps, lui qui a enduré les réprimandes de ses amis et tenu bon devant les reproches de son épouse, victorieux, comme toujours, il a reçu le double de ce qu'il avait perdu, plus comblé encore qu'auparavant il vécut ensuite avec son épouse et les êtres chers à son cœur.

17
Incipit alius: *Confitemini Domino quoniam bonus, quoniam in saeculum misericordia eius etc.*

1. | Clementissimus Deus instruit, ortatur et monet, dum in seculo sumus, ut admissa facinora fateamur. Vult enim Deus peccata ignoscere; dum enim nos confiteri persuadet, uult quae in mundo delinquimus ut | prompta confessione purgemus. Timeat igitur peccator celare, qui peccata non timuit perpetrare; non erubescat fateri, qui ut fateatur a Deo se conspicit inuitari, ne contumacia perdat quem confessio poterit reparare. Est enim prompta felicitas non delinquere, sequens bonis actibus et confessione delicta purgare. Is enim peccata confitetur et deflet quem pudet et aliquando peccasse. Ceterum qui peccata non deflet, ut delinquendo monita diuina despexit, sic delictorum medelam non confitendo contempnit. Par enim causa est in confessione neglecta ut est in admittendo peccata, quia, ut fuit incautus ut delinqueret, ita est inprouidus ne delicta confitendo repurget.

---

tit. Ps. 118 (117), 1

trad. text. *W D R*

tit. incipit – etc. *W*] Incipit alius *om. ed.*, Incipit sermo s. Augustini de confessione. Confitemini domino quoniam bonus *D*, Sermo unde supra [*i. e. s. Iohannis Oris aurei de paenitentia*] *R*

1 deus *W R*] dominus *D*   **2** ut *W*] *om. D R*   fateamur *W D*] fatemur *R*   enim *W R*] *om. D*   **3** enim *W*] *om. D R ed.* (*qui* ignoscere dum *interp.*)   **4** ut *W*] *om. D R*   purgemus *W R*] purgemusne *D*   ante peccator *del.* peccauit *W*   **7** est – prompta *W*] prima enim est *D*, prima est enim *R*, est enim prima *ed.*   **8** is *D R ed.*] hiis *W*   **9/10** quem – deflet *W D*] *om. R*   **9** pudet et *W*] penitet *D*   **10** despexit *D R ed.*] conspexit *W*   sic *W ed.*] sicut *D R* (*codices qui* despexit. Sicut *interp.*)   **11** ante causa *del. duas litteras W*   est *W R*] *om. D*   **12** admittendo *W ed.*] admictendo *R*, amittendo *D*

17
Ici commence un autre ⟨sermon⟩ : « Confessez-vous au Seigneur, car il est bon, car sa miséricorde s'étend pour toujours etc.[36] »

1. Dans sa très grande clémence, Dieu nous instruit, il nous exhorte et nous met en garde : tant que nous sommes en ce monde, il nous faut avouer les fautes que nous avons commises. Dieu, en effet, veut nous pardonner nos péchés ; en effet, en nous persuadant de les confesser, il veut que nous purifiions par une prompte confession les fautes que nous commettons ici-bas. Que le pécheur craigne donc de cacher ses péchés, alors qu'il n'a pas craint de les perpétrer. Qu'il ne rougisse pas d'en faire l'aveu, alors qu'il voit que Dieu l'invite à avouer, afin que l'obstination ne cause pas la perte de celui que la confession pourrait régénérer[37]. En effet, le chemin le plus prompt vers la félicité, c'est de ne pas commettre de fautes, l'autre, de se purifier de ses fautes en les confessant et en faisant le bien. Car, pour confesser ses péchés et les pleurer, il faut aussi avoir honte d'avoir un jour péché. D'ailleurs qui ne pleure pas ses péchés a dédaigné, en fautant, les avertissements divins, et de même méprise, en refusant de les confesser, le remède de ses fautes. Car le problème est le même qu'on néglige de se confesser ou qu'on commette des péchés, tout comme, quand on a eu l'imprudence de fauter, on ne pense pas à se purifier de ses fautes en les confessant.

---

[36] Le Ps. 118 (117), 1, dans la version donnée dans les *Veteres latinae*, est souvent utilisé pour traiter la question de la confession et de la théologie pénitentielle. La confession se fait en public, devant toute la communauté des croyants dans le christianisme antique, d'où l'importance de l'opposition cacher/découvrir, qui constitue un leitmotiv du sermon. Voir par exemple Augustin, *Sermon Dolbeau* 8, datant de 397 et donc contemporain peut-être de notre sermon, si l'on se réfère à la datation de Leroy. Notre sermon ne comprend la confession qu'au sens de *confessio peccatorum*, tandis qu'Augustin dans le sermon précité lie *confessio peccatorum* et *confessio laudis*.

[37] *Reparare* revêt nettement ici un sens théologique, d'où la traduction avec le terme technique « régénérer ».

2. Audi uel nunc consulentem tibi post facinora Deum, quem ut peccares audire noluisti. Qui te monuit ne delinqueres, idem monet quemadmodum delicta recures. Munus enim celeste contempnit qui quod Deus praecepit negligit. "Volo que fecisti penitus abolere si te peccasse peniteat, si erroris et delinquencie pudeat, si pectus tuum quod facinus admissum occultat, confessio salutaris aperiat. Ceterum, si celaueris quod me teste fecisti, impunitus non eris, qui confitendo esse poteris absolutus."

3. Bonus est Deus, o homo, qui te uult confiteri quod nouit. Nec enim scire aliter quod admiseris non potest, nisi tua confessione didicerit: nouit ille mentis arcana et secreta uiscerum cernit, nichil illi celatum, nichil ignotum est. Eciam illa quae nondum homo cogitat nouit, sed uult a te proferri quod feceris, et si quid hominum nocioni celatur, confessione tua desiderat aperiri. Vult ad iudicium expiatum uenire quem muneret, non delictis obnoxium quem condempnet.

4. Denique post delictum Adam interrogatur a Deo: "*Vbi es, inquid, Adam.*" Ad eum loquitur, eum coram intuetur et ubi sit percuntatur. Non enim ubi erat Dominus ignorabat sed confessionis illi | aditum demonstrabat. Ceterum ita sciebat ubi esset, ut norat quid

---

29 Gen. 3, 9

14 deum *W ed.*] deus *R*, dominum *D*   ut *W R ed.*] ne *D*   **15** noluisti *W D ed.*] uoluisti *R*   **16** quemadmodum *W D ed.*] quem ad deum *R*   recures *W ed.*] recuses *D*, cures *R*   **17** quod – praecepit *W R ed.*] quod prouidet deus *D*   uolo *W*] *ante* uolo *add.* uolo et (et] *om. R*) tibi, inquit (-quid *R*) deus, peccata donare *D R et post* donare *add.* uolo te omnibus delictis absoluere *R*   **18** delinquencie *W R ed.* (-tiae)] delicti *D*   **19** occultat *D R ed.*] ocultat *W*   aperiat *D R ed.*] aperuit *W*   **20** celaueris *W D ed.*] celaris *R*   quod – fecisti *W R ed.*] quod metuis te fecisse *D*   **21** esse – absolutus *W R ed.*] poteras abs. esse *D*   **23** *ante* scire *del.* aliter *D*   non *D R*] *om. W*   **24** *ante* cernit *del.* discernit *D*   **25** eciam *W R ed.* (-ti-)] et iam *D*   nondum *W ed.*] necdum *R*, in celum *D*   homo] *ex* habes *corr. R*   **26** *ante* feceris *del.* fac *W*   nocioni *R ed.* (-tio-)] nacioni *W*, noticione *D*   **28** muneret *W D ed.*] remuneret *R*   condempnet *W D ed.* (-mnet)] condempni *R*   **29** interrogatur] *ex* interrogauit *corr. D*   *ante* ubi *del.* ut *W*   **30** eum coram *W R ed.*] cum coram se *D*   **31** percuntatur *W*^{p.c.} *ed.*] percontatur *R*, percunctatur *W*^{a.c.} *D*   **32** aditum *W R ed.*] aditus *D*   demonstrabat *W R ed.*] demonstrauit *D*   norat *W ed.*] nouerat *D R*

2. Écoute plutôt à présent les conseils que Dieu t'adresse après tes crimes, puisque tu n'as pas voulu l'écouter et que tu as péché. Lui qui t'as dit de ne pas fauter te dit aussi comment effacer tes fautes. Qui en effet ignore les préceptes de Dieu refuse le don du Ciel. « Je veux bien abolir totalement ce que tu as fait, si tu te repens d'avoir péché, si tu as honte d'avoir erré et fauté, si ton cœur, qui dissimule le crime commis, s'ouvre et se sauve par la confession. D'ailleurs, si tu cherches à cacher ce que tu as fait et que j'ai vu, tu ne resteras pas impuni, alors que tu pourras recevoir l'absolution en le confessant. »

3. Dieu a la bonté, ô homme, de vouloir que tu confesses ce qu'il sait. Car, pour savoir ce que tu as commis, il n'a assurément pas besoin de l'apprendre par ta confession : il connaît les secrets de ton esprit, il voit ce que dissimulent tes entrailles, rien ne lui est caché, rien ne lui est inconnu ; il connaît même ce à quoi l'homme ne songe pas encore, mais il veut que ce soit toi qui dévoiles ce que tu as fait, et tout ce qui est caché à la connaissance des hommes, il désire que ce soit révélé par ta confession ; il veut voir devant son tribunal un pénitent pour lui pardonner, non quelqu'un d'enchaîné à ses péchés pour le condamner.

4. Voyez : après sa faute, Dieu interroge Adam : « Où es-tu, Adam ? ». Il s'adresse à lui, il le regarde en face et lui demande où il est. Ce n'est pas que le Seigneur ignorât où il était, mais il lui indiquait le chemin de la confession. De fait il savait où il était, il savait aussi ce qu'il avait commis. Le serpent – le Diable – ne méritait pas d'être interrogé

16ra

admisisset. A Deo serpens diabolus interrogari non meruit quia saluari non potuit. Adam enim interrogatur ut uiuat, serpens sine interrogatione dampnatur ut pereat. Vt enim homini per confessionem consulitur, ita serpenti confessionis uia ut intereat denegatur. Ade confitenti celesti consilio prouidetur, decipienti dyabolo diuina sentencia occultatur; homo confitendo salutari medela curatur, dyabolus nocendo iudicio diuino addicitur; Adam per confessionem reparatur ad uitam, diabolus per maliciam praecipitatur in penam. Quanto enim hominis miserabilis causa efficitur, tanto serpens dignus supplicio inuenitur.

5. Cayn namque quia parricidii facinus confiteri interrogante Deo noluit, diuina sentencia interiit, qui quidem forsitan saluaretur si admissum facinus fateretur. Aut enim ad hoc confiteri noluit quia saluari non meruit; aut si saluari meruit, quia confessus non est, saluari non potuit.

Fuge contumaciam, christiane, exempla et prouidorum imitare iudicia, declina opera malignorum et facta exhibe beatorum. Ita enim sunt exempla que orreas, ut sunt alia que secteris ut uiuas. Abel enim a principio ante ullius exemplum prior dedicauit martirium, qui quidem optaret in seculo innocens uiuere quam a fratre occisus in occidentis

---

42/44 Cayn – fateretur] cfr Gen. 4, 2-12

33 *ante* admisisset *del.* perpetrasset *D*   saluari *D R*] saluare *W*   **34** interrogatur *W R ed.*] interrogatus *D*   sine *W D*] *om. R*   **35** dampnatur *W R ed.* (-mn-)] dampnatus *D*   homini *R ed.*] homo *W D*   consulitur *W R ed.*] consolatur *D*   **37** decipienti *W D ed.*] decipiendo *R*   diuina sentencia *W D*] *tr. R ed.*   occultatur *W ed.*] occurritur *D*, occurrit *R*   **38** nocendo *W R ed.*] nocendi *D*   **38/39** iudicio diuino] *tr. D*   **41** serpens – supplicio *ed.*] serpens digna supplicio *W*, serpentis digna supplicio *R*, serpentis digna supplicia *D*   inuenitur *W R ed.*] inueniuntur *D*   **42** parricidii *W D ed.*] fratricidii *D*   deo *W R ed.*] domino *D*   **43** interiit *W R ed.*] interiuit *D*   **43/44** si admissum *W R*] *om. D*   **44** facinus *W R ed.*] facinum *D*   saluari *D R ed.*] saluare *W*   **45** aut – meruit²] *om. R*   **46** *post* potuit *del.* meruit *R*   **47** contumaciam *W R*] contumaciae *D ed.*   et *W R*] *om. D*   iudicia *W R ed.*] indicia *D*   **48** malignorum *W ed.*] maligna *D*   beatorum *W D R*] bonorum *ed.*   **49** exempla que *W R*] *om. D*   (h)orreas *W R ed.*] exhorreas *D*   alia – uiuas *W R ed.*] aliqua ut secteris et uiuas *D*   enim *D R*] cum *W ed.*

par Dieu, parce qu'il ne pouvait être sauvé. Car si Adam est interrogé, c'est pour qu'il vive, si le serpent n'est pas interrogé, c'est qu'il est condamné à périr. Car s'il est permis à l'homme de répondre par la confession, en revanche le recours à la confession est refusé au serpent pour qu'il meure. La providence céleste veille manifestement sur Adam qui se confesse, la sentence divine demeure cachée au Diable qui trompe ; l'homme, qui se confesse, est soigné par un remède salutaire, le Diable qui ne fait que le mal n'échappe pas au jugement divin ; Adam, régénéré par la confession, retrouve le chemin de la vie, le Diable, à cause de sa perversité, est précipité dans le châtiment. Autant la cause de l'homme peut mériter la miséricorde, autant le serpent se révèle digne du supplice.

5. De fait Caïn, parce qu'il ne voulut pas confesser le crime de parricide, quand Dieu l'interrogeait, périt par une sentence divine, alors qu'il aurait très bien pu être sauvé s'il avait avoué le crime qu'il avait commis. En effet, ou il n'a pas voulu le confesser pour cette raison qu'il ne méritait pas d'être sauvé, ou s'il méritait d'être sauvé, il n'a pu être sauvé parce qu'il ne s'est pas confessé.

Chrétien, fuis l'opiniâtreté, imite les exemples et le bon sens de ceux qui voient loin, refuse les œuvres des méchants et adopte la conduite des bienheureux. Car il y a des exemples à fuir avec effroi, comme il y en a d'autres à suivre si tu veux vivre. En effet, Abel, à l'origine et avant tout autre exemple, inaugura le martyre, alors qu'il eût souhaité vivre en ce monde sans nuire à personne plutôt que d'être tué par son frère

perniciem martirium dedicare; Cayn, cum nec innocenciam nature seruauit nec pietatis iura in fratris cede pertimuit, perpetrat scelus quod nec ipse sciebat admittere nec frater nouerat praecauere. Gerit diabolus totum, uolente eo qui fecit, qui iam parentes fecerat peccatores. Consentit et Cayn hosti quem de parentum casu debuerit execrari, ut uterque reatus crimen incurreret, et diabolus quia parricidium suasit, et Cayn qui consensum persuadenti dyabolo commodauit. Solus autem Abel inter fratrem et diabolum, inter parricidam et hostem, inter sua|dentem et factorem purus atque innocens perseuerat. Fit enim Abel sanctissimus sacerdos et uictima, immolator et hostia, antistes et holocausta. Vt enim sancto Deo hostias immolabat, ita sancta hostia Deo ipse meruit immolari.

6. Sic Noe diluuio Deus eripuit, sic eum cum suis cataclismo liberauit. Pro nefas! Centum annos arca construitur et nullus admissa facinora confitetur. Tam diu uindicta differtur et nemo a peccatis arcetur; celestis intentatur ultio et nulla adhibetur satisfactio; Dei proximat ira et nulla agitur penitencia; futurus interitus in arca iam cernitur et

---

62 sancto – immolabat] cfr Gen. 4, 4   **64** Noe – liberauit] cfr Gen. 6-7

52 cum *W*] enim *R*, *om. D*   **54** quod – ipse] *iter. et primum del. W*   admittere *W ed.*] admictere *R*, amittere *D*   gerit *W R ed.*] querit *D*   **55** uolente eo *D ed.*] uolent eo *W*, uolens eo *R*   **56** quem *W D R*] quando *ed.*   execrari *W R ed.*] execrare *D*   **57** ut *W R ed.*] et *D*   reatus *W R*] *om. D*   incurreret *W R ed.*] incurrerunt *D*   quia *W R ed.*] qui *D*   **58** consensum *W R*] *om. D et post* persuadenti *rest. in mg.*   **61** immolator et *W R ed.*] immolabatur ut *D*   **62** *ante* antistes *add.* et *R*   **62/63** ut – deo *W R ed.*] ita enim sancte deo *D*   **68** iam *R D*] *ante* iam *del.* non *D*, *om. W ed.*   **68/69** et² – augetur *W R*] *om. D*

et de provoquer la perte du meurtrier en inaugurant le martyre. Caïn, sans respecter l'innocence naturelle ni être arrêté par les lois de la piété familiale, en tuant son frère, commet un crime que lui-même n'avait pas conscience de perpétrer et dont son frère n'avait pas idée de se garder. Avec l'accord de celui qui a agi, le Diable a tout manigancé, lui qui avait déjà fait de ses parents des pécheurs. Caïn comme eux se range du côté de l'Ennemi, qu'il aurait dû maudire depuis la chute de ses parents. Ainsi l'un comme l'autre se rendait coupable d'un crime, le Diable, parce qu'il l'incita au parricide, Caïn qui se laissa persuader par les incitations du Diable. Seul Abel, entre son frère et le Diable, entre le parricide et l'Ennemi, entre le Tentateur et l'acteur, demeure pur et innocent. Car le très saint Abel devient prêtre et victime, immolateur et immolé, sacrificateur et holocauste : en effet, tout comme il immolait des victimes pour le Dieu saint, ainsi il a mérité d'être immolé lui-même en sainte victime pour Dieu.

16rb

6. De même Dieu arracha Noé au Déluge, de même il le délivra, lui et les siens, de la catastrophe. Ô impiété ! Pendant cent ans[38] on construit l'Arche, et personne ne confesse les crimes qu'il a commis ; pendant tout ce temps la punition est différée et personne ne se détourne de ses péchés ; la vengeance du Ciel menace sans qu'on apporte aucune réparation ; la colère de Dieu approche sans qu'on fasse pénitence ; une mort prochaine se voit déjà dans l'Arche sans que

---

[38] Cfr Augustin, *Sermon* 361, 19-20 : *Ideo per tot annos aedificatur arca, ut euigilent qui non credunt. Per centum annos illa aedificata est, et non euigilauerunt ut dicerent : « Non sine causa homo dei arcam aedificat, nisi quia imminet exitium generi humano. »* Voir aussi F. Dolbeau, « Nouveaux sermons de saint Augustin pour la conversion des païens et des donatistes (V) », *RÉAug.*, 39 (1993), p. 57-108, p. 74 pour la citation (*Sermo sancti Augustini de capitulo euangelii ubi denuntiatur aduentus domini in nouissimo die* 2, l. 31-37) : *Si ergo triduo spatium habuit tam magna ciuitas flectere misericordiam dei, per centum annorum ⟨spatium⟩, quibus arca fabricabatur, si uias suas illi homines moresque mutarent, propitiando deo sacrificium contribulati cordis offerrent, nonne illam perditionem ex illius misericordia quem flexerant sine ulla dubitatione illaesi euaderent? Centum ergo annos fabricatae arcae arguit triduum niniuitarum.*

malorum incrementum augetur. Venturum Noe protestatur suppli-
70 cium et Dei nemo implorat auxilium. Vnde effectum est ut diuina
sententia aboleret quos errore emendare non potuit.

Niniuitarum libet comoda recensere, qui similiter et ipsi perirent
nisi dissimiliter iram Dei per paenitenciam deplacarent. Quorum quan-
ta fuit mesticia, tanta fuit et uenia et quanto se humiliter afflixerunt,
75 tanto clementer liberari a Domino meruerunt. O profunda benignitas
Dei! Triduo ira Domini flexa est, quae per series temporum fuerat
prouocata. Fit uelocior uenia quam offensa; cicius miseretur quam
irascitur, instancius flectitur quam minatur. Celerem enim pietatem
exhibuit, qui diu distulit quod auertit. Adeo uiuunt confitendo qui
80 peccando perierant; penitencia saluantur quos facinora abduxerant,
afflictatio liberat quos aboleuerat scelus, absoluit metus quos reos secu-
ritas fecerat.

7. Docent Niniuite quid sit peccatoribus faciendum; periclitati
ostendunt quemadmodum pericula declinentur; consecuti ueniam,
85 remedia uenie demonstrarunt. Discant similes, sequantur equales,
uolentes euadere imitentur, ne quod prouidentibus fuit beneficium
contumacibus fiat exicium. Nemo prospera | prouidens aliquando con- 16va

72/73 Niniuitarum – deplacarent] cfr Ion. 3

69 incrementum augetur *W ed.*] incremanta augentur *R*   **71** quos errore *nos*] quos error *W*, quos terror *R ed.*, quod post errorem *D*   emendare *W R ed.*] emendari *D*   potuit *W R ed.*] poterat *D*   **72** et *W ed.*] eciam *R*, et iam *D*   **73** deplacarent *W*] deo placerent *R*, deplorarent *D*   **75** liberari – domino] a domino liberari *D*   **76** ira *W D ed.*] iram *R*   per series *R ed.*] per seriem *D*, series *W*   **78** instancius *W D ed.* (-ti-)] instantitus *R*   quam *D R*] *iter. W*   **79** adeo *nos*] a deo *W D R ed.*   *ante* confitendo *del.* penitendo *D*   **80** saluantur *W R ed.*] saluat *D*   abduxerant *W D ed.*] addixerant *R*   **81** afflictatio *W ed.*] afflictio *D R*   liberat *D R ed.*] liberas *W*   aboleuerat *D*] auolauerat *W*, auuoluerat *R*, auocauerat *ed.*   **83** periclitati *W R ed.*] periclitanti *D*   **84** quemadmodum *W D ed.*] quem ad ira *R*   **85** demonstrarunt *W R ed.*] demonstrant *D*   **85/87** discant – exicium *W D*] *om. R*

les mauvaises actions cessent de croître ; Noé porte témoignage de la punition qui se rapproche sans que personne n'implore l'aide de Dieu. En conséquence le jugement divin a détruit ceux qu'il ne peut amender de leur erreur.

Il est bon de rappeler le bonheur des Ninivites, qui eux aussi auraient péri de la même manière, si, de manière différente, ils n'avaient apaisé la colère de Dieu en faisant pénitence[39]. À la mesure de l'abattement qu'ils éprouvaient fut le pardon qu'ils reçurent, à la mesure de leur humilité fut la clémence du Seigneur, qui leur valut d'être libérés. Ô profonde bonté de Dieu ! Trois jours suffirent pour fléchir la colère du Seigneur, qui avait été provoquée pendant très longtemps ; le pardon se révèle plus rapide que l'offense ; il prend pitié plus vite qu'il ne se met en colère ; il se laisse fléchir plus vite qu'il ne se résoud à menacer. Car c'est rapidement qu'il a montré sa piété, lui qui a longtemps retardé le châtiment qu'il a fini par écarter. C'est bien par la confession que vivent ceux qui périssaient par le péché ; c'est par la pénitence que sont sauvés ceux que leurs crimes avaient égarés ; l'affliction délivre ceux que leur forfait avait anéantis, la crainte absout ceux que leur inconscience avait condamnés.

7. Les Ninivites enseignent ce que les pécheurs doivent faire : eux qui ont éprouvé le danger montrent comment le détourner, eux qui ont obtenu le pardon ont prouvé qu'il est le remède. Que ceux qui leur sont semblables en tirent la leçon ; que ceux qui sont comme eux les suivent ; que ceux qui veulent s'en sortir les imitent, afin que ce qui se révéla bienfaisant pour des hommes sages ne cause la perte des endurcis. Personne, s'il est sage, n'a jamais fait fi du bonheur, personne, à   16va

---

[39] Ion. 3 est un *locus* biblique traditionnel pour développer la thématique de la *paenitentia*.

tempsit, nemo nisi demens contraria appetiuit. Vtere antidoto quo peccatorum uenena frustrantur et medicamentum adhibe quo pericula uulnerum recurentur. Remedium a Niniuitis inuentum communi saluti proficiat: assiduo fletu delictorum flammas extingue, frequenti ieiunio peccatorum uirus exclude; helemosina tergat quod facinoris uenenum infecerat, penitencia mundet quod diaboli persuasio sordidarat.

8. Quid erubescis fateri quod scis Deo teste committi? Tu meres et Dominus gaudet, tu contristaris et Christus exultat. Tali enim tristicia et diabolus uincitur et Dominus gratulatur. O hominum uoluntas incauta!

Erubescit in confessione mundari qui peccatis non erubuit inquinari! Aut enim non peccaremus si confiteri peccata confundimur; aut si peccauimus, peccata quae commisimus Domino confiteri debemus, ne si quid commisimus quod non confitemur, iudicis seueritate plectamur. Ab imperatoribus mundi nemo indulgenciam sumit, nisi supplex scelus quod admisit edixerit. Nemo curari a medico poterit nisi innatum uulnus ante monstrauerit. Nullus a potente beneficium poterit impetrare nisi humiliter eum obsecrari contenderit, quia nec seruus offense ueniam impetrabit nisi Dominum suppliciter exorauerit. Sic

---

107/109 Sic – reparari] cfr Luc. 15, 11-32

88 appetiuit *W D ed.*] appetunt *R*   **89** frustrantur *ed.*] frustratur *W*, frustretur *D*, ministrantur *R*   et *W R*] *om. D*   medicamentum adhibe quo *W R ed.*] medicamenta adhibe quibus *D*   **90** recurentur *W D ed.*] recuperentur *R*   **93** sordidarat *W D ed.*] sordiderat *R*   **96** exultat *W D ed.*] exaltat *R*   **99** in *W*] *om. D R*   confessione mundari *W R ed.*] confessionem nudari *D*   **100/101** confundimur – debemus *W* (*qui nobis hic textum sponte secauit*)] confundimur, aut si peccauimus (peccamus *ed.*), confiteri peccata non confundamur; non debemus et peccatores esse et confiteri non posse; quia qui peccata commisimus domino confiteri debemus *D R* (*qui confundimur – peccata non om.*) *ed.*   **101** peccauimus *W D*] peccamus *R ed.*, *post* peccauimus *iter.* confiteri *W*   **102** si – quod *W D ed.*] si que commisimus *R*   *ante* confitemur *del.* confundamur *D*   iudicis – plectamur *W D ed.*] iudici s. non placamur *R*   **103** nisi] *iter. et primum del. W*   **104** admisit *W R ed.*] conmisit *D*   **105** ante *D R ed.*] autem *W*   monstrauerit *W D ed.*] monstrarit *R*   **106** humiliter eum] *tr. D*   obsecrari contenderit *W D ed.*] obsecrare contendit *R*   **107** offense *W D ed.*] offensus *R*   impetrabit *W*[p.c.] *D ed.*] impetrauit *W*[a.c.] *R*   exorauerit *W ed.*] exorarit *R*, exoret *D*   sic *W D ed.*] si *R*

moins d'être fou, n'a recherché l'adversité. Utilise l'antidote qui neutralise le poison des péchés, et applique la médication qui guérit les blessures dangereuses. Que le remède trouvé par les Ninivites profite au salut de tous : par un flot continu de larmes éteins les flammes de tes fautes, par un jeûne répété chasse le venin des péchés ; que l'aumône nettoie ce que le poison du forfait a infecté ; que la pénitence purifie ce que l'habileté du Diable a sali.

8. Pourquoi rougis-tu d'avouer ce que tu as commis, tu le sais bien, sous les yeux de Dieu ? Toi, tu t'affliges et le Seigneur se réjouit, toi tu t'attristes et le Christ exulte, car c'est une telle tristesse qui provoque et la défaite du Diable et la joie du Seigneur. Ô Volonté imprudente des hommes !

Qui n'a pas rougi de se souiller par ses péchés rougit de se purifier par la confession ! Car ou bien il ne faudrait pas commettre de péchés si nous avons honte de les confesser, ou bien si nous avons péché, nous devons confesser au Seigneur les péchés que nous avons commis, de crainte que, si nous en avons commis un sans le confesser, nous ne soyons frappés par la sévérité du Juge. Personne n'obtient des empereurs d'ici-bas l'indulgence, si, en suppliant, il n'avoue le crime qu'il a commis. Personne ne pourra être guéri par un médecin sans lui montrer d'abord la lésion apparue sur lui. Nul ne pourra obtenir un bienfait d'un puissant sans faire l'effort de le prier humblement ; car le serviteur n'obtiendra pas le pardon d'une offense sans fléchir son maître par

nec abdicatus filius poterit patri restitui, nisi se ostenderit qui dignus sit reparari.

108 nec *W R ed.*] neque *D*   poterit patri] *tr. D*   **109** *post* reparari *add.* finem sermonis 19, 8 a uerbis Pro nephas *R*

ses prières et supplications, pas plus qu'un fils renié ne pourra être réhabilité par son père, sans prouver qu'il est digne de retrouver son rang[40].

---

[40] La parabole évangélique du Fils prodigue évoquée ici (Luc. 15, 11-32) est développée dans différents textes et sermons d'Augustin dans les années 397-400, et donc contemporains peut-être de notre sermon.

19
Confitemini Domino quoniam bonus, quoniam in saeculum misericordia eius.

1. | Deus nomen est dignitatis, Dominus nomen est potestatis, sed Dei nomen originem non habet, Domini habet. Etenim Deus nomen est ingeniti ut Dominus sit accidentis uocabulum. Ita enim Deus semper est Deus, ut Deus non semper fuerit Dominus. Exinde enim Deus
5 Domini nomen sibi adiunxit ex quo hominem cui imperaret formaret. Igitur cum constet hominem perfecto iam mundo formatum, cur Do|minus priusquam hominem fecit Domini nomen non habuit, at ubi hominem fecit Domini sibi nomen assumpsit, cum posset ab origine mundi, id est ex quo cepit Deus istam machinam fabricari, nomen
10 sibi addere Deo?

2. Illa igitur causa est quia mundum Deus homini fecit non sibi, hominem uero sibi fecit non ob aliud nisi ut imperaret homo mundo ut dominus, seruiret Deo ut famulus. Etenim hominem Deus creature constituit dominum dicens: "*Crescite et multiplicamini et replete*
15 *terram et dominamini eius*"; ita hominem sibi famulum fecit cui certa obseruanda mandauit ut obseruando esset pro meritis dominus, contempnendo sibi crearet iudicium. Vt enim pater per filium, dominus per seruum, ita iudex creatur per reum. Adeo tolle filium et ubi est pater? Adime seruum et domini deficit nomen; sic iudex deesse poterit
20 si reatus causa defuerit. Denique Dominus Deus de suo bonus est, de nostro iustus, de suo pius, de nostro seuerus.

tit., 1/2 Ps. 118 (117), 1
14/15 Gen. 1, 28

trad. text. *W R* (*a uerbis* **100** Pro nefas)
1 deus *ed.*] deo *W*   **4** dominus *ed.*] domino *W*   **16** obseruando] *ex* obserseruando *W*

19
« Confessez-vous au Seigneur, car il est bon, car sa miséricorde s'étend pour toujours. »

1. Dieu est le nom de sa dignité, Seigneur celui de sa puissance, Dieu est un nom sans origine mais Seigneur en a une. En effet, Dieu est le nom de celui qui n'est pas engendré, tandis que Seigneur est un titre né de l'histoire. Ainsi Dieu est toujours Dieu, tandis que Dieu n'a pas toujours été Seigneur. En effet, Dieu a pris aussi le nom de Seigneur précisément à partir du moment où il voulut façonner un être humain à qui il commanderait. Ainsi, puisqu'il est établi que l'homme a été façonné quand le monde était déjà achevé, pourquoi le Seigneur n'a-t-il pas eu le nom de Seigneur avant d'avoir créé l'homme, pourquoi a-t-il adopté aussi le nom de Seigneur seulement après avoir créé l'homme, alors qu'il aurait pu dès l'origine du monde – c'est-à-dire dès le moment où Dieu entreprit de réaliser l'ensemble de l'univers – ajouter ce nom à celui de Dieu ?

2. En voici la raison : c'est pour l'homme que Dieu a créé le monde, non pour lui-même, alors qu'il a créé l'homme pour Dieu dans l'unique but que l'homme commande au monde comme seigneur et obéisse à Dieu comme serviteur. En effet, Dieu a fait de l'homme le seigneur de la création en disant : « Croissez et multipliez-vous, remplissez la terre et soyez-en le seigneur » ; et il a fait de l'homme son serviteur à qui il a donné des lois précises à observer, si bien qu'en les observant l'homme fût un seigneur au regard de ses mérites, mais qu'en les méprisant il créât son propre jugement. Car de même que le fils crée le père, l'esclave le seigneur, de même le coupable crée le juge. Si tu enlèves le fils, où est le père ? Supprime l'esclave et le nom de seigneur disparaît ; de même il n'y aura pas de juge s'il n'y a pas de faute à juger. Bref, de Lui-même le Seigneur Dieu est bon, de notre fait, juste ; de Lui-même il est bienveillant, de notre fait, sévère.

3. Nisi enim homo peccasset, Dominum dispensatorem praemiorum, non delictorum iudicem habuisset. Denique Dauid propheta sanctissimus cum peccatores confiteri persuadet, bonum illis Deum ostendit dicens: "*Confitemini Domino quoniam bonus est.*" Bonum, inquam, Deum ostendit non iustum ut iudicem, non censorium ut terrentem sed placatum, benignum et mitem, qui possit benignitate ignoscere, non seueritate punire, qui pietate flectatur, non qui iracundia moueatur, qui clemencia parcat, non qui censura defendat. Bonitas enim indulget, seueritas plectit; pietas tribuet ueniam, inferet censura uindictam; misericordia persuadet penitenciam quia iustitia festinat ad penam.

4. Denique apud rectores mundi et iudices seculi quisquis reus suam indicat culpam, delictum reserit, peccatum fatetur, sentencia digna addicitur et competenti supplicio defirmatur. | Illic enim molestum est confiteri ubi confessione ueniam non licet relaxari, ubi executor legum contemptam legem defendit, ubi qui lege iudicat legibus seruit; non potest autem reo ignoscere, qui contemptam legem iussus est uindicare. Apud Deum uero iudicem, legum dominum et tocius iuris auctorem, confessio dat indulgenciam quia reticencia incidet penam. Iudicancium enim persone diuersos habent iudiciorum effectus; homo enim dum iudicat leges exsequitur, Deus ipsis legibus dominatur; homo, inquam, secundum leges iudicat, Deus imperat; homo legum tenorem custodit, Deus ipsas leges cum uoluerit flectit; homo commissum facinus respicit, paenitentiam Deus libenter admittit; homo dum iudicat timet flecti ne peccet, Deus confiteri persuadet ut delicta condonet; homo non potest peccatorem absoluere, Deus confitenti ueniam desiderat impertire. Apud homines quod negatur tormentis elicitur, apud Deum quod negatur supplicio destinatur; apud Deum negare peccatum pena est, confiteri uenia.

---

25 Ps. 118 (117), 1

36 confessione *ed.*] confessioni *W*   **37** legibus] *ex* legis *corr. W*   **38** autem *ed.*] au *W*

3. En effet, si l'homme n'avait pas péché, il n'aurait eu dans le Seigneur qu'un dispensateur de bienfaits, non un juge de ses manquements. Bref le très saint prophète David, lorsqu'il invite les pécheurs à se confesser, proclame que Dieu est bon envers eux en disant : « Confessez-vous au Seigneur car il est bon. » Oui, il proclame un Dieu bon et non un Dieu juste comme un juge, ni comme un censeur qui terrifie, mais il le montre accessible, bienveillant et conciliant, qui peut pardonner par bienveillance au lieu de punir par sévérité, qui peut se laisser fléchir par compassion au lieu de se laisser emporter par la colère, qui peut épargner par clémence, au lieu de sanctionner par censure. Car la bonté est indulgente, la sévérité réprime ; la compassion accordera le pardon, la censure conduira au châtiment ; la miséricorde invite à la pénitence là où la justice se hâte de punir.

4. Bref, auprès des dirigeants de ce monde et des juges de ce siècle, tout coupable qui avoue sa faute, qui dévoile son délit, qui confesse son péché subit la sentence prévue et est frappé par un châtiment correspondant. Il est dangereux en effet de confesser ses fautes là où il n'est pas permis d'obtenir le pardon par la confession, où l'exécuteur des lois défend la loi transgressée, où celui qui juge au nom de la loi est esclave des lois : il ne peut pardonner au coupable celui qui a reçu l'ordre de venger la loi transgressée. Mais quand c'est Dieu le juge, le seigneur des lois et l'auteur de tout le droit, la confession entraîne le pardon là où le silence mènera à la peine. Le résultat du jugement dépend en effet de la nature de celui qui juge ; l'homme en effet, en jugeant, suit servilement les lois, alors que Dieu est le maître de ces lois elles-mêmes ; l'homme, dis-je, juge selon les lois, alors que Dieu les édicte ; l'homme respecte la lettre des lois, alors que Dieu, quand il le veut, adoucit ces lois ; l'homme ne considère que le crime commis, alors que Dieu admet volontiers la pénitence ; l'homme, lorsqu'il juge, craint en se laissant fléchir de commettre une erreur, alors que Dieu invite à la confession pour pouvoir remettre les fautes ; l'homme ne peut absoudre le pécheur, alors que Dieu désire accorder le pardon à celui qui se confesse. Auprès des hommes, l'aveu, si l'on nie, est arraché sous la torture, auprès de Dieu, c'est si l'on nie qu'on est condamné au supplice ; auprès de Dieu, nier un péché entraîne la peine, le confesser le pardon.

17vb

5. O mira et abrupta peccatoris demencia! Si homini commissa facinora celas nec admissi testis est, nec consciencie iudex, Deo uero quid celas, peccator, qui cum cogitares affuit et cum committeres uidit? Ipse est enim testis qui iudex; ipse est, inquam, testis facti qui est iudex admissi. Frustra celas quod nouit, frustra occultas quod coram ipse ac praesens aspexit. Poteris enim confitendo; mereri ueniam qui delinquendo meruisti uindictam. Exinde enim iudex Deus ex quo homo factus est; reos exinde iudicare Dominus cepit ex quo homo reatum incurrit, exinde accepit sentenciam mortis ex quo legem transgressus est dominantis.

6. Factus est enim ex delicto seruus, ex culpa famulus, ex reatu captiuus. Factus est, inquam, ex delicto seruus qui institucione fuerat filius, perdidit libertatem nature dum ex culpa sentenciam meruit pene. Sed benignissimus Deus confessionem ostendit, paenitentiam monstrat, satis|factionem procurat, dum interrogat: "*Vbi es*, inquid, Adam?" Cogit hominem confiteri admissum dum desiderat ei donare peccatum. Confessio enim penitenciam sapit, indulgenciam parit, indulgencia peccatorem absoluit. Peccator enim iudicem fecit, iudex sentenciam dixit, sentenciam aboleuit paenitentia. Etenim paenitentia salutis portus, reparacio uite, spes uenie, indulgencie ianua, reformatio spei, abolicio peccati est. Hec delicta diluit, tollit culpam, iram leuat, commocionem flectit ipsumque iudicem ad pietatem perducit. Hec est, inquam, penitentia que furenti extorquet gladium, irascenti sentenciam, iudicanti uindictam, ⟨misericordiam⟩ acquirit, celum aperit, ad paradisum ducit. Penitenciam enim pietas diuina non inuenit. Natura enim docet non delinquere, pietas docet delictis ueniam per penitenciam impertire.

7. O uenerabilis bonitas Dei! Offenditur et remedia porrigit ut flectatur; despicitur, consilia inuenit ut propicietur. Vult enim ex paeni-

---

65 Gen. 3, 9

61 famulus *ed.*] famulis *W*   **65** satisfactionem] satisfacionem *W*   **69** *ante* aboleuit *del.* sententia *W*   **72** commocionem *W*] condemnatorem *ed.*   **74** misericordiam *rest. ed.*] *om. W*

5. Ah surprenante et vertigineuse folie du pécheur ! Si tu caches les crimes commis à l'homme, qui n'est ni témoin de ton forfait, ni juge de ta conscience, pourquoi, pécheur, les caches-tu à Dieu, qui était présent quand tu y songeais et qui t'a vu quand tu les commettais ? Car lui-même est témoin et juge, lui-même, dis-je, est témoin et juge de l'acte que tu as commis. C'est en vain que tu caches ce qu'il sait, en vain que tu occultes ce qu'il a vu en étant lui-même sur place. Tu pourras en effet en te confessant mériter le pardon au lieu de mériter en fautant le châtiment. Ainsi donc Dieu est-il juge depuis que l'homme a été fait ; ainsi, le Seigneur s'est-il mis à juger les coupables depuis que l'homme s'est jeté sur la culpabilité, ainsi, l'homme a-t-il encouru la sentence de mort depuis qu'il a transgressé la loi de son Seigneur.

6. C'est en effet son forfait qui en a fait un esclave, sa faute un serviteur, sa culpabilité un captif. C'est son forfait, dis-je, qui a fait un esclave de celui qui avait été façonné comme un fils, il a perdu la liberté de sa nature en méritant par sa faute la peine prononcée. Mais, dans son extrême bonté, Dieu offre la confession, conseille la pénitence, donne l'occasion de s'acquitter en demandant : « Où es-tu, Adam ? » 18ra Il pousse l'homme à confesser ce qu'il a commis en désirant lui remettre son péché. Car la confession connaît la pénitence, engendre l'indulgence, et l'indulgence absout le pécheur. Le pécheur en effet a fait le juge, le juge a prononcé la sentence et la pénitence a effacé la sentence. De fait, la pénitence est le port du salut, le renouvellement de la vie, l'espoir du pardon, la porte de l'indulgence, la restauration de l'espoir, l'absolution du péché. Elle efface les délits, supprime la faute, calme la colère, apaise les passions et conduit le Juge lui-même à la pitié. Telle est, dis-je, la pénitence qui peut enlever son glaive à la fureur, sa sentence à la colère, son châtiment au jugement ; elle provoque ⟨la miséricorde⟩, ouvre le ciel, mène au paradis. Car ce n'est point l'affection divine qui invente la pénitence. La nature en effet enseigne à ne pas fauter, la pitié à accorder le pardon aux fautes par la pénitence.

7. Ah vénérable bonté de Dieu ! Il est offensé et tend les remèdes pour le fléchir ; il est dédaigné, mais il procure les conseils pour l'apaiser. Il veut en effet tirer de la pénitence le pardon pour celui qui par sa

tentia tribuere ueniam qui ex culpa disponebat uindictam; offenditur et benignus est, contempnitur et pius, despicitur et salutaris; si peccamus, et talis est qualis erga nos fuisset si non peccaremus. O, inquam, uenerabilis bonitas Dei! Contempnimus monita et offendimus, ad penitenciam currimus et saluamur, id est Dominus nostram offensam suo consilio flectit, contemptus nostros remedio penitencie diluit, contumeliis delictorum antidoto confessionis ignoscit. Ab ipso iubemur non delinquere, ab ipso suademur delictis ueniam postulare; consulit ne peccemus, consulit ut peccatis ueniam impetremus; non uult hominem perire quem fecit, non uult eum delinquendo offendere, non uult illum offendendo perire.

8. Est enim amator operis sui; hominem enim in uitam non in mortem constituit, in gloriam non in ignominiam fecit, in salutem non in interitum destinauit. Denique factus homo lege formatus est ne forsitan ignorando peccaret: instruitur | in gubernaculis legis ut homo innocens regeretur, instruitur ne aut delictorum tempestatibus aut peccatorum turbinibus aut culparum procellis aut facinorum fluctibus mergeretur. Totum prouidit Deus sed homo cuncta contempsit incautus. Amauit enim mortem quae non erat, contempsit uitam quae fuerat; potuit enim obseruando uiuere qui contempnendo maluit interire. Pro nefas! contempnitur genitor, auditur seductor; acceptatur emulus, despicitur Dominus. Iubet Deus et contempnitur; persuadet diabolus et auditur. Stat homo inter Deum et hostem, inter genitorem et serpentem, inter Deum et mortis auctorem. Deus precipit ut obseruetur, persuadet diabolus ut contempnatur; Deus legem proposuit in salutem, serpens eam contempni suasit in mortem; Deus contemptori mortem minatur, dyabolus praeuaricatori falsam deitatem mentitur.

---

82 peccaremus *W*] peccassemus *ed.*   **86** iubemur *nos*] uiuemus *W*, docemur *ed.*   **87** ab *W*] ad *ed.*   **100** pro nefas] *hic incipit R, qui finem sermonis 19 sermoni 17 adiunxit*   **101** et *R*] *om. W*

faute s'attirait le châtiment ; il est offensé et le voilà bienveillant, méprisé et le voilà affectueux, dédaigné et le voilà soucieux de notre salut ; si nous péchons, il est même tel qu'il aurait été si nous n'étions pas pécheurs. Ah, dis-je, vénérable bonté de Dieu ! Nous méprisons ses avertissements et nous l'offensons, mais nous courrons vers la pénitence et nous sommes sauvés, voilà comment Dieu atténue notre offense en nous conseillant, comment il efface notre mépris par le remède de la pénitence, comment il contre les outrages de nos fautes par l'antidote de la confession. C'est lui qui nous ordonne de ne pas fauter, lui qui nous conseille de demander le pardon pour nos fautes ; il invite à ne pas pécher, il invite à obtenir le pardon pour nos péchés ; il ne veut pas que périsse l'homme qu'il a fait, il ne veut pas que celui-ci l'offense en fautant, mais il ne veut pas qu'il périsse en l'offensant.

8. Car il est plein d'amour pour son œuvre. Il a en effet créé l'homme pour la vie, non pour la mort, il l'a fait pour la gloire, non pour l'ignominie, il l'a destiné au salut, non au trépas. Bref, dès sa création, l'homme a été instruit de la Loi de peur qu'il ne pèche par ignorance : il est formé pour être dirigé par le gouvernail de la Loi et rester un homme innocent, il est formé pour ne sombrer ni dans une tempête de délits, ni dans un tourbillon de péchés, ni dans un ouragan de fautes ni dans un flot de crimes. Dieu a tout prévu, mais l'homme dans son imprudence a tout méprisé. Il a en effet aimé la mort qui n'était pas et a méprisé la vie qui avait été ; il pouvait en effet vivre en obéissant, mais a préféré mourir en méprisant. Ah sacrilège ! le Créateur est méprisé et le Séducteur écouté ; l'Adversaire est accueilli et le Seigneur dédaigné ; Dieu ordonne et il est méprisé ; le Diable tente et il est écouté. L'homme se tient entre Dieu et l'Ennemi, entre le Créateur et le Serpent, entre Dieu et l'Auteur de la mort. Dieu prescrit l'obéissance, le Diable invite au mépris ; Dieu a offert la Loi pour notre salut, le Serpent a poussé à la mépriser pour notre mort ; Dieu se contente de menacer de mort celui qui méprise, le Diable ment en promettant faussement un statut divin à celui qui trahit.

9. Accipe ad hoc praeteritorum exempla gestorum et imitare confitentem ut uiuas et fuge negantem ne pereas: Adam confitetur et absoluitur, Cayn negat parricidium et punitur; Ade confessio proficit in salutem, Cayn negacio operata est mortem; alter confitendo accipit ueniam, alter negando inuenit penam. Sanguis fratris uociferatur ad Deum ac sceleratus fecisse se denegat parricidium; sanguis fusus testis est facti et Cayn extitit negator admissi; qui perpetrauit parricidium negat et sanguis qui effusus est clamat.

10. Rape tu, quisquis es, confessionis felicitatem, qui legem obseruare nolueras in salutem; rape remedia que offensus prouidet Deus ut tibi indulgenciam contemptus tribuat Christus; rape occasionem beniuoli iudicis qui patrem se exhibet peccatoris; dum curare desiderat medicus, abstrusum uulnus ostende. Dum offensis cogitat misereri, qui offendit non desinat confiteri; dum iudex placari quaerit, reus cogitando non desit. Peccator enim aut confitendo ab|soluitur aut contempnendo punitur. 18va

---

107 ad hoc *W ed.*] adhuc *R*   praeteritorum *W ed.*] pretorium *R*   gestorum *W ed.*] iustorum *R*   **110** alter *W ed.*] unus *R*   **112** ac *W*] et *R ed.*   **115** rape *W ed.*] rapere *R*   **116** nolueras *R*] uolueras *W ed.*   **118** medicus *W*] om. *R*   **119** ostende *R ed.*] ostendet *W*   **120** dum *R*] cum (c͂) dum *W* (*qui* cum *delere oblitus est*), et dum *legit ed.* (*qui hic scrips.* 'om. *R forsan recte*')   non²] om. *W*

9. Accepte donc les exemples du passé : pour vivre imite celui qui se confesse et, pour ne pas périr, fuis celui qui refuse de le faire : Adam se confesse et il est absous. Caïn nie le fratricide et il est puni ; la confession d'Adam lui vaut le salut, la dénégation de Caïn est l'instrument de sa mort ; l'un en se confessant reçoit le pardon, l'autre en niant crée son châtiment. Le sang de son frère crie vers Dieu et le criminel nie avoir commis un fratricide ; le sang versé est temoin de son acte et Caïn s'obstine à nier qu'il l'a commis ; celui qui l'a perpétré nie le fratricide, mais le sang répandu le clame.

10. Toi, qui que tu sois, saisis-toi du bonheur de la confession, toi qui n'avais pas voulu observer la Loi pour ton salut ; saisis-toi des remèdes que, malgré ton offense, te tend Dieu pour que le Christ t'accorde l'indulgence malgré ton mépris ; saisis-toi de l'occasion que t'offre un juge bienveillant qui se présente en père du pécheur ; quand le Médecin désire la soigner, montre-lui la blessure que tu as cachée. Quand il est décidé à avoir pitié des offenses dont il est victime, que celui qui l'a offensé n'hésite pas à se confesser ; quand le Juge cherche à être apaisé, que le coupable s'y décide sans hésiter. Car ou le pécheur se confesse et il est absous, ou il fait preuve de mépris et il est puni. 18va

20
Felix qui intellegit super egenum et pauperem,
in die mali liberabit eum de inimicis Deus.

1. Spiritus Dei dum in pauperes intentos laudat, steriles ac segnes incusat; dum enim misericors honoratur, necesse est inmisericors stimuletur. Inde sic fit ut et intentis intencior gloria laudis reddatur et remissus ac segnis dum alienis laudibus excitatur, dignus eciam ipse laude ducatur, aut in segnicia permanens sterilitatis pena plectatur: *Felix qui intellegit super egenum et pauperem.* Felix, inquit, si a te egentem postulare non siueris aut si pauperem minime te rogare permiseris aut si necessitatem huiuscemodi tacito corde et sollicito affectu persenseris.

2. Ceterum si petenti tantummodo dederis, aut si rogantis fletibus commoueris, iam commercium quoddam est inter petentem et dantem, inter flentem et tribuentem et quasi peticione mereatur quod facis aut fletus extorqueant quod operaris, si preces exspectas pauperis et fletus sustines indigentis ut misericordiam impleas quam iuberis. Non enim egens precibus debet mercari quod non habet, aut pauper petendo negociari quo indiget, aut fletibus ipse debes distrahere quod ultro

---

tit., 1/2 Ps. 40, 2
6 Felix[1] – pauperem] Ps. 40, 2

6 a te] ate *W*   **7** *ante* siueris *add.* sinis *W*   **8** necessitatem *ed.*] necessitate *W*
12 et[2] *W*] ut *ed.*   **16** quo *W*] quod *ed.*

20
« Heureux celui qui se soucie du pauvre et de l'indigent, au jour du malheur Dieu le libérera de ses ennemis [41]. »

1. L'esprit de Dieu, quand il loue ceux qui sont attentifs aux pauvres, adresse des reproches aux cœurs stériles et passifs. En effet, quand il honore le miséricordieux, il aiguillonne du même coup celui qui ne l'est pas. Il s'ensuit à la fois que la gloire de la louange gagne en intensité pour les cœurs attentifs et que l'indolent et le paresseux, quand il est stimulé par les louanges adressées à d'autres, est conduit lui aussi à se montrer digne de louanges ou, s'il persiste dans sa passivité, est puni par la stérilité qui le frappe : « Heureux qui se soucie du pauvre et de l'indigent. » Heureux, dit le Psaume, si tu évites à l'indigent d'avoir à t'implorer, ou si tu ne laisses pas du tout le pauvre te solliciter, ou si tu es sensible dans le silence et l'attention de ton cœur, à l'urgence de leur situation.

2. Autrement, si tu donnes seulement à qui demande ou si tu te laisses émouvoir par les pleurs de qui te sollicite, alors s'établit comme un marché entre celui qui demande et celui qui donne, entre celui qui pleure et celui qui accorde, et c'est comme si, en demandant, il méritait le geste que tu fais, ou comme si ses pleurs t'arrachaient la peine que tu te donnes, si tu attends les prières du pauvre, et si tu supportes les pleurs de l'indigent pour accomplir ton devoir de miséricorde. Car l'indigent ne doit pas acheter par des prières ce qu'il n'a pas, ni le pauvre marchander en réclamant ce qui lui manque ; quant à toi tu ne dois pas vendre pièce par pièce ce que tu devrais de toi-même partager

---

[41] Le texte de *Psaume* 40 (41), 2 est à peu de choses près celui de la vulgate clémentine et des psautiers (romain et gallican) : *Beatus qui intellegit super egenum et pauperem, in die malo liberabit eum Dominus*, lesquels suivent de près le texte grec de la *Septante* d'Origène : ΜΑΚΑΡΙΟΣ συνιῶν ἐπὶ πτωχὸν καὶ πένητα· ἐν ἡμέρᾳ πονηρᾷ ῥύσεται αὐτὸν ὁ Κύριος. Συνιῶν est le participe présent du composé de εἶμι « je vais » et signifie « qui se réunit à ». Saint Jérôme pour sa part avait donné une autre version des *Psaumes* : *Beatus qui cogitat de paupere in die mala salvabit eum Dominus* en se fondant sur le texte massorétique (אַשְׁרֵי מַשְׂכִּיל אֶל-דָּל, בְּיוֹם רָעָה, יְמַלְּטֵהוּ יְהוָה. « Heureux celui qui s'intéresse au pauvre ! Au jour de la calamité, l'Éternel le sauvera. ») : *Beatus, qui intellegit de egeno ; in die mala liberabit eum Dominus*.

debeas numero hominibus impertire. Sed magis, inquid, esto cautus, esto solicitus et esurientem cum intellexeris ⟨nutrias, nudum cum aspexeris⟩ contegas, indigentem cum attenderis omnia desiderata impercias.

3. *Est enim intelligere super egentem et pauperem* esurientis preces praeuenire cibo, nudi fletus statuere indumento, desiderantis gemitus anteire subsidio. Hoc enim inter nos et extraneos esse Christus Dominus uoluit, hanc differentiam inter alienos et suos esse Saluator ipse precepit ut tu intelligas, ille rogetur, tu uisu cum ille precibus mouetur, tu ad miserandum festines, ille fletu et gemitu se misericordem ostentet.

4. Aliud est enim natura flecti, aliud precibus inuitari; aliud mo|ueri affectu, aliud prouocari fletu aut gemitu, aliud sollicite hominis miserias subleuare, aliud egentis preces ut miserearis exigere. Nam si tibi, homo, hac condicione nasci contingeret, si tibi egestatis et inopie sors miseranda adesset, nonne forte erubesceres petere, postulare non posses, tu doloris fletus siccis oculis retineres? Quis tibi tacenti donaret, quis te silentem attenderet, quis nec roganti nec flenti nunc quippiam impertiret?

5. Si omnes ex te preces et fletus exigerent quos de aliis tu ipse quaeris exigere, optares forsitan egestatis inopia mori quam aliquem ex praesentibus deprecari.

Quare, in egente teipsum quisquis es computa, in paupere necessaria nature te desiderare considera. Esto circa pauperem talis qualem circa te pauper diuitem esse uolueris. Noli iactare quod facis, noli preces exigere indigentis ut possis praemia accipere promittentis. Conpensat

---

20 Ps. 40, 2

17 numero *nos*] nō *W*, non *ed.*   **18** nutrias – aspexeris *rest. ed.*] *om. W*   **22** anteire *ed.*] ante ite *W*   **24** cum *ed.*] tum *W*   **31** erubesceres *ed.*] erubescentes *W*   **36** inopia] *ex* inopiam *corr. W*

largement[42] avec les hommes. Mais plus encore, dit le Psaume, sois prévoyant, sois attentif, et celui qui a faim, dès que tu en as conscience, ⟨nourris-le ; celui qui est nu dès que tu le vois,⟩ couvre-le ; donne à celui qui est indigent, dès que tu t'en aperçois, tout ce dont il a besoin.

3. En effet, se soucier du pauvre et de l'indigent, c'est prévenir les prières de l'affamé en le nourrissant, c'est arrêter les pleurs de celui qui est nu en l'habillant, c'est devancer les gémissements de celui qui est dans le besoin en l'aidant. Voilà en effet la distinction que le Christ notre Seigneur a voulue entre nous et les païens, voilà la différence que le Sauveur lui-même a prescrite entre les siens et les autres : toi, tu comprends, lui, on le supplie, toi, tu es touché par ce que tu vois alors qu'à lui il faut des prières, toi, tu as pitié sans attendre, lui attend les pleurs et les gémissements pour faire étalage de sa pitié.

4. Car il est bien différent d'éprouver naturellement de la compassion ou de ne céder qu'à des prières, différent d'être entraîné par ses sentiments ou de réagir aux pleurs et aux gémissements, différent de soulager les misères de l'homme par sollicitude ou d'exiger les prières de l'indigent pour avoir pitié de lui. En effet, s'il t'était arrivé à toi, homme, d'être né dans cette condition, si c'était à toi qu'était échu le sort misérable de la pauvreté et de l'indigence, ne rougirais-tu pas par hasard de demander, ne serais-tu pas incapable de réclamer, ne garderais-tu pas les yeux secs et ne retiendrais-tu pas les pleurs de la douleur ? Mais qui te donnerait si tu te taisais, qui serait attentif à ton silence, qui partagerait avec toi sans tes supplications et tes pleurs ?

18vb

5. Si tous exigeaient de toi les prières et les pleurs que toi-même tu cherches à exiger des autres, peut-être choisirais-tu de mourir dans le dénuement de la pauvreté plutôt que de supplier quelqu'un qui pourrait t'aider.

C'est pourquoi, dans l'indigent, regarde-toi toi-même, qui que tu sois, dans le pauvre considère que c'est toi qui es privé de ce qui est indispensable à la vie. Sois envers le pauvre tel que tu voudrais que le riche soit envers toi si tu étais pauvre. Ne tire pas vanité de ce que tu fais, n'exige pas les prières de l'indigent pour pouvoir recevoir les

---

[42] Nous ne parvenons pas à comprendre *non hominibus impertire*, d'où l'hypothèse que l'abréviation du copiste *nõ* ne serait pas ici celle, habituelle, de *non*, mais celle de *numero* (cfr *natura* parfois abrégé dans le ms. *nã*), *numero* s'opposant à *distrahere*.

enim quod facit qui quod fecerit uentilauerit; perdet praemium qui misericordie non occultat officium; non potest se Deo ostendere misericordem qui per humanam laudem uoluerit compensare mercedem.

récompenses promises. En effet, qui a publié à tout vent ce qu'il a fait a déjà le salaire de ce qu'il fait ; qui ne cache pas l'œuvre de sa miséricorde perd sa récompense ; qui a voulu obtenir un salaire de la louange humaine ne peut se targuer de sa miséricorde devant Dieu.

20 B

1. *Dum facis*, inquid Dominus, *misericordiam, noli tubicinare ante te sicud ypocrite faciunt. Amen dico uobis, consecuti sunt mercedem suam. Vos autem cum facitis helemosinam, nesciat sinistra quid faciat dextera et pater uester qui uidet in abscondito reddet uobis in aperto.* Qui fieri helemosinam iussit, faciendi legem imposuit et quomodo uel qualiter faceremus ostendit. Si seruis, pare; si obtemperas, comple; si obsequeris, perfice. Compensat enim quod facit qui aliter fecerit quam Deus imperauit; suam perficit uoluntatem qui iubentis excesserit legem. Aliter enim facere quam iubetur non est iussa complere sed et suam uoluntatem perficere.

2. Te nunc, christiane, conuenio, tua obsequia que promittis exquiro. Propter Deum elemosinam facis. Cur non occultas quod facis? Incipies uideri non propter Deum sed propter ho|mines operari; quod magis igitur propterea facis quia iuberis, eo ordine debes facere quod iuberis, ne quod faciendo obtemperas, uentilando disperdas. Nam unde Dominus iactantes suos ypocritas reprehendit, inde suos chris-

---

1/4 Matth. 6, 2-5

7 qui aliter *ed.*] qualiter *W*

20 B

1. Quand, dit le Seigneur, tu fais miséricorde, ne le fais pas claironner devant toi comme font les hypocrites. En vérité, je vous le dis, ils ont obtenu leur salaire. Vous, de votre côté, quand vous faites l'aumône, que votre main gauche ignore ce que fait votre main droite et votre Père, qui voit dans le secret, vous le rendra au grand jour[43]. Celui qui a donné l'ordre de faire l'aumône y a mis des règles et a montré comment et dans quel esprit nous devions le faire. Tu veux servir ? obéis ; suivre les ordres ? exécute-les ; t'engager ? va jusqu'au bout. Qui agit autrement que Dieu le commande a le salaire de ce qu'il fait ; qui s'affranchit des règles de son maître ne satisfait que sa propre volonté. Ne pas suivre complètement les ordres, c'est non seulement ne pas les exécuter, mais ne satisfaire que sa propre volonté.

2. Maintenant, c'est à toi, chrétien, que je m'adresse, j'attends de toi le respect de tes engagements. C'est pour Dieu que tu pratiques l'aumône. Alors pourquoi ne caches-tu pas ce que tu fais ? Sinon, on va voir que tu n'agis pas pour Dieu mais pour les hommes ; ainsi plus tu agis parce que tu en as reçu l'ordre, plus tu dois continuer à faire ce qui t'est commandé, pour éviter que, ce que tu fais par obéissance, tu ne le perdes en le publiant à tout vent. Car le seigneur, en punissant ses hypocrites, instruit par là ses chrétiens. Les hypocrites, en effet, en clai-

19ra

---

[43] Le texte de la Vulgate est le suivant (Matth. 6, 2-5) : *2 Cum ergo facies eleemosynam, noli tuba canere ante te, sicut hypocritae faciunt in synagogis et in vicis, ut honorificentur ab hominibus. Amen dico vobis : Receperunt mercedem suam. 3 Te autem faciente eleemosynam, nesciat sinistra tua quid faciat dextera tua, 4 ut sit eleemosyna tua in abscondito, et Pater tuus, qui videt in abscondito, reddet tibi. 5 Et cum oratis, non eritis sicut hypocritae, qui amant in synagogis et in angulis platearum stantes orare, ut videantur ab hominibus. Amen dico vobis : Receperunt mercedem suam* (texte grec : 2 Ὅταν οὖν ποιῇς ἐλεημοσύνην, μὴ σαλπίσῃς ἔμπροσθέν σου, ὥσπερ οἱ ὑποκριταὶ ποιοῦσιν ἐν ταῖς συναγωγαῖς καὶ ἐν ταῖς ῥύμαις, ὅπως δοξασθῶσιν ὑπὸ τῶν ἀνθρώπων· ἀμὴν λέγω ὑμῖν, ἀπέχουσι τὸν μισθὸν αὐτῶν. 3 σοῦ δὲ ποιοῦντος ἐλεημοσύνην μὴ γνώτω ἡ ἀριστερά σου τί ποιεῖ ἡ δεξιά σου, 4 ὅπως ᾖ σου ἡ ἐλεημοσύνη ἐν τῷ κρυπτῷ· καὶ ὁ πατήρ σου ὁ βλέπων ἐν τῷ κρυπτῷ ἀποδώσει σοι ἐν τῷ φανερῷ. 5 Καὶ ὅταν προσεύχῃ, οὐκ ἔσῃ ὡς οἱ ὑποκριταί· ὅτι φιλοῦσιν ἐν ταῖς συναγωγαῖς). Jérôme a purement et simplement recopié la version vieille latine qu'il avait sous les yeux. Notre prédicateur, de son côté, a omis la synagogue et les places publiques, peut-être par souci de ne pas effaroucher les juifs « craignants-Dieu ».

tianos instruxit. Ypocrite enim tubicinantes amittunt quod faciunt, christiani occultantes commendant Domino quod dederunt; ypocrite misericordiam iactant et perdunt, christiani abscondendo acquirunt; ypocrite laudem hominum aucupantes, misericordiam quam fecerant compensarunt, christiani in lucra futura transmittunt quitquid Domino teste fecerunt, ut iam sit eorum uentilare quorum sit mercedem amittere, eorum sit uota occultare quorum est praemium a Domino Christo percipere.

3. Instructus es, christiane, instructus es quomodo opereris. Ceterum quia operari debes, tu te ipse cognoscis. Docet enim Dominus monitis, docet exemplis; monitis quibus infructuosas arbores ignibus destinauit, fructuosas uotas regnis celestibus honorauit; exemplis quibus que aut qualia contigerint leges diuine testantur et eis futura promissa leguntur, ut cum Tobias misericors angelo praesente laudatur, ut ⟨ab⟩ Helyas uidua famis tempore uisitatur.

4. Erubescant diuitum facultates, locupletum opulencie confundantur. Vidua in euangelio praesente Domino in dona Dei totum quod habuit misit, quia de modico seruare modicum noluit. Pugnabat iam tunc in animo uidue cum deuocione necessitas, cum penuria fides, cum inopia lex; cum indigentia amor Domini dimicabat: deuocio persuadebat offerre sed cogebat necessitas reseruare; fides dare compellit sed inopia offerre modicum erubescit; lex operari persuadet sed inopiam necessitas uictus offendit; amor Domini totum cogit offerre sed indigencia partem retinere.

---

30 Tobias – laudatur] cfr Tob. 9-12   **30/31** ut² – uisitatur] cfr III Reg. 17, 9   **32/40** Erubescant – retinere] cfr Marc. 12, 41-44

25 es²] *ex* est *corr. s.l. W*   **28** uotas *nos*] uota *W*, nota *corr. ed.*   **28/29** quibus que *ed.* (quae)] quibusque *W*   **29** contigerint *ed.*] contingerint *W*   **31** ab *restituimus*] *om. W ed., qui tamen* a *in apparatu prop.*   **39** offendit *ed.*] offendet *W*

ronnant ce qu'ils font, perdent le bénéfice de ce qu'ils font. Les chrétiens, en le cachant, font valoir auprès de Dieu ce qu'ils ont donné. Les hypocrites, en se vantant de leur miséricorde, en perdent le bénéfice, les chrétiens, en la cachant, s'enrichissent. Les hypocrites en mendiant la louange des hommes, payent chèrement la miséricorde dont ils ont fait preuve, les chrétiens transforment en gains futurs ce qu'ils ont fait avec Dieu pour seul témoin : ainsi, perdre leur salaire est le lot de ceux qui publient à tout vent, percevoir une récompense des mains du Seigneur Christ est celui de ceux qui cachent leurs vœux.

3. Tu as été instruit, chrétien, instruit sur la manière de bien agir. Au reste, que tu doives agir tu le sais parfaitement toi-même. Le Seigneur, en effet, l'enseigne par ses avertissements, l'enseigne par des exemples ; dans ses avertissements, il a destiné au feu les arbres stériles, et les arbres féconds il les a honorés en les vouant au royaume des cieux ; dans ces exemples, les lois divines montrent ce qui s'est passé et comment, et on y lit les promesses futures, comme lorsque Tobie[44] le miséricordieux est loué en présence d'un ange, ou comme lorsqu'Élie[45] rend visite à une veuve au temps de la famine.

4. Que soit une honte la fortune des riches, un déshonneur l'opulence des nantis. Dans l'Évangile, une veuve abandonna en présence du Seigneur tout ce qu'elle avait pour l'offrir à Dieu : du peu qu'elle avait, elle ne voulut pas en garder un peu. Voici que dans l'âme de la veuve le besoin luttait avec la dévotion, la foi avec la pénurie, la Loi avec la misère, l'amour du Seigneur combattait contre la pauvreté ; la dévotion la persuadait d'offrir mais le besoin la contraignait à garder ; la foi l'oblige à donner mais la fait rougir de donner si peu dans son dénuement ; la Loi la persuade de bien agir, mais les besoins de la vie font de son dénuement un obstacle ; l'amour du Seigneur l'oblige à tout donner, mais sa misère à en conserver une partie.

---

[44] On ne voit pas bien à quel passage du livre de Tobie il est fait ici référence car le seul éloge en présence de Raphaël dont il est question en 12 est celui de Tobie, le père de Tobie qui ensevelissait les morts et pratiquait l'aumône. La raison d'être de cette référence est probablement l'encouragement à pratiquer l'aumône.

[45] En III Reg. 17, pendant la sécheresse destinée à punir les adeptes du culte de Baal, Élie reçoit l'ordre d'aller rendre visite à une veuve de Sarepta sur la côte phénicienne. Ici encore, c'est la charité qui est à l'honneur : grâce à un miracle, la veuve nourrit le prophète Élie.

5. Sed uicit tandem in animo uidue necessitatem deuocio, penuriam fides, lex inopiam; amor Domini indigenciam separauit. | Si operantibus, inquid, cunctis sola destitero, infructuosum, molestum ac malum est; si partem dedero, partem seruauero, exiguum est; si totum quod habeo misero, etsi parum est, tamen quia solum hoc habeo, perfectum est. Dem totum illi qui dedit, nec credam deesse posse cum dedero; quia etsi defuerit, eius est prouidere cuius est hoc ipsum quod desidero commodare.

6. Cornelius et centurio in Actis Apostolorum ante fidem fidelis, ante legis noticiam doctus, antequam didiscerat eruditus, tria sibi obseruanda elegit, quibus Dominum Christum ante promeruit quam agnouit: misericordiam qua sibi misericordem Deum effecit, ieiunium quo purificatus apparuit, oracionem qua Dominum deplacauit. Quorum officiorum effectus tam optanter exercuit ut loquente angelo impetrasse optata et se Deo placuisse addisceret. Et factum est, inquid, cum *hora nona* ieiunus oraret Cornelius; astitit enim angelus Dei et dixit: "*Corneli*, exaudite sunt *orationes tue et helemosine tue commemorantur apud Deum. Mitte igitur Ioppem et uoca Symonem qui cognominatur Petrus*; is tibi loquetur uerba quibus saluus eris tu et domus tua tota."

7. O gloriosum Corneli meritum sanctis officiis comparatum! Solus meretur et multi saluantur, pluribus profuit quod Cornelius deuote

---

46 Dem – dedit] cfr Marc. 12, 44   **49** Cornelius – Apostolorum] cfr Act. 10, 3-5   **57/59** Act. 10, 3-5

41 animo] *iter. et primum del.* W   **42** separauit W] superauit *corr. ed.*   **45** etsi *ed.*] et si W   **47** etsi *ed.*] et si W   **49** et W] *secl. ed.*   **52** qua *ed.*] quam W   **56** enim W] eum *ed.*   **57** commemorantur] *iter. et primum del.* W

5. Mais à la fin, dans l'âme de la veuve, la dévotion a vaincu le besoin, la foi la pénurie, la Loi le dénuement ; l'amour du Seigneur a éloigné la misère. « Si quand tous agissent bien, dit-elle, je suis la seule à renoncer, c'est stérile, coupable et mauvais. Si je ne donne qu'une partie et garde le reste, c'est mesquin. Si j'abandonne tout ce que j'ai, même si c'est peu, puisque je n'ai rien d'autre, c'est parfait. Il me faut tout donner à celui qui me l'a donné et ne pas croire que je serai privée après avoir donné. En effet, même si j'en suis privée, il appartient à celui qui possède ce dont j'ai besoin, de me venir en aide. »

19rb

6. Et aussi, dans les *Actes des Apôtres*, le centurion Corneille, croyant avant la croyance, connaissant la Loi avant sa révélation, instruit avant d'avoir reçu l'enseignement, s'imposait une triple observance, qui lui valut des mérites auprès du Christ Seigneur avant de le connaître : la miséricorde, qui rendit Dieu miséricordieux envers lui, le jeûne, par lequel il fut purifié à ses yeux, la prière, par laquelle il apaisa le Seigneur. Il accomplissait ces devoirs de façon si satisfaisante qu'il apprit de la bouche d'un ange qu'il avait obtenu la satisfaction de ses vœux et reçu l'agrément de Dieu. Cela se produisit, raconte Corneille, alors qu'il jeûnait et priait à la neuvième heure ; un ange de Dieu en effet était là et dit : « Corneille, tes prières ont été entendues et tes aumônes sont rappelées devant Dieu[46]. Envoie donc chercher à Joppé[47] et fais venir Simon, celui qu'on appelle aussi Pierre ; il te dira les paroles grâce auxquelles tu assureras ton salut et celui de toute ta maison. »

7. Ô glorieuse récompense de Corneille, décoré pour sa sainte conduite ! Il est seul sous les armes et beaucoup sont sauvés, plus nom-

---

[46] Le texte grec des Act. 10, 4 dit : ἡ προσευχὴ καὶ αἱ ἐλεημοσύναι σου ἐμνήσθησαν ἐνώπιον τοῦ Θεοῦ. La vulgate : *oratio tua, et eleemosynae tuae commemoratae sunt in conspectu Dei*, « ta prière et tes aumônes firent souvenir à la face de Dieu ». L'aumône et la prière sont assimilées aux offrandes présentées à Dieu lors du sacrifice dit « du mémorial », cfr Leu. 2, 12 : « [le sacrificateur] prélèvera de cette oblation le mémorial, qu'il fera fumer sur l'autel : combustion d'odeur agréable au Seigneur. »

[47] Joppé (Jaffa), l'un des plus anciens ports de Méditerranée, n'est plus aujourd'hui qu'un faubourg de Tel-Aviv. Pierre se trouvait à Joppé, où il venait de ressusciter Tabitha (Dorcas) d'entre les morts (Act. 9, 36-42). L'apôtre habitait chez Simon le Corroyeur. Alors qu'il priait sur le toit, il eut la vision d'une grande nappe remplie d'animaux descendant du ciel (Act. 9, 42-10, 23), lui signalant la venue des messagers de Corneille. Cet épisode n'est pas l'histoire d'une conversion, mais celle de la première ouverture du christianisme aux « gentils ».

compleuit; ipse enim operatur et universa familia liberatur ut saluati cuncti eadem operari addiscerent quae illis per Cornelium saluti fuissent. Nam si per hec bona eciam in proximos ueniunt beneficia, quantum conferunt ipsis quae prodesse sic noscuntur propinquis?

8. Quid ad hec dicemus, fratres carissimi, qui minores Cornelio sumus? Si Cornelius necdum didicerat ista et fecit, quid agit ille qui discit et non facit? Aut quales esse apud Deum possumus, qui indoctis impares sumus, nisi quod ille operando | Dei efficitur proprius, hec non operando efficitur alienus. Grauaris in isto, diues, grauaris et onere ipsius patrimonii opprimeris. Accipe uel nunc a Cornelio exemplum, qui dominicum contempnis imperium; disce iam facere quod ille qui non didicit fecit; disce, inquam, ab illo quem docere debueras operari ⟨quae⟩ ipse non nosset; ille ad fidem per hec officia uenit, tu in domo fidei constitutus, dum ista non facis, infidelem te esse ostendis. Quare, misericordia commissa facinora redimantur, helimosinis diuina praemia acquirantur; agrum Domini misericordie semine comple ut semen quod ieceris in fecunditatem proficiat messis. Non tediet ad semen qui festinat ad messem; non enim potest de messe gaudere, qui suo tempore noluerit seminare; quod naui impones, hoc in portu recipies; sine uiatico non debes proficisci ne aliis prandentibus ipse ieiunes; fenerare de Deo Deum, de Christo operare in Christum; quod tibi dederit, feneratum restituas.

83/84 quod – feneratum] cfr Prou. 19, 17

68 didicerat *ed.*] dicerat *W*   **69** indoctis] in doctis *W*   **73** dominicum *W*] dominum *ed.* contempnis imperium; disce] contemnis; imperium disce *interp. ed.*   **74** didicit *corr. ed.*] dicit *W*   **75** quae *rest. ed.*] *om. W*   **82** ne *ed.*] nec *W*

breux encore ceux qui ont bénéficié du dévouement total de Corneille. En effet, il est seul à agir et c'est toute sa famille qui est libérée : aussi tous ceux qui ont été sauvés ont appris à accomplir les mêmes actions qui les ont sauvés grâce à Corneille. Car si, grâce à ces bonnes actions, les bénéfices s'étendent aussi aux plus proches, combien rapportent à ces derniers des actions dont il est clair qu'elles sont à leur tour profitables à leurs proches ?

8. Qu'ajouterons-nous à cela, très chers frères, nous qui venons après Corneille ? Si Corneille, qui ne savait pas encore cela, a agi, qu'en est-il de celui qui sait et n'agit pas ? que pouvons-nous être devant Dieu, nous qui n'avons pas l'excuse de l'ignorance ? Seule réponse : puisque lui, en agissant, devient proche de Dieu, en n'agissant pas ainsi, on lui devient étranger. Voilà, ô riche, ce qui t'alourdit, tu es alourdi et écrasé par le poids de ton patrimoine. Tu dois maintenant accepter l'exemple donné par Corneille, toi qui méprises les ordres du Seigneur ; apprends à faire pour l'avenir ce que lui a fait alors qu'il n'avait pas été instruit ; apprends, dis-je, de lui, dont tu aurais dû être le professeur, à faire ce que lui-même n'avait pas pu connaître. Lui est venu à la foi par ces œuvres, toi qui as été formé dans la demeure de la foi, tu fais la démonstration de ton manque de foi. Ainsi, c'est la miséricorde qui rachète les fautes commises, et les aumônes qui procurent les divines récompenses. Remplis le champ du Seigneur avec la semence de la miséricorde pour que la semence que tu auras plantée contribue à la prospérité de la moisson. Qu'il ne répugne pas à semer, celui qui espère une moisson, car celui qui n'aura pas voulu semer à temps ne pourra pas jouir d'une moisson. Tu ne retrouveras à l'arrivée que la marchandise que tu chargeras dans le navire. Tu ne dois pas te mettre en route sans viatique pour éviter de jeûner quand les autres se nourriront ; tu spécules sur Dieu avec le bien de Dieu, tu œuvres contre le Christ en te réclamant du Christ alors que ce que tu as reçu de lui, tu dois le lui rendre avec intérêt.

27
Diligite iusticiam, qui iudicatis terram.

1. | In libro sapientie Salomon sanctissimus inchoat dicens: *Diligite iusticiam, qui iudicatis terram.* Celestis sapientia Christus primam uocem in libro sapientie protulit dicens: *Diligite iusticiam, qui iudicatis terram.* Iustus iusticiam admonet, iudex iudices docet et ad integritatis amorem prouocat Deus ipse rectores. Iusticiam, inquid, iudex, quam de aliis exigis presta, culpam quam in singulis dampnas, in te prior ipse condempna. Recte uiue qui alios corrigis, inculpatus esto qui homines dum iudicas reprehendis. Non enim debet iudicare alium peior aut uiciorum obnoxium poterit cohercere qui est obnoxius uiciorum, loquente apostolo Paulo: *Qui predicas non furandum, furaris; qui horres ydola, sacrilegium facis. Qui in lege gloriaris, per praeuaricacionem legis Deum inho|noras; nomen Dei propter nos blasphematur in gentibus.* Omnis enim qui iudicat, a se primo debet incipere et sic alium posse uidebitur iudicare, loquente apostolo: *Si nos ipsos diiudicaremus, non diiudicaremur.* Amputa a te quisquis es uiciorum excessus; amputa a te importuna grauamina peccatorum. Culparum surculos et delictorum nociuas fruges aut in te noli admittere aut admissas instanter exclude. Serua in te integritatem nature, serua artificis puritatem. Nichil uiciosum in te fabricator aspiciat, nichil in te emulus malitie auctor infligat.

2. Iudex enim iusticiam omnifariam debet implere tam in propriis moribus gubernandis quam in iudiciis publicis exequendis, ut dum in

---

tit. Sap. 1, 1
1/2 Sap. 1, 1   **3/4** Sap. 1, 1   **10/13** Rom. 2, 21-24   **14/15** I Cor. 11, 31

tit. *Titulum, qui abest in W, rest. ed. ex tabula titulorum*
5 deus *ed.*] deo *W*   **16** importuna] *ex* infortuna *corr. W*

27
« Chérissez la justice, vous qui jugez la terre. »

1. Dans le livre de la *Sagesse*, Salomon le très saint commence ainsi : « Chérissez la Justice, vous qui jugez la terre. » Le céleste Christ, dans sa sagesse, a repris les premiers mots du livre de la *Sagesse* : « Chérissez la Justice, vous qui jugez la terre. » Le juste exhorte à la justice, le juge éduque les juges et Dieu lui-même incite les dirigeants à l'amour de l'intégrité. La justice, dit-il, que tu exiges des autres, juge, sois le premier à l'observer ; la faute que tu condamnes chez tous, condamne-la d'abord chez toi. Mène une vie droite, toi qui redresses les autres, sois irréprochable, toi qui blâmes les hommes quand tu les juges. On ne doit pas juger autrui quand on est pire que lui. On ne pourra pas punir un homme esclave du vice, si du vice on est soi-même esclave, comme le dit l'apôtre Paul[48] : « Tu prêches de ne pas dérober et tu dérobes ; tu abhorres les idoles et tu commets le sacrilège ; toi qui te glorifies dans la Loi, en transgressant cette Loi, c'est Dieu que tu déshonores. "Le nom de Dieu est blasphémé à cause de nous chez les nations[49]." » Tout homme qui juge doit commencer par se juger lui-même et ainsi on verra qu'il est en mesure de juger autrui, comme dit l'apôtre : « Si nous nous jugions nous-mêmes, nous ne serions pas jugés. » Qui que tu sois, retranche de toi les vices mortels, retranche de toi les tares fâcheuses des péchés. Quant aux boutures des fautes et aux fruits dangereux des délits, ne les accepte pas et, si tu les as acceptés, rejette-les immédiatement. Préserve en toi l'intégrité de la nature, préserve en toi la pureté de l'Artisan[50]. Que le Créateur n'aperçoive en toi le moindre vice, que son adversaire, le Maître de malice, ne t'inflige rien.

2. Un juge, en effet, doit respecter la justice en toute occasion, aussi bien dans le pilotage de sa vie privée que dans l'instruction des jugements publics ; ainsi, en prenant la justice comme pilote de ses actions,

---

[48] Il manque ici le début du verset 22 de Rom. 2, 21-24 : *qui dicis non moechandum moecharis*. Variante pour *sacrilegium facis* dans la vulgate vaticane : *templa spolias*.

[49] En plus de Rom. 2, 21-24, voir aussi Is. 52, 5 ; Ex. 36, 20-22 ; Iac. 2, 7 ; II Petr. 2, 2.

[50] La *puritas* est en général associée à *cordis, animae, mentis, uitae*... L'image du grand architecte, le *summus artifex* (*architectus* se dit seulement à propos de l'apôtre Paul), se trouve déjà chez les philosophes grecs et romains (Cicéron, Sénèque, Apulée). Elle est très fréquente chez les auteurs chrétiens et notamment chez saint Augustin.

actibus suis adhibet gubernatorem iusticiam, in corrigendis aliis eam adhibeat iudicem quam ceteris ut iudicet adhibet ipse censorem; ut
25 dum se per eam gaudet ornatum, gaudeat eius intercessu populum uidere correptum et tales conetur alios iusticie magisterio perficere se qualem gloriatur per ipsam iusticiam extitisse, ut iustitia a iudice tali perfecta in cunctis populis enitescat.

Vt enim a iustitia deriuatum nomen est iudicis, ita a culpa reatus
30 nomen est peccatoris. Sicut enim iusticia dignum efficit iudicem, ita culpa reum efficit peccatorem; ut enim reus iudex esse non poterit quia eum culpa obnoxium fecit, ita inculpatus iudex existit, quem iusticia liberum fecit. Quare digne alium reprehendit, digne iudicat alium, qui ab alio iudicari non possit. Cur enim in alio dampnat quae ipse commi-
35 sit, cur reprehendit que libenter admittit, cur occulte gerit que ipse publice reprehendit?

3. Cogita enim quia tu, homo, ho|minem iudicas, te hominem iudi- 26rb caturus est Deus. Vnde tibi de tuo iudicio malum nascetur iudicium, dum quod dampnas geris, quod reprehendis admittis, dum tibi licita
40 facis que in aliis esse impunita non pateris. Et ideo Dominus loquitur dicens: *Quocumque,* inquid, *iudicio iudicaueritis, eodem iudicabitur de uobis.* Dominus Christus uult te sollicitum, uult te esse perpensum, uult te meditari celeste iudicium, nec tam quaerit te alterius tractare accusandum iudicium sed tua considerare merita, qualis ad iudicem

---

41/42 Matth. 7, 2

23 eam *nos*] eius *W*, eundem *ed*.   **24** quam *W*] quem *ed*.   **26/27** se qualem *W*] qualem se *ed*.   **35** cur²] *iter. et primum del. W*

au moment de punir les autres, il prendra comme juge celle que lui-même prend comme censeur pour juger dans tous les autres cas ; ainsi, le plaisir qu'il prend à être orné par elle lui donnera le plaisir de voir le peuple placé entre ses mains et il n'aura de cesse, sous le magistère de la justice, de rendre les autres tels qu'il se glorifie d'être devenu grâce à la justice même ; aussi, la justice, confortée par un tel juge, brillera chez tous les peuples.

De même que de « justice » est dérivé le nom de « juge », de même le nom de « pécheur » vient de la faute qui a motivé l'accusation[51]. De même que la justice rend le juge digne de juger, la faute fait du pécheur un accusé. De même qu'un accusé ne pourra pas devenir juge parce que sa faute l'a rendu faillible, de même un juge qui n'a pas failli est un homme que sa justice a rendu libre. C'est pourquoi il est digne de punir autrui, digne de le juger parce qu'il n'offre pas prise au jugement d'autrui. Est-on en droit de condamner les crimes qu'on a soi-même commis ? de punir ce qu'on se permet volontiers ? de faire en cachette ce qu'on condamne publiquement ?

3. Songe à ceci : tu es un homme et tu juges un homme, mais Dieu te jugera comme un homme ! Ainsi, ton propre jugement te vaudra un jugement terrible si tu fais ce que tu condamnes, si tu te permets ce que tu punis chez les autres, si tu t'autorises ce que tu leur interdis. C'est pourquoi le Seigneur a dit : « On vous jugera de la même manière que vous avez jugé. » Le Seigneur Christ veut te voir en perpétuelle inquiétude, te soumettre à un examen rigoureux ; il veut que tu médites le jugement céleste ; il ne veut pas tant te voir instruire une accusation contre autrui qu'évaluer les mérites susceptibles de te faire accéder au jugement du Christ. La Loi[52] elle-même a fixé une limite à tes juge-

26rb

---

[51] Jeu étymologique sur *iu-dex* et *ius-titia*, tandis que *peccatum* est glosé par *culpa* et *peccatoris*.

[52] Les Bibles hébraïque et chrétienne font du secours aux pauvres une ardente obligation. Assistance matérielle, mais aussi judiciaire, cfr Prou. 22, 22-23 : « Ne profite pas de la faiblesse d'un indigent pour le dépouiller et n'accable pas au tribunal ("devant la porte") un homme sans défense. »

Christum peruenias. Ita enim tibi iudicandi lex ipsa terminum fixit et uiuendi condicionem attribuit. Noli igitur dum iudicas, peccatorem iustificare potentem, noli iustum despicere pauperem, Salomone dicente: "Vobis dico *sapientibus ad cognoscendum:* reuereri *personam in iudicio non est bonum, qui dixerit de impio: iustus ⟨es⟩, maledictus erit in populis et odibilis in gentibus.* Par enim et unum malum est ⟨si⟩ in istam sententiam proferendam iudicas sed ymmo duplex malum est, et in uite officiis degenerem esse dum peccas. Vt enim excusari iniustus iudex non poterit, ita indignum uite meritum Deum non potest promereri. Nam qui in uite sue iudicio fallitur, quomodo in alieno iudicio falli non posse credatur?

4. Ceterum iudici accedit aliud grauius si iudicium uendit, si persone succumbit, si fidem abicit, si religionem ac dignitatem suam contempta salute protegerit. Hic enim non iudex uidetur sed reus est, hic, inquam, non est executor iusticie sed magister est culpe. Talis enim

---

48/50 Prou. 24, 23-24

48 reuereri *nos*] reuerentis *W*, referentis *ed.*   **49** es *rest. ed.*] *om. W*   **50** si *rest. ed.*] *om. W*   **56** accedit *W*] accidit *corr. ed.*   **57** ac] ex aut *corr. W*

ments et une règle[53] à ta vie. Évite donc, lorsque tu juges, d'exonérer un puissant qui pèche, ou de mépriser un juste qui est pauvre, comme le recommande Salomon[54] : « Je vous le dis à vous, Sages, pour que vous le sachiez : favoriser un justiciable quand vous jugez n'est pas bien ; dire à un impie : "⟨Tu es⟩ un juste", c'est encourir la malédiction des peuples et la haine des nations. » Tu crois que ce n'est qu'une seule et même faute ⟨que de⟩ juger dans le but de rendre une telle sentence ? Non ! la faute est double : tu manques en plus aux devoirs de la vie en péchant. De même que le juge injuste ne pourra pas être mis hors de cause, de même Dieu ne peut pas inscrire à son actif le mérite d'une vie indigne. De fait, quelqu'un qui commet une erreur de jugement dans sa vie, comment pourrait-on croire qu'il ne va pas errer en jugeant autrui ?

4. Par ailleurs, il y a un autre risque, encore plus grand pour un juge, s'il vend un jugement, s'il cède à un individu, s'il rompt la confiance, s'il protège sa dignité personnelle et religieuse au mépris de son salut. Alors il n'a plus figure de juge, c'est un vulgaire justiciable ; ce n'est plus, dis-je, un serviteur de la justice mais un maître du crime. Un tel

---

[53] Expression souvent employée par Cicéron pour évoquer les vicissitudes de la vie (*Verr.* 3, 98 ; *Phil.* 14, 33 ; *Pro Cluent.* 154 ; *Pro Rab.* 16, etc.). Salluste l'emploie en parlant des temps futurs (*Cat.* 20, 6 : *ceterum mihi in dies magis animus adcenditur, quom considero, quae condicio uitae futura sit, nisi nosmet ipsi uindicamus in libertatem*) ; voir aussi Horace, *Sat.* II, 8, 65. Dans notre texte, il s'agit des contraintes imposées au chrétien dans sa vie privée par la Bible.

[54] *Prou.* 24, 23 (Vulgate) : *haec quoque sapientibus cognoscere personam in iudicio non est bonum ; qui dicit impio iustus es maledicent ei populi et detestabuntur eum tribus* (Septante : Ταῦτα δὲ λέγω ὑμῖν τοῖς σοφοῖς· αἰδεῖσθαι πρόσωπον ἐν κρίσει οὐ καλόν. 24 ὁ εἰπὼν τὸν ἀσεβῆ· δίκαιός ἐστιν, ἐπικατάρατος λαοῖς ἔσται καὶ μισητὸς εἰς ἔθνη·) *Cognoscere* (ἐπιγινώσκειν en grec et הכר, hakar en hébreu) est en général interprété comme sujet de *non est bonum* : « Ces paroles (sont) pour les sages, connaître quelqu'un quand on juge n'est pas une bonne chose. » Notre auteur a rattaché l'infinitif à ce qui précède : « Ces paroles sont à connaître par les sages », comme le montre l'utilisation de l'adjectif verbal *ad cognoscendum* au lieu de l'infinitif de la Vulgate. Du coup *bonum* se retrouvait sans sujet. Il a donc ajouté un deuxième verbe, qui ne figure ni dans l'hébreu ni dans la Vulgate : *reuereri*, que la tradition a déformé en *reuerentis*. Y aurait-il ici une influence indirecte de la Septante, qui traduit deux fois hakar ? Leroy est passé à côté du problème en corrigeant en *referentis*.

60 populo plus exemplo nocet quam rebus: delectat enim delinquentem cum iudicem uiderit aberrare, peccare libet cum qui peccata resecat peccat. Integritas iudicis | correptio est peccatoris. Pro nefas! Vbi iusticiam inuenis si professior in culpa est, aut a quo prauitas corrigitur si corrigendus est ipse qui corrigit? Vt sit iam beatus in populo qui quod
65 dicit seruat, sit ille miser in omnibus qui quod docuit uiolat, ut priuatis timor proficiat in salutem, si potestas iudici profecerit in perniciem.

5. Sed forsitan aliquis considerans quia de eius iudicio iudicaturus est Christus, iudicandi officium fugiat et personam a se separet iudicis cause uirtute. Primum itaque si istud cuncti metuerint aut si uniuersi
70 respuerint, quis in ecclesia causarum cognitor praesidebit, quis uicia peccati abscidet, quis a delicto uoluptatis auertet? Quis uirtutes religioso persuadet, quis prauos corrigit, malos plectit, ignaros instruit, errantes reducit? Quis peccantibus metum, simplicibus praesidium, segnibus persuadebit officium, quis ad caritatem discordes reuocat,
75 quis in amore unanimos firmat, quis religiosos ad fidem, quis deuotos ad spem, quis ad sanctitatem integros prouocabit, quis singulis necessa-

63 si² *ed.*] sic *W*   **69** cause *nos*] c͞e *W*, cedente *ed.*   istud] istut *W*   **71** uoluptatis *nos*] uoluptates *W*, uoluntates *corr. ed.*   **74** persuadebit *W*] persuadet *corr. ed.*

homme nuit plus au peuple par son exemple que par ses actes judiciaires. Rien ne fait plus plaisir au délinquant que de voir un juge sur le mauvais chemin. C'est la porte ouverte au péché quand celui qui réprime les péchés, pèche lui-même. C'est l'intégrité du juge qui est la perte des pécheurs. Et horreur ! Où trouve-t-on la justice si celui qui est particulièrement qualifié pour la rendre est coupable ? ou par qui la méchanceté est-elle corrigée si celui qui corrige doit être lui-même corrigé ? Bienheureux soit dans le peuple celui qui fait ce qu'il dit, misérable dans le monde entier celui qui viole les principes qu'il a enseignés, de sorte que la crainte sera comptée aux particuliers pour leur salut mais le pouvoir du juge lui sera compté pour sa perte.

5. Le risque existe que quelqu'un, sachant que le Christ le jugera en fonction de ses jugements, refuse la charge de juge et qu'il abandonne, s'il est juge, sa fonction en raison de l'importance de la cause. C'est pourquoi si la crainte se généralise et si tous se désistent, qui dans l'Église[55] présidera à l'instruction des causes ? Qui sanctionnera les vices du péché ? Qui détournera du délit de volupté ? Qui va inciter le fidèle à la vertu ? Qui va corriger les dépravés, briser les méchants, instruire les ignorants, remettre les égarés dans le droit chemin ? Qui dispensera la crainte aux pécheurs, un appui aux débiles, le respect du devoir aux faibles ? Qui va ramener les violents à la charité, affermir les bons dans l'amour ? Qui incitera les croyants à la fidélité, les dévots à l'espoir et les justes à la sainteté ? Qui fournira à chacun ce dont il a besoin afin qu'en corrigeant les justiciables, en punissant les plus méchants, en

26va

---

[55] Notre texte fait allusion à deux types de tribunaux, des tribunaux composés de juges chrétiens et les tribunaux civils composés majoritairement de non-chrétiens, probablement des tribunaux locaux plutôt que les *conuentus* du tribunal itinérant du gouverneur qu'il aurait été imprudent de critiquer. L'époque semble marquée de conflits entre chrétiens et païens. Notre auteur fait preuve d'une rigueur morale et d'une intransigeance sans faille à l'égard des païens, ses invectives contre les juges qui favorisent les riches sont des indices qui pourraient peut-être inciter à y voir une tonalité donatiste. Même après la publication des édits de Constantin, les tribunaux civils ont continué d'exister provoquant d'innombrables conflits de compétence pendant tout le IVe siècle. Cfr C. BRIAND-PONSART et C. HUGONIOT, *L'Afrique romaine : De l'Atlantique à la Tripolitaine – 146 av. J.-C. - 533*, Paris, Colin, 2006 et J.-M. LASSÈRE, *Africa quasi Roma, 256 av. J.-C.-711 apr. J.-C.*, Paris, CNRS Éditions, 2015, p. 552-553.

ria queque imperciet, ut dum reos corrigit, pessimos conprimit, alienos excludit, sic sanctum ecclesie membrorum corpus, integritate ornatum, in aduentu Domini reseruabit? Quis, inquam, singulis necessaria quae-
80 que poterit inpertire, nisi qui sese domicilium uirtutum et officiorum exemplum puritate et consciencia et sanctitate uite construat, ut leges quas obseruandas praecipit, in moribus gestet, ut iusticiam quam daret actibus demonstret? Loquatur factis qui loquitur uerbis, nec | aliis 26vb inponat quod ipse non portat; quod faciendum praecipit faciat, quod
85 obseruandum praedicat compleat; non sit minor factis qui est maior officiis ut dum agendo se talem praebuerit, tunc et iudicare populis et a Domino merebitur munerari.

6. Vnde contumaciam quorundam beatus apostolus increpat dicens: *Sic non est in uobis sapiens qui possit iudicare inter fratres sed frater cum*
90 *fratre iudicatur et hoc apud infideles?* Iudicium gentilis iudicis crimen est litigantis, quia nec est inhonestius quitquam quam ut iudicetur ab infideli fidelis, a prophano deuotus, ab extraneo Dei seruus, a sacrilego christianus: habeatur prudens in iudicando, qui sit insipiens in uiuendo, queratur ab eo iusticia qui tota errat in uita, ab illo sapientia ex-
95 pectetur qui sine exemplo Dei sapientiae esse cognoscitur. Quid apud talem rectum, quid iustum, quid integrum, christiane, inuenies, ubi integritatis nullum uestigium? In prophana uita exercetur magisterium ubi sceleratus et illicitus cultus repetitur, sacrilegium ubi qui iudicat desertus est a Christo, alienus est Deo, inimicus est spiritui sancto.
100 Quitquamne apud talem sapientiae, quitquamne iustitie poterit inueniri ubi ydolum colitur, ubi supersticio suspiratur, ubi figmentorum

---

89/90 I Cor. 6, 5-6

81 consciencia] *ex* consciencie *corr. W*   **93** habeatur *ed.*] habetur *W*
95 sapientiae *ed.*] sapientia *W*   **97** prophana uita *nos*] prophane uite *W in quo ed. locum desperatum uidit*   **100** sapientiae *ed.*] sapientia *W*

excluant les païens, il préserve⁵⁶ ainsi le corps sacré des membres de l'Église, orné par l'intégrité, pour la venue du Seigneur ? Qui, dis-je, sera en mesure de donner à chacun ce dont il a besoin sinon celui qui se façonne en exemple des vertus domestiques et sociales par la pureté, la conscience et la sainteté de sa vie en mettant en pratique dans ses mœurs les lois qu'il doit faire observer, en illustrant par sa conduite la justice qu'il est censé rendre ? Qu'il parle par ses actes et pas seulement par sa bouche et qu'il n'impose pas aux autres ce qu'il ne supporte pas lui-même ; qu'il fasse ce qu'il commande de faire ; qu'il exécute lui-même à la lettre ce qu'il demande aux autres d'observer ; qu'il soit par ses actes à la hauteur de sa fonction. Ainsi, en se montrant tel dans son comportement, il méritera de juger pour le peuple et d'être récompensé par le Seigneur.

26vb

6. Le bienheureux apôtre Paul fustige l'entêtement de certains individus en ces termes : « Ainsi il n'y a pas parmi vous un sage capable de juger les litiges entre frères, mais le frère attaque en justice son frère et cela devant les incroyants⁵⁷ ? » Le jugement d'un juge païen est sujet à caution car il n'y a rien de plus scandaleux que le jugement d'un fidèle par un infidèle, d'un croyant par un impie, d'un serviteur de Dieu par un païen, un chrétien par un sacrilège : va-t-on demander justice à qui en est privé dans sa vie tout entière ? va-t-on tenir pour compétent dans ses jugements un juge incompétent dans sa vie ? peut-on attendre de la sagesse chez un homme qui est connu pour être privé de l'exemple de la sagesse divine ? Comment, chrétien, espérer qu'il se montre droit, juste et intègre, alors qu'il n'y a pas chez lui la moindre trace d'intégrité. Chez les païens, on exerce le magistère dans un monde où est célébré un culte scélérat et illicite, où celui qui juge le sacrilège a été abandonné par le Christ, ne connaît pas Dieu et est ennemi de l'Esprit Saint. Chez un tel homme, quelle once de sagesse ou de justice pourra-t-on trouver quand une idole est honorée, la superstition exhalée, la vanité des images adorée ? Ne va pas te précipiter vers lui, quel profit y trouverais-

---

⁵⁶ L'indicatif futur après *ut* est un vulgarisme, voir plus bas à la fin du § 5 : *ut...merebitur munerari*.

⁵⁷ En I Cor. 6, 5-6 (*sic non est inter vos sapiens quisquam qui possit iudicare inter fratrem suum sed frater cum fratre iudicio contendit et hoc apud infideles*, Vulgate), Paul demande aux chrétiens de laver leur linge sale en famille, de juger entre eux les litiges de moindre importance (*de minimis*).

uanitas adoratur? Ad hunc ne properes! quitquam utilitatis inuenies? Ad hunc iurgans frater cum fratre accurris, ubi plus pecces in iudicio ecclesie reprobando quam in prophano iudice eligendo. Eum non sufficit iurgare cum fratre nisi eum fecerit ante prophanum iudicem secum pariter disceptare?

Quare in ecclesia prudens quisque sanctus ac deuotus existis, quisque sapiencia christiana conditus iudicare dissencientibus fratribus praesides, offer te li|tigantibus iudicem ne fratrem facias delinquentem, ne per te excusetur animositas litigancium, ne tibi ascribatur perfidia peccatorum, ut per te litigantes ad pacem, discordantes in amorem, emuli ad caritatem perueniant. Sic et proprii officii et concordie fratrum beatos hauries fructus.

---

105 eum *nos*] cum *W ed.*   ante *ed.*] aut *W*   **111** amorem *ed.*] amore *W*

tu ? Pour une querelle avec un frère tu cours vers lui, auprès de qui tu pécheras davantage en refusant le jugement de l'Église qu'en choisissant celui d'un juge païen. Cela ne suffit-il pas de se quereller avec un frère sans l'obliger à aller avec soi argumenter ensemble devant un juge païen ?

C'est pourquoi, si tu es dans l'Église un homme avisé, saint et dévot, si, armé de sagesse chrétienne, tu veilles à arbitrer les conflits entre frères, alors propose-toi comme juge des litiges[58] pour éviter qu'un frère devienne un délinquant, que par toi la violence des plaignants ne soit excusée, que l'impiété des pécheurs ne te soit imputée. Ainsi, grâce à toi, les gens en conflit parviendront à la paix, les gens en désaccord à l'entente et les gens en rivalité à la charité. Tu cueilleras alors les fruits bienheureux de ta charge et de la concorde des frères.

---

[58] Il faut probablement comprendre que l'auteur incite les chrétiens qui ont des prédispositions à la conciliation au sein de l'Église à s'investir dans les tribunaux publics.

28
Incipit alius: *Fili, accedens ad servitutem Dei,*
sta in iustitia et timore
et praepara animam tuam ad temptacionem.

1. Spiritus Dei consilium porrigit, suggerit remedium et dum auxilium postulas beneficium sue diuinitatis impertit. Non uult enim a se dimittere quos redemit, non uult in ipso principio fidei suorum quemquam a cursu sue deitatis arceri, non uult temptacione deficere qui ad hoc postulat ut eam discat tollerare pacienter: "Fili, inquid, ante temptacionem esto paratus, esto ante bellum sollicitus, ante pugnam esto armatus." Non enim dixit: "Cum temptari ceperis, tunc in iusticia et fide persiste, aut cum tibi bellum hostis indixerit, tunc contra eum arma huiuscemodi apprehende, sed esto, inquid, in temptacione sollicitus, in tranquillitate cautus, in otio non facile de hoste securus."

Gubernator incautus subita tempestate decipitur, inermis miles telis ingruentibus laniatur, inexercitatus athleta exercitati uirtute prosternitur. Sic et christianus inopinata temptacione decipitur, nisi ante temptacionem timorem Dei ac iusticiam meditetur.

2. Duo enim sunt temptacionum genera quibus hostis Dei seruos inpugnat, alterum quod sub ymagine pacis perniciosa blandiens

---

tit., 1/3 Eccli. 2, 1-2

trad. text. *W R*

tit., 1 incipit alius *W*] *om. ed.*, Item Sermo eiusdem *R* (*qui titulum initium sermonis facit*)

1 suggerit *R ed.*] sugerit *W*   **1/2** auxilium postulas *W ed.*] añ (ante? animum?) prestruit *R*   **2** impertit *W ed.*] imperito *R*   **3** dimittere *W ed.*] desistere *R*   **4** deitatis *W ed.*] diuinitatis *R*   qui *W ed.*] quia *R*   **5** postulat *W ed.*] ammonuit *R*   eam *W ed.*] eum *R*   **7** *ante* ceperis] *del.* temporis *W*   **8** persiste *W ed.*] persistere *R*   tibi bellum] *tr. R*   **9** apprehende *W ed.*] adprehendere *R*   **10** otio *corr. ed.*] odio *W R*   **12** athleta *R*] *om. W ed.*, cui tamen athleta in *R recte uidetur*   **13** decipitur – temptacionem *W*] *om. R*   **15** enim *W*] *om. R*   **16** alterum *W ed.*] unum *R*   blandiens *W ed.*] blande *R*

28
Ici commence un autre ⟨sermon⟩ : « Mon fils, si tu entres au service de Dieu, tiens-toi dans la justice et dans la crainte et prépare ton âme à la tentation. »

1. L'Esprit de Dieu donne un conseil, propose un remède et, quand tu demandes de l'aide, il offre le bienfait de sa divinité. Il ne veut pas renvoyer loin de lui ceux qu'il a rachetés, il ne veut pas, en vertu du principe même de la foi, que l'un des siens soit écarté du chemin de sa déité, il ne veut pas que s'abandonne à la tentation celui qui ne demande qu'à apprendre à la supporter patiemment : « Mon fils, dit-il, sois prêt avant la tentation, sois sur tes gardes avant la guerre, sois armé avant le combat. » Car il n'a pas dit : « Quand tu commenceras à être tenté, alors persiste dans la justice et dans la foi, ou quand l'ennemi t'aura déclaré la guerre, alors prends contre lui les armes adéquates, mais sois, dit-il, sur tes gardes au moment de la tentation, sois prudent au moment où tout va bien, ne te crois pas trop facilement à l'abri de l'ennemi au moment où il te laisse tranquille. »

Le pilote imprudent est surpris par une soudaine tempête, le soldat sans armes est déchiré par les traits, l'athlète sans entraînement est terrassé par la force de celui qui est bien entraîné. C'est ainsi que le chrétien est lui aussi surpris par une tentation inattendue s'il ne songe avant la tentation à la crainte de Dieu et à sa justice.

2. Il y a en effet deux sortes de tentations par lesquelles l'Ennemi attaque les serviteurs de Dieu, celle qui, sous les traits de la paix, pousse

persuadet, alterum quod crudeli persecutione illicita uiolenter extorquet. Sed crudeli subtilis, uiolenta leuis, seuienti blanda infestacio peior est: quanto enim subtilis molestior et quanto leuis seuior | et quanto blanda crudelior. Inimicus enim tunc uehemencius nocet quando amicicie blandimenta mentitur, quando uerbis benignitatem ostentat sed crudelitatem factis demonstrat, quando simulat pacem ut discordie uirus infundat, quando uerba eius concordiam sonant sed odium intentant facta. Quitquid enim fuerit ab hoste promissum, hoc ipsum contrarium in opere et inutile inuenitur. Ceterum cum se uiolenter extulerit, aut uirtute uincitur, aut consilio declinatur; pax eius atrocissimum bellum, lenitas eius deprauatio est incautorum: "*Fili*, inquid, *accedens ad seruitutem Dei, sta in iustitia et timore et praepara animam tuam ad temptacionem.*" Dominus Deus cum suis de temptacione colloquitur et temptacionis causas suis demonstrare dignatur. "Ad hoc, inquid, Christiane, temptaris ut qualis sis a Domino comproberis; ad hoc aduersis quaereris ut si fortiter steteris, muniaris; ad hoc tibi prospera detrahuntur ut contrariis tua fides ac deuocio comprobetur." Instruxit Dominus ne deficias; admonuit ne paueas, hortatus est ne forsitan expauescas.

3. Amabilis enim pater est qui filium praemonet et benignus est dominus qui seruum ante prestruit ne castiget; prouidens iudex est qui edicto admonet ne obseruanda quisquam ignoret. Ceterum amat filii interitum qui non uult admonicione correctum, ut seruum peccatorem existere qui non uult eum prestructoribus informare; quaerit inue-

---

27/29 Eccli. 2, 1-2

17 persecutione *W ed.*] perfectione *R*   illicita *W ed.*] illico *R*   **18** uiolenta *W*] uiolentae *ed.*, uiolento *R*   **24** intentant facta] *tr. R*   **25** se] *iter. R*   **26** consilio *W ed.*] consolio *R*   **32** quaereris *W ed.*] quaeteuit *R ut uid.*   muniaris *W ed.*] munereris *R*   **34** instruxit *W ed.*] prestruxit enim te *R*   **36** *post* est¹ *add.* iste *R*   **37** prestruit *W ed.*] premonuit *R*   **38** ne obseruanda *W ed.*] se obseruandam *R*   **39** correctum *R*] correptum *W ed.*   ut *W ed.*] uult *R*   **40** prestructoribus *W ed.*] ammonitionibus *R*

par des mots caressants à des actes pernicieux et celle qui, en une cruelle persécution, arrache par la violence des actes interdits. Mais c'est pire d'attaquer avec délicatesse qu'avec cruauté, avec légèreté qu'avec violence, avec douceur qu'avec rage : en effet, plus l'attaque est délicate, plus elle est dangereuse, plus elle est légère, plus elle est sauvage, et plus elle est douce, plus elle est cruelle. Car l'Adversaire cause un tort plus intense quand il feint les douceurs de l'amitié, quand il se montre bienveillant par ses paroles, mais se révèle cruel par ses actes, quand il simule la paix pour répandre le venin de la discorde, quand ses paroles font entendre la concorde mais que ses actes provoquent la haine. Toutes les promesses tenues par l'Ennemi ont donc en fait des effets contraires et sont vaines. Mais quand il s'est montré violent, ou la vertu l'emporte sur lui, ou la réflexion le fait fuir ; sa paix, c'est la plus atroce des guerres, sa douceur, c'est la corruption des imprudents. « Mon fils, dit-il, si tu entres au service de Dieu, tiens-toi dans la justice et dans la crainte et prépare ton âme à la tentation. » Le Seigneur Dieu parle avec les siens de la tentation et daigne leur montrer les causes de la tentation. Chrétien, dit-il, si tu es soumis à la tentation, c'est pour que Dieu puisse éprouver les qualités de l'homme que tu es ; si tu es confronté à des difficultés, c'est pour en être prémuni si tu les traverses avec courage ; si le bonheur t'est retiré, c'est pour que ta foi et ta dévotion soient éprouvées dans le malheur. Le Seigneur t'a appris à ne pas succomber ; il t'a averti de ne pas avoir peur ; il t'a exhorté à ne pas t'effrayer à la moindre occasion.

3. Car on est un bon père quand on met son fils en garde et on est un maître bienveillant quand on a formé par avance son esclave pour ne pas avoir à le punir ; on est un juge prévoyant quand on avertit par édit pour que nul n'ignore les règles à respecter. Mais c'est aimer la mort de son fils que de ne pas vouloir le corriger par des mises en garde, tout comme c'est chercher à avoir un esclave défaillant que de ne pas vouloir confier son éducation à des formateurs ; et c'est vouloir trouver une

nire quod puniat qui non uult ante monere quam iudicat. Excusabitur enim pater si filius post admonicionem peccauerit, digne commouebitur dominus si informari instructionibus noluerit seruus; exercenda est iudicis ultio cuius in edicto con|tempta est admonicio. Inde nec filius dicendus est qui patris monicionem contempsit nec merebitur ueniam seruus qui praecepto domini construendis non paruit; nec ciuis sine ira plectetur qui prouidenciam iudicis contempnere maluit quam timere. Vult enim gaudere de filio pater qui praestruit, desiderat seruum prouidum dominus qui premonuit, non uult iudex ulcisci qui ad hoc monet ne cogatur irasci.

Quare audiat filius praestruentem patrem ne faciat contempnendo ultorem; obseruet seruus benignitatem domini ne in eum acrius cogatur irasci; non contempnat ciuis prouidenciam iudicis ne censuram senciat iudicantis. Diligendus est enim pater qui praestruit, amandus est dominus qui praemonuit, honorandus est iudex qui salutem cohortando donauit.

4. Te, homo, Dei spiritus format, tibi sua praecepta insinuat, salutaria monita tibi obseruanda monstrat. Nec enim unquam utile consilium quisquam sine dampno contempsit, nemo nisi demens contraria appetiuit. Si seruus es, time; si filius, dilige. Aut quia utrumque es, propter censuram dominum metue et propter clemenciam patrem honore debito dilige; redde amorem patri, reuerentiam iudici; ama genitorem quia bonus est, dilige et time dominum quia iudex est. In tua enim uoluntate est qualem sencias Dominum: si uis benignum, honora ut patrem; si uero dominum, uenerare ut iudicem. Nullus unquam filius patrem honorando offendit, nullus seruus dominum contempnendo promeruit. Seruorum nostrorum contemptus multos esse non patimur; filiorum procaciam hereditatis dispendio castigamus. Quare considera, Christiane, quid tibi uictori daturus sit Deus, qui |

---

41 qui *W ed.*] quod *R*   **44** edicto *R ed.*] edita *W*   **46** construendis *W ed.*] prestinentis *R*   ciuis *R ed.*] iis *W*   **48** praestruit *W ed.*] premonuit *R*   **51** quare *W*] om. *R*   praestruentem *W ed.*] praemonentem *R*   **54** praestruit *W ed.*] premonuit *R*   **55** praemonuit *W ed.*] prestruit *R*   **57** homo *W*] o homo *R ed.*   spiritus *R ed.*] spem *W*   **60** utrumque *W ed.*] uterque *R*   **61** ante propter[1] add. et *R*   **65** ut[2] *W ed.*] uere *R ut uid.*

raison de punir que de ne pas vouloir avertir par avance avant de juger. En effet, un père sera excusé si son fils a péché après avoir été mis en garde, un maître aura de bonnes raisons d'être contrarié si son esclave ne veut pas se conformer à ses instructions ; et un juge devra appliquer une sentence si, malgré un édit, sa prescription a été méprisée. Aussi, un fils ne mérite pas ce nom s'il méprise les avertissements de son père et un esclave ne méritera pas le pardon si, malgré l'ordre de son maître, il n'a pas obéi à ses instructions ; un citoyen ne sera pas puni sans colère s'il a préféré mépriser plutôt que de craindre ce qu'a prévu le juge. Car le père qui l'a mis en garde veut être content de son fils, le maître qui l'a formé par avance cherche à avoir un bon esclave, le juge qui veille à ne pas être poussé à la colère ne veut pas appliquer sa sentence.

27va

Aussi le fils doit écouter les instructions de son père pour ne pas l'obliger en les méprisant à le corriger ; l'esclave doit respecter la bienveillance de son maître pour ne pas attirer sur lui une trop vive colère ; le citoyen ne doit pas mépriser ce qu'a prévu le juge pour ne pas sentir la sévérité de son jugement. Il faut en effet chérir le père qui a mis en garde, il faut aimer le maître qui a averti par avance, il faut honorer le juge qui a offert le salut par ses encouragements.

4. Toi, homme, c'est l'Esprit de Dieu qui t'instruit ; il insinue en toi ses préceptes, il te montre qu'il faut suivre les recommandations qui mènent au salut. Jamais personne en effet n'a méprisé sans dommage un utile conseil, personne, si ce n'est le fou, n'a suivi le chemin contraire. Si tu es esclave, crains, si tu es un fils, chéris. Ou plutôt, puisque tu as l'un et l'autre statuts, crains ton maître à cause de sa sévérité et entoure ton père de l'affectueux respect qu'il mérite à cause de sa clémence ; rends à ton père son amour, à ton juge sa déférence ; aime ton géniteur puisqu'il est bon, aime et crains ton maître puisqu'il est ton juge. En effet, la façon dont tu vois ton Seigneur dépend de ta volonté : si tu le veux bienveillant, honore-le comme un père, mais si tu le veux maître, vénère-le comme un juge. Jamais aucun fils n'a offensé son père en l'honorant, aucun esclave n'a eu la faveur de son maître en le méprisant. Nous ne souffrons pas le moindre mépris de la part de nos esclaves ; nous punissons l'insolence de nos fils en les privant d'héritage. Aussi songe, chrétien, à la récompense dont Dieu te gratifiera, si

ante pugnam tibi filii nomen inposuit: "*Fili*, inquid, *accedens ad seruitutem Dei...*"

5. Videamus igitur ut quid dicat hos suo seruicio Dominus ab obsequio sue potencie mancipatos temptacionis future praeparet conflictacioni imminenti; uel quaedam arma monstrat ut iusticia et timore nos perstare demonstret, cum magis suos cultores temptacionum facere deberet expertes, ne paterentur tempestatem in portu, in pace proelium, in castris bellum, in otio iurgium, in prosperitate periculum. Deberent enim esse in portu quieti, in pace tranquilli; intacti in castris, in otio leti, in prosperitate securi, ne eos procelle in portu opprimerent, turbo in pace agitaret, in castris bellum concuteret, in otio turbarent aduersa, molesta in prosperis deterrerent. Sed discat qui quaerit, audiat qui proponit. Est enim nobiscum diabolo fortissimum bellum et cum inimico atrocissimum proelium. Ad quod instruitur mens, armatur fides, deuocio nostra ortamentis assiduis roboratur. Certamus sub praemio, sub corona contendimus. Spectat nostra certamina Deus, nostra proelia libenter conspicit Christus; optat uictores existere quos armauit, desiderat triumphantes cernere quos redemit, optat quod promisit implere, si quos armauit uideat inuicto certamine dimicare.

Nullum enim umquam sine emulo gestum est bellum, nullum sine hoste aliquando commissum est proelium. Diaboli eramus antequam redempti essemus; sine hoste non sumus ex quo Christum cognouimus: ut enim dyabolus inpugnare non poterat quos suos ex transgressione iam fecerat, ita inpugnare non desinit quos sibi renunciasse nunc conspicit. Diabolus enim | ex quo hominem quem captiuauit amisit, nullam intermisit temptacionis illecebram qua non aut contraria

---

70/71 Eccli. 2, 1

72 dicat hos *W ed.*] dicatos *R*   suo seruicio *W ed.*] sub seruitute *R*   *post* dominus *add.* et *R*   **73** mancipatos *W ed.*] macipatos *R*   **73/74** temptacionis – imminenti *W ed.*] temptationi imminenti *R*   **74** uel *W ed.*] uelud *R*   monstrat ut *W ed.*] ministrorum in *R*   **75** demonstret *W ed.*] debere demonstrat *R*   **76** deberet expertes *R ed.*] deberes et pertes *W*   **77** otio *R ed.*] odio *W*   **79** otio *R ed.*] odio *W*   ne – procelle *W ed.*] non eos procella *R*   opprimerent *W ed.*] opprimeret *R*   **80** otio *R ed.*] odio *W*   **86** nostra proelia] *tr. R*   **88** uideat – certamine *W ed.*] uideas inimicos certamina *R*   **94** amisit *R*] anmisit *W*   **95** nullam *W R*] nullum *ed.*

tu es vainqueur, lui qui, avant même le combat, t'a donné le nom de 27vb
fils : « Mon fils, si tu entres au service de Dieu... »

5. Voyons donc comment ce que dit le Seigneur[59] prépare ceux qui se sont mis à son service par respect pour sa puissance à affronter la menace de la tentation qui les attend ; ou, si vous voulez, ses paroles montrent quelques armes pour démontrer que nous persistons dans la justice et la crainte, alors qu'elles auraient dû plutôt faire de ses fidèles des gens préservés des tentations pour qu'ils n'eussent pas à souffrir la tempête dans le port, le combat dans la paix, la guerre dans le camp, la dispute dans le repos, le danger dans la prospérité. Ils auraient dû en effet être paisibles dans le port, tranquilles dans la paix, sains et saufs dans le camp, joyeux dans le repos, en sécurité dans la prospérité ; ainsi, les tempêtes ne devraient pas les frapper dans le port, la tourmente les agiter dans la paix, la guerre les frapper dans le camp, l'adversité les troubler dans le repos, le malheur les surprendre dans le bonheur. Mais qu'apprenne celui qui cherche, qu'écoute celui qui propose ! En effet, c'est une terrible guerre que le Diable mène contre nous, et contre l'Ennemi, c'est un combat des plus atroces. C'est en vue de celui-ci que notre esprit est instruit, notre foi armée, notre dévotion fortifiée par des encouragements incessants. Nous luttons pour la récompense, nous combattons pour la couronne. Dieu regarde nos luttes, le Christ se penche volontiers sur nos batailles ; il souhaite la victoire de ceux qu'il a armés, il désire voir le triomphe de ceux qu'il a rachetés, il souhaite que ce qu'il a promis s'accomplisse en voyant ceux qu'il a armés combattre dans un affrontement sans défaite.

Jamais en effet aucune guerre n'a été menée sans un adversaire, aucune bataille jamais engagée sans un ennemi. Nous étions des diables avant d'être rachetés ; nous ne sommes pas sans ennemi depuis que nous avons connu le Christ. En effet, le Diable, ne pouvant plus atta- 28ra
quer ceux qu'il avait déjà faits siens depuis la transgression originelle[60], ne cesse d'attaquer de la même façon ceux qu'il voit aujourd'hui renoncer à lui. En effet, le Diable, depuis qu'il a perdu l'homme qu'il a enchaîné, à aucun moment n'a interrompu les attraits de la tentation

---

[59] Nous faisons de *quid dicat* une interrogative indirecte, sujet du verbe qui suit (*praeparet*).

[60] Tertullien voit dans le Diable le *princeps transgressionis* (cfr Tertullien, *Adv. Marc.* 5, 6 ; *Apol.* 6 ; *Scorp.* 5 ; *Cor.* 11 ; *Res.* 49). Sur la transgression du pécheur, voir aussi Ios. 22, 16 et Is. 59, 13.

suadeat, aut illicita uiolenter infligat. Quitquid Deus faciendum praecipit, hoc diabolus faciendum non esse praescribit; et quod dampnat ⟨et⟩ exsecratur Deus, hoc faciendum persuadet hominibus inimicus. Amica Dei inimica sunt diaboli; prospera Christi inimica sunt hosti. Non uult enim diabolus talem hominem qualis esse ipse non potuit; a Deo illicita ingerit, exsecrabilia quaeque immittit. Veretur enim ne talis homo existat qui et praemia diuina percipiat et de se supplicium competens sumat.

6. Quare, ad te, o christiane, conuertor: tuam sponsionem exposco, fidei tua principia ut recorderis desidero. Nonne hoc optasti cum crederes, ut esses Dei qui fueras diaboli, in libertate ⟨degeres⟩ qui fueras in seruitute, in eternum uiueres qui saeculo et eternitati perieras? Serua promissi fidem, ut possis accipere fidei seruate mercedem, contende quod promisisti conplere ut quod credidisti possis accipere; pugna cum diabolo, quia iam armatus es Christo; si dampnasti quod fueras, esto quod non eras ⟨ne si non fueris quod non eras⟩ uidearis id uelle esse quod fueras; praeuaricator es enim si facis, nomen infames: aut enim facta nomen inponant, aut nomini facta respondeant. Perdet nomen qui aliud quam uocantur exercet, quia nec esse posset quod uult, qui quod profitetur inpugnat. Custodia est enim nobis obseruanda professionis; sibi illudit qui aliud quam meretur expectat; iudicem enim seuerum causa efficit delictorum; ut enim securus ac letus est qui legum iussa conseruat, ita pene est compos qui factis quod iubetur impugnat.

96 faciendum praecipit *W ed.*] faciendo recepit *R*   **97** diabolus] *ex* dyabolus *corr. W*   praescribit *W ed.*] prescium *R*   et² *R*] *om. W*   **99** inimica² *W ed.*] aduersa *R*   **100** *post* hominem *add.* esse *R ed.*   esse ipse] *tr. R*   a deo *W R*] adeo *ed.*   **101** ueretur *R*] meretur *W*, maeretur *ed.*   **102** qui et] *tr. R*   de – supplicium *W ed.*] de supplicio *R*   **105** fidei *W ed.*] si de *R*   desidero *W ed.*] residero *R*   **106** degeres *R ed.*] *om. W*   **110** es christo *R ed.*] est christus *W*   **111** esto *R ed.*] est *W*   ne – eras²] *om. W*   **112** praeuaricator es *nos*] praeuaricatores *W*, praeuaricator est *R*, praeuaricationes *ed.*   infames *W R*] infamas *ed.*   **113** respondeant *W ed.*] respendeant *R*   **114** uocantur *W ed.*] necatur *R*   **114/115** posset – uult *ed.*] poscet quod uult *W*, quidem uult potest *R*   **115** profitetur *W ed.*] proficere *R*   nobis *W ed.*] nominis *R*   **116** professionis *R ed.*] profectionis *W*   **118** pene (*lege* poenae) est *R ed.*] penes *W*

sans jamais cesser ou de conseiller une voie contraire ou d'imposer par la violence ce qui est interdit. Tout ce que Dieu ordonne de faire, le Diable prescrit de ne pas le faire ; et ce que Dieu condamne ⟨et⟩ exècre, son Adversaire persuade les hommes de le faire. Ce que Dieu aime est l'adversaire du Diable ; ce qui fait le bonheur du Christ fait le malheur de l'Ennemi. En effet, le Diable ne veut pas l'homme tel que lui-même n'a pu être ; il suggère ce qui est interdit par Dieu, il inspire des choses abominables, car il craint[61] que l'homme ne se comporte de manière à recevoir les récompenses divines et à attirer sur lui le supplice attendu.

6. C'est pourquoi je me tourne vers toi, chrétien : je réclame ton engagement, je veux que tu te souviennes des principes de ta foi. N'as-tu pas souhaité, quand tu t'es mis à croire, être à Dieu après avoir été au Diable, ⟨demeurer⟩ en liberté après avoir été en esclavage, vivre à jamais après avoir échoué pour le siècle et pour l'éternité ? Tiens parole pour pouvoir recevoir la récompense de la parole tenue, efforce-toi d'accomplir ce que tu as promis pour pouvoir recevoir ce en quoi tu as cru ; lutte contre le Diable, puisque tu es déjà armé du Christ ; si tu as condamné ce que tu avais été, sois ce que tu n'étais pas ⟨de peur qu'en n'étant pas ce que tu n'étais pas⟩, tu ne donnes l'impression de vouloir être ce que tu avais été ; tu es en effet un prévaricateur, si tu fais cela, tu déshonorerais ton nom, car il faut ou bien que tes actes imposent ton nom ou bien que tes actes répondent à ton nom. Celui qui fait autre chose que ce que l'on attend de lui perdra son nom, puisqu'on ne peut pas être ce que l'on veut si l'on renie ses engagements. Nous devons en effet veiller sur ce dont nous avons fait profession ; il se fourvoie celui qui attend autre chose que ce qu'il mérite, car c'est la nature des délits qui rend le juge sévère ; autant celui qui observe les prescriptions des lois jouit d'une heureuse sécurité, autant celui qui par ses actes renie ce qui lui est prescrit obtient son châtiment.

---

[61] Nous retenons la leçon de *R* (*ueretur*), et non la leçon de *W* (*meretur*, retenue par Leroy sous la graphie normalisée *maeretur*), qui ne nous semble pas naturelle avec la complétive au subjonctif introduite par *ne*.

29
De Ysaia: *Cognouit bos possessorem suum.*

1. Dominus per Ysaiam loquitur dicens: "*Cognouit bos possessorem suum et asinus praesepe domini sui. Israhel autem | me non cognouit et populus meus me non intellexit.*" Bos possessorem agnoscit et peccator Deum contempnit; asinus praesepe domini sui obseruat et homo diui-
5 na iussa deprauat. Accipe igitur, contemptor, a pecudibus mutis exemplum; qui metuis non diuinum iudicium, esto circa Dominum talis quales pecudes circa te esse cognoscis, esto animalium instructus exemplo que natura in obsequia humana instruxit, in famulatum Dominus subiugauit. Et tamen pecora, cum sint racionis expercia, in hac parte
10 sine racione esse non possunt; tu uero, homo, cum sis racione dispositus, sine racione dum uiuis, Deum genitorem offendis. Erubescat humana perfidia, hominum stultitia confundatur. Pecora erga hominis obsequia instituta diuina conseruant et homines Dei iussa obstinata mente declinant. Animalia sensate homini famulantur et homines
15 Deum insensate contempnunt. Pecudes quibus racionem Deus conditor denegauit, non sine racione, homini parere contendunt; homines uero qui racione praesunt Dominum Deum non colunt dum in stultitia perseuerant. Boues dominum humanum suscipiunt, et homines diuinum imperium aspernantur. Ex cuius iudicio pecora hominibus
20 deseruiunt, eius iudicia homines deserendo contempnunt. Quod

28rb

1/3 Is. 1, 3

trad. text. *W M*; *sermo sine apparatu critico in ed.* [= Ps. Fulg., *Serm.* 76, *PL* 65, col. 947]

tit. de – suum *W ed.*] De Esaia *M*

1 dominus *W ed.*] deus *M*   ysaiam *W*] esaiam *M*   **2** sui *W M*] suis *ed.*   cognouit *W ed.*] agnouit *M*   **3** *post* possessorem *add.* suum *ed.*   **3/4** peccator deum *W ed.*] possessor dominum *M*   **4** praesepe – sui] domini praesepe *M*   **6** metuis non] *tr. M ed.*   talis] *om. ed.*   **7** pecudes – te] circa te pecudes *M*   **8** que *W ed.* (quae)] quem *M*   humana] *om. M*   *ante* in² *add.* et *M*   **12** erga *W M*] ergo *ed.*   **13** instituta *W ed.*] instinctu *M*   **14** sensate *W ed.*] sensato *M*   **16** contendunt *M ed.*] contempnunt *W*   **17/18** praesunt – perseuerant *W ed.*] praestant instultia [*sic*] dum deum non colunt perseuerant *M*   **18** dominum *W ed.*] domine *M*   **19** aspernantur *W*] aspernant *M*, aspernuntur *ed.*   ex] *om. M*   *post* hominibus *add.* instanter *M*   **20** quod *W ed.*] quale *M*

29
D'Isaïe : « Le bœuf connaît celui à qui il appartient. »

1. Le Seigneur, s'exprimant par la bouche d'Isaïe, dit : « Le bœuf connaît celui à qui il appartient, et l'âne, l'étable de son maître. Mais Israël ne me connaît pas et mon peuple ne m'a pas compris. » Le bœuf reconnaît celui à qui il appartient, et le pécheur ignore son Dieu. L'âne respecte l'étable de son maître, et l'homme saccage les ordres de Dieu. Inspire-toi donc, toi qui fais l'ignorant, de l'exemple que te donne le bétail inconscient : toi qui ne crains pas le jugement de Dieu, sois à l'égard du Seigneur tel que tu vois le bétail être à ton égard. Instruis-toi par l'exemple des animaux que la nature a formés pour obéir à l'homme, que le Seigneur a placés sous le joug pour te servir. Et pourtant le bétail, bien qu'il soit privé d'intelligence, ne peut être sans intelligence en remplissant ce rôle, tandis que toi, homme, alors que tu es doué d'intelligence, en vivant sans intelligence, tu offenses Dieu qui t'a fait. Que rougisse la mauvaise foi humaine, que la sottise des hommes soit confondue ! Le bétail, en obéissant à l'homme, respecte ce que Dieu a institué, et les hommes refusent avec obstination ce que Dieu a ordonné. C'est de façon sensée que les animaux servent l'homme, et de façon insensée que les hommes ignorent Dieu. Le bétail, à qui Dieu lors de la création a refusé l'intelligence, s'efforce non sans intelligence d'obéir à l'homme, mais les hommes, qui dominent par l'intelligence, n'honorent pas Dieu leur Seigneur, en s'entêtant dans leur sottise. Les bœufs acceptent un homme comme maître, et les hommes mépriseraient Dieu comme souverain. Selon son jugement, le bétail est au service des hommes, les hommes se détournent de lui et ignorent ses jugements. Quel mal que votre déraison qu'on ne saurait même pas

malum est ista demencia, que nec pecudibus posset equari, dum animalibus mutis in obsequio Dei non potest comparari. Pecudes enim, dum homini seruiunt, Deo seruire noscuntur; homines uero, dum Dominum neglegunt, se odisse monstrantur. Quare si racionem
25 pecudes accepissent, Deum racionabiliter et colerent et timerent, que nunc sine racione tales sunt quales homines cum racione esse non possunt.

2. Iudicaris, homo, iudicaris animalis exemplo, pecoris obsequio condempnaris; nec tibi prodesse poterit excusacio qui nec diuino
30 imperio nec pecoris exemplo Deo | parere desideras. Magna enim sunt   28va
diuina obsequia, bone uite compendia: ubi non supplicia de malis actibus metuuntur, sepe diuina praemia de bonis meritis expectantur. Optat enim Deus bonos esse quos muneret quam malos quos non sine merore condempnet. Inuitus enim punit quos remunerare mallet si
35 uellent per bonam uitam euadere. Fuge, christiane, delicta, qui Deum promereri contendis; horre peccata, qui placere Christo exoptas. Delictorum labes pro ueneno timenda est, pernicies scelerum pro telo et gladio fugienda. Non ametur delictum quod genus humanum occidit. Fuge peccatum quod hominibus semper parauit interitum. Horrendus
40 sit Dei seruo qui aliis uidetur fuisse exicio, et in quo alterum conspicis interisse, inde magis ipse debeas praecauere.

3. Nemo sibi impunitatem de multitudine peccancium repromittat, nemo cum turbis delinquens periculi immunem esse se contendat. Nec enim Adam idcirco in mortem incidit quia solus cum uxore peccauit?
45 Aut Cayn ideo interitum meruit quia parricidium solus ammisit. Amat plus Deus paucos innocentes quam innumeros peccatores et in uno

---

21 que *W ed.* (-ae)] qui *M*   **22** dei *W ed.*] domini *M*   **24** dominum *W ed.*] deum *M*   **30** deo] *om. M*   **32** sepe *W M*] sed *ed.*   **34** *ante* punit] *add.* iam *M*   **36** contendis *ed.*] contempnis *W*, desideras *M*   **37** labes *W ed.*] clades *M*   **39** fuge *W*] fugiatur *M ed.*   **40** seruo *M ed.*] sermo *W*   qui *W M*] quod *ed.*   **41** inde *W ed.*] in eo *M*   debeas *W*] debes *M ed.*   **43** se] *om. M*   **44/45** peccauit? Aut] peccauit; aut *interp. ed.*   **46** plus] *om. M*

assimiler au comportement du bétail, dans la mesure où on ne peut la comparer à l'inconscience des animaux quand il s'agit d'obéir à Dieu. Car le bétail, en servant l'homme, sert évidemment Dieu, tandis que les hommes, en négligeant le Seigneur, le détestent manifestement. C'est pourquoi, si le bétail avait reçu l'intelligence, c'est de façon intelligente qu'il honorerait et craindrait Dieu, lui qui, en réalité et sans l'intelligence, est tel que les hommes avec l'intelligence sont incapables d'être.

2. Tu es jugé, homme, tu es jugé sur l'exemple de l'animal, l'obéissance du bétail te condamne, et elle ne te rapportera rien l'excuse selon laquelle ni le commandement divin ni l'exemple du bétail ne te donnent envie d'obéir à Dieu. Car la soumission à Dieu est quelque chose de grand, et grands sont les avantages d'une vie bonne : quand on n'a pas à craindre les supplices pour de mauvaises actions, on attend souvent les récompenses divines pour sa bonne conduite. Car Dieu souhaite qu'il y ait des êtres bons qu'il puisse récompenser, plutôt que des méchants qu'il devra non sans tristesse condamner. C'est bien malgré lui qu'il punit des êtres qu'il préférerait récompenser s'ils voulaient échapper au châtiment par une vie bonne. Fuis, chrétien, les fautes, toi qui prétends acquérir des mérites devant Dieu ; repousse avec horreur les péchés, toi qui souhaites plaire au Christ. Il te faut craindre comme un poison la souillure des fautes, il te faut fuir le fléau des crimes comme on fuit une lance ou une épée. Garde-toi d'aimer la faute, qui perd le genre humain, fuis le péché, qui toujours a apporté aux hommes la mort. Que soit repoussé avec horreur par le serviteur de Dieu celui qui a visiblement causé la perte d'autres hommes, et de ce dont tu vois qu'un autre a péri, tu dois toi-même d'autant plus t'en garder.

3. Que nul n'aille se promettre l'impunité en considérant la multitude des pécheurs, que nul ne prétende, en péchant avec la foule, qu'il s'immunise contre le danger ! Adam, en effet, n'a-t-il pas plongé dans la mort parce qu'il a péché, seul, avec son épouse ? Et Caïn, il a bien mérité de périr parce qu'il a commis, seul, un parricide. Dieu aime davantage un petit nombre d'innocents que d'innombrables pécheurs, et

iusto letatur et gaudet, qui in multis peccatoribus contristatur et meretur. Adeo cum cataclismo orbem Deus iudicaret, Noe solum cum affectibus liberauit; et cum Sodomam imbri flammifero aboleuit, Lot solum cum liberis reseruauit. Nam et Niniuitas scelera abolerent, nisi eorum paenitentia iram Domini temperaret. Diligit enim hoc ipso Dominus cum minatur; et quos refrenari a delictis exoptat, eis iudicii seueritatem intentat. Obiurgat enim Deus ut saluet, corripit ut emendet, improperat ut reformet. Desperata enim quorundam hominum uox est |: "Tante multitudinis non amabit Deus clemens interitum nec pacietur perire populos quos redemptione sua noluit esse captiuos. Alioquin ad hoc redemisse putabitur ut sint qui eius iudicio condempnentur. Aut enim ad hoc redemit ut saluet, aut non redemisset quos iudicio postmodum destruxisset." Horum hominum perniciosa prorsus et fugienda persuasio est. Vt enim ipsi facinoribus obuoluti sunt, ita ceteros uolunt suis ipsis facinoribus implicari. Et dum peccantes indulgenciam sibi non penitendo promittunt, ita miseros suis persuasionibus ipsi inuoluunt.

4. Ceterum Dominus Christus redemptis nobis iam ueniam dedit, iam sordidos et infectos abluit et mundauit. Quare redemptum peccare iam non licet et mundatum non licet sordidari. "*Ecce,* inquid, *sanus*

48/49 Noe – liberauit] cfr Gen. 7, 1   **49/50** cum – reseruauit] cfr Gen. 19, 12
50/51 Niniuitas – temperaret] cfr Ion. 3, 5   **66/67** Ioh. 5, 14

47 qui *W ed.*] quod *M*   **48** *ante* adeo (a deo *W*) *add.* et *M*   deus *ed.*] deo *W*, dominus *M*   **49** imbri *W ed.*] imbre *M*   flammifero *M*] flamiuero *W*   aboleuit *W ed.*] aboleret *M*   **50** cum] *iter.* et primum *del. W*   reseruauit *W ed.*] seruauit *M*   **52** dominus *M*] de dominus *W* (*qui* de *delere oblitus est*), deus dominus *ed.*   minatur *W ed.*] minator *M*   **53** *ante* emendet *add.* te *W*   **54** improperat *M ed.*] imperat *W*   **55** amabit *M ed.*] amauit (ama^t) *W*   **57** sint qui ... condempnentur *W ed.* (-mn-)] sit qui ... condemnetur *M*   *ante* iudicio *del.* iud *W*   **58** *ante* ad hoc] *add.* quod *W*   **59** destruxisset *W ed.*] destinasset *M*   hominum] *om. M*   **60** et fugienda *W ed.*] efficienda *M*   obuoluti *W ed.*] inuoluti *M*   **61** suis ipsis] *tr. M   ante* suis *del.* suos *W*   **65** mundauit *W ed.*] emundauit *M*   **65/66** peccare iam] *tr. M*

pour un unique juste il est joyeux et heureux, lui qui pour les nombreux pécheurs s'attriste et s'afflige. D'ailleurs, quand Dieu condamnait le monde par le déluge, il en délivra le seul Noé avec ses proches, et, quand il anéantit Sodome sous une pluie de feu, il sauva le seul Loth avec ses enfants. Et leurs crimes eussent perdu les Ninivites, si leur pénitence n'avait apaisé la colère du Seigneur. Le Seigneur en effet manifeste son amour, précisément quand il menace, et à ceux qu'il souhaite écarter de leurs fautes, il fait connaître la sévérité de ses jugements. Dieu réprimande pour sauver, blâme pour corriger, tance pour réformer. C'est un espoir trompeur qui fait dire à certains hommes : « Dieu, 28vb dans sa clémence, n'aimera pas voir mourir une si grande foule, et il ne souffrira point que périssent les peuples qu'il a voulu libérer de leur captivité par sa rédemption. Autrement on pensera qu'il ne les a rachetés que pour avoir des gens à condamner par son jugement ? S'il les a rachetés, c'est pour les sauver, sinon il ne les aurait pas rachetés pour les détruire ensuite par son jugement. » L'effort de ces hommes pour convaincre est absolument pernicieux, et il faut le fuir. Car ils se sont emmêlés dans leurs méfaits, et veulent que les autres aussi se laissent empêtrer dans les leurs. Et tandis qu'ils se promettent à eux-mêmes, en péchant, une indulgence sans pénitence, ils embrouillent les malheureux par leurs belles paroles.

4. En réalité, le Christ Seigneur, en nous rachetant, nous a déjà accordé son pardon, il a déjà lavé et purifié nos saletés et nos souillures. Aussi à celui qui a été racheté, il n'est plus permis de pécher, à celui qui a été purifié, il n'est plus permis de se salir. « Voici, dit-il, que tu es gué-

factus es, iam noli peccare, ne quid tibi deterius fiat." Qui te incolumem fecit, uiuendi tibi legem dedit; qui tibi peccata donauit, peccandi finem imposuit; qui te a sordibus emundauit, noluit te iterum sordidari. Si Deo patre censeris, monita patris obserua; si Christi te famulum profiteris, in actibus praecipue talem demonstra. Professionem enim cuiusque rei, facta magis quam nomen ostendunt: medicum se probare non potest ⟨qui mederi aegro non potuit; gubernator non est⟩ qui nescit gubernare; philosophus esse non potest qui uicia magis quam uirtutes exercet. Sic et christianus esse non poterit qui quod profitetur infamat.

5. Quare aut fac quod iubetur si uis accipere quod promittitur; aut si non feceris quod iubetur, accipies quod peccatoribus destinatur. Nam si peccatoribus delictorum pene non rependuntur, nec iustis merita iustitie tribuerentur. Porro, si iustis praemium redditur, necesse est peccatoribus destinata supplicia exhiberi. Nemo | se fallat, nemo se decipiat: qui celestia iussa contempnit, impunitus esse non poterit. "*Si uis*, inquid, *in uitam uenire, serua mandata.*" Subauditur contra: "Si mandata diuina contempseris, impunitus esse non poteris." Imperatoris seculi iussa nemo sine pena contempsit; patris iram nisi quis placauerit, abdicatur; seruorum contemptus inultos esse non patimur. Ergo cum tu, homo, hominis contemptus paciencer non toleras, quomodo putas dum peccas Domini offensam posse placari? Vnde aut

---

81/82 Matth. 19, 17

67 fiat *W ed.*] contingat *M*   **68** dedit *W ed.*] imposuit *M*   **70** patre censeris *W ed.*] patri consenseris *M*   obserua *W ed.*] obseruas *M*   **71** praecipue talem *ed.*] p. tamen *W*, Christi praecepta *M*   professionem *W ed.*] promissionem *M*   cuiusque *W ed.*] cuisquam *M*   **73** qui¹ – est] *om. W*   nescit *W ed.*] nauem non potest *M*   **74** magis *W ed.*] potius *M*   **75** infamat *W*] infamauerit *M ed.*   **78** pene] *lege* poenae   **79** tribuerentur *W ed.*] retribuerentur *M*   **79/80** porro – exhiberi *W ed.*] porro iustis necesse est merita iustitiae rependi, necesse est et peccatoribus supplicia exhiberi *M*   **80** nemo se *W ed.*] se mo. [sic] *M*   ante se² *add.* in *W*   **82** in uitam *W ed.*] ad u. *M*   **83** diuina *M ed.*] diuinitus *W*   imperatoris] *om. M*   **84** nemo *M ed.*] uero *W*   contempsit *W ed.*] contemnit *M*   **85** placauerit *M ed.*] placauerit *W*   abdicatur *W ed.*] abdicatus erit *M*   **86** homo] *om. M*   toleras *M ed.*] tolleras *W*   **87** domini offensam *W ed.*] dominum circa te *M*   aut] *om. M*

ri, ne pèche plus, de peur qu'il ne t'arrive quelque chose de pire. » Celui qui t'a rendu la santé t'a donné une règle de vie ; celui qui a remis tes péchés t'a imposé une fin à tes péchés ; celui qui t'a purifié de tes saletés a voulu que tu ne te salisses pas à nouveau. Si tu es reconnu comme ayant Dieu pour père, respecte les mises en garde paternelles. Si tu professes que tu es serviteur du Christ, montre-toi tel avant tout par tes actes. Car ce sont les actions plus que le titre qui prouvent toute profession. Ne peut se faire reconnaître comme médecin ⟨qui n'a pu soigner un malade ; n'est pas pilote⟩ qui n'est pas capable de piloter ; ne peut être philosophe qui pratique les vices plus que les vertus. De même aussi ne pourra être chrétien qui jette le déshonneur sur ce qu'il professe.

5. Aussi fais ce qui t'est ordonné, si tu veux recevoir ce qui t'est promis, ou si tu n'as pas fait ce qui t'est ordonné, tu connaîtras le sort réservé aux pécheurs. Car si les pécheurs ne voient pas leurs fautes sanctionnées par un châtiment, alors aux justes ne serait pas accordé ce qu'a mérité leur justice. Allons plus loin : si aux justes revient une récompense, il est inévitable qu'aux pécheurs soient appliqués les supplices qui leur sont réservés. Que personne ne se trompe, que personne ne s'abuse : qui ignore les ordres du ciel ne pourra demeurer impuni : « Si tu veux, dit le Seigneur, venir à la vie, observe mes commandements. » La contre-partie est sous-entendue : « Si tu as ignoré les commandements divins, tu ne pourras demeurer impuni. » Personne ne peut sans encourir un châtiment ignorer les ordres de l'empereur de ce monde ; si quelqu'un n'a pas apaisé la colère de son père, il est renié ; nous ne supportons pas que les manquements de nos esclaves ne soient pas sanctionnés. En conséquence, quand toi, un homme, tu ne tolères pas patiemment les manquements d'un homme, comment, lorsque tu pèches, penses-tu que l'offense faite au Seigneur puisse être apaisée ?

cessa peccare si uis de praeteritis impetrare, aut si adhuc peccaueris, necesse est ut diuino iudicio subiugeris.

6. Quare dum licet, dum tempus est, dum penitere permittitur, dum adhuc qui deliquid potest delicta prima recurare, sancta uita praeterita recurentur. Non differamus in crastinum! An uideamus incertum est. Multos enim hec dilacio trucidauit, quos subreptos non iusticie reddidit sed pocius morti adduxit. Quam moleste delinquimus, tam dolenter Dominum deprecemur; uicium quod in mundo contractum est, hic relinquatur in mundo. Indignantis Domini offensam sanctis actibus deplacemur, non contempnamus pacientiam Dei que nos et paenitentie et correpcioni seruauit. Maculata uestis diligenter lauetur ut niteat; uexata nauis sollicite recuretur ut feliciter ad portus optatos perueniat; uulnus innatum perite curetur ut non hominem ipsum occidat. Hec a nobis impleantur, hec perficiantur a cunctis, nec ad pecudum homo prouocetur exempla sed sanctorum pocius sequatur actus et merita, ut non post mortem more pecudum pereamus, sed in eterna saecula diuinis muneribus consolemur.

---

88 peccaueris *W ed.*] peccandum putaueris *M*   **89** ut] *om. M*   subiugeris *M ed.*] sublugeris *W*   **90** penitere *W ed.* (pae-)] peniteri *M*   **91** prima *W*] propria *M ed.*   ante praeterita] *add.* peccata *M*   **92** recurentur *W* $M^{a.c.}$ *ed.*] curentur $M^{p.c.}$ ante an] *add.* quia crastinum *M ed.*   **93** iusticie *W ed.*] uitae aeternae *M*   **94** *post* morti *add.* perpetuae *M*   adduxit *W ed.*] addixit *M*   **95** dolenter *W ed.*] modeste *M*   **96/97** sanctis – contempnamus] *om. M*   **98** seruauit *M ed.*] seruabit *W*   **98/101** maculata – occidat *W ed.*] maculata uestis per primi hominis peccatum, nunc per fidem Christi diligenter a nobis recuretur ut feliciter ad conuiuium sponsi candidati intromittantur *M*   **102** exempla *W ed.*] exemplim *M*   **103** in] *om. M*   **104** consolemur *W ed.*] condonemur *M*

Par suite cesse de pécher si tu veux obtenir le pardon pour tes fautes passées, ou si tu as continué à pécher, il est inévitable que tu sois soumis au jugement divin.

6. C'est pourquoi, pendant que cela est possible, pendant qu'il en est temps, pendant qu'il est permis de se repentir, pendant que celui qui a fauté peut encore réparer ses premières fautes, que les fautes passées soient réparées par une vie sainte. Ne reportons pas à demain ! Qui sait si nous le verrons ? Remettre ainsi à plus tard en a tué beaucoup, qui se sont dérobés et que cela n'a pas rendus à la justice mais plutôt conduits à la mort. Plus graves sont nos fautes, plus affligées doivent être nos supplications au Seigneur. Le vice qu'en ce monde nous avons contracté, c'est ici en ce monde qu'il faut nous en débarrasser. Apaisons par la sainteté de nos actes l'indignation du Seigneur que nous avons offensé, ne prenons pas à la légère la patience de Dieu qui nous a sauvés pour que nous fassions pénitence et que nous nous corrigions. Que le vêtement sali soit lavé avec soin pour qu'il retrouve son éclat ; que le navire disloqué soit scrupuleusement réparé pour qu'il arrive heureusement au port souhaité ; que la blessure contractée soit traitée avec compétence pour qu'elle n'entraîne pas la mort de l'homme lui-même. Voilà ce qu'il nous faut accomplir, voilà ce que tous doivent mener à bien, et qu'il ne soit pas nécessaire de donner à l'homme le bétail en exemple, mais qu'il s'inspire plutôt des actes et des mérites des saints, afin qu'après notre mort, nous ne périssions pas comme le bétail, mais que, pour l'éternité des siècles, nous soyons consolés par les dons divins.

31
Ego sum, ego sum qui deleo facinora tua.

1. | Isaias propheta dicit: *Ego sum, ego sum qui deleo facinora tua et peccatorum tuorum non memorabor.* Tu autem in mente habe ut iudiceris; dic primus iniquitates tuas ut iustificeris. Pietas uenerabilis Dei iam ueniam decreuit necdum qui peccauerat postulauit indulgenciam; qui offensus est pollicetur et nondum qui reliquerat deprecatur; adhuc peccantis nullus est fletus et miseretur qui contemptus est Deus. Sententiam uenia praeuenit; misericordia seueritatem excludit, iudicium bonitas antecedit et quasi offensus offenderit aut lesus leserit, sic sibi indulget prior qui amat plus ultione ueniam confitentibus tribuere quam peccatoribus iurgare. Dat enim remedium ut qui contempnendo incidit in culpam confitendo accipiat ueniam et cui peccatum intulit mortem, ei confessio afferat sanitatem. Nec se acerbitate peccantis indicat commoueri ne uel sermone deterreat qui confiteri desiderat ut absoluat. Fit tolerabile quod admittitur quia grauius est quod celatur. Nec enim tam perniciosum est quod peccator ⟨fatetur⟩ quam pernicio-

---

tit., 1 Is. 43, 25
1/2 Is. 43, 25

trad. text. *W G*

1/9 isaias – prior *W ed.*] pietas domini omnipotentis se omnibus ingerit *G*   **7** *ante* praeuenit *del.* praemit *W*   **8** *ante* antecedit *del.* ante *W*   **8/9** sibi indulget *W ed.*] se omnibus ingerit *G*   **9** plus ultione] *om. G*   confitentibus *G*] confitenti *W ed.*   **10** peccatoribus iurgare *W ed.*] poenam peccantibus inrogare *G*   enim *W ed.*] ergo *G*   **11** incidit *W ed.*] incidet *G*   **11/12** et – sanitatem] *om. G*   **12** acerbitate (acerui- *W*) peccantis *W ed.*] rei aceruitate *G*   **13** qui *G ed.*] quia *W*   desiderat *G ed.*] deterreat *W*   *post* absoluat *add.* confessione *G*   **14** admittitur *G ed.*] amittitur *W*   **15/16** nec – efficitur] *om. G*   **15** fatetur *rest. ed.*] *om. W*

31
« Je suis, oui je suis celui qui efface tes crimes. »

1. Le prophète Isaïe dit[62] : « C'est moi, oui, c'est moi qui efface tes crimes et qui ne me souviendrai pas de tes péchés. » Toi, cependant, sache bien que tu seras jugé ; sois le premier à dire tes iniquités pour pouvoir être justifié. L'amour admirable de Dieu a accordé son pardon avant même que le pécheur ait sollicité son indulgence ; l'offensé promet avant même que celui qui l'avait trahi l'implore ; le pécheur n'a pas commencé à verser des pleurs que Dieu, dédaigné par lui, a pitié de lui. Le pardon précède la sentence ; la miséricorde exclut la sévérité, la bonté anticipe le jugement, et, comme si c'était l'offensé qui avait offensé, ou le lésé qui avait lésé, celui qui préfère le pardon à la vengeance s'accorde[63] en premier de l'octroyer à ceux qui se confessent plutôt que de châtier les pécheurs. Il donne, en effet, le remède qui permet à celui qui par mépris est tombé dans la faute d'obtenir le pardon par la confession et à celui que son péché a exposé à la mort de bénéficier du salut en se confessant. Et il ne déclare pas être horrifié par la méchanceté du pécheur, afin de ne pas décourager même par sa parole celui qui désire se confesser pour être absous par lui. Ce qu'on reconnaît est tolérable puisque ce qui est caché est plus grave. Et ce que le pécheur ⟨avoue⟩ n'est pas aussi pernicieux qu'est pernicieux ce qu'il tait. L'état du malade empire quand les remèdes du médecin sont dédaignés. Un juge,

30ra

---

[62] Le texte complet d'Is. 43, 25 est le suivant : *Ego sum, ego sum ipse qui deleo iniquitates tuas* **propter me** *et peccatorum tuorum non recordabor* (var. : *memorabor*) *reduc me in memoriam et iudicemur simul narra si quid habes ut iustificeris*. L'auteur néglige *propter me* et résume la suite du discours du prophète, qui dit que Dieu s'avoue coupable de n'avoir pas puni Jacob comme il le méritait (*iudicemur*). Pour que lui-même et Jacob soient pardonnés, il faut que Jacob confesse d'abord ses péchés.

[63] *Sic sibi indulget prior* a posé des problèmes au copiste du manuscrit *G* (cod. New York, Perpont Morgan M 17), qui corrige en *se omnibus ingerit* « il s'impose à tous. » Le correcteur n'a pas admis que Dieu pût être indulgent envers lui-même. Nous ne pensons pas qu'il s'agisse ici d'indulgence de Dieu envers lui-même, *indulgere sibi* signifie « être indulgent avec soi-même » et par suite « ne rien se refuser », « se payer le luxe de, s'accorder de » (avec un infinitif, ici *tribuere* et *iurgare*), comme nous proposons de traduire.

sius est quod tacetur. Molesta egritudo efficitur cum medici remedia contempnuntur. Seuerus iudex mo|uetur cum a reo uenie causa despicitur. Molestus pudor est quem uerecundia seruat ad penam, contempte cure mortiferum uulnus, spreti remedii inexcusabilis pena. Sui enim hostis existit qui medentis consilia obstinata mente contempnit. Nec miseranda iam causa peccantis est qui iudicem senciet quem medicum habere non meruit. Ceterum clementissimus Deus inuitus iam punit qui nolente reo non potuit misereri.

2. Quare timet peccator? Clemenciam quam offendit, bonitatem quam negligit uereatur dum licet peniteat, dum permittitur doleat. In eius enim manu utrumque consistit et reatus et uenia. Non timeat confiteri qui peccare non timuit. Immo festinet ad ueniam qui festinauit ad culpam. In Deo enim et misericordia uelox est et tarda uindicta sed fit de tarditate non numquam fenerata censura. Amplectere igitur celeste munus oblatum, qui merebaris peccando supplicium. Cogita enim seueritatem Dei nec facinoribus interim prouocari, nec bonitatem eius delictis posse mutari. Tu peccas sed ille tibi cum remediis occurrit; tu delinquis et ille tibi uenie causas ostendit. Vnde reum te

30rb

---

16 cum *W ed.*] dum *G*   **17/18** seuerus – penam] *om. G*   **17** seuerus *coni. ed.*] sed uerus *W*   **19** *post* cure *add.* est *G*   spreti *G ed.*] spleti *W*   *post* pena (*lege* poena) *add.* grassatur *G*   **20** existit *W G*] exstitit *ed.*   contempnit *W ed.* (-mnit)] contempsit *G*   **21** *ante* miseranda *del.* mise *W*   peccantis *W ed.*] peccati *G*   *post* senciet *add.* tunc *G*   **22** meruit *G ed.*] metuit *W*   deus *G ed.*] es *W*   inuitus *W ed.*] coactus *G*   **23** nolente reo *W ed.*] nolenter et *G*   potuit *G ed.*] potui *W*   misereri *W ed.*] miserere *G*   **24** clemenciam *G ed.*] clementia *W*   bonitatem *G ed.*] bonitate *W*   **25** negligit *W ed.*] neglexit *G*   **26** utrumque *W ed.*] uerumque *G*   *post* uenia *add.* ueniam et mentis obduratae sententiam. Confitemini domino quoniam bonus quoniam in saeculum misericordia eius *G*   timeat *W ed.*] metuat *G*   **27** *ante* timuit *del.* timu *W*   **27/28** immo – culpam] *om. G*   **28** in deo *G ed.*] ideo *W*   tarda uindicta *G ed.*] tardat uindictam *W*   **29** fenerata *G ed.*] fenerate *W*   celeste *W ed.*] caelesti *G*   **30** oblatum *W ed.*] oblato *G*   merebaris *ed.*] merebatur *G, om. W*   cogita *W ed.*] cogitet *G*   **31** enim] *om. G*   nec[1] *W ed.*] ne *G*   interim] *om. G*   prouocari *W ed.*] prouocantibus *G*   nec[2] *om. G*   **32** eius *W ed.*] speret *G*   mutari *W ed.*] mutare *G*   tu peccas sed (et *ed.*) ille tibi *W ed.*] homo peccat et deus *G*   remediis *W ed.*] remedia *G*   **33** occurrit *W ed.*] currit *G*   tu delinquis *W ed.*] delinquet *G*   ille tibi *W ed.*] dominus ei *G*   **33/34** te tibi *W ed.*] sibi *G*

même sévère, est déconcerté quand une occasion de pardon est méprisée par l'accusé. Dangereuse est la retenue que la honte fait persister jusqu'au châtiment ; mortelle la blessure dont on a dédaigné le soin ; inévitable le châtiment d'un remède qu'on a repoussé. On devient son propre ennemi quand on dédaigne obstinément les conseils d'un thérapeute. Elle n'est pas digne de pitié, la cause du pécheur qui ne verrait qu'un juge dans celui qu'il n'a pas mérité d'avoir comme médecin. Du reste, Dieu très clément châtie à contrecœur quand, à cause du refus de l'accusé, il n'a pas pu le prendre en pitié.

2. Pourquoi le pécheur a-t-il peur ? Il craindrait la clémence qu'il repousse, la bonté dont il ne veut pas, alors qu'il est possible de se repentir, alors qu'il est permis de s'affliger. La même main, en effet, détient l'accusation et le pardon. Qu'on ne craigne pas d'avouer si on n'a pas craint de pécher. Il faut même courir vers le pardon quand on a couru à la faute ! En Dieu la miséricorde est prompte et la vengeance lente, mais la lenteur ajoute parfois des intérêts à la punition. Accueille donc à bras ouverts le cadeau céleste qui t'est offert, toi qui méritais le supplice par ton péché. Songe, en effet, que même les crimes ne peuvent provoquer la sévérité de Dieu, ni les délits altérer sa bonté. Tu pèches mais lui vient à toi avec des remèdes ; tu commets des délits et lui t'offre des occasions de pardon. C'est qu'il a fait de toi un accusé pour t'absoudre, toi dont il efface les méfaits par ses bontés, les péchés

tibi absoluendo constituit, cuius mala bonis, peccata remediis, contemptus benignitate expungit ut iam iudicio peccator excusatus esse non potuit qui et praeceptum contempsit ut delinqueret et post delictum confiteri noluit ut periret.

3. Sed uellem silencii istius et causas exquirere, uellem obdurata mentis consilia retractare. Vtrumne pudet quid dicere, an non uis quod occulte commiseris iudicare? Si pudet, parce; si silere uis, desine. Ceterum Deus tibi conscienciam testem adplicuit et se tibi iudicem destinauit, conscienciam qua reuinceris, iudicem quo dampnaris; qui et dixit: *Nichil est tectum quod non reueletur et occultum quod non detegatur.* Sed bonitas Dei causas quaerit | ad ueniam, uult exaudire quod nouit, uult te fateri quod cum admisisses exhorruit ut ex te confessio nascatur ad ueniam quia ex te peccatum natum est ad uindictam. Non enim Deus idcirco confiteri persuadet ut commissa sciat: gesta nouit, cogitata cognoscit. Erras enim si putas quia Dominus rerum occulta non nouit, ut consciencie iudex, conscienciam quid admiserit nescit. Vnde grauius peccat qui putat Dominum a se commissa nescire, cuius paenitenciam contempsit cum delinqueret et postmodum ueniam noluit ne delicta quae fecerat iudicaret ut nec ante peccatum fuerit prouidus et post peccatum fuerit obstinatus, ut iam ubique sit contumax ubi perseuerat ut quemadmodum dum praecepta contempsit ut

---

43 Matth. 10, 26 (Marc. 4, 22; Luc. 8, 17)

34 *post* absoluendo *add.* magis quam amando *G*   bonis peccata] *tr. G*
35 expungit *W ed.*] expugnet *G*   35/37 ut – periret] *om. G*   38 uellem¹ *W ed.*] uellim *G*   istius *W ed.*] leuius *G*   et] *om. G*   uellem² *W ed.*] uellim *G*   obdurata *W*] obduratae *G ed.*   39 utrumne *W ed.*] uerum ne *G*   pudet *W ed.*] pudeat *G*   quid *W ed.*] quod fecerat *G*   39/40 an – iudicare] *om. G*   40 parce *W ed.*] parcat *G*   si²] *om. W*   uis *W ed.*] uult *G*   desine *W ed.*] desinat *G*   41 deus *W ed.*] dominus christus *G*   41/42 tibi – dampnaris] *om. G*   41 et] *ex* ad *corr. s.l. W*
42 qua reuinceris *G ed.*] quare uinceris *W*   42/43 qui – dixit *W ed.*] in euangelio sic inseruit dicens *G*   43 reueletur *W ed.*] detegatur *G*   detegatur *W ed.*] manifestetur *G*   44/46 sed – uindictam] *om. G*   45 exhorruit *G*] exhoruit *W*   ex te *G ed.*] ecce *W*   47 idcirco *W ed.*] peccata *G*   sciat *W ed.*] nesciat *G*   47/48 gesta – cognoscit (-scat *W*) *W ed.*] dum gesta non ignoret et cogitationes cognoscat *G*   48 erras – putas *W ed.*] errat enim qui putat *G*   48/49 occulta – ut *W ed.*] occulta ignoret *G*   49 conscienciam *W ed.*] conscientia *G*   nescit *W ed.*] nesciat *G*   50/55 unde – interiret] *om. G*   52 noluit *ed.*] uoluit *W*   54 perseuerat *coni. ed.*] peruersi *W*

par ses remèdes, les dédains par sa bienveillance : dès lors, le tribunal ne peut mettre hors de cause le pécheur qui a dédaigné la loi et préféré commettre son délit et qui, après l'avoir commis, n'a pas voulu se confesser et a préféré périr.

3. Mais je voudrais aussi rechercher les causes de ce silence, je voudrais extirper de l'esprit les idées endurcies. Est-ce que tu as honte de parler ou est-ce que tu ne veux pas juger ce que tu as commis en cachette ? Si la honte te retient, passe outre ; si ton silence est volontaire, alors renonces-y. D'ailleurs Dieu t'a accordé un témoin, ta conscience, et s'est offert à toi comme juge : une conscience pour te confondre[64], un juge pour te condamner, car il a dit : « Rien n'est caché qui ne puisse être dévoilé, rien n'est occulté qui ne puisse être révélé. » Mais la bonté de Dieu cherche des raisons de pardon, il veut entendre ce qu'il sait déjà, il veut que tu confesses ce que tu as commis et qui lui a fait horreur, il veut que la confession vienne de toi et te conduise à bénéficier de son pardon puisque le péché vient de toi et te conduit au châtiment. En effet, ce n'est pas pour connaître tes fautes que Dieu veut ta confession : il sait ce que tu as fait et connaît tes pensées. Tu te trompes si tu penses que Dieu ignore les choses cachées si bien que, juge des consciences, il ignorerait la conscience que tu as de tes crimes ? Il s'ensuit qu'il pèche encore plus gravement celui qui pense que Dieu ignore les crimes qu'il a commis, Dieu devant qui il a dédaigné de faire pénitence lorsqu'il a fauté et dont ensuite il a refusé le pardon pour éviter qu'il juge les fautes qu'il a commises : ainsi il a manqué de prévoyance avant le péché et il s'est montré obstiné après le péché si bien qu'il est rebelle dans tous les cas : en méprisant les règles,

30va

---

[64] La *conscientia* pour l'auteur est la connaissance intime, la mémoire de ce qu'on fait, mémoire à laquelle Dieu a un accès direct, qui lui permet de tarauder le pécheur de remords. Cette connaissance des faits reste présente dans chaque témoignage contre l'auteur des crimes (*testis*) dans le procès que Dieu lui intentera.

delinqueret, ita remedia contempneret ut digne pro meritis interiret. Frustra celas, peccator, quod Deo teste fecisti, frustra occultas quod praesente Domino uel cogitando peccasti. Si noscis, time; si nescis, inquire. Deus enim et praeterita recolit et praesencia cernit et quae futura sunt nouit. Nemo se fallat, nemo decipiat! Dominus Deus peccata que committimus, aut donat, aut punit; aut ignoscit, aut plectit. Nichil obliuionibus aboletur nisi quod eius bonitate donatur; aut enim ueniam confitentibus tribuit, aut penam contumacibus irrogabit.

4. Adsunt praeterea et angeli sancti, qui per momenta afferant commissa quae gerimus, adest ipsa quae peccatores stimulat consciencia, adsunt que ad celum uociferantur ipsa peccata. Et putas te posse latere cum et Deum iudicem noris et reus tot testibus tenearis? *Clamor*, inquid Dominus Deus, *Sodome et Gomorre* ascendit ad me. O admiranda bonitas Dei! Clamant Sodomitarum delicta ad Deum et adhuc uindicta differtur; ab scelestis uidelicet praesentes angeli paciuntur et quaerit benignitas qui saluentur. Lot solus liberari meretur et eius generi ne uellent e|uadere consuluntur. Indignis salus offertur et illi pro meritis obdurantur. Nec enim contra credunt Deum uindicem, quem diu contempserant pacientem. Vnde fugiendo noluerunt euadere quia peccando meruerant interire. Iam enim illos tenebat pena quos infecerat culpa, deligarat supplicium quos supplicio tradiderat meritum. Idcirco enim remedia fuge contempserant quia illos inuadere celestis ultio iam quaerebat.

66/67 Clamor – me] Gen. 18, 20-21

56 celas *W ed.*] celat *G*   fecisti *W ed.*] commisit *G*   56/57 frustra^2 – peccasti] *om. G*   57/58 si^1 – inquire *W ed.*] si nouit timeat si nescit inquirat. Ceterum *G*   58 enim] *om. G*   59/60 nemo^1 – plectit] *om. G*   61 quod *W G*] quae *ed. post* donatur *add.* nam in die iudicii *G*   62 contumacibus *W ed.*] peccantibus *G post* irrogabit *finit G qui* confitenda sunt ergo fratres carissimi domino nostro peccata ut ueniam per confessionem mereamur adquirere. Per dominum nostrum iesum christum *add.*   63 *ante* praeterea *del.* et *W*   64 peccatores stimulat *ed.*] peccator est stimulant *W*   67 dominus *ed.*] domine *W*   69 differtur *ed.*] defertur *W* scelestis *ed.*] celestis *W*   71 ne *W*] an *ed.*   76 celestis *ed.*] celesti *W*

ce qui conduit à fauter, et en méprisant les remèdes, ce qui conduit à une mort bien méritée. C'est en vain, pécheur, que tu caches ce que tu as fait sous les yeux de Dieu, en vain que tu dissimules le péché que tu as commis en présence du Seigneur, fût-ce en pensée. Si tu le sais, tremble ; si tu ne le sais pas, cherche. Dieu, lui, se rappelle le passé, voit le présent et connaît le futur. Que personne ne se trompe ! que personne ne s'abuse ! Le Seigneur Dieu ou bien remet les péchés que nous avons commis, ou bien les punit ; ou il pardonne ou il brise. Rien n'est aboli par l'oubli sinon ce dont il fait remise par bonté ; ou bien il accorde le pardon à ceux qui se confessent ou bien il condamne les rebelles.

4. Il y a aussi les saints anges, qui rapportent jour après jour les fautes que nous commettons, il y a la conscience elle-même, qui taraude les pécheurs, il y a les péchés eux-mêmes, qui hurlent vers le Ciel. Et tu penses pouvoir te cacher, alors que tu sais que tu as Dieu pour juge et que tu es reconnu comme coupable par tant de témoins ? « La clameur de Sodome et Gomorrhe, dit le Seigneur Dieu, monte jusqu'à moi. » Ô admirable bonté de Dieu ! Les crimes des habitants de Sodome crient jusqu'à Dieu, et pourtant il diffère sa vengeance ! Assurément les anges qui sont là souffrent à la vue des criminels, et sa bonté se demande lesquels sauver. Seul Loth mérite d'être libéré et ses gendres décident de refuser la fuite. Le salut est offert à ces gens 30vb indignes, mais plus ils méritent d'être punis, plus ils s'endurcissent. Et en effet ils ne croient pas que Dieu se vengera parce qu'ils ont pu le mépriser si longtemps sans qu'il réagisse. Ainsi ils n'ont pas voulu se sauver en fuyant parce qu'ils avaient mérité de périr en péchant. Ils étaient déjà prisonniers du châtiment que leur avait valu leur faute, le supplice auquel leur conduite les avait livrés les tenait pieds et poings liés. C'est pourquoi ils avaient méprisé le remède de la fuite : la vengeance céleste cherchait déjà à s'emparer d'eux.

5. Ad Ionam quoque prophetam loquitur Deus: *Surge*, inquid, *et uade ad Niniuem ciuitatem magnam et praedica in ea quoniam ascendit clamor malicie eius ad me et rursum praedica*. Inquid eis: *Adhuc triduum et Niniue subuertetur*. Magna ac uenerabilis pietas Dei que ad hoc minatur ut terreat, ad hoc terret ut flectat, ad ⟨hoc⟩ flectit ut parcat. Mauult enim terrere ut saluet quam silere ut uindicet. Ceterum uindicare in reos noluit qui futurum interitum praedicauit. Adeo Niniuite penitent et euadunt, humiliantur et uiuunt; dampnata culpa mutatur sentencia, denique soluunt preces quos delicta ligauerant; lauant fletus quos scelera sordidarant, exhomologesis tribuit ueniam, uenia praestitit indulgenciam, sedata est ira. Ita enim Sodomite per paenitenciam possent euadere ut Niniuite per contumaciam interire; denique istis admonicio perfecit in salutem quia contumacia illis debuit adtulisse perniciem.

6. Duo de multis exempla adtulimus tam necessaria quam diuersa, tam utilia quam disparia. Quibus quiuis et terreri debet et flecti et metuere Deum et timere supplicium, fugere penam et festinare ueniam; nouit enim quid debeat fugere, quid sit quod opporteat obseruare. Conferat salutem exemplum quia propterea diuersorum ostensum est meritum!

Amplectemur uitam de interitu Sodomorum et fugiamus mortem de sollicitudine Niniuitarum. Curet penitentia causam ne obstinacio afferat penam; sanet confessio| uulnus abstrusum ne plaga uulneris dum celatur occidat, exhomologesi diuina seueritas leuiatur ne in uindictam qui misereri debuerat prouocetur. Excusari enim peccator non poterit cui remedia oblata sunt quae contempsit.

78/81 Ion. 3, 1-4 (et Ion. 1, 2)

81 ac *W*] et *ed.* dei que] *tr. W*   **82** ad²– flectit *ed.*] adflectit *W*   **83** mauult *ed.*] mamauult *W*   **84** adeo *ed.*] a deo *W*   **88** indulgenciam *ed.* (-tiam)] indulgencia *W*   **90** contumacia *ed.*] contumaciam *W*   **93** tam *ed.*] quam *W*   **95** quid² – quod *ed.*] qui sit quid *W*   **101** exhomologesi *nos*] exhomologesis *ed.* exhomologensis *W*   **102** *ante* excusari *add.* ex *W*

5. Voici les paroles que Dieu adresse aussi au prophète Jonas : « Lève-toi, dit-il, et va dans la grande cité de Ninive et prêches-y parce que la clameur de sa perversion est montée jusqu'à moi, et prêches à nouveau. » Jonas leur dit : « Ninive sera rasée dans moins de trois jours. » Quel grand et admirable amour de Dieu, qui menace pour faire peur, qui fait peur pour faire fléchir, qui fait fléchir pour épargner ! Il préfère, en effet, faire peur pour sauver, plutôt que garder le silence pour sévir. Du reste, il n'a pas voulu sévir contre les accusés, lui qui leur a fait prédire une mort prochaine. Ainsi les habitants de Ninive se repentent et se sauvent, ils s'humilient et vivent. Une fois la faute punie, la sentence est commuée ; à la fin, les prières dénouent ce que les délits avaient noué ; les pleurs lavent ceux que les crimes avaient souillés ; la pénitence a fait naître le pardon, le pardon a entraîné l'indulgence, la colère s'est apaisée. Ainsi les habitants de Sodome auraient pu se sauver grâce à la pénitence tandis que les habitants de Ninive auraient pu périr en s'obstinant ; à la fin, l'avertissement a conduit les derniers au salut, et l'obstination a causé la perte des premiers.

6. Entre de nombreux exemples, les deux que nous avons rapportés sont aussi nécessaires qu'opposés, autant utiles que dissemblables. Ils doivent remplir quiconque de terreur et faire fléchir, craindre Dieu et le supplice, fuir le châtiment et hâter le pardon. On sait maintenant ce qu'il faut fuir, et les règles qu'il convient de suivre. Que cet exemple apporte le salut puisque sa conclusion a montré ce que méritaient des conduites opposées !

Embrassons la vie grâce à la mort des habitants de Sodome et fuyons la mort grâce à l'obéissance des habitants de Ninive. Que la pénitence empêche l'obstination d'amener au châtiment ; que la confession soigne la blessure dissimulée pour éviter que la plaie de la blessure, si on la cache, ne tue : que par la confession s'allège la sévérité de Dieu pour qu'il ne soit pas incité à châtier celui qui aurait dû bénéficier de sa pitié[65]. En effet, le pécheur n'aura aucune excuse si on lui a offert des remèdes et qu'il les a dédaignés.

31ra

---

[65] Nous comprenons *in uindictam ⟨eius⟩ qui misereri debuerat* et donnons *seueritas* comme sujet de *prouocetur*.

34
De tribus pueris

1. | Cum uirtutes geste et mirabilia in praeterito celebrata frequenti sermone narrantur, excitatur fides, incenditur animus, prouocatur affectus, ipse denique uigor mentis in maiora officia dum prouocatur increscit. Neque enim est aliud quod salutem afferat nobis quam ut in Domino contemplando atque in eius opere admirando cuncta tempora explicemus. Hec enim causa efficitur ut stupeamus potentem, miremur artificem, praedicemus auctorem, atque in eum promerendum toto conatu fidei in uirtutum officia exeramus. Semper enim quod gestum est geri conspicitur dum adsiduis relacionibus innouantur. Nec potest incurrere uetustatem quod denuo non patitur silencio praeteriri. Inde est enim quod per ecclesias omnes Deo gracie referuntur, sancta officia frequentantur. Nec enim licet alicui tacere quod praeconio laudis non licet praeterire ut dum ista meditamur, Dominus honoretur et nostra deuocio comprobetur.

2. Et *dixerunt Sedrach, Misach et Abdenago ad regem Nabuchodonosor: "Rex, non opus est nobis de hoc uerbo respondere tibi. Est enim Deus cui nos seruimus qui potest eripere nos de manibus tuis, o rex, et liberare."* Dolebat tirannus sese contemptum et in despectu sanctorum totam se amisisse deputans potestatem, | excitatur, in furiam prouocatur, totam crudelitas eius possidet mentem, immutat seuicia uoluntatem nec sui compos est spiritus dum totus eum coefficitur alienus. At contra iusti, fiducia Dei et meriti sanctitate securi, totum credunt, totum confidunt, quidquid in sui tutelam et in euersionem tirannicam Dominum operaturum esse cognoscunt, ut aut liberati gloriarum superstites extitissent, aut consummato martirio gloriosiores ad Dominum peruenirent; nec possent minas, terrores ad supplicia formidare qui protectorem Deum de ipso incendio posse crediderant liberare.

15/17 Dan. 3, 16 -17

---

6 hec *W*] hac *ed*. **8** conatu *ed*.] conatus *W* **10** praeteriri *ed*.] praeterire *W* **13** *post* laudis *lacunam suspicatus est ed*. **18** tirannus *ed*. (tyr-)] tirampnus *W et sic ubique* **23** tirannicam *ed*. (tyr-)] tirampnicam *W* **24** cognoscunt *W*] agnoscunt *ed*. **26** ad *W*] ac *ed*.

34
Les trois jeunes gens

1. Lorsqu'une parole répétée relate les miracles et les prodiges accomplis dans le passé, elle réveille la foi, enflamme l'âme, stimule les émotions, et même la force intellectuelle, ainsi stimulée, croît pour de plus grandes performances. La seule chose qui puisse nous apporter le salut, c'est de revenir en détail sur tout le passé en y contemplant le Seigneur et en y admirant son œuvre. Le résultat produit est que nous restons stupéfaits devant sa puissance et éblouis devant sa maîtrise, que nous vantons ses initiatives et que nous découvrons tout ce que produisent les miracles en déployant toute notre foi pour nous mettre à son service. Car tout ce qui s'est accompli se réalise toujours sous nos yeux si on le relate régulièrement. Et on ne peut non plus reprocher d'être ancien à ce qui n'admet pas d'être omis par la suite. Voilà donc ce qu'on rappelle, par la grâce de Dieu, dans toutes les communautés. Et personne n'a le droit de taire ce que l'on n'a pas le droit de passer sous silence lorsqu'on célèbre en public, pour honorer le Seigneur à travers ces souvenirs et affermir notre dévotion.

2. Et Sedrach, Misach et Abdenago dirent au roi Nabuchodonosor : « Roi, il est inutile que nous te répondions sur ce sujet, car il y a un Dieu que nous servons et qui peut nous arracher de tes mains, ô roi, et nous libérer. » Le tyran, qui supportait très mal d'être méprisé et se figurait que le mépris de ces saints lui avait fait perdre tout son pouvoir, se met en colère, devient fou furieux, et sent la cruauté s'emparer de tout son esprit ; la barbarie fait changer son projet et il n'est plus maître de lui, mais c'est un sentiment totalement étranger qui le fait agir. Les justes, au contraire, que leur confiance en Dieu et la sainteté de leur conduite rendent sereins, sont sûrs d'eux en tout, ont confiance en tout, sont conscients que le Seigneur va faire quelque chose pour les protéger et renverser le tyran : soit ils seront libérés et ils survivront dans la gloire, soit ils subiront le martyre et arriveront encore plus glorieux jusqu'au Seigneur. Ils n'auraient pu redouter les menaces, l'effroi face aux supplices, eux qui croyaient que le Dieu protecteur pouvait les libérer de cet incendie.

3. Tunc itaque tirannus uidens sese despectum atque contemptum praecipit fornacem incendi, iubet administrari flammam, supplicia praeparari. Discurrunt igitur per fornacem ignium globi, et flammarum crepitus uasto sonitu omnia circumcirca terrebant, dum estuante camino totum inter haec foris ignis possidet, flamme occupant, incendia dominantur. Terrentur ipsi qui terrent, formidant illi qui efficiunt formidare. Soli iusti consistunt leti, fiducia diuina securi. Sed postquam sanctos ignes accipiunt, uelut quadam formidine ac metu deterriti, cedunt, fugiunt, expauescunt et eorum praesenciam sustinere non possunt. Fiunt ita in fornace refrigeria, extra fornacem incendia. Licet inter ignes morari quibus extra ignes morari non licuit esse intactos. In camino sancti Deo referunt laudes, extra caminum resonant Chaldeorum ardencium uoces, delentur diuinis laudibus flamme, glorias Dei incendia libenter admittunt. Vnde effectum est ut ignis iudicio diuersa merita comprobentur et flammarum sententia boni malique noscantur. Denique obsequuntur in fornace iustis, extra fornacem persecuntur ministros; his roris solacia, illis flammarum incendia subministrant; hos fouent, illos inuadunt; defendunt | bonos et miserrimos persecuntur. Vnde ad tutelam iustorum parum ignes operati fuissent nisi eorum hostes atrocissime deuorassent.

4. Sed postquam tirannus audit laudes, in fornacem conspicit scelestorum, miratur, stupet ac tremit: miratur, inquam, iudicium suum flammarum iudicio improbatum, stupet Chaldeorum numerum ignis uoracitate consumptum, tremit in fornace quartum sanctis pueris sociatum, nec tantum suos ignibus conflagrasse suspirans quantum sibi maiora supplicia ut auctori sceleris irrogare posse formidat. Mirantur cuncti Chaldei uirtutum gloriam reseruati. Stupet gentilitas omnis ab ignibus iustos agnosci, a flammis sanctos inde incolumes reseruari.

---

32 haec *ed.*] hac *W*   **36** praesenciam *ed.* (-tiam)] praesencia *W*   **40** delentur *ed.*] delebantur *W*   **45** fouent *ed.*] fouens *W*   **49** miratur¹ *ed.*] miratum *W*   **55** inde incolumes *ed.*] in dei columes *W*

3. C'est alors que le tyran, se voyant abaissé et méprisé, enjoint de faire chauffer une fournaise, ordonne d'entretenir la flamme, de préparer les supplices. Dans la fournaise on voit donc courir des boules de feu, et le crépitement des flammes terrifiait par son grand bruit tout ce qui était aux alentours. Le foyer est surchauffé, le feu s'étend à l'extérieur et entre-temps s'empare de tout, les flammes s'installent, c'est l'incendie qui commande. Ceux-là mêmes qui font peur ont peur, ceux qui provoquent l'effroi éprouvent l'effroi. Il n'y a que les justes à demeurer dans la joie, rassurés par leur confiance dans le Seigneur. Mais lorsque le feu arrive jusqu'aux justes, les autres, comme pris de panique et de peur, reculent, s'enfuient, s'épouvantent, et ne peuvent supporter de les voir dans cette situation. Ainsi, il fait frais dans la fournaise et brûlant hors de la fournaise. Il est donné de demeurer au milieu des flammes à ceux qui n'ont pas pu demeurer sans dommages hors des flammes. Dans le brasier, les justes chantent les louanges de Dieu, hors du brasier on entend les cris des Chaldéens qui brûlent, les flammes sont détruites par les louanges divines, l'incendie se plie volontiers à la gloire de Dieu. Voilà comment le jugement du feu inverse les situations respectives, et la sentence des flammes fait voir qui est bon et qui est méchant. En fait, dans la fournaise, c'est l'hommage aux justes, hors de la fournaise, c'est le dommage aux bourreaux ; aux uns, le feu est une rosée rafraîchissante, aux autres, une flamme brûlante ; il réchauffe les uns et anéantit les autres, protège les bons et détruit les plus misérables. Pour sauver les justes, les feux eussent été peu efficaces s'ils n'avaient dévoré sans pitié leurs ennemis.

4. Mais, après avoir entendu les hymnes de louange, le tyran jette son regard dans la fournaise des criminels ; il est pris de surprise, de stupéfaction et de crainte : oui, de surprise, à voir son verdict cassé par le jugement des flammes, de stupéfaction devant le nombre de Chaldéens brûlés par la violence du feu, de crainte face à une quatrième victime ajoutée aux trois jeunes gens. Il souffre moins que ses gens aient été la proie des flammes qu'il ne redoute pour lui-même un plus grave châtiment s'il peut être tenu pour responsable de ce forfait. Tous les Chaldéens survivants sont frappés de surprise devant la gloire de ces miracles, tous ces païens sont stupéfaits que ces justes aient été reconnus par le feu, que ces saints soient sortis indemnes des flammes. Les

Fiunt cum rege Chaldei supplices, cuncti iam humiles ac mites uirtutum Dominum uenerantes: rogant de fornace iustos procedere, precantur de ignibus Dei famulos prosilire. Quibus egressis accurrunt omnes, cuncti festinant, Hebrei eos amplectuntur ut fratres, Chaldei mirantur ut supplices, rex ipse suscipit ut potenciores. Gaudet Babillonia Dei uirtutibus honorata, exultant Chaldei paucorum interitu noticiam Dei adepti. Triumphant cuncti Hebrei in alienis gentibus gloriosi et quod hostilitas sit barbara superata et quod Dei potentia sit per sanctos cunctis gentibus demonstrata.

56/57 uirtutum Dominum] cfr Ps. 23, 10 *e. g*

58 omnes *ed.*] omnis *W*   **59** hebrei eos *W*] hebraeos *ed.*   amplectuntur *W*] amplectantur *ed.*

Chaldéens, avec leur roi, deviennent des suppliants, tous deviennent humbles et doux et vénèrent le Dieu des miracles. Ils demandent que les justes quittent la fournaise, ils prient que ces serviteurs de Dieu quittent les flammes. Ils sortent, et tous accourent, tout le monde se hâte. Les Hébreux, comme frères, les prennent dans leurs bras ; les Chaldéens, comme suppliants, les admirent, le roi lui-même les considère avec respect comme des gens plus puissants. Babylone est heureuse de l'honneur que lui font les miracles de Dieu, les Chaldéens exultent d'être arrivés à connaître Dieu sans que beaucoup périssent. Tous les Hébreux triomphent de leur gloire parmi les peuples étrangers, de la victoire sur l'hostilité des barbares, et de la puissance de Dieu démontrée à toutes les nations grâce à ces saints.

35
De Habacuch propheta. De audiui

1. Habacuc propheta sanctissimus loquitur dicens: *Domine, audiui auditum tuum et timui, consideraui opera tua et expaui*. Quociens celum suspicimus, terram adtendimus, marina praespectamus, quociens camporum prata, siluarum nemora, amena collium, moncium arbusta, animalium diuersa conspicimus, quociens maritimos sinus, flu|uiorum lapsus, meatus amnium, uenas foncium, densitates imbrium, tonitrum crepitus, terrores fulgorum, uellera nubium, temporum cursus, situs elementorum, ortus stellarum occasusque miramur, cum denique nosmet uarietate membrorum, diuersitate sensuum, racionis compotes prudentieque capaces ipsa racione uel prudencia extimamus, cum alia immensa atque innumera diuinorum operum in momentis omnibus retractamus, tum tante fabrice uenerantes Deum stupemus ut Dominum, miramur ut principem, praedicamus auctorem.

2. Nec tamen in hiis solis admiranda celestis est uirtus, quippe cum sint alia in supernis sedibus constituta quae idem artifex formauit, instituit, consummauit. Que cum cogitamus tremimus, cum sentimus suspicimus, cum mente uoluimus ueneramur. Inde semper consideratione operum istorum stupuerunt iusti, tremuerunt magni, prophete sanctissimi expauerunt, dicente propheta: *consideraui opera tua et expaui*. Magnitudo enim operis magnitudinem monstrat artificis et sic inmensitas creatoris stupetur cum creature potencia retractatur. Nec ignota poterunt aliquando sentiri nisi notarum qualitas ceperit memo-

---

1/2 Hab. 3, 2   20/21 Hab. 3, 2

tit. *Titulum, qui abest in W, rest. ed. ex tabula titulorum*
6 fluuiorum *ed.*] fluuius *W*   **7** tonitrum *W*] tonitruum *ed. fortasse melior*
uellera *nos*] uellara *W*, uelaria *ed.*   **8** *post* cursus *seclusimus* stellarum   situs *nos*]
sidus *W ed.*, *qui* situs *in app. prop. sed crucem uid. in* stellarum sidus elementorum
ortus stellarum   **12** tum *nos*] cum *W ed.*, *qui tamen* tum *in app. prop.*   **15** admiranda *ed.*] admirande *W*   **19** istorum *ed.*] iustorum *W*

35
Du prophète Habacuch. À propos de « J'ai entendu... »

1. Dans les Écritures, le très saint prophète Habacuc dit : « Seigneur, j'ai entendu ta parole et j'ai été pris de crainte, j'ai considéré tes œuvres et j'ai été saisi d'effroi ». Chaque fois que nous levons les yeux vers le ciel, les baissons vers la terre, les dirigeons vers la mer, chaque fois que nous contemplons les prairies des plaines, les arbres des forêts, les beautés des collines, les bois des montagnes, la diversité des animaux, chaque fois que nous admirons les golfes de la mer, l'écoulement des fleuves, le cheminement des cours d'eau, le ruissellement des fontaines, la densité des pluies, le fracas du tonnerre, la lumière effrayante des éclairs, la toison des nuages, la course des saisons, la position des corps célestes, le lever et le coucher des étoiles, lorsqu'enfin, dans la variété de nos membres, la diversité de nos sens, maîtres de notre raison, doués de sagesse, grâce à cette même raison et sagesse, nous nous considérons nous-mêmes, lorsque nous passons en revue à nouveau les autres œuvres divines, immenses et innombrables, dans tous leurs mouvements, alors pleins de vénération nous sommes stupéfaits devant Dieu comme le Seigneur d'un si grand ouvrage, nous l'admirons comme son principe, nous le proclamons comme son auteur.

2. Et cependant, il ne faut pas admirer la puissance céleste dans ces seuls ouvrages d'ici-bas puisqu'assurément il y a d'autres œuvres dans les séjours d'en-haut que le même artisan a formées, assemblées, achevées. Lorsque nous y pensons, nous tremblons, lorsque nous en prenons conscience, nous admirons, lorsque nous les méditons, nous vénérons. C'est pourquoi, en considérant tes œuvres, les justes ont toujours été frappés de stupeur, les grands ont tremblé, les saints prophètes ont été saisis d'effroi selon les mots du prophète : « J'ai considéré tes œuvres et j'ai été saisi d'effroi. » En effet, la grandeur de l'œuvre montre la grandeur de l'artisan et l'immensité du créateur provoque la stupeur lorsqu'on réfléchit à la puissance de sa création. Et parfois ce que l'on ne connaît pas ne pourra être perçu si l'on ne commence pas par rappeler la qualité de ce qui est connu, ⟨et⟩ l'admiration pour celui

rari, ⟨nec⟩ cessat factoris admiratio nisi factu⟨re⟩ cessauerit retractatio.
Cogitacio enim uisibilium admiracio est ignotorum. Dum enim ex notis ignota, ex uisibilibus inuisibilia, ex terrenis celestia, ex praesentibus futura penduntur, sic cunctorum artifex Deus stupendo tremore laudatur et dicatur, mentis uenerando cultu praefertur. Et tamen de operibus dicimus et hec inter se inuicem comparamus.

3. Ceterum Deus qui solus est, comparacione caret quia quocum comparari debeat non est: nichil de eo dignum, nichil competens, nichil denique congruum dicitur, nisi forte solum quod supplici | 33vb corde concipitur et innocenti sermone profertur. Omnis enim innocencia diserta est quia quod nata est hec est. Non enim sermonis lenocinio corrumpitur aut ingenii uersucia uiolatur sed magna natura utitur et Deo auctore censetur. Sola est enim que Dei potenciam nouit, magnitudinem intelligit, uirtutem agnoscit. Dum enim tremit obsequio, suspicit cultu, ueneratur officio, sola est, inquam, quae Deum timere nouit, definire non nouit, nec docuit natura scrutare. Definiri enim non potest quod ignotum est, estimari non licet quod inmensum est; comprehensibile esse non poterit quod complecti humane menti non datur.

4. Ille enim Deum nouit qui eum definiri non posse crediderit, ille agnoscit eius potenciam qui extimandi perdiderit curam. Ille enim concipit mente qui scierit comprehendi non posse. Cuius si quantitatem quaeras inmensus est, si qualitatem, bonus; nec aliter enim creator poterit definiri nisi ut soli conueniat quod creature illi conuenire non poterit. Nam si in consideracione operum diuinorum expauisse semet propheta sanctissimus protestatur, quid de ipso operatore Deo poterit digne proferri, cuius opera uidemus prophetam sanctissimum admirari?

---

24 nec *rest. ed.*] *om. W* facture cessauerit *ed.*] factu recessauerit *W*
28 uenerando *ed.*] euenerando *W* *post* cultu *locum desperatum uidit ed.*
30 comparacione *ed.* (-tione)] comparacio ne *W* quocum *ed.*] cum *W*
39 definire *ed.*] defini *W* scrutare *ed.*] scruare *W* **46** qualitatem *ed.*] qualitate *W* **47** illi *ed.*] illi quod *W*

qui fait ⟨ne⟩ cesse ⟨pas⟩ à moins que n'ait cessé le rappel de ce qu'il a fait. En effet, la connaissance de ce qu'on voit fait naître l'admiration pour ce qui demeure inconnu. En effet, tandis que du connu découle l'inconnu, du visible l'invisible, du terrestre le céleste, du présent le futur, ainsi en l'artisan du tout on loue et reconnaît Dieu avec un effroi stupéfait, on l'exalte dans le culte que lui rend l'esprit en le vénérant. Et cependant nous ne faisons que parler des ses œuvres en les comparant entre elles.

3. Mais quand il s'agit de Dieu, qui est unique, il n'y a pas de comparaison possible puisqu'il n'est rien qui puisse lui être comparé, on ne peut rien dire qui soit digne de lui, rien qui s'en rapproche, rien enfin qui l'égale, si ce n'est peut-être seulement ce que conçoit un cœur suppliant et ce qu'exprime une parole innocente. En effet, toute innocence est éloquente parce que, ce qu'elle est à la naissance, elle le reste. Elle n'est pas corrompue par les artifices du discours ni violentée par la malice de l'esprit mais elle se sert de la grandeur de la nature et elle a pour juge le Dieu créateur. Elle est la seule à connaître la puissance de Dieu, à comprendre sa grandeur, à savoir sa valeur. En effet, tandis qu'elle tremble de soumission, admire dans la vénération, vénère dans le devoir, elle est la seule, dis-je, qui sait craindre Dieu, qui sait ne pas le limiter et qui a appris à ne pas pénétrer ses secrets à travers la nature. En effet, on ne peut définir ce qu'on ignore, il n'est pas permis de mesurer ce qui est sans mesure, ne pourra être compris ce qu'il n'est pas donné à l'esprit humain d'embrasser.

4. En effet, celui-là connaît Dieu qui a compris qu'il ne peut être défini, celui-là sait sa puissance qui a perdu le souci de l'évaluer. Car il le saisit en esprit celui qui sait qu'il ne peut être appréhendé ; si tu cherches à connaître sa quantité, il est immense, si tu cherches sa qualité, il est bon. Le créateur ne peut être défini autrement qu'en disant qu'à lui seul convient ce qui ne pourrait convenir à ce qu'il a créé. En effet, si le très saint prophète reconnaît qu'il a été lui-même saisi d'effroi en considérant les œuvres divines, que pourra-t-on dire qui soit digne du Dieu ouvrier lui-même, dont nous voyons le très saint prophète admirer les œuvres ?

5. Cesset igitur humana curiositas et omnis inuestigandi sensus in officia debita et in studia uiuendi conuertat notitiam. Facile ignotum extimat qui nouit quare timeat, quia sic notum quod ignotum est redditur dum notis cultibus obseruatur; aut enim ignotum dum contempnit non nouit, aut si nouit et contempnit grauiter ac moleste delinquid; et tamen Deus ignotus non est quia opere notus est. Quicquid enim de eius opere inspexeris, totum suspicis, totum tremis, totum miraris, quia in omnibus Deus est, qui operibus suis notus est.

6. Te ipsum o homo, intus et foris considera. | Tunc uere stupebis artificem cum in te tanti operis consideraris auctorem. Facile enim diuinam intelleges racionem si tui intellexeris qualitatem. Ceterum nosse Deum non poteris si te ante non noris nec aliter poteris Deus quid sit agnoscere nisi tuam condicionem poteris inuenire. Vnde cum alterum noris, utrumque cognosceris. Nosse enim utrumque hoc est singulorum conuenientiam uestigare ut tibi noueris pro condicione parendum, Deo uero pro potentia imperandum, ut alter praebeat obsequium seruitutis, alter exerat imperium potestatis, ut dum homo obsequio promeretur, Dei potentis liberalitas senciatur.

---

53 notitiam *ed.*] notitia officia uiuendi *W*   **55** redditur *ed.*] reditur *W*
60 considera *ed.*] considera/ta *W*   **61** in te] inte *W*   **63** deus *W*] deum *ed.*
67 praebeat *ed.*] praebet *W*

5. Donc, que cesse la curiosité humaine et que tout son effort d'investigation se tourne vers la connaissance des obligations du devoir et de la manière de vivre. Celui qui sait pourquoi il craint trouve facile d'ignorer, parce qu'en respectant les pratiques que l'on connaît on rend connu ce qui est inconnu. En effet, ou, lorsqu'on méprise, on ne comprend pas ce que l'on ne connaît pas, ou, si l'on méprise en toute connaissance de cause, on commet une faute lourde et grave. Et cependant, Dieu n'est pas inconnu, puisqu'il est connu par son œuvre. En effet, quoi que tu regardes de son œuvre, tu le découvres tout entier, tu le redoutes tout entier, tu l'admires tout entier, parce que Dieu, qui est connu par elle, est dans toutes ses œuvres.

6. Ô homme, considère-toi toi-même, ce qui est en toi et hors de toi. Alors vraiment tu seras saisi de stupeur devant le Créateur lorsque tu considéreras en toi l'auteur d'une si grande œuvre. En effet, tu comprendras facilement la raison divine si tu comprends qui tu es. D'ailleurs tu ne pourras pas connaître Dieu si tu ne t'es pas connu auparavant et tu ne pourras pas comprendre ce qu'est Dieu si tu n'as pas découvert ta condition. C'est pourquoi connaître l'un des deux, c'est comprendre les deux. En effet, c'est connaître les deux que de découvrir ce qui convient à chacun, alors tu sauras qu'en raison de ta condition il t'appartient d'obéir tandis qu'en raison de sa puissance il appartient à Dieu de commander, si bien que l'un présente l'obéissance de la servitude tandis que l'autre montre la toute puissance de son pouvoir de sorte que, lorsque l'homme met son mérite dans l'obéissance, il éprouve la libéralité du Dieu puissant.

48
Quod oculus non uidit

1. | *Quod oculus non uidit nec auris audiuit nec in cor hominis ascen-* 44va
dit, quae praeparauit Deus hiis qui diligunt eum. Si duo ista leges et
praemia, praecepta et munera, iussa et dona christianus expendat, hoc
est si quod lege praecipitur et quod praemio destinatur, quid quale sit
5 adsidue christiana ⟨pietate⟩ denuo meditetur, inueniet multo facilius
esse quod praecipitur quam est illud quod praemio destinatur. Primo
quod praecepta cuncta narrantur, praemia uero narrari non possunt;
secundum, quod quitquid praecipitur praesenti substancia licet fragili
compleatur, quicquid autem promittitur nisi eadem substantia resur-
10 rectione reparata frui non datur. Ita enim praesens substantia nunc
poterat diuina iussa perficere ut promissa praemia eadem substantia
non ualet contractare ut iam ex distancia substantiarum comprobetur
distancia rerum et noscatur multo facilius esse quod praecipitur quam
est illud quod in futurum destinatur, sicut scriptum est: *Quod oculus*
15 *non uidit nec auris audiuit nec in cor hominis ascendit, que praeparauit*
Deus his qui diligunt eum. Ignotum est quod promittitur, inauditum
est quod paratur, suspicari non potest quod sanctis omnibus destinatur. Maiora sunt praemia quam merita, officium munere uincitur,
donis obsequia superantur | nec, homo, meruisse poteris praeiactare: 44vb
20 cum suis gloria merearis cuius dono efficitur ut munereris!

---

tit. I Cor. 2, 9
1/2 I Cor. 2, 9   **14/16** I Cor. 2, 9

tit. *Titulum, qui abest in W, rest. ed. ex tabula titulorum*
2 quae *ed.*] qui *W*   eum] *ex* deum *corr. W*   leges *coni. ed.*] legere *W*   **5** pietate
restituimus] pietas *rest. ed., om. W*   **8** secundum *W*] secundo *ed.*   **15** *post* auris
add. non *W*   **19/20** praeiactare: cum] praeiactare cum *interp. ed.*   **20** merearis]
del. ed. qui hic lacunam suspicatur

48
« Ce que l'œil n'a pas vu »

1. « Ce que l'œil n'a pas vu, ce que l'oreille n'a pas entendu, ce qui n'est pas monté jusqu'au cœur de l'homme et ce que Dieu a préparé pour ceux qui l'aiment. » Si le chrétien pèse et compare les couples que forment les règles et les récompenses, les préceptes et les bienfaits, les ordres et les dons, c'est-à-dire ce que la Loi prescrit et ce qui est préparé comme récompense, s'il s'applique encore à réfléchir avec une piété chrétienne sur leur nature et leur valeur, il découvrira que ce qui est prescrit est bien plus facile à imaginer que ce qui est prévu comme récompense. En premier lieu, parce que toutes les règles sont exprimées, alors que les récompenses ne peuvent l'être ; en second lieu, parce que tout ce qui est prescrit peut être accompli durant son existence par une personne, malgré sa fragilité, alors que tout ce qui est promis, la même personne ne peut en jouir que régénérée[66] par la résurrection. En effet, durant son existence, une personne pouvait alors accomplir les ordres de Dieu, tout en étant incapable d'atteindre les récompenses promises, si bien que la différence entre les existences se trouve alors confirmée par la différence entre les résultats, et qu'il soit bien compris que ce qui est prescrit est bien plus facile à connaître que ce qui est destiné pour l'avenir, comme il est écrit : « Ce que l'œil n'a pas vu, ce que l'oreille n'a pas entendu, ce qui n'est pas monté jusqu'au cœur de l'homme, ce que Dieu a préparé pour ceux qui l'aiment. » Ce qui est promis n'est pas connu, ce qui est préparé n'est pas entendu, on ne peut imaginer ce qui est réservé pour tous les saints. Les récompenses sont supérieures aux mérites, le devoir accompli s'incline devant la rétribution, l'obéissance est dépassée par les dons, et toi, homme, tu ne pourras te targuer d'avoir mérité une récompense : puisses-tu la mériter, avec ses élus, grâce à la gloire de celui qui par son don rendra effective ta récompense !

---

[66] Cfr *Serm.* 17, 1 : *quem [peccator] confessio poterit reparare.*

2. [Caue pelagianum errorem! Primo tuum est quod uenis, sed donum est quod uocaris. *Venite ad me*, inquid, *omnes qui laboratis et ego uobis requiem dabo*. Tuum est, inquam, quod uenis, sed donum est quod uocaris, tuum est quod certas, tuum est quod dimicas, sed ille uires exagerat, fortitudinem donat, uictoriam subministrat. Vt uelis, tuum est, ut possis, illius. Contra Apostolum gerimus! Ille enim, ille ait: *Deus est qui operatur in nobis uelle et posse*.] Non enim cum remuneracionis tempus adueniat, dicere quispiam poterit suo merito dona talia meruisse cum tanta sit immensitas munerum quantum glorie non fuerit meritum et cognoscantur talia esse donorum celestia praemia qualia sua quisque non nouerit merita, maxime quia ipsa merita in hominibus defuissent nisi diuina pietas conatus hominum adiuuisset.

Ergo si merita ipsa sine adiumento celesti esse non possunt, quomodo sibi praemiorum quis poterit adsumere gloriam cum mereri ipsum et non sit conantis hominis sed sit Christi Domini iuuantis? Aut enim in amorem Dei christianus extenditur dum praemiorum enormitas non narratur, aut quod est uerius, tanta uis est praemiorum ut et uerba ad narrandum deficiant et mortalium sensus ista non capiant. Inmensitas enim praemiorum diligencius exigit ⟨obsequium⟩ officiorum. Ceterum tunc ista dabitur nosse cum adeo dabitur possidere; tunc poterimus ista conspicere cum frui dabitur posse.

3. Prouocaris muneribus, christiane; quitquid feceris parum est, quitquid exercueris minus, quantascumque de te uires exegeris, qualescumque conatus ostenderis, minores quia qui te ad praemia prouocat Deus; quod mereris non dicitur, quod accipies non narratur, quitquid te mereri putaueris, leue est; quitquid te accepturum extimaueris, facile

---

22/23 Matth. 11, 28   **27** Phil. 2, 13

21/27 caue – posse *seclusimus*] *seruauit ed.*   **25** fortitudinem *W*] fortitudines *ed.*   **29** meruisse *ed.*] meminisse *W ante* munerum *del.* nostrum (*aut* nostrorum) *W quod ed. conseruauit*   **35** et] *secl. ed.*   **39** diligencius *W*] diligentias *ed.*   obsequium *nos*] praemiorum *in rasura W, secl. ed.*   **40** adeo *ed.*] a deo *W*

2. [Prends garde à l'hérésie pélagienne ! La démarche initiale vient de toi, mais c'est par un don que tu es appelé. « Venez à moi, dit-il, vous tous qui êtes dans la peine, et moi, je vous donnerai le repos. » Oui, la démarche initiale vient de toi, mais c'est par un don que tu es appelé. C'est toi qui luttes, toi qui te bats, mais c'est lui qui grossit tes forces, te donne du courage, te procure la victoire. Le vouloir, c'est toi qui l'as, mais le pouvoir, c'est lui qui te le donne. C'est aller contre l'Apôtre. Car il dit, oui, il dit : « C'est Dieu qui suscite en nous vouloir et pouvoir[67]. »] Car lorsque viendra le temps de la rétribution, qui pourra dire que c'est son propre mérite qui lui a valu de tels dons, alors que les récompenses sont aussi immenses que la gloire imméritée et qu'on sait bien que ces dons, récompenses célestes, sont d'une qualité qu'on ne peut reconnaître à ses mérites propres, surtout parce que ces mérites-là auraient fait défaut aux hommes si la bonté de Dieu n'était venue au secours des efforts des hommes.

Donc si ces mérites eux-mêmes ne peuvent exister sans l'aide du Ciel, comment quelqu'un pourra-t-il s'attribuer la gloire des récompenses, alors que le mérite lui non plus ne vient pas des efforts de l'homme, mais du secours du Christ notre Seigneur ? Car, ou bien le chrétien progresse dans l'amour de Dieu sans qu'on cite l'immense somme des récompenses, ou bien, ce qui est plus exact, l'importance des récompenses est telle que les mots manquent pour en parler comme les sens de l'homme pour les percevoir. Car l'immensité des récompenses exige ⟨une obéissance⟩ plus stricte aux devoirs. D'ailleurs, il ne nous sera donné de connaître celles-ci que lorsqu'il nous sera donné par Dieu de les posséder, et nous pourrons les percevoir seulement lorsqu'il nous sera donné d'en jouir.

3. Chrétien, tu es invité à recevoir les dons, mais tout ce que tu aurais pu faire est peu de chose, toute l'activité que tu aurais pu déployer est insuffisante, les grandes forces que tu aurais pu mettre en œuvre, tous les efforts dont tu aurais pu faire montre, tout cela reste insuffisant, car c'est Dieu celui qui t'appelle pour te donner ses récompenses, et tes mérites, on n'en parle pas, ce que tu recevras, on ne le cite pas, tout ce que tu as cru avoir mérité ne pèse rien, tout ce que tu t'attends à rece-

---

[67] Sur le rejet de ce passage, voir *infra* l'article d'E. Zocca.

non potest eius rei narrari | qualitas, cuius stupenda apparebit immensitas, tantum in nobis fulgeant merita, tantum nostra niteant facta, actus nostri nos dignos exibeant, sanctam uitam mores ostendant, immaculatos et puros praemia promissa suscipiant; uicia uirtutibus edomantur, uolumptates abstinentia deuincantur. Quoniam etsi magnitudo praemiorum nostra superauerit merita, etsi munera nostris actibus fuerit pociora, tamen quia uis, quia optas, quia cupis expungeris, etsi praemia meritis equare non possis. Ceterum peccator et impius ubi est, quando praemiis sanctus et integer minor est? *Non sunt*, inquid, *condigne passiones huius temporis ad superuenturam claritatem que reuelabitur in nobis.*

4. Denique cogita quisquis es sollicite, salutis causas expende si diligentibus destinantur, maxime cum scriptum sit: *Maledictus homo qui negligenter egerit res Dei.* Si enim diligens ingenti praemio munerabitur, negligens contra supplicio destinato plectetur. Nec enim poterunt diligentes despici cum impii ceperint condempnari. Vt enim praemiis diligens inuitatur, ita negligens supplicio destinatur. Quare placeat tibi benignitas Dei; clemencia Domini eciam ab ipsis negligentibus conlaudetur, qui quod futurum est indicat, quod disposuit nunciat, quod parauit ostentat. Tuum est iam ut ameris amare, ut diligaris diligere, ut honoreris Deum Dominum honorare. Nec enim poteris non amando amari aut negligendo diligi aut contempnendo Dominum promereri. Qualem esse circa te uolueris Deum, tale illi praebe officium. Qualem enim ⟨te⟩ erga se esse conspexerit, talem se tibi ipse praebebit. Benignus benignum desiderat, honorificus honorificum quaerit, dicente eodem Domino: *Ecce*, inquid, *qui honorificat me, honorificabo eum et qui contempnit me contempnetur.*

55/57 Rom. 8, 18   **59/60** Ier. 48, 10   **72/73** cfr Luc. 10, 16

47 eius *ed.*] ei *W*   narrari *ed.*] narrare *W*   **48** *ante* facta *del.* factta *W*   **53** actibus] *iter. W*   **62** ceperint] *lege* coeperint   **63** destinatur *ed.*] destinato *W*   **65** nunciat] nuncciat *W*   **67** *ante* honorare *add.* ut *W*   **69** *supra* praebe *add.* praeue *W*   **70** te *rest. ed.*] *om. W*   se tibi *ed.*] sed ibi *W*   praebebit] praeuebit *W*

voir est d'une qualité impossible à décrire et dont l'incroyable immensité apparaîtra, même si nos mérites ont tant de splendeur, si nos actes ont tant d'éclat, si nos comportements font de nous des hommes méritants, même si nos mœurs font la preuve d'une vie vertueuse, si les récompenses promises touchent des gens purs et sans tache, même si nos vertus tiennent en respect les vices, même si une vie d'ascète triomphe du goût des plaisirs. Car l'importance des récompenses aura beau dépasser nos mérites, les cadeaux reçus auront beau l'emporter sur nos actes, en toi le vouloir, l'ambition, le désir feront que tu n'en seras pas moins passé au crible, sans que tu puisses arriver au niveau des récompenses par tes seuls mérites. D'ailleurs l'impie, le pécheur, où est-il, alors que le saint n'est pas au niveau des récompenses ? « Les passions temporelles, dit l'apôtre, sont incapables de dépasser l'éclat qui sera révélé en nous. »

4. Ensuite, qui que tu sois, réfléchis bien, examine les causes de salut, vois si elles sont réservées à ceux qui se sont tournés vers Dieu, surtout qu'il est écrit : « Maudit soit l'homme qui s'est détourné des œuvres de Dieu. » Car si celui qui s'est tourné vers Dieu doit recevoir en cadeau une grande récompense, celui au contraire qui s'en sera détourné sera frappé du supplice prévu pour lui. Et ceux qui se tournent vers lui ne pourront pas être objet de mépris, alors que les impies auront été condamnés. Car si celui qui s'est tourné vers Dieu est appelé aux récompenses, celui qui s'en sera détourné est destiné au supplice. Apprécie donc la bonté de Dieu ; que ceux-là mêmes qui l'ont méprisé louent eux aussi la clémence du Seigneur, qui dit ce qui va être, annonce ce qu'il a réglé, montre explicitement ce qu'il a préparé. À toi désormais d'aimer pour être aimé, de te tourner vers Dieu pour qu'il se tourne vers toi, d'honorer le Seigneur Dieu pour être honoré. Car tu ne pourras recevoir de l'amour si tu n'en montres pas, voir Dieu se tourner vers toi si tu ne te tournes pas vers lui, ou gagner des mérites en méprisant le Seigneur. Sur ce que tu attends de Dieu envers toi, modèle ton devoir envers lui, sur ce qu'il aura vu de ⟨ton⟩ attitude envers lui, il modèlera son attitude envers toi. La bonté suscite la bonté, l'hommage appelle l'hommage, comme le dit aussi le Seigneur : « Qui m'honore, je l'honorerai, et qui me méprise, je le mépriserai. »

5. Sed uideamus qui sunt *qui diligunt Deum*, quibus tam magnum destinatum est praemium. | Sine dubio idem diligunt qui amant, idem amant qui colunt, idem colunt qui mandata Domini uenerantur et seruant, ut summa dilectionis in obseruancia constituta sit legis, dicente Domino: *Si me diligitis, mandata mea seruate*. Vt digne hiis inaudita et ignota praemia destinentur qui, dilectione Christi possessi, Deum fuerint in eius legibus uenerati, ut diligens Deum obseruator sit legum, neglegens uero contemptor sit mandatorum, ut recte scriptum sit: *Maledictus homo qui res Dei egerit neglegenter*. Benedictus uero sit qui leges eius obseruauerit diligenter, quibus dicturus est ipse Dominus: *Venite, benedicti patris mei, percipite regnum quod paratum est uobis ab origine mundi*. Et iterum contra: *Discedite a me maledicti, in ignem eternum quem parauit pater meus dyabolo et angelis eius*.

6. Cur suscipis nomen maledicti, contemptor, cur praemia despicis, cur supplicia non uereris? Cur dum te amantem contempnis, diligentem te neglegis, cur tui hostis existis? Serua, contemptor, Domini uiuentis imperium, diligentis fratris exemplum; prouocet amor Domini in salutem si contemptus adtulerat aliquando perniciem. Muta negligendi consilium et ama diligendi officium. Ante te est praemium et supplicium, tibi praeponitur pena et donum. Tum enim potieris praemia, cum diligentibus Deum te ceperis copulare. Nam si inter homines ista uicissitudo seruatur, si conmunitate morum amicicie federa conseruantur ut amantem te diligas, contempnentem te neglegas, honorificum te honorifico amico exibeas, quid de Domino Deo

---

78 Ioh. 14, 15   **82** Ier. 48, 10   **84/85** Matth. 25, 3-4   **85/86** Matth. 25, 41   **89/90** Domini uiuentis] cfr Ier. 10, 10 *e. g.*   **93** tibi – donum] cfr Eccli. 15, 18

74 qui²] *ex* quibus *corr. W*   **77** dilectionis] dileccionis *W*   **79** dilectione] dileccione *W*   **80** obseruator *corr. ed.*] obseruat ori *W*   **83** obseruauerit *ed.*] obseruaueris *W*   **86** parauit] *ex* parabit *corr. W*   **91** *ante* adtulerat *del.* attulerit aliquando *W*   **93** pena] *lege* poena *W*   potieris *coni. nos*] poteris *W ed.*   **94** ceperis] *lege* coeperis

5. Mais voyons qui sont ceux qui se tournent vers Dieu et à qui est promise une si grande récompense. Sans aucun doute, ceux qui se tournent vers lui sont ceux qui l'aiment, ceux qui l'aiment sont ceux qui lui rendent un culte, ceux qui lui rendent un culte sont ceux qui respectent et observent les prescriptions du Seigneur, si bien que le plus haut degré du choix, c'est l'obéissance à la loi, selon la parole du Seigneur : « Si vous vous tournez vers moi, observez mes commandements. » C'est ainsi que ces récompenses dont on n'a pas entendu parler et dont on ne sait rien sont destinées à juste titre à ceux qui, pleins de leur amour pour le Christ, ont révéré Dieu dans ses lois, c'est ainsi que celui qui se tourne vers Dieu observe ses lois, alors que celui qui s'en détourne méprise les commandements, comme le dit bien l'Écriture : « Maudit soit l'homme qui s'est détourné des œuvres de Dieu. » Mais béni soit celui qui a avec amour observé ses lois, à qui le Seigneur lui-même dira : « Venez, les bénis de mon Père, prenez possession du royaume préparé pour vous depuis le commencement du monde », en ajoutant au contraire : « Éloignez-vous de moi, maudits, allez au feu éternel que mon Père a préparé pour le Diable et ses anges. »

6. Pourquoi reçois-tu le nom de « maudit », toi qui méprises Dieu ? Pourquoi tiens-tu pour rien ses récompenses, pourquoi ne crains-tu pas les supplices ? Pourquoi, en méprisant celui qui t'aime, en te détournant de celui qui se tourne vers toi, pourquoi te fais-tu l'ennemi de toi-même ? Suis les commandements du Dieu vivant, toi qui le méprises, suis l'exemple de ton frère, qui s'est tourné vers Dieu ; que l'amour de Dieu te fasse venir vers le salut, même si par le passé le mépris de Dieu t'a causé grand dommage. Change tes intentions, qui te détournent de Dieu, et adopte un sens du devoir qui te tourne vers lui. Tu as devant toi récompense et supplice, on te propose punition et cadeau. Ta récompense, tu ne l'auras que lorsque tu auras commencé à te joindre à ceux qui se tournent vers Dieu. Car si parmi les hommes cette réciprocité est respectée, si les liens d'amitié sont partout respectés par une façon commune de vivre, qui incite à se tourner vers qui vous aime, à se détourner de qui vous méprise et à montrer de la considération pour qui vous en témoigne, que faut-il dire du Seigneur Dieu, qui

45rb

dicendum est qui potencia uiget, maiestate terret, seueritate cuncta permiscet? Cui pro condicione parendum est et pro beneficiis innumeris seruiendum, nisi forte homines debent contempnere quem | angelos constat diebus noctibusque suspicere, aut cui creatura cuncta deseruit, huic homines seruire non debent? Oneraris, homo, oneraris, et undique periculo contemptus adstringeris; contempnis Deum cuius creature simus, obsequium despicis Domini cuius beneficia tibi exhibent famulatum, nec uereris animaduersoris et seueri iudicis in te eius uocem posse proferri dicentis: "Ego te manibus meis feci, ego flatum et spiritus animam. Ego possessionem mundi tue potestati subieci, ego tibi quodammodo nec creatura deseruio, in beneficiis pareo, ego te institutis cunctis obseruo; si nichil tibi ex meis operibus defuit, si nulla creatura tibi obsequium denegauit, cur te michi ipsum negasti?"

Quid ad hoc, homo, respondes, quid excusacionis obtendes? Nisi qui condicioni parueris, qui beneficia tributa contempseris, destinato supplicio subiungeris. Quare dum licet, dum tempus est, muta dilectione contemptum, contumaciam seruitute, humilitate superbiam, famulatu arrogantiam dampna ut non te contempnencium numerus in pena detineat sed beatorum cetus in gloriam celestem excipiat.

45va

100 quem *W*] quae *ed*. **103** deum *ed*.] deus *W* **104** simus *W*] sumus *ed*. **105** in te *ed*.] uite *W* **107** animam *W*] animaui *ed*. **108** *post* nec *add.* ut *ed*. **111** obtendes? Nisi] obtendis nisi *interp. ed*. obtendes *W*] obtendis *ed*. **112** parueris, qui] parueris? Qui *interp. ed*. **113** dilectione] dileccione *W* **116** pena] *lege* poena cetus] *lege* coetus

possède la force et la puissance, terrifie par sa majesté, déstabilise tout par sa sévérité ? À lui, il faut obéir en vertu de notre condition et le servir pour ses innombrables bienfaits, à moins que par hasard les hommes ne doivent mépriser celui que, manifestement, les anges admirent jour et nuit, ou à moins qu'à celui à qui toute la création est soumise, l'homme ne doive pas se soumettre ? Un poids pèse sur toi, homme, oui, un poids pèse sur toi, et tu es cerné par le danger auquel t'expose ton mépris. Tu méprises Dieu alors que nous sommes ses créatures, tu refuses la soumission au Seigneur, dont les bienfaits t'engagent à le servir, et tu ne crains pas que la voix du Juge sévère puisse après examen prononcer contre toi ces paroles : « C'est moi qui t'ai créé de mes mains, moi qui ai créé ta respiration et ton souffle vital[68]. C'est moi qui t'ai donné la possession du monde et ton pouvoir sur lui, moi qui ne suis pas une créature et qui pourtant me mets, d'une certaine façon, à ton service, moi qui par mes bienfaits me plie à ta volonté, moi qui te protège par tout ce que j'ai institué ; si jamais rien ne t'a manqué dans ce que j'ai fait pour toi, si aucune créature n'a refusé de se soumettre à toi, pourquoi t'es-tu refusé à moi ? »

Que réponds-tu à cela, homme ? Derrière quelle excuse vas-tu t'abriter ? Si tu n'as pas obéi à ta condition, si tu as méprisé les bienfaits qui t'étaient donnés, tu seras soumis au supplice qui t'attend. Alors, pendant que c'est permis, pendant qu'il est encore temps, change ton mépris en attachement, ta rébellion en soumission, ton orgueil en humilité, condamne ton arrogance en servant, pour que la troupe de ceux qui n'ont que mépris ne te tienne pas enfermé dans le châtiment, mais que le cortège des bienheureux te reçoive dans la gloire céleste.

---

[68] Cfr Tertullien, *An.* 53 : *spiritus animalis*, « le souffle vital ».

49
De principiis christiani nominis

1. Christiane generositas prima sortis suae fidei habet inicia dum de mundo uocatur a Deo, dum in ecclesia signatur a Christo, dum in celestem gloriam destinatur a Domino. Inde efficitur ut christianus de Habrahe prole descendat quia ut Abrahe semen est Christus, ita de Christi semine nascitur christianus. Christus, qui Abrahe semen est secundum carnem, secundum principalem uero originem eundem Abraham ipse ut Dei filius genuit hominem. Due sunt enim Domini natiuitates: principalis qua ex Deo nascitur Deus, altera quando ex homine nascitur; hominis fabricator esse noscatur. Vtique | quia fabricator est hominis, ipse instituit Abraham qui secundum carnem nascitur ex Abraham, ut ipse originem dederit patri, ipse principium tribuerit genitori ut sit Christus anterior Abraham patre, sit Dominus genitore homine prior, ut generaretur a Christo Abraham genitor, qui Christi postea fuerit procreator. Vere, inquam, christianus Abrahe germen est patris, qui salutari in ordine respondet similitudini genitoris, qui uocatus uenit, qui signatus permansit, qui credens non destitit, qui fidelis et esse et uocari commeruit. Hoc Abrahe accidit patri, hoc christiane contigit soboli.

2. Vna est enim utriusque uocacio parentis et filii, Habrahe et pignoris, geniti et generantis, cuius actus et mores liniamentis patris semet ostenderint similem. Inde nostre stirpis auctoritas, inde christiani et generositatis ordo monstratur. Hic est, inquam, christianus qui in

---

12/14 Christus – procreator] cfr Ioh. 8, 58   **22/24** in – semen] cfr Gen. 15, 1-7

1 christiane *W*] christiana *ed.*   **5** qui *ed.*] cui *W*   **8** principalis] *ex* principales *corr. W*   **9** nascitur – esse] nascitur hominis fabricator. ⟨...⟩ esse *interp. ed. qui in* esse noscatur *textum corruptum uid.*   **10** hominis, ipse] hominis. Ipse *interp. W*   **12** anterior abraham] *ex* Abraham anterior *corr. W*   **15** salutari *ed.*] salutaris *W*   **20/21** semet ostenderint *nos*] semet ostenderis *W ed. qui hic textum corruptum uidet*

49
Des origines du statut chrétien

1. Le premier berceau du destin du chrétien tire l'origine de sa foi du moment où, depuis le monde, il reçoit l'appel de Dieu, où il est marqué, dans l'Église, par le signe du Christ, où il est appelé par le Seigneur à une gloire céleste. De là vient que le chrétien descend de la race d'Abraham, parce que, comme le Christ est la semence d'Abraham, c'est de la semence du Christ que naît le chrétien. Le Christ, qui est de la semence d'Abraham selon la chair, a lui-même selon l'origine principale, en tant que fils de Dieu, engendré le même Abraham, un homme. Il y a en effet deux naissances du Seigneur : la principale, en vertu de laquelle il naît Dieu de Dieu, l'autre quand il naît d'un homme[69] ; il faut reconnaître qu'il est le créateur de l'homme. C'est assurément en tant que créateur de l'homme qu'il a lui-même engendré Abraham, alors que, selon la chair, il naît d'Abraham : ainsi, lui-même a donné vie à son père, lui-même a été à l'origine de son géniteur, ainsi, le Christ est antérieur à son père Abraham et le Seigneur précède son géniteur humain, de telle sorte que le géniteur Abraham fut engendré par le Christ, pour être ensuite le procréateur de celui-ci. Oui en vérité, je vous le dis, le chrétien est le surgeon de son père Abraham, lui qui, dans l'ordre du Salut, présente une parfaite ressemblance avec son géniteur, lui qui, une fois appelé, est venu, lui qui, une fois marqué du sceau, est resté ferme, lui qui dans sa foi n'a pas changé, lui qui a pleinement mérité et d'être un fidèle et d'en porter le nom. Tel fut le destin du patriarche Abraham et tel le sort de sa descendance chrétienne.

2. En effet, ils ont une même et unique vocation, le père et le fils, Abraham et sa descendance, l'engendré et l'engendrant, dont les actes et la volonté le montrent parfaitement semblable aux traits de son père. Par là est démontrée la prééminence de notre lignée, par là la primauté de notre berceau chrétien. Il est chrétien, dis-je, celui qui, à l'image des

---

[69] Il n'y a ici aucune lacune et il n'y a pas lieu de corriger comme le fait Leroy. Il s'agit seulement d'une mauvaise coupure du texte. Il faut mettre une ponctuation forte après *quando ex homine nascitur* et rattacher *hominis fabricator* à *esse noscatur*.

similitudinem celestium siderum et in stellarum fulgencium numero a Domino Deo Abrahe destinatur in semen; non terrenus ut Iudeus, non mundanus ut et inimicus, sed celesti iam destinatus est christianus. Denique inicio Dominus ad Habraham locutus est dicens: *Exi de terra tua et de cognacione tua et de domo patris tui et uade in terram quam tibi praecepero.* Prima Abrahe fides est quia Dei iussis obtemperat, qua mandata celestia seruat, qua imperia diuina confirmat dum solum patrum linquid, parentes deserit, terram contempnit nec sibi carius quitquam Dei iubentis ducit imperio. Hoc et christiano credenti seruatur, hoc et a fideli Abrahe filio geritur, dum terram propriam id est saeculum deserit, dum cognacionem suam hoc est gentilitatis onorem relinquid, dum curiosa ingenia et supersticiosa sollempnia amore Dei contempnit, dum Dominum Deum sui genitoris genitorem et parentis parentem et sue stirpis originem nouit, cui seruire dignum, famulari debitum, totos archane mentis cultus dicandos esse | cognoscit.

3. In hanc igitur terram cum ducente Deo Abraham pater uenisset, tabernaculum figit, domicilium inuenit, habitacionem instituit, diuino frui colloquio adsidue frequenterque commeruit. Similiter, christianus in hanc terram, id est ecclesiam, ueniens tabernaculum fingit, domicilium inuenit, habitacionem instituit. Tabernaculum ecclesiam dicimus, habitaculum Christum Dominum nuncupamus, dicente Dauid: *aut quis peregrinabitur in tabernaculo tuo,* aut quis *habitabit in monte sancto tuo?* Interea fruitur Abraham colloquio Dei, fruitur et christianus legibus Christi. Diuino sermone Abraham sanctissimus uegetatur, celesti lege christianus instruitur; ille audit, hic legit; ille primas uoces

---

26/28 Gen. 12, 1 **44/45** Ps. 15, 1

23 numero *W*] numerum *ed.* **25** celesti *W*] celestis *corr. ed.* **38** ducente *ed.*] ducante *W* **41** fingit *W*] figit *ed.*

astres célestes et des innombrables étoiles éblouissantes, est destiné par le Seigneur Dieu à perpétuer la semence d'Abraham ; le chrétien n'est pas attaché à une terre comme le Juif, ni au monde comme l'est aussi l'Ennemi, il est d'ores et déjà destiné au séjour céleste. De plus, au début, le Seigneur parla à Abraham et il lui dit : « Quitte ta terre, ta famille et la maison de ton père, et va dans la terre que je t'indiquerai[70]. » La foi d'Abraham est la toute première parce qu'il acquiesce aux ordres de Dieu, c'est par cette foi qu'il observe les prescriptions divines, c'est par elle qu'il accomplit à la lettre les ordres divins en abandonnant le sol de ses pères, en délaissant ses parents, en dédaignant son pays natal et en n'ayant rien de plus cher que la souveraineté de la volonté divine. Voilà la règle du chrétien qui croit, voilà la conduite du fidèle, fils d'Abraham : il abandonne sa terre natale, c'est-à-dire le siècle, il quitte sa parentèle, c'est-à-dire le prestige païen, il dédaigne, pour l'amour de Dieu, les prétentions de l'intelligence et les cérémonies païennes, il reconnaît le Seigneur Dieu comme le géniteur de son géniteur, le père de son père et l'origine de sa lignée, un Dieu, comme il le sait, qu'il est digne de servir, dont il est nécessaire d'être l'esclave, et à qui doivent être consacrés sans exception les mouvements les plus secrets de l'âme.

46ra

3. Donc, quand notre père Abraham fut venu dans cette terre sous la conduite de Dieu, il planta sa tente, il trouva un domicile, il construisit une habitation et mérita de bénéficier assidûment et fréquemment de la conversation avec Dieu. De même, le chrétien, venant dans cette terre, c'est-à-dire l'Église, plante sa tente, trouve un domicile, construit une habitation. Cette tente, nous disons que c'est l'Église, et la maison, nous considérons que c'est le Seigneur Christ. David dit : « Qui voyagera dans ta tente ? », ou encore « Qui habitera sur ta sainte montagne ? » Pendant ce temps, Abraham bénéficie de la conversation avec Dieu et le chrétien bénéficie des lois du Christ. Le très saint Abraham prospère grâce au dialogue avec Dieu, le chrétien est formé par la loi céleste ; celui-là écoute, celui-ci lit ; celui-là capte à la source même les paroles premières, celui-ci reçoit d'un cœur assoiffé les lois déjà établies.

---

[70] La version de la vulgate est légèrement différente (*Dixit autem Dominus ad Abram : Egredere de terra tua, et de cognatione tua, et de domo patris tui, et veni in terram quam monstrabo tibi*). *Vade* est un vulgarisme courant dans la *Vetus Latina Afra*.

de ipso excipit fonte, hic iam digestas leges auido excipit corde. Abrahe uox Dei robur est mentis, christiano euangelii auctoritas doctrina est salutaris. Nec est diuersitas in utroque quia ordo patris recensetur in filiis: denique signatur Abraham circumcisione, christianus signatur in fronte; accipit Abraham signum in loco generis, accipit christianus signum Christi Domini saluatoris; illic signaculum uerecundia contegit, hic in fronte honestas signum ostendit; illud tegitur, hic demonstratur; illud operit pudor, hoc demonstrat salutis splendor. Postremo circumcisio signum tribuit, non salutem; christianus uero salubriter signatur per fidem.

4. Est et alia in Abraham patre praeclara fides, qua affectum senectute iam corpus et ueternose carnis marcenti torpore iam rigens, unum in senecta filium et heredem magno opere exortum pietas diuina concessit. *Domine*, inquid, ⟨*quid*⟩ *michi dabis? Ego enim morior sine filiis et uernaculus meus hic Damascus Eliezaer quoniam mihi semen non dedisti, heres erit.* Et dixit Dominus ad eum: *Non hic erit heres tuus sed qui ex te exierit, ipse erit heres tuus.* Aspice stellas celi *et uide si poteris numerare eas*; et uade ad labium maris et attende arenam eius: *sic erit et*

58/60 Est – concessit] cfr Gen. 18-21   **61/64** Gen. 15, 2-6   **64/66** Aspice – iusticiam] Dan. 3, 36 (cfr Gen. 15)

48 leges] *ex* legisges *corr. W*   **54** tegitur *ed.*] tergitur *W*   **60** exortum *nos*] exortatum *W*, exhortatum *ed.*   **61** quid *rest. ed.*] *om. W*

Pour Abraham, la voix de Dieu est la force de son esprit, et, pour le chrétien, l'autorité de l'Évangile est la doctrine du salut. Et il n'y a pas de différence entre les deux parce que le statut du père est reconduit dans les fils[71] : enfin, Abraham est marqué par la circoncision, le chrétien est marqué au front ; Abraham reçoit un signe de reconnaissance sur l'organe de la procréation, le chrétien reçoit le signe du Seigneur Christ sauveur ; ici, la pudeur voile ce signe distinctif, là l'honnêteté exhibe le signe sur le front ; ici il est caché, là il est montré ; ici la bienséance le recouvre, là il est révélé par la splendeur du salut. La circoncision offre un signe, mais pas le salut ; le chrétien, lui, est marqué salutairement par la foi.

4. Le patriarche Abraham possède aussi une autre sorte de foi magnifique : alors que son corps était déjà affecté par la vieillesse et raidi par la morne torpeur de sa chair flétrie, la bonté de Dieu lui accorda un fils unique dans son grand âge, un héritier né d'un grand miracle[72] : « Seigneur, dit-il, ⟨que⟩ me donneras-tu ? Car je vais mourir sans fils et voici que mon esclave Damascus Éliezer sera mon héritier, puisque tu ne m'as pas donné de descendants. » Et le Seigneur lui dit : « Ce n'est pas lui qui sera ton héritier, mais le fils qui sortira de toi, c'est lui qui sera ton héritier. Regarde les étoiles du ciel et vois si tu peux les compter ; va sur le bord de la mer et prête attention au sable : ainsi sera ta descendance. » Abraham crut en Dieu et on lui envoya des

---

[71] Cfr Tertullien, *An.* 40, 1 : *Ita omnis anima eo usque in Adam censetur, donec in Christo recenseatur, tamdiu immunda*, « Toute âme recensée en Adam jusqu'à ce qu'elle soit à nouveau recensée dans le Christ est immonde. »

[72] Allusion probable aux nombreuses péripéties qui précèdent la naissance d'Isaac (Gen. 18-21 : apparition des trois hommes au puits de Mambré, rire de Sara, destruction de Sodome, enlèvement de Sara, « visitation » de Sara par Yahvé et enfin naissance d'Isaac au bout d'un an).

semen tuum; et credidit Abraham Deo et deputatum est illi ad iusticiam. Duplex in Ysaac filio et innumerum semen Abraham sancto | 46rb promittitur, cui unum habere per centum annorum semen negabatur. Vnus filius queritur et tanta immensitas destinatur. Duplex, inquam, Abrahe semen promittitur, celeste et terrenum, temporale et eternum, spirituale et corporeum, christianum et hebreum, aliud deficiens, aliud permanens, aliud inicians, aliud consummans, aliud quandoque cessurum, aliud in eterna saecula regnaturum, aliud cui terra promittitur, aliud cui celestia destinantur, ut semen terrenum terrena possideat et celeste semen gloriam celestem obtineat.

5. Denique et duo testamenta utpote duobus populis destinantur, dicente propheta: *Ecce dies ueniunt, dicit Dominus, et disponam domui Iuda et domui Israhel testamentum nouum. Non tale quale dedi* patribus eorum in monte Choreb, *in die* cum *educerem eos de terra Egypti.* Quoniam *ipsi non perseuerauerunt in praeceptis meis et ego contempsi eos, dicit Dominus. Quoniam hoc testamentum, quod disponam domui Iuda* et domui Israhel, *in diebus illis dicit Dominus, dans leges meas in corde eorum et in sensibus illorum scribam eas. Et ero illorum Deus et*

77/84 Hebr. 8, 8-10

68 unum *ed.*] unus *W*   habere *ed.*] haberes *W*   annorum *W*] annos *ed.* semen *ed.*] senem *W* **69** inquam] *ex* inquid *corr. W* **79** eos] *om. ed.*

émissaires en vue de la justice[73]. Dans la personne de son fils Isaac, une double descendance innombrable est promise à Abraham le saint, à qui pendant cent ans il avait été refusé d'avoir un seul descendant. Il ne demande qu'un seul fils, et c'est une descendance sans limite qu'on lui offre. Une double descendance, dis-je, est promise à Abraham, l'une céleste, l'autre terrestre, l'une temporaire, l'autre éternelle, l'une spirituelle, l'autre corporelle, l'une chrétienne, l'autre hébraïque ; l'une périssable, l'autre permanente, l'une commençante, l'autre finissante, l'une destinée à disparaître, l'autre destinée à régner pour les siècles des siècles ; à l'une est promise la terre, à l'autre est destinée la vie céleste pour que la descendance terrestre occupe les espaces terrestres et que la descendance céleste obtienne la gloire céleste.

5. Enfin, il y a aussi deux Testaments, qui sont destinés de toute évidence aux deux peuples, selon les mots du prophète[74] : « Voici que les jours viennent, dit le Seigneur, où je vais présenter à la maison de Juda et à la maison d'Israël un nouveau Testament ; il ne sera pas identique à celui que j'ai donné à leurs pères sur le mont Horeb, le jour où je les faisais sortir d'Égypte, puisqu'eux-mêmes n'ont pas persévéré dans mes préceptes, et moi, je les ai méprisés, dit le Seigneur. Donc, en donnant ce testament que je vais présenter à la maison de Juda et à la maison d'Israël, dit dans ces jours-là le Seigneur, j'écrirai mes lois dans leurs cœurs et dans leurs esprits. Je serai leur Dieu et ils seront mon

46rb

---

[73] Dans ces citations de Gen. 15, 2-6, il s'agit encore d'une version *Afra*. Le texte de la Vulgate dit : 2 *Dixitque Abram : Domine Deus, quid dabis mihi ? ego vadam absque liberis, et filius procuratoris domus meae iste Damascus Eliezer.* 3 *Addiditque Abram : Mihi autem non dedisti semen, et ecce vernaculus meus, haeres meus erit.* 4 *Statimque sermo Domini factus est ad eum, dicens : Non erit hic haeres tuus, sed qui egredietur de utero tuo, ipsum habebis haeredem.* 5 *Eduxitque eum foras, et ait illi : Suscipe caelum, et numera stellas, si potes. Et dixit ei : Sic erit semen tuum.* 6 *Credidit Abram Deo, et reputatum est illi ad iustitiam.* La principale différence réside dans *deputatum* (« des députés furent envoyés ») au lieu de *reputatum* (« cela lui fut compté comme justice »). Cette mauvaise lecture se trouve dans une citation de la Bible chez saint Cyprien (*Epist.* 63), Augustin (*Ciu.* 1, 16) et Hilaire de Poitiers (*Trin.* 1, 9). Il en va de même pour l'image du sable, qui résulte d'une contamination avec Gen. 13, 16 (*Faciamque semen tuum sicut pulverem terrae : si quis potest hominum numerare pulverem terrae, semen quoque tuum numerare poterit*). Voir le commentaire qu'on trouve chez Augustin, *Ciu.* 1, 16, 23.

[74] La citation de Ier. 31, 31-34 est reprise par Paul en Hebr. 7-10.

ipsi erunt michi populus. Denique et duo, inquam, testamenta utpote duobus populis destinantur, uetus et nouum, temporale et eternum, lex et ewangelium, ut temporale sit temporalis populi, id est Iudei, et eternum sit et eterni populi, christiani. A Deo temporale testamentum cum temporali statuitur, in Deo et eternum testamentum in eternum cum populo permanet christiano. Nam et ipse Abraham pater unum ex ancilla habuit filium Ismael et unum ex libera habuit filium Ysaac, ut ex ancilla seruus Iudeorum figure responderet et ex libera liber christianum populum designaret, ut heres patris filius liber existeret, exheres uero Ismael seruus remanserit, dicente scriptura: *Expelle ancillam et filium eius; non enim heres est filius ancille cum filio meo Ysaac.* Vnde Hebreorum populus peccator, ut seruus, eciam ipsa promissionis terra expulsus sit, christianus uero religiosus, ut liber, regna sit celestia habiturus. Et cetera.

93/94 Gen. 21, 10

84 ipsi *ed.*] ipse *W*   **92** exheres *W*] heres *ed.*

peuple. » Enfin, comme je le disais, deux testaments sont évidemment destinés aussi aux deux peuples, l'ancien et le nouveau, le temporel et l'éternel, la Loi et l'Évangile, de telle sorte que le testament du peuple temporel, c'est-à-dire les Juifs, soit temporel et que celui du peuple éternel, les chrétiens, soit, lui, éternel. Un testament temporel est institué par Dieu pour le peuple temporel, et un testament éternel demeure en Dieu, pour l'éternité, avec le peuple chrétien. Car notre père Abraham lui-même a eu d'une servante un fils, Ismaël, et un autre fils, Isaac, d'une femme libre, de sorte que l'esclave né de la servante incarne la figure des Juifs et que l'homme libre, né de la femme libre, désigne le peuple chrétien. Ainsi, le fils libre est l'héritier de son père mais le déshérité, Ismaël, est resté esclave, selon les paroles de l'Écriture : « Chasse la servante et son fils ; en effet, le fils d'une servante ne partage pas l'héritage avec mon fils Isaac. » De là vient que le peuple hébreu, peuple pécheur en tant qu'esclave, a été chassé de la Terre promise elle-même[75], tandis que le peuple chrétien, religieux parce que libre, aura accès au Royaume des cieux. Et cetera.

---

[75] Interprétation délirante de Gen. 21, 10, qui trouve appui sur la défaite de la révolte de 70 et la diaspora des Juifs. La *Genèse* dit que Dieu destina Abraham à être le patriarche du peuple élu et secourut Agar dans le désert. Ismaël épousa une Égyptienne et fonda lui aussi une nation ! Cet antisémitisme à l'égard des Juifs (et indirectement des Arabes) n'est pas rare dans les textes chrétiens. Il est ici exprimé sans détour.

50
De apostolo.
Propter quod ⟨rogo⟩ ne deficiatis

1. | Apostolus Paulus loquitur dicens: *Propter quod rogo ne deficiatis in tribulacionibus meis, que est gloria uestra.* Ipse patitur et alios consolatur. Magnus pacientis est animus ubi gaudentes tristis, tranquillos mestus, adflictus letos adloquitur; ubi pugnat qui non pugnantes hortatur, qui dimicans securos adloquitur et spectatores suos ne deficiant consolatur.

Mutatur in contrarium causa, ut qui curari debuit curet et cui medella sit necessaria medeatur. Dat adloquia qui deberet accipere, tribuit hortamenta qui debuit indigere; ne trepident poscit, ne deficiant perit. Timet aliis esse causa peccandi et glorias suas in multorum exitum procurari. Ceterum totam sui medellam et curam quam ex aliis forsitan deberet accipere, in eorum gloriam collocauit.

Docet qualiter toleranda sint propria, dum in suis pericula respicit aliena. Ostendit nec illos sine temptacione esse posse qui spectant, nec se aliter posse uictis passionibus triumphare, nisi eos uiderit temptacionibus suis fidenter ac deuote gaudere. Vnus enim patitur sed multi temptantur, unus prouocatur ad bellum sed examinantur iudicia singulorum. Vnus cum hoste confligit sed conflictus ceteris de suis conflictibus tribuit. Vnde non pugnantis pugna agnoscitur dum pugnans non pugnantes taliter exortatur. Discunt et illi propria uincere cum aliena ceperunt tolerare. Est enim molestum ac miserum non pacientem deficere cum pacientem uideas uictis passionibus triumphare. Armantur ortamentis in pugnam, exemplis inter camina prouocantur, discunt ut doceant, docentur ut moneant, ut ex uno multi, ex multis

---

tit., 2 Eph. 3, 13
1/2 Eph. 3, 13

tit., 2 rogo] *rest. ed. ex tabula titulorum*
1 rogo] *ex rogatis corr.* W **2** consolatur *ed.*] consolator W **3** magnus *nos*] magnis W, magni *ed.* animus W] animi *ed.* **4** adflictus *ed.*] ad fluctus W *post* ubi *del. duas uel tres litteras* W pugnat *ed.*] pugna W **5** dimicans *ed.*] dimicas W **19** pugna *ed.*] pugnas W agnoscitur *ed.*] ignoscitur W **21** ceperunt] *lege* coeperunt **23** armantur *ed.*] armatur W *ante* prouocantur *del.* opera W **24** docentur *ed.*] docenter W

50
Au sujet de l'Apôtre. « C'est pourquoi je vous ⟨demande⟩ de ne pas vous laisser abattre. »

1. Dans l'Écriture, on trouve les paroles de l'apôtre Paul : « C'est pourquoi je vous demande de ne pas vous laisser abattre par mes épreuves, qui sont votre gloire. » C'est lui qui souffre et il réconforte les autres. Grande est l'âme de celui qui souffre lorsque, triste, il exhorte ceux qui sont dans la joie, abattu, ceux qui sont tranquilles, affligé, ceux qui sont heureux ; alors qu'il combat, il encourage ceux qui ne combattent pas, lui qui, en luttant, exhorte ceux qui sont en sécurité, et réconforte ceux qui le regardent pour qu'ils ne se laissent pas abattre.

Il y a inversion de la situation logique puisque celui qui nécessite des soins donne des soins, et celui qui a besoin d'un remède administre un remède. Il prodigue des exhortations, lui qui devrait en recevoir, il distribue des encouragements, lui qui devrait en avoir besoin. Il demande à ses lecteurs de ne pas trembler, il succombe pour qu'ils ne se laissent pas abattre ; il craint d'être pour les autres une occasion de péché et d'entraîner par ses titres de gloire la perte d'un grand nombre. D'ailleurs, tout le remède et le soin qu'il devrait peut-être accepter des autres, il l'a placé dans leur gloire.

Il enseigne comment il faut affronter ses propres épreuves, lorsque, dans les siennes, il voit les dangers que courent les autres ; il montre que ne peuvent demeurer sans tentation ceux qui regardent et qu'il ne peut lui-même triompher d'avoir vaincu ses passions autrement qu'en voyant ceux qui le regardent se réjouir fidèlement et dévotement des tentations qu'il a eues. En effet, un seul souffre mais beaucoup sont tentés, un seul est appelé à se battre mais le cas de chacun est examiné, un seul affronte l'Adversaire mais de ses propres conflits dépendent les conflits de tous les autres. C'est pourquoi le combat de celui qui ne combat pas est reconnu lorsque, en combattant, l'Apôtre exhorte ainsi ceux qui ne combattent pas. Ils apprennent à vaincre leurs propres épreuves lorsqu'ils commencent par affronter celles des autres. En effet, il est difficile et honteux pour celui qui ne souffre pas de se laisser abattre alors qu'il voit celui qui souffre triompher d'avoir vaincu ses passions. Les exhortations arment pour le combat, les exemples poussent au cœur des fournaises, on apprend pour instruire, on est instruit pour avertir, de sorte que l'enseignement d'un seul profite à un

infiniti proficiant ut dum exemplis exempla et documentis documenta non desunt, sic Dei populo cum magisterio tolerande temtacionis auctor diabolus deuinciatur et triumphator Christus per omnia glorietur.

2. Interea gloriosus apostolus Sau|lus suscipit geminum in temptacionibus bellum, dupliciter cum hoste confligit, certamen proprium dispertit in duo. Nunc dimicat cum passionibus propriis, nunc defectus metuit fratris; pugnat cum temptacionibus uirtute, cum fratribus prece. Et tamen fit leuius quod patitur quia grauius est quod timetur. Fit et in illis tranquillitas ipsa temptacio, ut utraque iam partes suas pugnantes obtineant. Ille ob temptaciones illatas deuincat, isti autem temptacionibus eius non deficiant. Pendet utraque pars in utraque, dat pugnans non pugnantibus legem qua certent immorantes; bellum ostendit ut, cum esset, quod liberet deuinceret. Ne timor uulneret, ne pauor infestet aut pacientis affectus debilitet et fiant sine pugna uicti, sine bello prostrati. Dent pugnam de suo defectu mesticiae quia non potuerunt de eius fortitudine amplificare uictoriam.

Omnis enim temptacio molesta est si non intelligitur, facilis si noscatur. Neque enim poterit uincere qui se nescit cum hoste pugnare. Inopinata bella ⟨prius⟩ opprimunt quam uindicentur. Improuisa tempestas prius mergit quam noscitur; circa sollicitos furis cessant effectus, uigilantem hostis subitare non poterit; perdit enim fortitudinis nomen qui dormiendo putauerit se posse pugnare.

---

26 populo *ed*.] populus *W*   **27** deuinciatur] *ex* deuinciator *W*   **31** *ante* metuit *add*. metus *W*   **33** utraque *ed*.] utramque *W*   **34** pugnantes *ed*.] pugnant *W*   **35** pars – dat] pars, in utraque dat *interp. ed*.   **36** *ante* certent *del*. certant *W*   immorantes *nos*] immolantes *W ed*.   **37** deuinceret *nos*] deuincere *W ed., qui in* quod liberet deuincere *locum desperatum uid*.   **38** uicti *ed*.] uicto *W*   **39** pugnam de *W*] pugnantes *ed*.   mesticiae *nos*] maestitiam *W ed*.   **43** inopinata bella *ed*.] inopia tabella *W*   improuisa] improuissa *W*

grand nombre et l'enseignement d'un grand nombre profite à un nombre infini ; ainsi, comme les exemples ne manquent pas aux exemples et les modèles aux modèles, l'auteur diabolique est vaincu par le peuple de Dieu grâce à l'enseignement qui lui a appris à supporter la tentation, et le Christ triomphateur est glorifié en tout.

2. Pendant ce temps, le glorieux apôtre Paul soutient une double guerre contre les tentations, il se bat doublement contre l'ennemi, il sépare en deux son propre combat. D'une part, il se bat contre ses propres passions, d'autre part, il craint les défaites de son frère ; il se bat avec les tentations par son courage, et avec ses frères il se bat par la prière. Et cependant, ce qu'il souffre devient plus léger, parce que ce qu'il craint est plus lourd. Et la tentation même devient pour eux source de tranquillité, de sorte que chacun obtient un résultat dans son propre combat, lui est vainqueur en raison des tentations subies, mais eux ne se laissent pas abattre devant ses tentations. Chaque partie dépend de l'autre, celui qui combat donne à ceux qui ne combattent pas une règle pour lutter sans s'engager[76] ; il a montré comment, en temps de guerre, pouvait l'emporter ce qui en délivre. Que la crainte ne les blesse pas, que la terreur ne les envahisse pas ou que la souffrance de celui qui subit ne les affaiblisse pas et qu'ils ne soient pas vaincus sans combat et prostrés sans guerre ; qu'ils donnent comme combat l'affliction due à leur défection faute d'avoir pu augmenter la victoire acquise par son courage.

46vb

En effet, toute tentation est pénible si elle n'est pas comprise, facile si elle est connue. Car ne pourra vaincre celui qui ne sait pas combattre contre l'ennemi. Les guerres imprévues abattent ⟨avant⟩ qu'on puisse s'y soustraire, une tempête soudaine submerge avant qu'on s'en aperçoive, l'action du voleur est mise en échec pour ceux qui s'y attendent, l'ennemi ne peut surprendre celui qui veille. En effet, il perd la réputation de courage celui qui a pensé pouvoir combattre en dormant.

---

[76] Nous corrigeons *immolantes*, qui n'a pas de sens ici, en *immorantes*, de *immorari*.

3. Vnde danda est sollicitis opera ut omnia bellorum genera, raciones et causas intente per momenta perpendant. Nonnumquam enim ab hoste aptatur sub pacis ymaginem bellum et sub tranquillitatis speciem graue certamen infligitur. Mox qui minus sollicitus fuerit sine pugna uincatur. Adeo sollicita ac deuota cautela actus suos ante factum expendat et cum expenderit, aut faciat aut repellat. Et licet frequenter iudicia humana fallantur maxime auctorem nocencie obumbrantem, tamen recenseantur gesta per sanctum ut si bona sunt amplientur, si mala sunt corrigantur et sic actus nostri per tempora disponantur ut die gesta noctibus retractentur et tractata noctium tenebris ⟨die gerantur nec⟩ quisquam est tectus quia lumen est Deus, maxime cum et illud accedat | nullum facinus esse occultum cui testis est qui commisit, nisi potuit aliquis aliquando se absente peccare. Nam etsi solitudo, parietes et siluae ad occultandum facinus deliguntur, nobis ista muta uidentur, ceterum Deo suo more loquuntur. Facile enim homines celat qui conscios tantos ignorat. Hos enim testes adhibet factis, quibus ereus putauerit occultari. Quibus sollicite, ut dixi, ac deuote perpensis, iusti et officia sancta frequentent. Illos penitentia ad ueniam, hos instancia ad gloriam maiores inuitet.

Peccatum enim uenenum est hominis, penitentia antidotum peccatoris, si peccatum, christiane, dampnasti. Dampna igitur peccatum, dampna ne pro peccato ipse dampneris, quod dominari uolueris. Fugiamus peccatum quod hominem semper occidit, execracioni sit nobis quod frequenter iram Domini prouocauit. Qui sanus est caueat, qui lesus est doleat. Ita enim uictores cautela semper seruat ut dolor amisso statui repraesentat. Semper enim pugnat qui castris celestibus

---

48 intente *ed.*] intende *W*   **49** ymaginem *W*] imagine *ed.*   speciem *nos*] specie *ed.* spe~ *W*   **50** mox *ed.*] uos *W*   **56/57** die² – nec *restituimus*] ⟨...⟩ *ed.*   **60** deliguntur *ed.*] delingutur *W*   muta uidentur *ed.*] mutaui dentur *W*   **65** maiores] maiorem *prop. ed., qui tamen* maiores *scrips.*   **72** amisso *ed.*] ammisso *W*

3. C'est pourquoi il faut prêter attention à ceux qui sont troublés par l'inquiétude pour que tous les genres de guerre soient soigneusement pesés selon leur importance par celui qui s'intéresse aux raisons et aux causes. Quelquefois, en effet, l'ennemi présente la guerre sous l'apparence de la paix et impose un lourd combat sous couvert de tranquillité. Bientôt, celui qui a été moins tourmenté serait vaincu sans combat. Que la prudence attentive et zélée pèse donc avec soin ses propres actes avant d'agir, et lorsqu'elle a pesé, qu'elle agisse ou qu'elle s'abstienne. Et bien que les jugements humains se trompent souvent, obscurcis par l'Auteur du mal, cependant que ses actions soient examinées par le bon chrétien pour les répéter si elles sont bonnes, pour les corriger si elles sont mauvaises et que nos actes soient disposés dans le temps de sorte que ce qui est fait le jour soit réexaminé les nuits et que ce qui a été médité dans les ténèbres des nuits ⟨soit exécuté pendant le jour⟩, et personne n'est caché parce que Dieu est lumière surtout lorsque s'ajoute le fait qu'aucun crime n'est caché à qui a pour témoin celui qui commet le crime, sauf s'il était possible de pécher en étant soi-même absent. Et même si l'on choisit la solitude, les murailles et les forêts pour cacher ses crimes, quand pour nous ces choses semblent muettes, pour Dieu, au contraire, elles parlent à leur manière. En effet, il dissimule facilement devant les hommes celui qui ignore qu'il a tant de témoins. En effet, il appelle comme témoins de ses actions des gens aux yeux desquels il se croit caché comme s'il était transparent[77]. Après avoir soigneusement et dévotement pesé leurs actions, comme je l'ai dit, que les justes fassent aussi des œuvres saintes ; que la pénitence engage les uns sur le chemin du pardon, que la prière insistante engage les autres à grandir sur celui de la gloire.

En effet, le péché est poison pour l'homme, la pénitence antidote pour le pêcheur, si, chrétien, tu as condamné le péché. Condamne donc le péché pour éviter d'être condamné toi-même par le péché que tu as voulu dominer. Fuyons le péché qui tue toujours l'homme, que nous soit en exécration ce qui a souvent provoqué la colère du Seigneur ; que celui qui est indemne prenne garde, que celui qui est blessé s'afflige. La prudence sauve toujours les vainqueurs alors que la douleur est le châtiment du combattant qui a relâché sa garde. Car il combat toujours celui qui milite dans les forteresses célestes. En effet,

---

[77] Nous prenons *aereus* pour une variante orthographique de *aerius*.

militat; qui enim hostem semel proeliando deuincit, acriorem senciet quam subegit. Ita enim proeliorum numerus non potest enarrari: *Quod oculus,* inquid, *non uidit* et cetera.

4. Sed peccatum fortasse leuius uideatur quod publice et a multis ammittitur. Nichil leue quod malum; etsi leue, omne enim illicitum graue est. Fit quidem in comparacionem peioris leue quod factum est: contemptum est ex mortale. Adeo quid leuius gustu, quid facilius uisu, gustu quo Adam moritur, uisu quo uxor Loth in salis materiam commutatur? Si tamen leue est quod mortem inueherit aut facile quod cum morte humanam substantiam commutauit.

Vnde maiorum pericula ex minoribus cogitentur et pociorum pernicies leuioribus ponderentur; et gaudeat dilacione peccator quam uidet praecedentibus denegatam. Qui meruit ad penitenciam differri pocius culpam, cum uideat alios pocius culparum meruisse sentenciam peccatores, beatus est si recordetur. Agat paenitentiam quia clemens est Deus, timeat peccare quia | incertus est exitus.

---

75 I Cor. 2, 9

78 in] *om. W*   **79** contemptum – mortale] *hic lacunam suspicatus est ed.*   **82** morte *ed.*] mortem *W*   **83** pernicies *ed.*] perniciem *W*   **85** praecedentibus *ed.*] praecedencium *W*   **86** culparum *ed.*] culpam *W*   peccatores *ed.*] peccatorem *W*

celui qui une fois triomphe de l'ennemi en combattant le trouvera d'autant plus acharné qu'il l'a soumis. C'est ainsi que l'on ne peut raconter le nombre des combats : « Ce que l'œil ne voit pas, dit-il, etc. »

4. Mais l'on peut croire le péché plus léger s'il est commis en public et par un grand nombre ; or, rien de ce qui est mal n'est léger. En effet, même léger, tout ce qui enfreint la Loi pèse lourd. Certes, ce qu'on a fait, en comparaison du pire, paraît léger : c'est tenu pour rien par le mortel. Et pourtant qu'est-ce qui est plus léger que le goût, qu'est-ce qui est plus facile que la vue, le goût par lequel Adam est mort, la vue par laquelle la femme de Loth a été changée en sel ? Ou alors est léger ce qui amène à la mort, ou facile ce qui avec la mort transforme la substance humaine.

C'est pourquoi que les dangers des plus grands soient matière à réflexion pour les plus petits et que la ruine des plus puissants soit pesée par les plus faibles ; et que le pécheur se réjouisse du délai qu'il voit refusé à ceux qui l'ont précédé. Celui qui a obtenu que sa culpabilité soit différée pour la pénitence, alors qu'il voit que les autres pécheurs ont au contraire obtenu une sentence de culpabilité, est heureux s'il en garde mémoire. Qu'il fasse pénitence parce que Dieu est clément, qu'il craigne de pécher parce que la fin n'est pas connue !

47rb

51
De apostolo. Nescitis quia angelos sumus ⟨iudicaturi⟩?

1. Loquitur apostolus Paulus: *Nescitis quia angelos sumus iudicaturi?* Etsi cristiane dignitatis potentiam legalia promissa testantur et praemiorum celestium glorias sancte leges silere non possunt quominus contra bella hostis, contra diaboli pugnas, contra inimici tela Dei seruus armetur, tamen christianus dum angelos iudicaturus dicitur, ardencius in certamen erigitur et forcius in uictoriam prouocatur. Indicatur enim dignitas ut officia prouocetur; promocio dicitur ut sollicite qui promotus est proelietur. Reus iudici demonstratur ut cautela iudicis rei malitia deuincatur. Ammonetur enim ut in se prius nunc ⟨damnet⟩ quod in angelis quandoque dampnabit, in se nunc horreat quod in illis in futuro horrebit. Vicia uincat ut iudicet nec quisquam ipse reorum affectet qui propterea reos meruit iudicare quia reatus causas in se ipse uoluit praedampnare. Sed prius quid sit iudex breuiter uideamus. Est enim iudex uiciorum ultor, uindex culpe, defensor iustitie. Est, inquam, iudex malorum pena, reorum bellum, innocentis praesidium, cuius officio tenentur recta, reuocantur nimia, temperantur excessus, nature iura seruantur, cuius nature officii qui meminit quid

---

tit. Nescitis – iudicaturi] I Cor. 6, 3
1 I Cor. 6, 3

tit. de apostolo] *om. ed.*   iudicaturi *rest. ed.*] *om. W*
1 iudicaturi *ed.*] indicaturi *W*   **5** iudicaturus *ed.*] indicaturus *W*   **8** proelietur *W*] proeliatur *ed.*   iudici *ed.*] iudice *W*   **9** damnet *rest. ed.*] *om. W*   **11** ipse *W*] ipsum *ed.*   **12** iudicare *ed.*] indicare *W*   **15** pena] *lege* poena

51
De l'Apôtre. « Ne savez-vous pas que nous ⟨jugerons⟩ les anges ? »

1. L'apôtre Paul dit : « Ne savez-vous pas que nous jugerons les anges[78] ? » Même si les promesses de la loi divine témoignent du pouvoir de la dignité de chrétien et que les lois saintes ne peuvent taire la gloire des récompenses célestes pour empêcher l'esclave de Dieu d'être armé contre les attaques de l'Ennemi, contre les combats du Diable, contre les traits de l'Adversaire, cependant en disant qu'il jugera les anges, on engage le chrétien à se lancer dans la bataille avec plus d'ardeur, on l'incite à vaincre avec plus de courage. On rappelle sa dignité pour le pousser à l'action, on signale sa promotion pour que celui qui a été promu combatte avec énergie. On défère l'accusé à un juge pour que la vigilance du juge triomphe de la malignité de l'accusé. On le pousse, en effet, à commencer dès maintenant ⟨à condamner⟩ en lui-même ce qu'il condamnera un jour chez les anges, à détester dès maintenant en lui-même ce qu'il détestera en eux dans le futur. Qu'il triomphe de ses défauts pour juger et qu'aucun des accusés en personne ne puisse désarçonner celui qui a mérité de juger les accusés parce qu'il a voulu condamner lui-même d'abord dans sa propre personne les motifs d'accusation. Mais au préalable, voyons brièvement ce qu'est un juge. Le juge est, en effet, le vengeur des vices, le vainqueur de la faute, le défenseur de la justice ; le juge, dis-je, c'est le châtiment des méchants, la guerre déclarée aux accusés, le rempart de l'innocent ; celui dont l'autorité préserve la rectitude repousse les excès, bride les déviances, sauvegarde les droits de la nature, une nature telle que celui qui a en mémoire son autorité puisse reconnaître ce qu'il convient de

---

[78] I Cor. 6, 3 (Vulgate) : *Nescitis quoniam angelos iudicabimus ? quanto magis saecularia ?* Les justes seront associés au grand tribunal de Dieu. Ils ne doivent pas hésiter à faire le ménage chez eux.

iudicanti conueniat possit agnosci. Iudex enim esse non poterit cui nomen culpa detraxit et eum alterius iudicio subiugabit.

2. Sed iam ad propositum reuertamus. Fit igitur christianus iudex qui aliquando fuerat reus, accipit potestatem in hostem ut de uicto penas exigat uictor, sumat innocens de nocenti uindictam, repetat supplicium de inimico redemptus, reum puniat absolutus, sentenciam proferat libertus. Stet et diabolus contra in christiani conspectu, paciatur iudicem quem habuit mancipatum; sumat ab eo sententiam quem fecerat aliquando captiuum. Esto ergo, christiane, cautus, esto sollicitus, uigila per momenta ne dyabolus te suum iudicem constitutum | aliquo pacto secum faciat reum. Esto cautus ut uincas; uince hostem ut punias, eius tela ab animo uigilanter expelle, eius a corde iacula uiolenter exclude. Sit in meditacionibus Deus, in actibus Christus, in corde spiritus sanctus. Pulset inimicus nec adeat, insidietur nec noceat. Sit hac trinitate munitus qui pugnat ut uincat quia non nisi uictores uictos angelos iudicaturos destinat qui promouet Deus.

47va

3. Gaude et tunc letare et caue. Gaude quia iudex es destinatus in reos. Tunc quia te persequitur reus, nunc tantum te letum dignitas

---

18 conueniat *nos*] conueniret *W ut uid. ed.*   agnosci *ed.*] agnoscit *W*   **19** subiugabit *W*] subiugauit *ed.*   **22** penas] *lege* poenas   **23** redemptus] reddemptus *W*   **29** iacula] iacola *W*   **30** sit *ed.*] si *W*   **33** uictos *W*] *om. ed.*   **35** nunc *nos*] nᶜ *W*, nec *ed.*   letum] *lege* laetum

faire quand on juge. Ne pourra, en effet, être juge quelqu'un à qui une faute a enlevé ce titre et que celle-ci asservira au jugement d'un autre[79].

2. Mais revenons à notre propos. Donc, le chrétien devient juge lui qui avait été autrefois accusé, il reçoit pouvoir sur l'Ennemi pour qu'en vainqueur il décide du châtiment du vaincu, pour qu'innocent il tire vengeance de celui qui est nocif, pour que, racheté, il réclame le supplice de l'Adversaire, pour qu'absous, il punisse l'accusé, pour qu'affranchi, il prononce la sentence. Et que le Diable, au contraire, se tienne debout sous le regard du chrétien, qu'il subisse le juge qu'il avait acheté[80], qu'il reçoive la sentence de celui qu'il avait fait un jour prisonnier. Donc, chrétien, sois prudent, sois vigilant, sois à chaque instant sur tes gardes afin que le Diable, alors que tu as été nommé pour être son juge, ne fasse pas de toi un coaccusé par quelque subterfuge. Sois prudent pour vaincre, vaincs l'Ennemi pour le punir, repousse de ton âme avec constance ses traits, écarte violemment de ton cœur ses flèches. Que Dieu soit dans tes pensées, le Christ dans tes actes, l'Esprit Saint dans ton cœur. Que l'Ennemi charge sans progresser, qu'il tende ses pièges sans parvenir à nuire. Que soit protégé par la Trinité celui qui combat pour vaincre parce que Dieu qui donne les promotions ne destine que des vainqueurs à juger les anges vaincus.

3. Toi, réjouis-toi, sois joyeux et prends garde. Réjouis-toi parce que tu es destiné à être juge des accusés. Alors, puisque l'accusé te persécute, que la dignité qui t'est destinée te donne maintenant[81] autant de

47va

---

[79] Les chrétiens se sont saisis de la notion de droit naturel élaborée par les philosophes grecs et qui ne joue en droit romain qu'un rôle marginal (voir Y. THOMAS, « *Imago naturae*. Note sur l'institutionnalité de la nature à Rome », dans *Théologie et droit dans la science politique de l'État moderne. Actes de la table ronde de Rome*, 12-14 novembre 1987, Rome [*EFR*, 147], p. 202-227). Pour les chrétiens, le droit naturel est antérieur aux lois civiles et même à celles de Moïse. Il est universel et éternel et, bien entendu, d'origine divine.

[80] Les juges non chrétiens sont vendus au Diable, c'est bien ce que dit l'auteur ! La *mancipatio* est le mode le plus solennel des cinq modes légaux d'acquisition de la propriété avec la *cessio in iure*, l'*adiudicatio*, la *possessio* et l'*usucapio*. La cérémonie se déroule devant cinq témoins et avec un *libripens*, qui tient la *libra*, la balance romaine en bronze, que l'acheteur va frapper avec un lingot de bronze (*aes*) et qu'il va donner ensuite au vendeur, comme symbole du prix de la vente.

[81] L'abréviation n^c peut se lire *nec* ou *nunc*. Cette dernière lecture nous paraît préférable. La joie doit être proportionnée à l'inquiétude provoquée par l'accusé.

destinata efficiat quantum sollicitum hostilis immanitas reddat. Leticia nostra sollicitudine temperetur; perfecta gaudia futuro tempori reseruentur quia numquam acriter pugnat quem securum facit incerta uictoria. Semper uincit qui se uigilantem ostendit, numquam capitur qui est sollicitus. Ne uincatur, cogitentur praemia et uicia superentur. Destinatus honor tractetur et reatus crimina repellentur. Misere enim uincitur quem constat uigilante hoste dormire. Facile certamen efficitur cum praemii magnitudo tractatur. Omnis enim labor celesti praemio minor est nec pugnanti potest esse difficile ubi Deus in suis qui munerat uincit, qui quod hostis nefandum perdidit sanctis uictoribus destinauit.

4. Sed ex praesentibus futura condisco et de instantibus futura iam cerno. Cum audio dicentem Dominum: "Ite, *in meo nomine demonia expellite*", idipsum per momenta conspicio ut contumaces spiritus flagellent iusti, torqueant sancti ipsis quoque attestantibus et eiulantibus angelis qui meruerunt non iam Deo sed per Deum ab homine iudicari. Nonne iam christianus dum torquet iudicat, dum flagellat condempnat? Vnde quid potestatis in futurum merebitur cerno dum tantam potestatem in praesenti cognosco. Datur demones in praesenti torquere quos uidere non datur; licet flagellare quos non licet cernere, cum licuerit et dampnare. Potestas sermone exprimitur sed | pena uocibus demonstratur. Iudicium praesens geritur et qui patitur non uidetur. Est enim occultum quod geritur et qui patitur non uidetur. Est enim occultum quod geritur sed manifestum est quod auditur. Reus iudicem cernit licet iudex reum uidere non possit. Fit dissona uox utriusque iubentis et diaboli, praecipientis et demonis, torquentis et torti, iudicantis et rei. Indicat passio quod imperium est. Tormenta

---

48/49 cfr Marc. 16, 17

36 quantum sollicitum *ed.*] quantu sollicitu *W*   **37** reseruentur *ed.*] reseruetur *W*   **38** numquam *ed.*] umquam *W*   **40** superentur *ed.*] superantur *W*   **41** misere *ed.*] miserere *W*   **50** eiulantibus *ed.*] elulantibus *W*   **54/55** cognosco – torquere] *om. et rest. in mg. W qui* torquere *iter.*   **56** potestas *ed.*] protestas *W* pena *lege* poena   **57** uidetur *ed.*] uidetur *W*   **59** *ante* occultum *add.* quod *W*

joie que la férocité de l'Ennemi te cause de souci. Notre joie est tempérée par le souci. Les bonheurs parfaits sont réservés aux temps futurs parce que jamais ne combat avec acharnement celui que suffit à rassurer une victoire incertaine. Toujours l'emporte celui qui se montre sur ses gardes, jamais n'est surpris celui qui est vigilant. Pour ne pas être vaincu, il doit penser aux récompenses et triompher des vices. L'honneur qui lui est destiné l'entraîne et les accusations de faute sont écartées. En effet, il est vaincu misérablement celui qu'on trouve à dormir alors que l'Ennemi est sur ses gardes. Le combat devient plus facile, lorsque l'importance de la récompense vous stimule. En effet, toute épreuve est plus légère grâce à la récompense céleste et elle ne peut être difficile à celui qui combat lorsque Dieu qui récompense triomphe dans les siens, lui qui a destiné aux saints vainqueurs ce que le crime de l'Ennemi a fait perdre.

4. Mais du présent j'apprends le futur, et de l'actualité je tire déjà le futur. Lorsque j'entends le Seigneur dire : « Allez, en mon nom chassez les démons », je comprends à chaque instant que les juges flagellent les esprits rebelles, que les saints les torturent, en attestent aussi les anges eux-mêmes qui se plaignent d'avoir mérité d'être jugés non par Dieu mais sur l'ordre de Dieu par un homme. Maintenant n'est-il pas vrai que le chrétien juge lorsqu'il torture, qu'il condamne lorsqu'il flagelle ? Je comprends ainsi quel pouvoir il méritera dans le futur lorsque je lui connais un si grand pouvoir dans le présent. Il lui est donné de torturer dans le présent les démons qu'il ne lui est pas donné de voir ; il lui est permis de flageller ceux qu'il ne lui est pas permis d'apercevoir alors qu'il lui a été permis aussi de les condamner. Son pouvoir s'exerce par la parole, mais la souffrance n'est transmise que par des voix. Le procès est bien réel et pourtant on ne voit pas celui qui est au supplice. En effet, les faits demeurent cachés, seul ce qui est dit est perceptible. L'accusé voit qui est le juge bien que le juge ne puisse voir qui est l'accusé. De chacun vient une voix discordante, de celui qui ordonne et du Diable, de celui qui commande et du Démon, de celui qui torture et de celui qui est torturé, du juge et de l'accusé. La souffrance révèle ce qu'est la puissance. Les tourments montrent ce que le

referunt quod potestas indicit, qui sentit loquitur quod Cristus per hominem iudicauit. Torquetur demon ab homine qui insedit in homine, iniuriam fratris iudicat frater christianus, christianus christianum defendit, sanus ulciscitur, lesum integer curat, egrotum incolumem facit ut medicus uulneratum. Potuit enim qui ledebatur et ipse torquere si praecepta Christi maluisset et ipse seruare.

5. Sed ut potestatem christianam plena interim de potentia noscamus, rem ipsam ut oportet arcius retractemus. Diximus in praesenti duas uoces, id est iubentis et pacientis, audiri. Tercia uero inter utrosque persona, que iubenti paret ut torqueat et reum torquet ut senciat, a uobis non debet praeteriri. Neque enim diabolus christiani iussu ipse flagellat aut torquet, ipse excludit aut fugat. Quem constat potestate censure nonnumquam tormentis ac penis difficulter excludi; sed angeli sancti adsunt, parent Christi imperio qui si quid christiano iubente in perniciem grassantis fuerit, imperatum exequantur et compleant et imperate potestatis effectus ipsorum demonum confessione ostendant; ubi sublimis christiani gloria cernitur. Non in eo cautum quod in profanos angelos potestatem accepit sed quod ad eosdem per angelos iussu uocis dum torquet excludit. Vnde christiana future potestatis indicia ex praesenti monstrantur et dignitatis promisse sublimitas in isto iam tempore declaratur ut dum futura de praesentibus et de temporalibus eterna coniectet, consideret magna ab eo exigi merita cui magna promissa sunt premia. Seruet igitur Christo fidem ut seruate fidei Cristus reddat in futuro mercedem. | Sic enim diabolus superatur, dum de eius illecebris nichil christianus affectatur. Cogita enim quid in angelis iudicaturus christianus: iudicabit in eis uicia que uicit, inlecebras quas contempsit, flagicia quae superauit. Digni sunt enim a uictore euicti, a sancto profani, a bono pessimi iudicari, quia non meruerunt a Deo cum sanctis omnibus munerari. Adeo ista praemia proposuit Christus

48ra

---

63 referunt quod *nos*] refere quod *W*, resera quae *ed.*   **67** qui *ed.*] quis *W*   **68** maluisset *W*] maluit *ed.*   **69** potentia *ed.*] pnta *W ut uid.*   **74** excludit *ed.*] excludi *W*   fugat *ed.*] fugiat *W*   potestate] *ex* potente *corr. s.l. W*   **75** penis] *lege* poenis   **78** confessione *ed.*] confessionem *W*   **79** christiani *ed.*] christianis *W*   *ante* profanos *del.* ppl *W*   **81** *ante* future *add.* a *W*   indicia *ed.*] iudicia *W*   **84** coniectet *ed.*] aconienctat *W*   exigi *ed.*] exigit *W*   *ante* cui *del.* cum *W*   **87** affectatur *ed.*] affectat *W*   **88** inlecebras *ed.*] incelebras *W*   **90** profani] *ex* profane *corr. W*

pouvoir prescrit, celui qui les éprouve dit ce que le Christ a jugé par l'intermédiaire d'un homme. Le Démon est torturé par un homme, lui qui s'est installé dans un homme, le chrétien juge en frère le tort fait à un frère, le chrétien défend le chrétien, bien portant ; sain et sauf, il punit ; valide, il soigne le blessé, il agit envers le malade comme le médecin envers le blessé. En effet, celui qui était blessé aurait pu lui-même aussi torturer, s'il avait préféré lui aussi observer les préceptes du Christ.

5. Mais pour que nous connaissions le pouvoir du chrétien qu'il tient pour l'instant de la toute-puissance, reprenons de façon plus précise notre sujet même, comme il convient. Nous avons dit qu'on entend deux voix dans le présent, à savoir celle de qui ordonne et celle de qui subit. Mais vous ne devez pas omettre entre ces deux une troisième personne, qui obéit à qui ordonne pour torturer et qui torture l'accusé pour qu'il éprouve des tourments. En effet, le Diable lui-même, sur l'ordre du chrétien, flagelle ou torture, lui-même chasse ou met en fuite. On sait qu'on le repousse difficilement par le pouvoir d'une sentence, parfois dans les tortures et les souffrances, mais les saints anges sont présents, obéissent à l'ordre du Christ : si l'ordre d'un chrétien peut contribuer à la perte de l'Agresseur, ils suivent et exécutent complètement son ordre et montrent par la confession des démons eux-mêmes les effets du pouvoir donné sur l'ordre de Dieu ; on perçoit là la sublime gloire du chrétien. Cela ne garantit pas qu'il a reçu le pouvoir sur les anges impies mais que, sur l'ordre de sa voix contre eux, par l'intermédiaire des anges, lorsqu'il torture, il les repousse. Ainsi se révèlent dans le présent les indices chrétiens d'un futur pouvoir et s'affirme déjà dans ce temps même la grandeur de la dignité promise pour que lorsqu'il déduit le futur du présent et les choses éternelles des temporelles, il considère qu'on exige de grands mérites de celui à qui l'on promet de grandes récompenses. Donc qu'il conserve la fidélité au Christ pour que le Christ lui rende dans le futur la récompense de la fidélité qu'il a conservée. En effet, le Diable est vaincu, lorsque de ses séductions rien n'affecte le chrétien. Songe, en effet, à ce que le chrétien jugera dans les anges. Il jugera en eux les vices qu'il a vaincus, les séductions qu'il a méprisées, les infamies dont il a triomphé. En effet, les vaincus méritent d'être jugés par le vainqueur, les sacrilèges par le saint, les mauvais par le bon parce qu'ils n'ont pas mérité d'être récompensés par Dieu avec tous ses saints. C'est pourquoi le Christ propose en

48ra

ut uictor accipiat christianus quod uictus perdidit diabolus et diabolus mereatur tormenta suscipere quae per Christum meruit christianus euadere.

---

93 quae *ed.*] qui *W*

récompense que le chrétien vainqueur reçoive ce que le Diable vaincu a perdu et que le Diable mérite de subir les tourments que par le Christ le chrétien a mérité d'éviter.

53
De misericordia hominis

1. | Si homo priscam sui originem noscat aut si dignitatem per Christum non modo in se reparatam sed adhuc insuper cumulatam intellegat, aut si iudicium destinatum sollicito timore perpendat, inueniet quid primo prothoplaustus peccando amiserit, quid postmodum misericordia christiano contulerit, quid in futurum iudicium destinatum sit, ut primo originem noscat | qua factus est, indulgenciam qua reparatus est, iudicium quod destinatum est. Vt hoc sollicita semper cura pertractans, primordia recenseat, praesencia teneat, futura timore sollicito pertimescat, dum cernit primum hominem peccando perisse, eumdem postmodum indulgentia reuiuisse, quem iudicio destinatum in eterna saecula uite merita expectare. Vnde insita et honori cunctorum posita Domini Christi sentencia est: *Ecce sanus factus es, iam noli peccare ne quid tibi deterius fiat.* Grauior enim culpa post ueniam, molesta est pena post indulgenciam, difficilis cura est ubi medicina concepta est, quia nec facile reo ignoscitur si ab eo frequenter iudicis seueritas condempnatur; cito tediat medicus si contrarium sumet egrotus. Ceterum gaudet se ignouisse qui corrigit, letatur adhibuisse curam qui proficit, exultat se dedisse ueniam cuius terror peccandi materiam amputauit. Prouidus enim iudex est qui ante terret ⟨quam⟩ uindicet, diligens medicus putredines amputat ne totum hominem perdat; iterata culpa attrociorem exigit curam, renouati uulneris forcior quaeritur

---

12/13 Ioh. 5, 14

trad. text. *W K* [= Ps. Aug., *Serm.* 312, *PL* 39, col. 2343-2344])
tit. hominis] *om. ed.*

1 priscam *W ed.*] profani *K* si²] *om. K* **1/2** per – insuper] *om. K* **3** si] *om. K* sollicito timore *K ed.*] sollicitos esse per timorem *W* **4** primo *W ed.*] primus *K* peccando] *om. K* amiserit *K ed.*] ammiserit *W* **4/5** misericordia christiano *W ed.*] christi misericordia *K* **5/6** in – sit *W ed.*] futuro iudicio destinauit *K* **7** destinatum *ed.*] destinatus *W* ante ut *del.* hoc *W* hoc *W ed.*] hec *K* semper] *om. K* **8** timore sollicito] *tr. K* **9/28** dum – subuenire] *om. K* **10** reuiuisse *ed.*] reuisisse *W* **11/12** unde – domini *nos*] unde nsita (*aut* usita?) et honor c. p. d. *W*, † unde uita † et honor cunctorum posita. Domini *ed.* **14** pena] *lege* poena concepta *W*] contempta *ed.* **16** condempnatur *W*] contemnatur *ed.* contrarium *ed.*] contrarius *W* sumet *W*] sumat *ed.* **19** quam *rest. ed.*] *om. W*

53
Sur la miséricorde envers l'homme

1. Si l'homme reconnaît sa première origine, s'il comprend que le Christ n'a pas seulement restauré, mais aussi rehaussé sa dignité, ou s'il pèse soigneusement, avec une crainte inquiète, le jugement qui l'attend, il découvrira ce qu'au début, le premier créé a perdu en péchant, ce qu'ensuite la miséricorde a apporté au chrétien, ce qui l'attend dans le jugement futur ; ainsi il reconnaîtra d'abord l'acte originel qui l'a créé, l'indulgence qui l'a restauré, le jugement qui l'attend. Ainsi, en méditant sur cela dans un souci toujours inquiet, il se rappellera les premiers temps, il embrassera les temps présents, il redoutera avec une crainte inquiète les temps futurs, s'il s'aperçoit que le premier homme a péri en péchant et qu'ensuite l'indulgence a fait revivre ce même homme, à qui, à l'issue du jugement qui l'attend, sont destinées les récompenses de la vie éternelle. C'est pour cela qu'a été semée et conservée pour l'honneur de tous la phrase du Christ notre Seigneur : « Voilà, tu as été guéri, ne pèche plus, de peur qu'il ne t'arrive quelque chose de pire. » En effet, la faute est plus grave après le pardon, la peine est pénible après l'indulgence, le traitement est difficile quand le médicament a été absorbé, car on ne pardonne pas facilement à un accusé qui condamne régulièrement les remontrances du juge ; le médecin est vite dégoûté quand le malade va prendre le remède contraire. Mais celui qui corrige se réjouit de s'être montré indulgent, celui qui apporte une amélioration est content d'avoir donné un traitement, celui qui, par peur, a retiré le motif du péché est heureux d'avoir accordé son pardon. Car le juge prévoyant est celui qui dissuade par la peur avant de punir, et un médecin attentionné retire les parties gangrenées pour ne pas perdre le patient tout entier, alors qu'une faute répétée exige un

medicina. Difficile enim ignoscitur quod peccandi frequencia iteratur. Dignus est indulgencia qui cogitauerit quomodo corrigat culpam; facile curatur egrotus si ad medendum inuitetur precibus medicus, et quoniam sanatis postmodum uulnera deesse non possunt, remedia sunt inquirenda quibus aut egritudo contracta sanetur, aut iterata uulnera recurentur aut admissa peccata damnentur.

2. Quibus medendis non nisi helimosina poterit subuenire. *Conclude,* inquid, *helimosinam in corde pauperis et hec pro te exorabit ab omni malo.* Facile enim curatur a uulneribus peccatorum qui necessitatem curauerit pauperum et egritudinem detraxerit hominis ut misericordiam senciat qui exercet et pietatem apud Deum inueniat, qui proximo officia pietatis non denegat. Denique qui dare praecipitur gaudeat quod non ea sorte natus sit ut indigeat. Sufficiat ad gloriam dantis quod alterius miseria adquirit, quod indigente paupere locuples dando existat, | quod misericordia feneret Deum, quod pascat in pauperibus 49va Cristum, quod per alterius inopiam accipiat indulgenciam peccatorum. Obiurgantis Domini uox est: *Si in alieno mamona fideles non fuistis, quod uestrum est quis dabit uobis?* Talem enim se exhibere quis pauperi debet qualem esse erga se uellet diuitem si pauper ipse fuisset.

28/30 cfr Eccli. 29, 15   **38/39** cfr Luc. 16, 11

27 damnentur] *ex* domnentur *corr. W*   **28/30** conclude – malo *W ed.*] claude inquit sapientia eleosimarum in sinu pauperis et ipsa pro te orabit *K*   **30** a] *om. K*   **31** curauerit *ed.*] curaueris *W*   **31/32** egritudinem – inueniat *W ed.*] misericordiam accipiet *K*   **31** detraxerit *ed.*] detraxeris *W*   **33** officia] *post* denegat *tr. K* qui *W K*] cui *ed. fortasse melior*   **35** miseria *K ed.*] miseriat *W*   adquirit – indigente] *om. K*   paupere *W ed.*] in paupe *K*   dando *W ed.*] donando *K*   **36** misericordia *K ed.*] misericordiam *W*   feneret *W ed.*] fenerat *K*   pascat *W ed.*] pascit *K*   **37** peccatorum] *post* inopiam *tr. K*   **39** est] *om. W*   dabit uobis *K ed.*] dabis nobis *W*   quis²] *ante* exhibere *tr. K*   **40** esse – diuitem *W ed.*] sibi alium exhiberi uellet *K*

traitement plus dur et qu'une blessure rouverte requiert un remède plus efficace. Est digne d'indulgence celui qui aura songé à la manière de corriger sa faute et le malade guérit facilement si le médecin, par ses prières, l'incite à guérir, et puisque les gens guéris ne peuvent échapper à de nouvelles blessures, il faut chercher les remèdes qui puissent ou guérir la maladie contractée, ou soigner les blessures répétées, ou condamner les péchés commis.

2. Et l'on ne pourra venir en aide à ces personnes qu'il faut soigner que par l'aumône. « Fais l'aumône dans le cœur du pauvre, est-il dit, et ses prières pour toi t'éloigneront de tout mal. » Il est en effet facilement soigné des blessures de ses péchés celui qui a pris soin des pauvres dans le besoin et qui a tiré l'homme de la maladie : c'est ainsi qu'il sentira la miséricorde celui qui fait preuve de pitié et qu'il la trouvera auprès de Dieu celui qui ne refuse pas à son prochain ses devoirs de pitié. Enfin que celui qui est invité à donner se réjouisse de ne point être né dans la condition d'un nécessiteux. Qu'il suffise à la gloire de celui qui donne de tirer profit de la misère de l'autre, de s'enrichir en donnant au pauvre dans l'indigence, de prêter à Dieu par sa miséricorde, de nourrir le Christ à travers les pauvres, de recevoir grâce au dénuement de l'autre l'indulgence pour ses péchés. Le Seigneur dit en guise de reproche : « Si vous n'avez pas été fidèles dans la richesse des autres, qui vous donnera votre propre richesse ? » Chacun doit donc réagir face au pauvre comme il voudrait que le riche se comportât envers lui si lui-même avait été pauvre.

49va

3. Ceterum dispendium magnum est si Deum de Dei dono promereri nolueris, aut cum tibi ad hoc Dominus dederit ut dispenses, tu eius delegata non serues. Rem enim suam tibi Dominus dispensandam interim commendauit et de re sua indigentibus te dare praecepit. Cur dantis iussa contempnis, cur pactum destituis, cur Dominum iubentem dare non audis? Eiusdem Domini uox est: *Si autem dixerit seruus ille nequam in corde suo: Tardat Dominus meus uenire, incipiat cedere conseruos suos* et cetera. Molestum crimen est remedia oblata contempnere aut lucra promissa despicere. Facile enim poterit pecuniam acceptam amittere qui quod accepit in lucris noluerit erogare. Quod illi qui unum talentum acceperat contigit, sicut Dominus ipse iubere monstratur: *Auferte ab eo talentum et date illi qui habet decem. Omni enim habenti dabitur et habundabit; ab eo uero qui non habet, et quod habet auferetur ab eo*. In ewangelio quoque loquitur Christus: *Estote,* inquid, *misericordes sicut et pater celestis misericors* est. Vnde estote, inquid, misericordes ut pater. Similitudinem patris actus indicent sobolis, parentis genus filiorum demonstret affectus, adoptantis personam moribus indicet adoptatus. Misericordiam quam meruisti a patre, exerce in fratre; qui te filium adoptauit, sui te esse similem uoluit. *Eritis,* inquid Dominus, *et uos perfecti sicut et pater uester celestis perfectus est*. Aut esto patris misericordia similis, aut incipies perdere quod uocaris. Similitudo operis similitudinem indicet generis, actus nomen confirmet et nomen genus demonstret. Quod contulit pater filius seruet ut et filio pater pro|missa praemia repraesentet.

46/48 Matth. 24, 48   **52/54** Matth. 25, 28-29   **54/55** Estote – est] Luc. 6, 36   **59/60** Matth. 5, 48

41 dono] *om. W*   **42** nolueris *K ed.*] uolueris *W*   aut] *om. K*   dominus] *post* tibi *tr. K*   tu] *om. K*   **43** rem *W ed.*] semper *K*   suam – dominus *W ed.*] deus sua tibi *K*   dispensandam *W ed.*] dispensando *K*   **44** et] *om. K*   indigentibus te *W ed.*] te pauperibus *K*   **45** contempnis *K ed.* (-mn-)] contempnit *W*   destituis *K ed.*] destituit *W*   **46/49** eiusdem – despicere] *om. K*   **47** cedere] *lege* caedere   **50** amittere *K ed.*] ammittere *W*   accepit] *ex* accipit *corr. s.l. W*   lucris *W ed.*] lucrum *K*   **50/54** quod² – christus] *om. K*   **54** inquid] *om. K*   **55** et] *om. K   post* est *add.* uestri *K*   **55/56** unde – pater] *om. K*   **56** similitudinem *K ed.*] sililitudinem *W*   **57/61** parentis – uocaris] *om. K*   **58** indicet *ed.*] iudicet *W*   exerce *ed.*] exercet *W*   **61** similitudo] *W ed.*] silitudo *K*   **62** *post* operis *add.* si in istiis *K ut uid.*   similitudinem *W ed.*] silitudinem *K*   indicet *K ed.*] iudicet *W*

3. D'ailleurs, la perte est grande si tu refuses de gagner la faveur de Dieu grâce à ce que Dieu t'a donné, ou si tu ne respectes pas la créance que le Seigneur t'a déléguée, alors qu'il t'a donné pour que tu partages. Car le Seigneur t'a pourtant commandé de partager son bien et t'a prescrit de donner de son bien aux indigents. Pourquoi méprises-tu les ordres de celui qui donne, pourquoi romps-tu le pacte, pourquoi n'écoutes-tu pas le Seigneur quand il ordonne de donner ? Le Seigneur dit aussi : « Mais si c'est le méchant serviteur qui dise en son cœur : "Mon maître tarde à venir", s'il se met à battre ses compagnons, etc. » C'est une faute grave que de mépriser les remèdes offerts ou de regarder de haut les bénéfices promis. Car il pourra facilement perdre l'argent reçu celui qui refusera d'utiliser pour faire des bénéfices ce qu'il a reçu. C'est ce qui arrive au serviteur qui n'avait reçu qu'un seul talent, comme le montre l'ordre du Seigneur lui-même : « Ôtez-lui son talent, et donnez-le à celui qui en a dix. Car on donnera à tout homme qui a, et il sera dans l'abondance, mais à celui qui n'a pas, on ôtera même ce qu'il a. » Dans l'Évangile, le Christ tient aussi ces propos : « Soyez, dit-il, miséricordieux comme votre Père céleste est miséricordieux. Soyez donc, dit-il, miséricordieux comme votre Père. » Que les actes de la descendance fassent voir la ressemblance avec le père, que les sentiments des fils prouvent la filiation avec leur parent, que l'enfant adopté fasse voir par sa conduite la personne de son père adoptif. La miséricorde que tu as méritée de ton père, témoigne-la envers ton frère ; celui qui t'a adopté comme fils a voulu que tu sois semblable à lui. « Vous serez vous aussi, dit-il, parfaits, comme est parfait votre Père céleste. » Sois semblable par ta miséricorde à ton Père ou tu commenceras à perdre ce qui t'est destiné. Que la similitude des œuvres montre celle de la filiation, que les actes confirment le nom et que le nom prouve la filiation. Que le fils conserve ce que lui a confié son père pour qu'une fois père, il transmette lui aussi à son fils les récompenses promises. _{49vb}

65 **4.** Patrimonium quod habes, si operaris ex eo, tuum est; si cessas, alienum; pecunia que seruatur casibus seruit; que in misericordiam erogatur, praemium in futurum adquirit. Quid uereris Christo committere quod a latronibus uix potes reseruare? Patrimonium quod tinea exterminat, quod comeditur a taberna, quod calumpnia mundi et
70 forense litigium alienat, trade Christo, commenda Deo ut ad ipsum percipias feneratum in celo. Vt enim egere non potest qui miseretur, ita miser est semper qui seruat quod sine racione dispereat. *Qui dat,* inquid, *pauperi non egebit. Qui autem auertit faciem in magna penuria erit.* Quare aut miserendo adquire si credis, diuide patrimonium tuum
75 heredi et Christo, partire substantiam tuam Deo et filio. *Quamdiu,* inquid, *fecistis uni ex minimis istis, mihi fecistis.* Quin ymmo esto, esto dignus de tuo tibi aliquid tollere, de propria substantia aliqua tecum in futura saecula deportare. Quid seruas heredi quod an utatur ignoras? Quid substantiam cumulas quam fortassis ingrato relinquas? Forsitan
80 eciam illi praestabis, quicquid miserendi causa eciam de porcione eius detraxeris. Quare fac primum quod iubetur ut possis accipere quod promittitur. Non potest usuras accipere qui Deum noluerit fenerare. *Qui dat,* inquid, *pauperibus Deum fenerat.* Nec enim potest diuina promissa percipere qui praecepta celestia noluerit obseruare, nec mise-
85 ricordibus poterit in gloria iungi qui non miserendo a talibus meruit separari.

68/69 quod² – exterminat] cfr Matth. 6, 19-20   **72/74** Prou. 28, 27   **75/76** Quamdiu – fecistis²] Matth. 25, 40   **83** Prou. 19, 17

65 ex eo] *om. M*   **66** alienum *nos*] alienum est *K*, aliena *W*, alieni *ed.*   **67** erogatur *W ed.*] reseruatur *K*   in] *om. K*   **68** potes *W ed.*] potis *K*   **68/72** patrimonium – dispereat] *om. K*   **69** taberna *ed.*] cauernat *W*   **70** trade *ed.*] tradet *W*   **73/74** qui – credis] *om. K*   **73** *ante* auertit *add.* non *W*   **74** diuide *ed.*] deuide *W*, diuidis *K*   patrimonium tuum] *tr. K*   **75** christo *W ed.*] christus *K*   **75/76** partire – ymmo] *om. K*   **76** mihi] *om. W*   esto¹ *W ed.*] est *K*   **77** dignus *W ed.*] indignus *K*   tibi] *om. K*   tollere *W*ᵃ·ᶜ *K ed.*] tolere *W*ᵖ·ᶜ   de² – substantia] *om. K*   **78** seruas heredi] *tr. K*   quod an *W ed.*] quo si *K*   **80** eciam¹] *om. K*   miserendi *W ed.*] miserende *K*   eciam²] *om. K*   porcione eius] *tr. K*   **81** primum *W ed.*] primo *K*   accipere] *om. W*   **82** accipere *W ed.*] accipi *K*   deum *W ed.*] dominum *K*   noluerit *W K*] uoluerit *ed.*   **84/86** nec – separari] *om. K*

4. Le patrimoine que tu possèdes, si tu le fais fructifier, est tien ; si tu le négliges, il passe à un autre ; l'argent que l'on conserve est soumis aux hasards, alors que celui que l'on dépense pour faire miséricorde procure une récompense pour le futur. Pourquoi crains-tu de confier au Christ ce que tu as du mal à préserver des voleurs ? Le patrimoine que rongent les mites, que dévorent les boutiques, qu'aliènent les chicanes terrestres et les disputes du forum, transmets-le au Christ, confie-le à Dieu pour en percevoir au ciel les intérêts[82]. Car tout comme celui qui a pitié ne peut connaître le besoin, ainsi est toujours pauvre celui qui conserve ce qui va disparaître sans raison. « Qui donne au pauvre, est-il dit, ne connaîtra pas le besoin. Mais qui détourne les yeux sera dans un grand dénuement. » Donc fais fructifier en ayant pitié si tu crois, partage ton patrimoine entre le Christ et ton héritier, laisse une part de ton bien à Dieu et à ton fils. « Chaque fois, dit le Seigneur, que vous avez fait ces choses à l'un de ces plus petits, c'est à moi que vous les avez faites. » Bien plus sois, oui, sois digne de t'enlever une partie de ton bien, d'emporter avec toi une partie de ta propre fortune pour les siècles futurs. À quoi bon conserver un bien pour son héritier sans savoir s'il l'utilisera ? À quoi bon multiplier une fortune que tu vas peut-être laisser à un ingrat ? Tu vas peut-être aussi lui fournir tout ce que tu aurais pu par pitié retirer aussi sur sa part. C'est pourquoi fais d'abord ce qui t'est ordonné pour pouvoir recevoir ce qui t'est promis. Il ne peut toucher d'intérêts celui qui n'a pas voulu prêter à Dieu. « Qui donne aux pauvres, est-il dit, prête à Dieu. » Car il ne peut percevoir les promesses divines celui qui a refusé d'observer les préceptes célestes, et il ne pourra se joindre dans la gloire aux miséricordieux celui qui, faute de miséricorde, aura mérité d'être séparé d'eux.

---

[82] On a ici une intéressante réécriture de Matth. 6, 19-20 (texte de la Vulgate) : *Nolite thesaurizare vobis thesauros in terra ubi erugo et tinea demolitur, ubi fures effodiunt et furantur.*

55
Item de misericordia

1. | Iohannis apostoli uox est: *Qui fratrem suum odit, homicida est.* Homicidii malum summum ac principale crimen est; omni culpa praecipuum, omni scelere atrocissimum, omni peccato teterrimum, hoc est quod hominem perimit, uitam tollit, morti addicit; hoc est, inquam, quod lege interdicitur, cauendum mandatur, fugiendum celesti iure sancitur. Huic malo liuor proximi sociatur, emulacionis scelus adnectitur, fratri odium conparatur, apostolo Iohanne testante: *Qui fratrem suum odit homicida est*, ut sit iam duplex homicidii genus, alterum simultatis, alterum concepti liuoris, alterum armati in perniciem hominis. Homicidium enim nunc manu conficitur, nunc inuidie malitia perpetratur; nunc telo exteritur, nunc zeli emulacione perficitur, nunc aperta crudelitate grassatur, nunc subtili liuore in fratris exitium inrogatur. Graue est usitati homicidii malum, grauius simulate caritatis est odium. Graue est opprimere in solitudine hominem, grauius dolos publice machinari in fratrem. Graue est praedonem spoliando existere, grauius praedam de fratris salute exquirere. Et tamen praedones huiusmodi a cautis facile declinantur, emuli uero declinari non facile possunt. Homicida enim aut noctem eligit aut desertum quaerit aut hominem solitarium adpetit. Emulus uero omni tempore cogitat, suspirat et angitur quomodo innocenti proximo noceatur. Homicidium enim occulte promittitur et emulacio aperte grassatur. Apud homicidam praesens iudicium extimescitur, apud emulum eciam futu-

---

1 I Ioh. 3, 15 7/8 I Ioh. 3, 15

3 atrocissimum] attrocissimum *W* 9 *post* liuoris *lacunam suspicatus est ed.* armati *nos*] armatis *W ed.* 11 zeli *ed.*] celi *W* 12 grassatur] crassatur *W* 15 machinari] macinari *W* 20 angitur *ed.*] augitur *W* 21 grassatur] crassatur *W*

55
Encore au sujet de la miséricorde

1. L'apôtre Jean dit : « Qui hait son frère est un homicide. » L'homicide est le plus grand des fléaux et le pire des crimes, le principal péché ; la plus effroyable de toutes les impiétés, le plus abominable de tous les péchés, c'est de supprimer un homme, d'ôter la vie, d'infliger la mort : c'est, dis-je, ce qui est interdit par la Loi, ce qu'il est prescrit d'éviter, ce qu'il est sacro-saint de fuir en vertu du droit divin. Est associée à ce fléau la jalousie envers son prochain, est lié à lui le crime de rivalité, est identique la haine envers un frère, comme en témoigne l'apôtre Jean : « Qui hait son frère est un homicide. » Il s'ensuit qu'il y a deux types d'homicide[83] : l'un nourri par la jalousie, l'un nourri par la haine, l'autre où l'on s'arme pour assassiner un homme. L'homicide, en effet, est parfois exécuté physiquement, parfois ourdi par le fléau de l'envie ; parfois il est consommé par le fer, parfois entièrement agencé par une rivalité exacerbée, il est parfois perpétré dans un accès visible de cruauté, mais parfois inspiré par une jalousie larvée qui cherche à éliminer un frère. Grave est la faute d'un homicide ordinaire, plus grave la haine dissimulée sous l'amour. Il est grave de s'en prendre à un homme loin des regards, plus grave de machiner ouvertement un complot contre un frère. Il est grave de se faire voleur et de piller, plus grave de voler au prix du salut d'un frère. Et encore, si l'on peut facilement éviter les voleurs de cette sorte en prenant des précautions, on ne peut éviter facilement les jaloux. L'homicide, en effet, préfère la nuit ou cherche un lieu désert, ou bien s'attaque à des gens isolés. Le jaloux, lui, est toujours en train de manigancer, de geindre, de se tourmenter pour savoir comment nuire à un de ses proches innocent. L'homicide, en effet, avance caché et l'envie procède ouvertement. L'homicide peut craindre un jugement immédiat, l'envieux se moque même du futur jugement du Christ. Dans le premier cas, celui qui se fait prendre est

---

[83] Face à *duplex homicidii genus*, il y a trois *alterum*, d'où un problème de cohérence arithmétique, que Leroy a pensé résoudre en supposant une lacune du manuscrit et en postulant un quatrième *alterum* dont il ne précise pas le contenu et qui nous éloignerait un peu plus de la dualité de l'homicide. En réalité, il n'y a que deux *genera* : le pensé (*concepti* : la haine sous deux de ses variétés) et le réalisé (le meurtre).

rum Christi contempnitur. Illic qui deprehenditur iudicantis sentencia iugulatur, hic a paribus qui | talis est collaudatur.

25 **2.** Pro nefas, amare quod noceat, gerere quod occidat, maxime cum in auctorem nocendi studium redeat et in illum reuertatur periculum a quo malicia ⟨innutritur⟩. Innocenti inuides, emulator, frustra liuore fratrem persequeris, frustra in proximum odia iniqua intendis. Contra te est bellum, contra te atrocissimum geritur bellum. Innocens enim
30 emulacionem tuam contempnit et uincit, odia tua despicit et euadit. Tu uero solus sentis, solus cogitando torqueris, dum in fratris perniciem uenena pestifera machinaris. Tu detrahis et ille precatur, tu inuides et ille exultat ; tu cum turbidis aspectibus intueris et ille te placatus adtendit.

35 Cessa iam, qui talis es, cessa! Noli aliena felicitate torqueri, noli fratris profectibus lacerari; nocere illi non potes, felicitatem munire quam innocentiam necessarium est ampliare. Quod in fratre zelas Dei est, quod in proximo persequeris Christi est. Deo enim inuidet qui felicitatem proximi dolet; Christo emulatur qui fratris profectibus con-
40 tristatur.

Tu uero quisquis es, innocens, gaude. Gaude, inquam, quod emulos placatus adtendis, quod paciender inuidos pateris, quod malorum odia sustines et ignoscis. Dum enim diligis inuidentes, detrahentes toleras, maliciosos simpliciter ac modeste declinas, sic emulorum odia caritate
45 dispungis et inuidorum uulnera amore defendis, cuius profectus tormentum est inuidentis et felicitas pena est peccatoris, qui odiris et amas, laceraris et toleras, emulos pateris nec ipse in eos aliquando moueris.

25 pro nefas *ed.*] prone fac *W*   **26** redeat] reddeat *W*   in illum *ed.*] nullum *W*   **27** innutritur *nos*] *lacunam suspicatus est ed., qui* procedit *incertus proposuit*   **32** precatur *ed.*] peccatur *W*   **34** adtendit *ed.*] adtendas *W*   **37** innocentiam *nos*] innocentia *W ed.*   necessarium *ed.*] necessarie *W*   zelas *ed.*] celas *W*   **41** es *ed.*] est *W*   **43** *ante* inuidentes *del.* inuidens *ut uid. W*   **46** pena] *lege* poena *W*   qui odiris *ed.*] quo diris *W*

châtié par la sentence du juge, dans le second, celui qui se comporte ainsi[84] est couvert de louanges par ses semblables.

2. Quel sacrilège ! aimer ce qui peut nuire, faire ce qui peut tuer, d'autant plus que le désir de nuire peut atteindre son auteur et le danger se retourner contre celui qui ⟨alimente⟩ la méchanceté. Envieux, tu persécutes un innocent, c'est en vain que tu poursuis de ta jalousie un frère, en vain que tu brandis ta haine injuste contre ton prochain. Mais c'est contre toi que la guerre est déclarée, contre toi que la plus atroce des guerres est en marche. L'innocent, en effet, méprise ta jalousie et en vient à bout, il se moque de ta haine et lui échappe. C'est toi seul en vérité qui es affecté, toi seul qui es torturé par tes pensées quand tu concoctes des poisons mortels pour la perte d'un frère. Tu diffames et lui, prie, tu jalouses et lui, exulte ; tes yeux sont chargés de sombres menaces, et lui, porte sur toi un regard serein.

Arrête donc, toi qui te comportes ainsi, arrête ! Cesse de te torturer à cause du bonheur d'autrui, cesse de te déchirer à cause des succès d'un frère ; tu ne peux pas lui nuire, ni emmurer le bonheur que l'innocence va nécessairement amplifier. Ce que tu jalouses chez un frère vient de Dieu, ce que tu envies chez ton prochain vient du Christ. Car c'est Dieu que jalouse celui qui souffre du bonheur de son prochain ; c'est le Christ qu'envie celui que chagrinent les succès d'un frère.

Quant à toi, l'innocent, qui que tu sois, réjouis-toi. Réjouis-toi, dis-je, de traiter sereinement les jaloux, de souffrir patiemment les envieux, de supporter la haine des méchants et de leur pardonner. En faisant preuve, en effet, de mansuétude envers les jaloux, de patience à l'égard des calomniateurs, en décourageant simplement et modestement les malveillants, tu désamorces par la charité les accès de haine des jaloux et tu soignes les blessures des envieux par l'amour. Ton succès est le tourment du jaloux et ton bonheur le châtiment du pécheur, toi qui opposes l'amour à la haine, la patience aux attaques, qui subis les assauts des jaloux et qui toi-même ne t'emportes jamais contre eux.

---

[84] *Qui talis est* désigne le calomniateur.

3. Odii malum sine telo perimit, sine gladio interficit, sine ferro occidit. Odii malum in exordio mundi Cayn parricidam effecit et Abel innocentem martirio coronauit. Pro dolor, qui occidit moritur et qui occisus est coronatur! Nec enim diu Cayn postmodum uixit, qui cum Lamech miserandus occidit. Fiunt tunc duo unica, prima et noua: alter inchoauit parricidium, alter dedicauit martirium. Auctorem odii perimit culpa et innocentem coronauit uictoria ut odium parricidam acciperet principem et innocentia martirem haberet auctorem, ut de utriusque exemplis alter territus odisse desineret, alter inuitatus innocenciam exopta|ret. Subtrahitur innocens cede nocentis et reus superstes efficitur sceleris. Tollitur qui posset innocenciam seminare et remanet qui parricidia potuit ostendere, ut innocencia subtracta parricida tantummodo uiueret qui uiciorum exempla monstrare potuisset. Odii malum Iacob fugauit, Ioseph uendidit, Dauid Saul profugum fecit; qui quidem omnes sua odia parricidiis explessent nisi salutem illis locorum mutacio attulisset.

---

50 effecit *ed.*] efficit *W*   **52** qui cum *W*] quem *ed.*   **58** cede] *lege* caede   **62** fugauit *ed.*] fugabit *W*   **63** nisi salutem] *iter. W*

3. Le fléau de la haine anéantit sans javelot, tue sans épée, assassine sans fer. C'est le fléau de la haine qui, à l'origine du monde, a fait de Caïn un parricide et a procuré à l'innocent Abel la couronne du martyre. Quelle douleur ! Le meurtrier meurt et le mort est couronné ! Et en effet, après cela, Caïn n'a pas survécu longtemps, lui, le misérable, qui a tué comme Lamech[85]. Deux événements se produisent alors pour la première fois et sans précédent : un homme a instauré le parricide, un autre a inauguré le martyre. Sa faute a perdu l'inventeur de la haine et la victoire a couronné l'innocent. Ainsi, la haine engendra le premier parricide et l'innocence fut à l'origine du martyre. Ainsi, grâce à ces deux exemples, un homme terrifié cessa de haïr et un autre fut poussé à choisir l'innocence. Un innocent est supprimé par le crime d'un méchant et un coupable survit à son crime. Disparaît celui qui aurait pu propager l'innocence et subsiste celui qui a pu exhiber le parricide. Ainsi, une fois l'innocence supprimée, survit seulement le parricide qui a pu illustrer les exemples des vices. Le fléau de la haine a jeté Jacob dans la fuite, a fait vendre Joseph, a fait que Saül fit exiler David. De fait, tous auraient pu satisfaire leur haine avec des parricides si un changement d'horizon ne leur[86] avait apporté le salut.

51rb

---

[85] Lamech est le dernier descendant de la lignée de Caïn. Il est le premier polygame de la Bible et avoue avoir tué un homme et un enfant (Gen. 4, 23-24). De là est née au Moyen Âge la légende de l'assassinat de Caïn par Lamech, qui était pourtant son arrière-arrière-arrière petit-fils et qui explique l'étrange lecture de Leroy (qui édite *quem Lamech miserandus occidit*, sans mentionner que *quem* est une correction de *qui cum*, et qui traduit « [Caïn] que tua le pauvre Lamech »). Mais le texte du ms. (*qui cum Lamech miserandus occidit*) suggère plutôt selon nous que Caïn a en commun avec Lamech (*cum Lamech*) le fait d'avoir tué quelqu'un. La légende qui explique la correction de Leroy a une origine rabbinique, cfr Jérôme, *Epist.* 36, 4 : *Lamech qui septimus ab Adam, non sponte ut in Hebraeo quodam libro scribitur, interfecit Cain*. Lamech, aveugle, aurait tué Caïn d'une flèche, guidé par un enfant de sa famille, qu'il aurait ensuite lui-même tué. Voir M. ALEXANDRE, *Le commencement du Livre, Genèse I-IV. La version grecque de la Septante*, Paris, Beauchesne, 1988, p. 372-373.

[86] *Illis* semble désigner Jacob qui aurait pu tuer Ésaü mais a préféré s'exiler à Laban ; puis Joseph ou plutôt ses frères qui auraient pu le tuer au lieu de le vendre, et enfin Saül qui fut jaloux des succès de David et l'exila. La présence de *David* en tête de proposition est suprenante, car ce n'est pas lui qui a fait exiler Saül, mais au contraire Saül qui a fait exiler David.

65 Pro nefas, innocentes nocentibus credunt, malos simplices metuunt, probos improbi persecuntur. Fit enim in malis odium audax, aemulacio ferox, inuidia pestilens, superbia nocens; liuore pectus inficitur, pestifera tabe animus maculatur. Non enim recipit sanitatem qui possessus est egritudine, nescit sapere qui inuidendo cecatus est mente
70 perdita; mortis ⟨facit⟩ officia qui emulacionis tenetur in causa. Disponat licet inuidus innocentis perniciem, dolos aptet, insidias fabricetur, crimina iniqua queque disponat, zeli stimulis agitetur, tumencia ⟨in⟩ innocentem sua probra conuertat, paciencie uiribus superatur. Odii malum Iudeorum furorem in prophetas armauit, in Christum accen-
75 dit, in apostolos excitauit. Odii malum persecutores generat, inimicicias excitat, iras inflammat.

4. Fuge odium, christiane, quod tantos semper decepit, fuge quod nulli umquam pepercit, fuge, inquam, quod auctorem odii, idipsum diabolum, iugulauit. Diabolus enim prothoplaustos dum prosternit
80 prosternitur, dum deicit deicitur, dum uulnerat uulneratur; in auctorem periculum redit, malicia principem reperit, supplicium originem recognoscit. Illo enim reuertitur pena unde inicium acceperat culpa; nec enim potuit infelix euadere cuius odio alios constitit interisse.
Odii malum nec inter fratres in ecclesia deest, si tamen qui fratrem
85 odit esse in ecclesia potest. Odii enim malum est dum frater inuidet fratri, dum inferiorem insequitur, dum meliores deterior emulatur, dum alius proficit et alius suspirat, dum alius | gaudet et alius contrista- 51va
tur. Felicitas enim proximi pena est odientis, leticia fratris tormentum est peccatoris.

65 pro nefas *ed.*] pronefax *W*   simplices] simplicess *W*   **69/70** cecatus – perdita] cecatus est; mente perdita *interp. ed.*   **70** mortis – officia *nos*] mors officia *W*, mors afficit *ed.*   **72** zeli] *ex* celi *corr. W*   in] *restituimus*] *om. W ed.*
73 conuertat *W*] conuertant *ed.*   uiribus] ueribus *W*   **75** *ante* excitauit *del.* armauit *W*   **79** prosternit] prosternitur *W*   **80** deicit *ed.*] deicitur *W*   uulnerat] *iter. W*   **81** redit] reddit *W*   **82** pena] *lege* poena   **85** in] *iter. W*   **87** alius¹ *ed.*] aliis *W*   **88** pena] *lege* poena

TEXTE LATIN ET TRADUCTION 247

Sacrilège ! des hommes innocents font confiance à des hommes nuisibles, des hommes méchants terrorisent des hommes gentils, des hommes malhonnêtes persécutent des hommes honnêtes ! Chez les méchants, en effet, la haine se fait audacieuse, la jalousie, féroce, l'envie, venimeuse, l'orgueil, nuisible ; le cœur est imprégné de fiel, l'âme est corrompue par une pourriture maligne. On ne recouvre jamais la santé quand on est possédé par la rancœur, on ne sait plus raisonner quand on perd l'esprit et qu'on est aveuglé par l'envie ; on ⟨fait⟩ le jeu de la mort quand on est sous la coupe de la jalousie[87]. L'envieux a beau ourdir la perte de l'innocent, combiner des ruses, tendre des pièges, commettre tous les crimes hors la loi qu'on voudra, réagir aux aiguillons de la jalousie, transmettre ⟨à⟩ un innocent les tumeurs de sa propre infamie, à la fin il est vaincu par les forces de la patience. Le fléau de la haine a armé la fureur des Juifs contre les prophètes, s'est enflammé contre le Christ, s'est dressé contre les apôtres. Le fléau de la haine produit des persécuteurs, attise les inimitiés, embrase la colère.

4. Fuis la haine, chrétien, car elle a trompé tant de gens ! Fuis-la car elle n'épargne personne ; fuis-la, dis-je, car elle a causé la perte de l'auteur de la haine, à savoir le Diable lui-même. Le Diable en effet, l'un des premiers créés, en jetant à terre est lui aussi jeté à terre, en faisant chuter chute, en blessant est blessé. Le péril revient sur son auteur, la méchanceté discerne son instigateur, le supplice reconnaît son origine. Le châtiment se retourne en effet contre celui qui était à l'origine de la faute, et, en effet, il n'a pas pu échapper à son sort le misérable dont la haine a manifestement causé la mort d'autres personnes.

Le fléau de la haine n'épargne même pas les frères dans l'Église, si toutefois on peut dire que quelqu'un qui hait un frère appartienne à l'Église. Le fléau de la haine, en effet, c'est quand un frère jalouse un frère, quand on persécute un inférieur, quand un vaurien envie un meilleur que lui, quand l'un prospère pendant que l'autre est dans la gêne, quand l'un se réjouit et que l'autre est dans la peine. En effet, le bonheur du prochain est le châtiment du haineux, la joie du frère est la torture du pécheur.

[87] La lecture de Leroy *mors afficit qui aemulationis tenetur in causa* est contredite par la fin du paragraphe : ce n'est pas celui qui jalouse qui est frappé par la mort, mais celui qui est l'objet de cette jalousie, d'où notre tentative de restitution.

90 Desine, quaeso, desine alienam gloriam tuam facere penam, desine de fratris commodis habere tormentum, desine de eius profectibus sentire supplicium. Sed te dum forsitan pateris si meliorem quemquam aspexeris, intra te est causa, intra te est remedium, unice cum benignitate, unice innocencia, unice officio. Tunc enim poteris esse tu melior si
95 eum odisse iam desinas, si tibi inuidenciam detrahas, si ei emulari desistas.

Noli, inquid, *emulari bene ambulanti in uia sua.* Ceterum si innocenti inuides, in te gladios torques. Si odio fratrem persequeris, facibus liuoris exureris. Si dolos in proximum machinaris, malitia ipse tua pro-
100 sterneris. *Diligite,* inquid Dominus, *inimicos uestros* et *orate pro hiis qui uos persecuntur.* Si inimicos non diligimus, offendimus; quid si nostros proximos oderimus, si pro persecutoribus non oramus? Periculo subiacemus. Quid faciemus si fratribus inuidemus? Non sumus filii patris si nos odium tenuerit fratris. Perfecti esse non possumus nisi
105 praecepta Cristi seruemus. *Eritis,* inquit Dominus, *et uos perfecti sicut et pater uester celestis perfectus est.* Filium te similitudo patris ostendat, adoptatum generositas morum exhibeat. Qui filius dicitur patris, liniamenta sectetur. Inuidos filios benignus habere non poterit. Odientes non amat qui amare consueuit. Quare discernantur a maliuolis boni et
110 benigni ab inuidis separentur. Mali autem corrigantur aut cedant. Boni in bonitate perficiantur et ipsi bonitatis praemia et mali correpcionis remedia diuina pietate percipiant.

---

97 Ps. 36 (37), 7   **100/101** Matth. 5, 44   **105/106** Matth. 5, 48

90 penam] *lege* poenam   **95** eum *ed.*] iam eum *W*   **99** liuoris] liboris *W* exureris *ed.*] exuuereris *W ut uid.*   **102** nostros *ed.*] nostro *W*   **104** si nos *nos*] suis *W*, sui si *ed.*   **105** inquit *rest. ed.*] *om. W*   **106** similitudo *ed.*] silitudo *W*

Cesse, je t'en prie, de faire de la gloire d'autrui ton propre châtiment, cesse de te mettre à la torture à cause de la bonne fortune d'un frère, cesse de te sentir au supplice devant son succès. Mais si d'aventure tu souffres en voyant quelqu'un de meilleur que toi, la cause en est en toi et le remède est en toi, il réside uniquement dans la bienfaisance, uniquement dans l'innocence, uniquement dans l'obligeance. Alors, en effet, tu pourras devenir meilleur si tu cesses de haïr ton prochain, si tu chasses loin de toi la jalousie, si tu renonces à l'envier.

« Ne sois pas jaloux, dit-il, de celui qui suit tranquillement son chemin[88]. » D'ailleurs si tu envies un innocent, tu dirigeras l'épée contre toi. Si tu poursuis un frère de ta haine, tu brûleras des feux de la jalousie. Si tu machines des ruses contre ton prochain, tu seras écrasé sous ta propre méchanceté. « Aimez vos ennemis, dit le Seigneur, et priez pour ceux qui vous persécutent. » Si nous n'aimons pas nos ennemis, nous commettons une faute ; qu'arrive-t-il si nous haïssons nos plus proches, si nous ne prions pas pour nos ennemis ? Nous nous mettons en péril. Quel est notre crime en enviant des frères ? Nous ne sommes plus les fils du Père si la haine du frère nous possède. Nous ne pouvons pas être parfaits si nous n'observons pas les préceptes du Christ. « Vous serez vous aussi parfaits, dit le Seigneur, comme votre Père céleste est lui aussi parfait. » Que ta ressemblance avec le Père montre que tu es son fils, que la beauté de ta vie fasse voir qu'il t'a adopté. Qui se dit fils du Père doit être à son image. Un être bienfaisant ne peut pas avoir des fils envieux. Un être habitué à aimer ne peut pas aimer les haineux. C'est pourquoi les bons doivent se distinguer des mauvais et les gentils des envieux. Les méchants, eux, doivent se corriger ou abandonner la partie. Les bons doivent persévérer dans la bonté, eux-mêmes recevront les récompenses de la bonté et les méchants auront droit aux remèdes des remontrances dispensées par la justice divine.

---

[88] Dans le Ps. 36 (37), 7 (*Noli contendere adversum eum qui proficit in via sua*), *bene* ne figure pas dans le texte de la vulgate, et pour cause : le psalmiste ne parle pas de l'innocent calomnié, mais de celui « qui réalise ses méchants projets ».

56
De odio

1. Dominus Christus salutis auctor, uiuificator hominis, peccati uindex, magister iustitie, suis atque a se suo sanguine liberatis praecepta intulit, monita edidit, mandata constituit, quid uelit, quidue nolit, hoc est fugienda peccata exercendaque iustitia. In suis legibus demonstrauit ut christianus structus uoluntati redemptoris appareat et parendo | praemia promissa percipiat nec aliter possit accipere quod promittitur nisi prius fecerit quod iubetur ut contempnenti duplex accidat pena quod et munera promissa perdiderit et supplicia destinata inciderit. Nec excusari poterit peccator a pena qui maluit in contemptu Domini frequentare peccata.

2. Est enim peccatum origo mortis, tormentorum causa, pene principium, supplicii negocium, seueritatis materia, censure fomes, uenenum praeuaricationis, hominis interitus contemptoris. Peccatum enim a diabolo duxit exordium et in hominis consummatur interitum. Quale malum est quo euadere non potuit nec ille qui primus occidit? Quale, inquam, malum est ubi qui interficit interficitur, qui occidit moritur, qui perimit seueriore sententia iugulatur? Fugienda maxime christiano res est cui cuncta peccata indulgencia Christi donauit.

3. *Ecce*, inquid, *sanus factus es, iam noli peccare ne quid tibi deterius fiat*. Grauius enim punitur qui post ueniam peccat; seuerius plectitur qui delinquere post indulgentiam delectatur nec potest mereri ulterius ueniam cuius uenia peccandi facta est causa. Molestia est meditatio peccatorum: sub benignitatis ⟨trutina⟩ cogit et trutinam iudicantis.

19/20 Ioh. 5, 14

tit. *Titulum, qui abest in W, rest. ed. ex tabula titulorum*
1 uindex *W*] iudex *ed.* **4** iustitia. in] iustitia in *interp. ed.* **11** pene] *lege* poenae **19** ne quid] nequid *W* **22** molestia *W*] molesta *ed.* **23** trutina *restituimus*] om. *W ed.* qui † benignitatis † *scrips.* trutinam *correximus*] trutinom *W*, trutino *ed.* (*qui scribendum* trutina *prop.*)

56
De la haine

1. Le Seigneur Christ, initiateur du salut, source de vie pour l'homme, vengeur du péché, maître de la justice, pour les siens qu'il a libérés par son sang, a instauré des règles, donné des avertissements, fixé des décrets sur ce qu'il veut ou ce qu'il ne veut pas, c'est-à-dire qu'il faut fuir le péché et respecter la justice. Il a voulu dans ses lois que le chrétien soit clairement édifié par la volonté du Rédempteur, qu'il reçoive par son obéissance les récompenses promises et qu'il ne puisse pas recevoir ce qui est promis autrement que par l'accomplissement préalable de ce qui est prescrit, de sorte qu'une double peine frappe celui qui méprise ses lois : la perte des faveurs promises et l'accomplissement des châtiments décidés[89]. Et le pécheur ne pourra être exempté de sa punition, lui qui a préféré, dans l'indifférence à l'égard du Seigneur, multiplier les péchés.

2. En effet, le péché est l'origine de la mort, la cause des tourments, la raison du châtiment, le motif du supplice, la matière de la sévérité, l'aliment du jugement, le poison de la forfaiture, l'anéantissement de l'homme indifférent. En effet, le péché a trouvé son commencement dans le Diable et s'achève dans l'anéantissement de l'homme. Quel mal y a-t-il à ce que celui qui le premier donna la mort n'ait pu lui échapper ? Quel mal, dis-je, y a-t-il quand celui qui tue est tué, celui qui donne la mort périt, celui qui fait mourir succombe à une sentence plus sévère ? C'est ce que doit fuir surtout le chrétien à qui l'absolution du Christ a remis tous les péchés.

3. « Voici, dit-il, tu as recouvré la santé, dorénavant, garde-toi de pécher de peur qu'il ne t'arrive pire encore. » En effet, plus dure est la punition de celui qui pèche après le pardon ; plus sévère est le châtiment de celui qui, après une absolution, se complaît à fauter, et il ne peut mériter ultérieurement le pardon celui qui fait du pardon une raison de pécher. Le danger, c'est le calcul du pécheur : il va jusqu'à soumettre la balance du juge à ⟨la balance⟩ de la bienveillance. En effet,

---

[89] Comme le signale dans son article Carles Buenacasa Pérez (cfr *infra*, p. 417), ce début « semble répondre à l'argumentation augustinienne fondant dans les promesses du Christ les règles de la salvation ».

Facile enim sese abstinet a peccatis qui seueritatem timuerit dominantis.

4. Ceterum quasi benignitas faciat insolentem aut pietas constituat peccatorem, sic illi uenia non peccata detraxit sed peccandi materiam procurauit. Beneficii enim ingratus est qui datorem peccando contempnit; pene incurret interitum qui amauerit frequentare peccatum. Diximus auctorem peccati diabolum esse. Igitur, si auctor est Christus – scriptum est enim: *Qui peccat de diabolo natus est quia diabolus a principio peccat*; qui uero fecerit iusticiam de Deo natus est – duo diuersi auctores, duos et diuersos habeant necesse est sectatores, id est qui peccat diabolum, qui iusticiam fecerit Christum. Ita non potest minister Christi esse qui peccat, quomodo esse minister diaboli non potest qui iusticiam exercendo frequentat.

5. Vnde diuersa merita paria praemia habere non possunt. Vt enim iustis praemia promittuntur, ita pena peccatoribus destinatur; sicut enim priuari iustus praemio non potest, ita peccatorem accipere penam necesse est. Quare si peccatoribus pene non praesentantur, neque iustis premia promissa redduntur. Igitur, si | necesse est peccatoribus destinata supplicia exhiberi. *Venite*, inquid, *benedicti Patris mei, percipite regnum quod uobis paratum est ab origine*. Et iterum, contra peccatoribus: *Discedite a me maledicti in ignem eternum quem parauit Pater meus dyabolo et angelis eius*. Vnde euidens atque manifestum est iusticie praemium esse, ut tamen peccati stipendium mortem, dicente apostolo Paulo. *Stipendium peccati mors est*, Domini autem iusticie *uita eterna*. Peccator enim ac iustus cum auctoribus aut praemia aut penas destinatas expendeant; ut enim iustus cum Cristo gaudebit, ita peccator cum dyabolo in eternum tempus maerebit. Illum eterna uita, hunc perpetua pena expectat. Hic angelica gloria uestietur, ille incendia

---

31/32 I Ioh. 3, 8   **32** qui – est] cfr I Ioh. 3, 8 et 10   **42/43** Matth. 25, 34   **44/45** Matth. 25, 41   **47/48** Rom. 6, 23 (6, 4 et Ioh. 3, 15)   **47** Domini – iusticie] cfr Ps. 4, 2

---

29 pene] *lege* poenae   **38** pena] *lege* poena   **49** expendeant *W ed.*] expendant *fortasse melior*   **51** *ante* angelica *del.* an ille *W*

il se tient facilement à distance des péchés celui qui craint la sévérité du maître.

4. Du reste, tout comme la bienveillance peut pousser ce genre d'homme à l'insolence ou la bonté le rendre pécheur, le pardon ne lui a pas retiré le péché mais lui a fourni le matériau pour pécher. En effet, il est sans reconnaissance du don celui qui méprise le bienfaiteur en péchant ; comme châtiment, il encourra la mort celui qui aura choisi de multiplier les péchés. Nous avons dit que le Diable est l'initiateur du péché. Donc, si le Christ est un initiateur – il est écrit en effet : « Celui qui pèche est né du Diable parce que le Diable pèche dès l'origine » ; mais celui qui « pratique la justice » est né de Dieu[90] – deux initiateurs opposés ont inéluctablement deux sortes opposées de disciples, c'est-à-dire, celui qui pèche suit le Diable, celui qui multiplie les actes de justice, le Christ. Ainsi ne peut pas être serviteur du Christ celui qui pèche, de même que ne peut être serviteur du Diable celui qui exerce avec assiduité la justice.

5. Ainsi des conduites opposées ne peuvent avoir des récompenses semblables. Les récompenses sont promises aux justes, le châtiment est destiné aux pécheurs ; en effet, comme le juste ne peut pas être privé de récompense, il est nécessaire que le pécheur reçoive un châtiment. C'est pourquoi, si les châtiments ne sont pas présentés aux pécheurs, les récompenses promises ne seront pas données en retour aux justes. Il est donc nécessaire qu'aux pécheurs soient montrés les supplices qui les attendent. « Venez, dit-il, les bénis de mon Père, recevez en héritage le Royaume qui vous a été préparé depuis l'origine. » Et encore, contre les pécheurs : « Écartez-vous de moi, maudits, dans le feu éternel que mon Père a préparé pour le Diable et ses anges. » De la sorte, il est manifestement évident que la récompense est pour la justice, comme d'ailleurs le salaire du péché est la mort, selon les dires de l'apôtre Paul : « Le salaire du péché est la mort », mais celui de la justice du Seigneur, c'est « la vie éternelle. » En effet, le pécheur comme le juste, avec leurs initiateurs, attendent soit les récompenses soit les châtiments qui leur sont destinés ; en effet, comme le juste se réjouira avec le Christ, ainsi le pécheur s'affligera pour les temps éternels avec le Diable. La vie éternelle attend le premier, un châtiment perpétuel le second ; l'un sera revêtu de la gloire des anges, l'autre souffrira d'un feu perpétuel. L'un

52ra

---

[90] Cfr I Ioh. 3, 10 : « Quiconque ne pratique pas la justice n'est pas de Dieu. »

perpetua pacietur; hic iusticie gloriam credendo accipiet, ⟨ille⟩ que non sperauit inueniet; hic regnorum celestium accipiet praemia, ille eterna flammarum pensabit tormenta.

6. Quare gaudeat iustus iusticie praemia percepturus, plangat peccator, peccatorum supplicia si correptus non fuerit subiturus; iustus iusticie opera ad summum uite perducat et peccator Deinceps peccata dampnando euadat ut et iustum perseuerantia muneret et peccatorem et paenitencie fructus et correptio uite meritis iustorum adsociet.

---

52 *post* credendo accipiet *iter.* praemia, ille eterna flammarum pensabit tormenta *W*   ille] *rest. ed. sine signis* ⟨⟩ *quae post* praemia *ad* ille *posuit, om. W*

recevra la gloire de la justice en croyant, ⟨l'autre⟩ trouvera ce qu'il n'a pas espéré ; l'un accèdera aux récompenses du Royaume des Cieux, l'autre prendra la mesure des tourments éternels des flammes.

6. Aussi, que le juste se réjouisse dans l'imminence des récompenses de la justice, que le pécheur se lamente dans l'imminence des supplices de ses péchés, s'il n'a pas été complètement corrompu ; que le juste conduise les œuvres de la justice jusqu'à la fin de la vie et que le pécheur, à son tour, en condamnant les péchés, y échappe de telle sorte que la persévérance protège le juste et que le fruit de sa pénitence et une vie de repentance associent le pécheur aux mérites des justes.

58
De fide

1. | Maior fides fuisset si quantum meretur aut potest indicari ab homine potuisset. Hanc patriarche norunt, prophete sciunt, apostoli tenent, amplexantur martyres, possident confessores. Hac christiani uigent, sancti pollent, iusti in ecclesia florent. Huic diuersa nunc obsecuntur carismata et in futurum magna destinata sunt; praemia ignoramus. Huius uires in sanctis agnoscimus etsi adhuc eius praemia ignoramus; sine illa nullus est accessus ad Deum, nullus prouentus ad Christum. Hec in raris consistit, eciam si pluribus suum nomen adtribuit. Amat illam qui quod profitetur exercet, infamat illam qui aliud quam ⟨quod⟩ uocatur ostendit. Et quamuis fides archana mentis obtineat, tamen et operum testificacione firmatur et legum perfectione monstratur. Hanc qui amat beatus est, qui contempsit miser. Nec enim quisquam poterit fidei percipere praemia nisi qui eius amauerit gloriosa officia.

Quare de fide cum filiis fidei disputemus cuius utilitates et | comoda tanta reddita sunt quanta aut sinceritas credentis exercet aut liberalitas Dei promittentis adtribuit ut iam diuersorum meritis fides eadem uarietur, ut quanta fuerit in homine, tanta reddatur in munere. Cuius nominis culmen tanto fastigio subleuatur ut fidelis eciam Dominus

---

19/20 ut – dicatur] cfr I Cor. 1, 9

1 maior *ed.*] minor *W*   **5** carismata *ed.*] carisma *W*   **5/6** praemia – huius] praemia. Ignoramus huius *interp. ed.*   **10** quod *rest. ed.*] *om. W*   ostendit *ed.*] ostendet *W*   **16** reddita *ed.*] reddatur *W*   **17** adtribuit *ed.*] adtribuet *W*   **18** in munere] inmunere *W*

58
De la foi

1. La foi eût été plus grande si l'homme avait pu proclamer la grandeur de ses mérites et de son pouvoir. Cette foi, les patriarches l'ont, les prophètes la connaissent, les apôtres la possèdent, les martyrs l'embrassent, les confesseurs l'ont en eux[91]. C'est elle qui donne leur force aux chrétiens, leur pouvoir aux saints, leur réputation aux justes dans l'Église. C'est elle qui comporte pour le présent des grâces diverses et qui en réserve de grandes pour l'avenir ; nous ignorons ses récompenses[92]. Mais ce sont ses forces que nous reconnaissons dans les saints même si jusqu'à présent nous ignorons ses récompenses ; sans elle, impossible de parvenir à Dieu, impossible d'aller vers le Christ. Rares sont ceux chez qui elle se trouve, même si elle a donné son nom à plus d'un. On l'aime si on met en pratique ce qu'on proclame, on ne l'aime pas si ce que l'on fait voir est tout différent du nom ⟨qu'⟩on lui donne. Et bien que la foi siège dans les secrets de l'esprit, elle est tout de même confirmée par ce dont témoignent les œuvres et prouvée par l'observance des règles. Qui l'aime est un bienheureux, qui l'a refusée, un malheureux. Et personne ne pourra recevoir les récompenses de la foi s'il n'a aimé ses glorieux devoirs.

C'est pourquoi parlons de la foi avec des fils de la foi. Ses avantages et son intérêt sont donnés en proportion ou de ce que manifeste la sincérité du croyant ou de ce que la complaisance de Dieu promet et attribue, si bien que la même foi prend des formes différentes selon les mérites de gens différents, si bien que ce qu'on reçoit est donné dans l'exacte mesure de ce qu'a pu être la foi de l'homme. Et le sommet de son nom s'élève à une telle hauteur qu'on pourrait même dire que Dieu lui-même a la foi. Ce n'est donc pas sans motifs qu'il aime les

---

[91] Comme le note Carles Buenacasa Pérez (cfr *infra*, p. 416), on a ici « une définition de la foi un peu étrange et archaïque plus proche de l'idéologie donatiste que de la théologie catholique ».

[92] Leroy édite ici *destinata sunt praemia. Ignoramus huius uires* en modifiant la ponctuation du manuscrit et en indiquant dans son apparat *aliter interpungit W*, qui met en effet un point après *ignoramus* et une majuscule à *Huius*. Deux choses, nous semble-t-il, plaident pourtant en faveur de la ponctuation du manuscrit : la répétition de *praemia ignoramus* dans la concessive qui suit et, surtout, l'anaphore en tête de phrases du démonstratif : *Hanc... Hac... Huic... Huius... Hec... Hanc.*

ipse dicatur; unde fideles non inmerito diligit qui ut promissi fidem a credentibus exigit, ita ipse fideliter quod promittit impertit.

2. Est enim fides salutis ianua, aditus uite, introitus glorie, dignitatum caput, magistra uirtutum. Huic celum patet, Deus fauet, Christus adridet; haec conpescit morbos, curat egrotos, languentes medicat, mirabilia conficit. Signa exercet, portenta demonstrat, ignes uocat, pluuias impetrat, aduersa conpescit, elicit prospera; per hanc nichil inpossibile credenti efficitur, nichil nisi quod forte ipse non credit, Salomone dicente: *Qui non credit Deo ideo non protegetur*. Fides nisi frangitur aduersis, non extenditur prosperis. Est enim fides in diuite mitis, sublimis in paupere; est, inquam, fides inter ignes secura, inter bestias tuta, in carceribus libera, soluta in uinculis; torquetur et gaudet, laniatur et leta est. Cum dimicat uincit, cum patitur triumphanter existit. Postremo totum quidquid in praesenti geritur et in futurum promittitur, ita perfidie clauditur ut fidei aperitur.

3. Hanc Abraham amplexatur et per eam Dominum promeretur. Dum terram propriam Dei iussu dimittit, dum suos deserit, ad extraneos mansit nec horret alienos, dum deserit suos, nec proximorum amore tenetur, dum Domino iam rapitur, docuit parentes debere deseri propter Deum; ostendit quitquid iubetur implendum nec carius Deo quitquam existere qui carissimum filium in senecta susceptum iussu Dei obtulit inmolandum; quod quidem deuotus implesset si Dominus qui iusserat permisisset. Fidelis Helye sententia populi mutatur perfidia dum pluuiarum defectu sterilis terra ieiunat, dum celum sitit, humus arescit, fontes siccant, prata anhelant, negantur pabula,

---

26 pluuias impetrat] cfr III Reg. 18, 38 et 45   **28** Eccli. 2, 15   **30** inter ignes] cfr Dan. 3, 17   **30/31** inter bestias] cfr Dan. 6, 22   **31** in¹ – uinculis] cfr Act. 16, 26

20 inmerito] in merito *W*   ut *ed.*] aut *W*   **24** languentes *ed.* (*qui* laguentes *leg.*)] laguentis *W*   **33** praesenti *ed.*] penitenti *W*   **39** carius *ed.*] carinus (cari˜us) *W*   **40** susceptum *ed.*] suspectum *W*   **41** implesset] *ex* impless// *corr. W*

fidèles, car s'il exige des croyants la foi en ce qu'il a promis, lui, de son côté, accorde fidèlement ce à quoi il s'engage.

2. Car la foi est la porte du salut, l'accès à la vie, l'entrée dans la gloire, le sommet des honneurs, l'éducatrice des vertus. C'est à elle que le ciel est ouvert, que Dieu donne ses faveurs, que le Christ sourit, c'est elle qui repousse les maladies, guérit ceux qui souffrent, donne ses soins aux plus faibles, accomplit les miracles. Elle s'occupe des signes et met en œuvre les prodiges, elle procure le feu et obtient la pluie, écarte l'adversité et attire la prospérité. Grâce à elle, pour le croyant, rien n'est impossible à accomplir, rien, sauf s'il se trouve que lui-même ne croit pas. C'est ce que dit Salomon : « Celui qui ne croit pas en Dieu ne saurait être sous sa protection. » La foi, si elle n'est pas brisée par les échecs, ne s'accroît pas non plus par les succès. La foi est en effet tranquille chez le riche, sublime chez le pauvre ; la foi, dis-je, est en sureté au milieu des flammes, indemne parmi les fauves, libre dans les prisons, sans entraves dans les chaînes ; on la torture, elle se réjouit, on la fouette, elle est heureuse. Quand elle se bat, elle gagne, quand elle souffre, c'est pour elle un triomphe. Enfin, tout ce qui est accompli dans le présent et promis pour le futur est un espace aussi ouvert pour la foi qu'il est fermé pour une foi dévoyée.

3. C'est elle qu'Abraham a embrassée et qui lui a gagné des mérites auprès du Seigneur. En abandonnant sur l'ordre de Dieu sa terre personnelle, en quittant les siens, en séjournant hors de chez lui sans refuser les étrangers, en quittant les siens sans que son affection pour ses proches ne le retienne, en étant désormais ravi par le Seigneur, il nous a appris qu'il faut abandonner ses parents pour Dieu, nous a montré qu'il faut exécuter ses ordres quels qu'ils soient, et qu'il n'existe rien qui plaise plus à Dieu : son fils le plus cher, conçu dans sa vieillesse, il l'a offert sur l'ordre de Dieu pour un sacrifice que, dans sa ferveur, il aurait accompli, si Dieu qui l'avait ordonné l'avait permis. Grâce à l'avertissement de l'homme de foi qu'était Élie, la foi dévoyée du peuple est transformée, quand, à l'arrêt des pluies, la terre ne reçoit rien et ne produit rien, quand le ciel a soif, que le sol se dessèche, que les sources tarissent, que les prés ne respirent plus, que les pâtures sont endiguées,

imbrium negata natura. *Viuit,* inquid Dominus, *erit hiis ros aut pluuia nisi per uerbum oris mei.*

Hac enim sententia a fideli propheta meruit populus perfidus | iudicari ut, deficiente in populo fide, rerum ubertas deficeret et perfidie malum inopia castigaret, ut et fidei comoda et perfidie detrimenta famis iudicio demonstrarentur.

Denique per eundem prophetam fidelem cum liberis pascitur uidua per quem famis necessitate torquetur Iudea; fidelis uidue modicum quod remansit finiri non potuit, infideli populo abundancia minuitur et esurit; fidelibus modica finiri non possunt, infidelibus eciam, cum sunt nec non sunt, tormenta non desunt. Fides pascitur quia praesumit, perfidia indicetur quia diffidet. Fidelis Deum sibi efficit debitorem, infidelis uero Dominum sibi constituit iudicem, unde queretur, et fides necessariis utilitatibus pascetur.

Nec enim fas erat ut fames que ad uindictam uenerat perfidorum, sine discrimine Dei seruos adtingeret ut iam nec separacio meritorum nec ulcio posset nosci ab aliquo perfidorum. Frustra niteris, frustra conaris, perfidia. Contra te est bellum, contra te dimicat celum, contra te terra rebellat, elementa discordant, contra te universa que pro te esse consuerant Domino iubente te pugnant. Non potest Christi famulari natura: eius auctorem despicis, contempnis Dominum, genitorem non seruis; quod facis pateris, quod exerces inueneris, quod operaris agnoscis. Vt enim fidei uniuersa subiecta sunt, ita perfidie inimica cuncta redduntur. Mutetur a te perfidia fide, contemptus obsequio, contuma-

---

45/46 III Reg. 17, 1   **53** quod – potuit] cfr III Reg. 17, 15-16

45 negata *W*] negatur *corr. ed.*   **47** a – propheta *nos*] a fidelis propheta *W*, fidelis prophetae *corr. ed.*   **49** perfidie *ed.* (-iae)] perfidei *W*   **50** demonstrarentur] *ex* monstrarentur *corr. W*   **55** nec non *ed.*] nc (*aut* ne?) non *W*   **56** indicetur *nos*] indicet *W*, iudicatur *corr. ed.*   **58** pascetur *ed.*] pasceretur *W*   **61** ab aliquo *W*] ad aliquo *ed.*   **63** discordant *ed.*] discordant *W*   **64** consuerant *ed.* (*qui hic* conseruat *leg.*)] consuerat *W*   **65** eius *W*] cuius *corr. ed.* (*qui hic* cuis *leg.*)   **66** exerces *ed.*] exercet *W*   inueneris *W*] inuenis *leg. ed.*

une fois endigué⁹³ le régime des pluies. Il dit : « Le Seigneur vit, mais il n'y aura pour eux ni rosée ni pluie sauf sur un mot sorti de ma bouche. »

Et cet avertissement venant d'un prophète, homme de foi, valut à un peuple à la foi dévoyée d'être condamné : si un peuple n'a pas la foi, il n'a pas non plus la prospérité, et ce fléau qu'est la foi dévoyée se voit puni par la disette, pour qu'apparaisse clairement, par la sanction de la famine, tous les bienfaits que donne la foi et tous les malheurs que procure une foi dévoyée.

53rb

Ensuite chez ce même prophète, homme de foi, une veuve se nourrit avec ses enfants, alors que lui infligeait à la Judée les affres de la faim ; la veuve fidèle put conserver constamment le peu qui lui restait alors que pour le peuple infidèle l'abondance décroît, et c'est la famine ; pour les croyants, le peu qu'ils ont ne peut être épuisé, mais pour les incroyants, qui le sont et le restent, les souffrances ne manquent pas. La foi est nourrie parce qu'elle fait confiance ; la foi dévoyée, elle, sera imposée parce qu'elle n'a pas confiance. Le fidèle a réussi à faire que Dieu lui doive quelque chose, l'infidèle, lui, a fait que Dieu soit son juge, et pour cela il se plaindra, alors que la foi se nourrira des indispensables moyens de vivre.

C'est qu'il n'était pas juste que la faim qui était survenue pour punir des gens à la foi dévoyée touche les serviteurs de Dieu sans distinction, et que dès lors on ne puisse reconnaître de quelque façon ni la différence des mérites, ni la punition des gens à la foi dévoyée. Foi dévoyée, tout ce que tu entreprends est vain, tout ce que tu tentes est vain. Contre toi, c'est la guerre, contre toi le ciel prend les armes, contre toi la terre se rebelle, les éléments ne sont plus en accord, contre toi l'ensemble de ce qui était normalement fait pour toi te combat sur ordre de Dieu. La nature qui appartient au Christ ne peut pas être à ton service : tu méprises son origine, tu dédaignes son maître, tu ne sers pas son créateur. Tu souffres de ce que tu fais, tu auras découvert ce que tu mets en pratique, tu sais ce que tu mets en œuvre. Car de même que tout se soumet à la foi, de même tout est hostile à la foi dévoyée. Passe de la foi dévoyée à la foi, du dédain à l'obéissance, de l'arrogance à la

---

⁹³ La correction par Leroy de *negata* en *negatur* est inutile puisqu'on peut voir dans *imbrium negata natura* un ablatif absolu, reprise parallèle de l'ablatif initial *pluuiarum defectu*.

cia seruitute ut fides te Deo faciat ⟨proprium, qui te Deo⟩ feceras
70 alienum.

4. Denique interpellat in euangelio Dominum centurio ut suum saluum efficeret puerum: *Domine,* inquid, *puer meus iacet in domo mea paraliticus, grauiter penas dat. Ego uenio,* inquid Dominus, *et curabo eum.* At ille: *Domine,* inquid, *non sum dignus ut sub tectum*
75 *meum introeas sed tantum dic uerbo et curabitur.* O fides in centurione perfecta, quam ipse Dominus collaudauit dicens: *Amen dico uobis, in nullo talem in Israhele fidem inueni. Dic,* inquid, *tantum et curabitur uerbo.* O, inquam, fides in centurione perfecta, qui quanto fidelius petit, tanto | cicius quod petiuit accepit: Dic, inquid, tantum uerbo et   53va
80 merui, iube solum et inpetro quod optaui, praecipe sermone et quod desidero inpetraui. Nam si ego homo uoco militem et uenit, mitto et uadit, praecipio seruo et facit, quanto tu omnium Dominus cum iusseris fiet, cum preceperis paret, cum imperaueris uirtus curacionis adsistet. Indigna est domus que tante puritatis auctorem excipiat, indigna
85 sunt tecta que tanta maiestas introeat, incongruens domicilium quo habitator celestium et Dominus angelorum adueniat.

Hoc fidelis centurio mente concepit eciam si uerbo conticuit. Vnde laudari a Domino taliter meruit. Suum Domino proponit exemplum ut eius sibi procuret imperium, sue potestatis in suos indicat iussa ut ad
90 miserendum Dominum inuitet; auxilia humane potestatis iussa demonstrat ut potentem Christi uirtutem extorqueat. Si qualis sum, inquid, Domine, homo in hominem, talis in ista uolueris esse uirtute, curabitur puer, letabitur Dominus, laudabitur Deus.

72/78 Matth. 8, 6-8 et 10

69 proprium – deo² *restituimus*] proprium quem perfidia *rest. ed., om. W* feceras *nos*] fecerat *W ed.*   **73** penas] *lege* poenas   **74** inquid] *om. et s.l. rest. W*   **80** praecipe *ed.*] percipere *W*   **90** inuitet *ed.*] inuite *W*

soumission, pour que la foi te rende ⟨proche⟩ de Dieu, ⟨toi qui t'⟩ étais rendu étranger ⟨à Dieu⟩[94].

4. Voici un dernier exemple : dans l'évangile, un centurion fait appel au Seigneur pour qu'il guérisse son fils : « Seigneur, lui dit-il, mon fils gît dans ma maison, paralysé, et il souffre beaucoup. » Le Seigneur lui dit : « Je vais venir le guérir. » Mais lui répond : « Seigneur, je ne suis pas digne que tu entres sous mon toit, mais dis seulement une parole et il sera guéri. » Quelle foi parfaite dans ce centurion ! Le Seigneur lui-même l'a comblée de louanges, en disant : « En vérité, je vous le dis, en Israël, je n'ai trouvé personne avec une telle foi : Parle seulement, dit-il, et il sera guéri d'un mot. » Ah oui, dis-je, quelle foi parfaite dans ce centurion ! La rapidité avec laquelle il eut satisfaction fut à la mesure de sa foi. Il dit : « Dis seulement un mot et j'ai eu satisfaction, ordonne seulement et j'obtiens ce que j'ai souhaité, donne un ordre verbal et j'ai obtenu ce que je désire. Car si moi, qui suis un homme, j'appelle un soldat, il vient, si je le renvoie, il s'en va, je donne un ordre à un esclave et il l'exécute, alors, bien davantage, toi, le maître de tout, quand tu auras donné un ordre, ce sera fait, quand tu auras décidé, on obéira, quand tu auras commandé, la puissance de guérison interviendra. Ma maison n'est pas digne de recevoir la source d'une telle pureté, cette demeure n'est pas digne d'y voir entrer une telle grandeur, ce n'est pas un lieu où puisse venir l'habitant des cieux et le maître des anges. »

53va

Voilà ce qu'a bien compris ce centurion plein de foi même s'il ne l'a pas exprimé. Et c'est ce qui lui a valu une telle louange du Seigneur. Il expose son exemple au Seigneur pour bénéficier du pouvoir de celui-ci, il cite les ordres que son pouvoir donne aux siens pour inviter le Seigneur à la compassion, il parle des ordres militaires dus au pouvoir humain pour arracher au Christ une manifestation de sa puissance : « Seigneur, dit-il, si comme moi dans mon rapport avec un autre homme, tu veux de ton côté faire de même dans ce miracle, l'enfant sera guéri, le Seigneur sera heureux, Dieu sera célébré. »

---

[94] Nous nous sommes inspirés ici de l'astucieuse restitution de Leroy, qui est en effet appuyée par le parallèle en 20 B, 8 (*ille operando Dei efficitur proprius, hec non operando efficitur alienus*), mais qui explique mal l'omission. En supposant à la fin du passage omis deux mots repris à ce qui précède (*te Deo*), l'oubli s'explique mieux, même si cela oblige à corriger le *t* de *fecerat* en *s* (faute fréquente sous la plume du copiste).

Inpetrat misericordiam fides, pietatem humilitas inuenit, centurio meruit quod optauit nec fideli roganti Dominus defuit, qui desiderata numquam fidelibus denegauit.

La foi obtient la compassion, l'humilité rencontre la bonté, le centurion a mérité ce qu'il souhaitait, et le Seigneur n'a pas manqué d'exaucer un fidèle car jamais aux demandes des fidèles il n'a opposé de refus.

60
De oratione

1. | Est enim oracio cum Deo colloquium, adlegacio desiderii, medicina uulnerum, sanitas egrotorum. Est, inquam, oracio momentum salutis, fidei robur, expugnacio hostis, contra inimicum bellum, in fame ubertas, in egritudine sanitas, contra mortem uita, contra languorem medela, arma contra hostem, contra ignem refrigerium, contra feras praesidium, subsidium miserorum, orfanorum auxilium, solacium uiduarum. Hec archana nudat, reserat clausa, uincula soluit, custodias aperit. Impetrat pluuias, ignes uocat, elementis imperat, fecitque ea quae fieri rerum natura non patitur. *Quitquid,* inquid, *credentes pecieritis, continget uobis a patre meo qui in celis est.* Nichil oranti excipitur, nichil negatur; faciat orans quod praecipitur ut possit accipere quod precatur. Non sit ad obsequium contumax qui ad Dominum precandum adcedit. Audi Deum ut audiaris ab illo, pare praeceptis ut impleat ipse quod poscis, ne ueniat super te sentencia Dei dicentis: *Quoniam locutus sum et non audierunt me, sic clamabunt et non audiam eos.* Difficilis impetracio est ubi perseuerat nequicia, facillime ignoscitur quod praemissa satisfaccione dampnatur; necte ⟨te⟩ pro antiquis et cessa delinquere, pro ueteribus ora et noua exhorre; praeterita enim tibi ita poterunt condonari si iusticiam sectans terminum delictis imponas. *Fili,* inquid, *peccasti, ne adicias iterum.* Clementissimus Deus eciam post peccatum filium nuncupat. Est enim filius si cesset, si augeat hostis nec filii nomen amittit si non cesserit copia peccatorum. *Fili,* inquid, *peccasti, ne adicias iterum. Sed et de pristinis deprecare ut tibi dimittantur. Quasi a facie colubri, fuge peccata, si accesseris ad illa suscipient te quasi dentes leonis* inuorando.

9/10 Matth. 21, 22   **15/16** cfr Zach. 7, 13   **20** Eccli. 21, 1   **23/25** Eccli. 21, 1-3

10 pecieritis *ed.* (petie-)] pacieritis *W*   **11** negatur] *ex* legatur *corr. in mg. W*   **15** clamabunt *correximus*] clamabit *W ed.*   **16** impetracio *ed.*] nete *W*   **17** necte te *ed.*] nete *W*   **18** exhorre] *iter. W*   **22** augeat *W*] angeat *dub. prop. ed.*   **23** fili *ed.*] filii *W*   **25** suscipient te *ed.*] suscipiente *W*

60
De la prière

1. La prière, c'est un dialogue avec Dieu : elle exprime le besoin, la guérison pour nos blessures, la santé pour les malades. Oui, la prière, c'est un mouvement vers le salut, un renforcement de la foi, l'expulsion de l'Ennemi, la guerre contre l'Adversaire, l'abondance quand on a faim, la santé quand on est malade, la vie opposée à la mort, la guérison quand on dépérit ; ce sont des armes contre l'Ennemi, la fraîcheur contre le feu, la protection contre les fauves, le secours pour les malheureux, l'aide pour les orphelins, la consolation pour les veuves. C'est elle qui met à nu les choses cachées, ouvre ce qui est fermé, fait tomber les chaînes, libère les prisonniers, nous apporte la pluie, fait brûler les feux, commande aux éléments, et réalise ce que la nature ne peut parvenir à faire. « Tout ce que vous aurez demandé avec foi, dit-il, vous l'obtiendrez de mon Père qui est dans les cieux. » À celui qui prie, rien n'est enlevé, rien n'est refusé ; que celui qui prie fasse ce qui est prescrit pour pouvoir recevoir ce pour quoi il prie. Qu'il ne refuse pas de se soumettre, celui qui va vers le Seigneur pour le prier ; écoute Dieu pour que lui t'écoute, obéis aux commandements pour que lui satisfasse ce que tu demandes, pour que ne tombe pas sur toi cette sentence de Dieu : « Puisque j'ai parlé et qu'ils ne m'ont pas entendu, ils crieront et je ne les entendrai pas. » Il est difficile d'avoir satisfaction lorsque persiste une mauvaise conduite, mais très facile d'avoir le pardon pour ce que l'on réprouve en commençant par faire pénitence. Regroupe tes actes antérieurs et cesse de pécher, prie pour tes erreurs anciennes et redoute les nouvelles, car tu ne pourras être acquitté de ton passé que si tu recherches la justice et mets un terme à tes fautes. « Mon fils, dit-il, tu as péché, ne recommence pas. » Dieu dans sa grande clémence l'appelle « fils » même après le péché, car c'est son fils, même s'il se relâche ou va jusqu'à se rebeller, et il ne perd pas son nom de fils même si ses péchés restent nombreux. « Mon fils, dit-il, tu as péché, ne recommence pas. Mais demande pardon pour tes fautes passées afin qu'elles te soient remises. Fuis les péchés comme si tu voyais un serpent, car si tu t'en approches, ils s'empareront de toi comme les dents d'un lion » en te dévorant.

2. Publicanus orat in templo et clementer auditur, descendit iustificatus qui peccator in templum ascendit. *Duo*, inquid, *ascenderunt in templum ad oracionem, unus phariseus et alius publicanus. Phariseus autem talia pre|cabatur dicens: Deus, gratias tibi ago quia non sum sicut ceteri homines iniusti, raptores, adulteri, quomodo publicanus iste; ieiuno bis in sabbato, decimas do eorum quecumque possideo. Publicanus autem stabat de longinquo et neque oculos uolebat in celum porrigere sed tundebat pectus suum dicens: Deus, propicius esto michi peccatori.* Et Dominus addicit dicens: *Dico autem uobis quod iustificatus hic descendit in domum suam magis quam ipse phariseus. Omnis enim qui se exaltauerit humiliabitur et qui se humiliauerit exaltabitur.*

Tundebat publicanus pectus quod numerositas infecerat peccatorum et quasi delicta animo clausa crebris ictibus uerberaret, sic pectoris secreta tundebat. Sciebat enim non posse latere quae Deo teste conmiserat, nec ueniam posse mereri nisi ante ipsi iudici fateretur. Deiciebat publicanus oculos ad terram sed corde Dominum aspectabat, orabat demissa ⟨facie⟩, erecta mente Dominum cernebat. Rogabat publicanus non uerbis sed fletibus, non precibus tantum sed laceracione pectoris et dolore nichilque aliud quam delictorum ueniam postulabat.

Adest et phariseus obseruantia legis securus, clamore ipsa reprobus factus et, quasi legem obseruans beneficium Domino praestitisset, sic superbe que fecerat uentilabat; denique non orare sed reprobari ascenderat, nec rogare Dominum sed illum pocius excitare ut qui humiliantem se publicanum despexerat despectus ipse a Domino horreatur.

27/36 Luc. 18, 10-14

28 alius] *ex* alter *corr. sub l. W*   **35** se] *om. et rest. s.l. W*   **38** crebris *ed.*] crebri *W*   **40** ante (añ) *W*] animum *ed., qui* añm *leg.*   **42** facie *rest. ed.* (*qui etiam* demisso fronte *dub. prop.*)] *om. W*   **43** fletibus *ed.*] flectibus *W*   pectoris *ed.*] peccatoris *W*   **46** factus et *W*] factus est *dub. prop. ed.*   **48** humiliantem *corr. ed.*] humilitatem *W*   **49** horreatur *ed.*] hrretur *W*

2. Un publicain prie dans le temple et il est écouté avec clémence, c'est justifié qu'il redescend du temple, alors qu'il y est monté en pécheur. « Deux hommes, est-il dit, sont montés au temple pour prier, l'un était pharisien et l'autre publicain. Le pharisien disait dans sa 54vb
prière : "Dieu, je te rends grâce de ce que je ne suis pas comme tous les autres, injustes, voleurs, adultères, ou comme ce publicain qui est là. Je jeûne deux fois par semaine, je donne la dîme de tout ce que je possède." Le publicain, lui, se tenait à distance, il ne voulait même pas lever ses yeux vers le ciel, mais il se frappait la poitrine en disant : "Dieu, aie pitié de moi qui suis un pécheur." » Et le Seigneur dit encore : « Moi, je vous dis que cet homme est redescendu chez lui justifié, plutôt que ce pharisien-là, car qui s'élève sera abaissé et qui s'abaisse sera élevé. »

Le publicain frappait sa poitrine qu'avait envahie le grand nombre de ses péchés, et il frappait ce que recelait sa poitrine comme s'il donnait une grêle de coups aux fautes que renfermait son âme. Il savait bien en effet que ce qu'il avait commis devant Dieu ne pouvait rester caché, et qu'il ne pouvait non plus mériter le pardon s'il ne l'avouait pas d'abord au Juge lui-même. Les yeux du publicain étaient tournés vers le sol mais dans son cœur il regardait le Seigneur. Il priait en baissant la tête[95], mais en élevant son esprit, il voyait le Seigneur. Le publicain formulait sa demande non avec des mots mais avec des larmes, et non seulement avec des prières, mais en se déchirant la poitrine, en souffrant, et il ne demandait rien d'autre que le pardon de ses péchés.

Le pharisien est là lui aussi, tranquille puisqu'il observe la Loi, mais réprouvé par sa prière à haute voix ; et, comme s'il rendait service au Seigneur en observant la Loi, il faisait montre avec orgueil de ce qu'il avait fait. Bref, il était monté là non pour prier, mais pour se faire réprouver, non pour adresser une demande au Seigneur, mais bien pour le provoquer, si bien que lui, qui avait méprisé le publicain qui s'humiliait, se retrouvait lui-même méprisé et pris en aversion par le Seigneur.

---

[95] Leroy se demande dans son apparat si au lieu de sa restitution de *facie*, il ne serait pas préférable de corriger en *demisso fronte*. En réalité, si *demisso capite* se rencontre souvent, il n'y a pas une seule attestation de *demisso fronte* dans la *Library of latin Texts* de Brepols, et nous avons donc conservé sa première restitution.

3. Iustificatur publicani confessio, pharisei elacio reprobatur; hic humiliatio publicanum exaltat, illic phariseum superbia humiliat; hic expiatus de templo descendit, ille reprobatus domum reuertit, ut sit omnibus manifestum Dominum magis humilem peccatorem quam superbum quemquam audire. *Oracio,* inquid, *humiliantis se nubes penetrat et non desinit donec aspiciat altissimus* et Deus paciens auditor delectatur illis. Talium Deus precibus delectatur, talium oratione ut pius Dominus Deus conmouetur, hiis mutatur ut clemens, his ut misericors exoratur. *Super quem aspiciam alium,* dicit Dominus, *nisi super humilem et mitem et trementem uerba | mea?* Nam quisquis homo ad eundem iudicem petendum, ne ⟨uane⟩ arcessat, nunc loci nunc temporis oportunitatem exposcit, ne familiares inpediant aut ministri arceant aut aliqua causa obsistat; ad Deum autem orando accedes cum uoles, quantum uoles precaris. Adest enim audire orantem, adest semper praestare paratus; allegantem desideria non respuit, non aspernatur. Tu fles et ille exultat, tu gemis et ille congaudet. Nec enim uerba magis quam gemitus audit, nec uocibus pocius quam fletibus delectatur. Quantum enim lacrime uberius effunduntur, tanto miseracio Dei clemencius impertitur. *Nonne lacrime,* inquid, *ad maxillam descendunt et exclamacio ⟨a⟩ maxilla ad Deum ascendet et non desinet donec aspiciat* Deus.

54/55 Eccli. 35, 21   58/59 Is. 66, 2   68/70 Eccli. 35, 18 et 21

53 quam *ed.*] qui *W*   60 uane arcessat *restituimus*] accessat (*aut* accessiit?) *W*, ⟨inaniter⟩ accessat *rest. ed.*   61 ne *ed.*] nec *W*   inpediant *ed.* (imp-)] inpendiant *W*   62 aliqua *ed.*] aliqui *W*   69 a *rest. ed.*] *om. W*

3. La confession du publicain est prise à sa juste valeur, la jactance du pharisien est réprouvée. D'un côté, l'humilité du publicain l'élève, de l'autre, la superbe du pharisien le rabaisse. L'un redescend du temple en racheté, l'autre revient chez lui en réprouvé, pour qu'il soit évident pour tous que le Seigneur écoute plus un humble pécheur qu'un orgueilleux. « La prière de qui prie à terre, dit-il, traverse les nuages et continue jusqu'à ce que le Très-Haut le regarde. » Dieu écoute avec plaisir sans se lasser, il apprécie leurs prières ; voilà ceux dont Dieu apprécie les prières, ceux dont l'oraison touche Dieu dans sa bonté, ceux qui le font passer à la clémence, ceux dont les prières le poussent à la miséricorde. « Sur qui porterai-je les yeux, dit le Seigneur, sur l'humble, le doux, qui tremble devant mes paroles ? » Car tout homme qui veut solliciter un juge, un homme comme lui[96], et ne pas intenter ⟨vainement[97]⟩ une action essaie d'obtenir un lieu ou une date favorable, pour éviter que des amis ne le retiennent, ou que des serviteurs ne l'arrêtent, ou qu'une raison quelconque ne fasse obstacle. À Dieu, en revanche, tu arriveras quand tu voudras en faisant oraison, et tu prieras autant que tu voudras, car il est là à écouter celui qui prie, il est là toujours prêt à répondre à une demande, il ne repousse ni ne méprise celui qui exprime un besoin. Toi, tu pleures, et lui s'en réjouit, toi, tu gémis, et lui en est content, car il n'écoute pas les mots, mais les gémissements, et ce qui lui plaît, ce sont les pleurs plutôt que les paroles. Plus les larmes coulent abondamment, plus Dieu accorde avec clémence sa miséricorde car il dit : « Les larmes ne descendent-elles pas jusqu'au menton ? les cris monteront du menton jusqu'à Dieu et ne cesseront pas avant que Dieu ne les voie. »

55ra

---

[96] *Eundem* peut paraître surprenant. En fait, il renvoie à *homo* (qui n'était pas indispensable avec *quisquis*) pour l'opposer plus bas par *autem* à *Deus*. Il faut choisir son moment pour voir un juge, qui n'est qu'un homme comme le plaignant (*eumdem*), mais Dieu est toujours accessible.

[97] Leroy édite ici *ne* ⟨*inaniter*⟩ *accessat*. Cette lecture pose deux problèmes : *accessere* n'est pas attesté et elle explique mal la disparition de l'adverbe *inaniter*. Nous préférons donc corriger *accessat* en *arcessat*, qui semble presque s'imposer dans ce contexte juridique, et supposer l'omission par saut du même au même de *uane* (**ne** *uane*).

4. Sic Ezechias rex a morte eximitur, sic in uicinio constituto uite tempora prorogantur. Ad quem egrotantem cum propheta a Deo missus uenisset: *Dispone,* inquid, *domum tuam; morieris enim et non uiues; qui cum se ad parietem conuertisset, flens Dominum deprecatur: Memor esto, inquid, quemadmodum ambulauerim in conspectu tuo et quae tibi sunt placita fecerim et fleuerim in conspectu tuo; et fleuit, inquid, Ezechias fletu magno.* Confestim ad eum reuocatur propheta dicens: *Hec dicit Dominus Dauid patris tui: Audiui orationem et respexi ad gemitus tuos; ecce addidi ad tempus tuum annos quindecim et de manibus regis Assiriorum liberabo te et pro ciuitate ista pugnabo.*

Iacebat Ezechias infirmitate fessus, diuina sententia moriturus, iacebat non ut egritudine laboraret sed ut terminum uite Deo iubente acciperet. Denique missus propheta mortem praedicat, uite finem annunciat. Mox Ezechias territus metu Deum adorat, deprecatur Dominum ut cuius sententiam pertimuerat eius indulgencia seruetur. Statim inter pectoris estuantis angustiam exoptata gaudia pariuntur. Statim lacrimosa lamentatio precum testificatione quiescit. Statim denique madentes oculi fletus nuncio salutari terguntur. Cito enim quod accipitur precibus dolenter expetitur. Denique adest oranti continuo Deus, deprecanti mox Dominus miseretur, uelocius Ezechias inpetrat quam orat, cicius auditur quam Dominum deprecatur; affert propheta indulgenciam qui sententiam nuper attulerat, salutem praedicat qui morti addixerat, ut quanto sentencie fuerat merore af|fectus, tanto gaudio indulgentia frueretur. Igitur Deus mortis latam sentenciam flectit, feneratum beneficium tribuit. Amat Dominus rogari ut

---

73/80 IV Reg. 20, 1-6

71 *post* constituto *add.* ⟨mortis⟩ *ed.*   **72** ad *ed.*] at *W*   **79** addidi *ed.* (*qui hic* adidi *leg.*)] adi *W*   **88** terguntur *ed.*] tergentur *W*   **94** tanto *W, qui ante* tanto *del. duas litteras*] sic tanto *ed.*

TEXTE LATIN ET TRADUCTION 273

4. Voici comment le roi Ézéchias a échappé à la mort, et comment, alors qu'elle devait bientôt arriver[98], fut prolongé son temps de vie. Alors qu'il était malade, Dieu lui envoya un prophète qui lui dit : « Mets en ordre ta maison, car tu vas mourir et non pas vivre » ; il se tourna vers le mur et supplia le Seigneur en pleurant : « Rappelle-toi, disait-il, comment sous tes yeux j'ai marché, comment sous tes yeux j'ai fait ce qui te plaît, comment j'ai pleuré sous tes yeux. » Et Ézéchias, est-il dit, pleura à chaudes larmes. Aussitôt, le prophète fut rappelé auprès de lui et dit : « Voici ce que dit le Seigneur de ton père David : "J'ai entendu ta prière et considéré tes plaintes. Et voici que j'ai ajouté quinze années à ton temps de vie, que je te libérerai des mains du roi des Assyriens et combattrai pour cette ville." »

Ézéchias gisait, épuisé par la maladie, voué à la mort par un jugement de Dieu[99]. Il gisait là, non pour souffrir de maladie, mais pour voir venir la fin de sa vie sur l'ordre de Dieu. Ensuite, le prophète qu'on lui envoie lui annonce sa mort, lui fait savoir que sa vie est finie. Alors Ézéchias, saisi de terreur, adore Dieu, supplie le Seigneur pour que celui qui avait prononcé une sentence qui le terrorisait lui accorde de rester en vie. Aussitôt naît dans sa poitrine, que l'angoisse serre et fait haleter, l'heureux effet qu'il avait souhaité ; aussitôt ses plaintes et ses pleurs s'apaisent par la prise en compte de ses prières ; aussitôt enfin ses yeux pleins de larmes sèchent à l'annonce qu'il est sauvé. Car ce que l'on subit part vite vers son but si l'on prie dans la douleur. Bref, Dieu se tient sans cesse près de celui qui prie, le Seigneur a tôt fait de prendre en pitié celui qui demande en priant. Pour Ezéchias, le résultat vient plus vite que la prière, le Seigneur l'entend avant qu'il ne demande. Le prophète lui apprend cette indulgence alors qu'il venait tout juste de lui faire part de la sentence, il annonce la vie sauve alors qu'il lui avait signifié l'arrêt de mort, pour que toute l'affliction qu'il avait éprouvée lors de la condamnation soit autant de bonheur ressenti devant le pardon. 55rb Dieu changea donc l'arrêt de mort qu'il avait prononcé, et lui accorda un prêt à intérêt. Le Seigneur aime qu'on lui demande de donner ; il

---

[98] L'ajout par Leroy de *mortis* ne semble pas indispensable vu la proximité de *morte* dans le membre de phrase qui précède.

[99] Dans ces deux paragraphes, la chronologie semble inversée, et la guérison d'Ézéchias précéder l'annonce de sa maladie.

praestet, amat deprecantibus frequenter ignoscere, amat mutare sententiam si peccatores uoluerint malitiam inmutare.

5. Anna sterilis filium ut accipiat Dominum deprecatur; *et orabat Anna in corde suo, labia eius tantum mouebantur et uox eius non audiebatur et exaudiuit eam Dominus.* Orabat Anna sanctissima Dominum, quam natura sterilem matrem oratio fecerat. Fit oratione fecunda que natura fuerat desolata; precabatur illa non ore sed corde, nec uerbis strepentibus personabat quae deuoto animo Dominum detinebat; extorquet oratione quod natura non dederat. Fit possibile precibus quod re nulla possibile uidebatur. Denique promittit Domino filium quem necdum inpetrat, uouet illum quem nondum ⟨dat Dominus⟩. Dat Dominus filium matri, sibi prophetam; dat, inquam, Dominus matri solacium, sibi aptissimum sacerdotem. Vtrisque proficit quod matris oratio postulauit ut, dum dono celesti Samuel sanctissimus nascitur, et mater filium et Dominus haberet ministrum.

6. Nam sunt nonnulli quorum orantes alii damnant, maledicunt alii, alii ulcionem inimicis exoptant. Irascitur orans proximo et quaerit Deum habere propicium; uindictam de inimicis exposcit et peccatorum ueniam concupiscit; maledicit proximo et benedici a Deo exoptat. *Homo,* inquid, *homini reseruat iram et a Deo quaerit medelam;* ⟨*in*⟩ *hominem similem sui non habet misericordiam et de peccatis suis de precatur, ipse cepit retinere ipsum et propiciacionem* repetit *a Deo.*

Sunt, ut dixi, qui magnis clamoribus orare consuerunt et quasi iacentes humi celum penetrare uocibus possint, sic extenso clamore quae desiderant poscunt ut tunc se putent audiri cum clamant tunc

---

115/117 Eccli. 28, 3-5

104 oratione *ed.*] orationem *W*   **105** re nulla *correximus*] te nulla *W*, nullatenus coni. ed.   **106/107** dat dominus *restituimus*] habebat *rest. ed.*, *om. W*   **107** matri] *ed.*] matris *W*   **114** benedici *ed.*] benedicit *W*   **115** in] *rest. ed.*] *om. W*   **116** *ante* similem *del.* sibi *W*   **117** cepit] *lege* coepit   repetit *ed.*] repete *W*   **119** sic *ed.*] si *W*

aime pardonner à ceux qui l'implorent souvent, il aime changer ses jugements si les pécheurs veulent bien changer leur conduite coupable.

5. Anna était stérile ; elle supplia le Seigneur d'avoir un fils. Anna priait dans son cœur, elle remuait à peine les lèvres, on n'entendait pas sa voix, mais le Seigneur la perçut. La très vertueuse Anna priait le Seigneur, et la prière avait fait une mère d'une femme stérile par nature ; par la prière, une femme que la nature avait rendue infertile devint féconde. Elle priait non avec sa bouche, mais avec son cœur, et elle ne faisait pas retentir des mots tonitruants, c'était grâce à la piété de son âme qu'elle gardait son lien avec le Seigneur, elle arracha par la prière ce que ne lui avait pas donné la nature. Et ses prières rendirent possible ce qui ne semblait possible en aucun cas. Enfin, elle promet au Seigneur le fils qu'elle n'obtient pas encore, elle lui voue celui que ⟨le Seigneur⟩ ne ⟨donne⟩ pas encore. Le Seigneur donne un fils à une mère et se donne un prophète, oui, le Seigneur donne à une mère une consolation, et à lui-même un prêtre tout à fait compétent. Et l'un et l'autre tirent profit de ce qu'avait demandé la prière de la mère : grâce à ce don du ciel naît le très saint Samuel, la mère a un fils et le Seigneur un serviteur.

6. En fait, parmi les gens, certains condamnent ceux qui prient, d'autres disent beaucoup de mal d'eux, d'autres encore demandent à être vengés de leurs ennemis. Un homme prie en colère contre son prochain et recherche l'aide de Dieu, il réclame vengeance contre ses ennemis et demande le pardon de ses péchés, il dit beaucoup de mal de son prochain et voudrait que Dieu lui fasse du bien. « L'homme, est-il dit, réserve sa colère pour l'homme et demande à Dieu sa guérison ; ⟨pour⟩ son semblable il n'a aucune pitié et prie pour ses péchés, il reste égal à lui-même et réclame la miséricorde de Dieu. »

Comme je l'ai dit, il y a des gens qui prient habituellement à grands cris, comme si en étant couchés par terre ils pouvaient faire pénétrer leurs paroles dans le ciel. Ils réclament ce qu'ils souhaitent avec des hurlements parce qu'ils pensent ou bien être entendus en criant, ou bien obtenir satisfaction s'ils demandent ce qu'ils veulent à pleine voix. Le

inpetrare si magnis uocibus quod desiderant postulant. Quorum oratio non tam ipsis quam aliis obstrependo contraria est. Nam et si quidam dolentes exclamant, tamen Deus non clamores sed merencia corda exaudit nec strepencia | uerba sed afflicta pectora intuetur. Nouit 55va
125 occulta, tacita aspicit. Ipsa denique, quem necdum secreta uiscerum genuerant, suum maiestatis potencia contemplatur. *Ecce*, inquid, *oculi Dei in mirabilibus sole lucidiores sunt, circumspicientes omne profundum abissi et hominum corda intuentes in absconditas partes*. Igitur oret Deum pacificum pectus, benignus animus Dominum deprecetur; non
130 sit in ore aliud, aliud in corde, extrema cogitacio orationis saltem tempore conquiescat, nullum sit in precibus uerbum quod cogitacione profana frustretur. Ita enim Dominus poterit adesse oranti si orantis animus fuerit Domino copulatus.

126/128 Eccli. 23, 28

121 *post* postulant *iter.* ut tunc se [*hic* si] putent audiri cum clamant tunc [*hic* se] inpetrare [*hic* inpetrarent] si magnis [*hic* magis] uocibus quod desiderant postulant *W* **122** obstrependo] *ex* obstrependa *corr. W ut uid.* **123** merencia] *lege* maerentia **125/126** ipsa – contemplatur] *supra in § 5 post* possibile uidebatur *tr. ed.* **125** quem *correximus*] que *W*, cuius *corr. ed.* (*qui hic nihil in app. dicit*) **127** mirabilibus *ed.*] mirabilius *W* **132** frustretur *ed.*] frustetur *W*

vacarme de leur prière est une gêne pour les autres plus que pour eux-mêmes. Car bien que certains crient leur douleur, Dieu n'exauce pas les cris, mais les cœurs en détresse, et ne regarde pas les hurlements, mais la peine intérieure. Il connaît ce qui est caché, il voit ce qui est tu. Et finalement, c'est ainsi que la femme elle-même, grâce à un majestueux pouvoir, contemple son enfant, que ses organes internes n'avaient pas encore engendré[100]. « Voici, est-il dit, que les yeux de Dieu sont miraculeusement plus brillants que le soleil, car ils perçoivent jusqu'au tréfonds de l'abîme, et leur regard va jusqu'aux lieux secrets du cœur des hommes. » Que ce soit donc un cœur apaisé qui prie Dieu, un esprit bien disposé qui fasse une demande, que ce qu'on a dans le cœur ne soit pas différent de ce qu'on a dans la bouche. Que les préoccupations extérieures s'endorment au moins au moment de l'oraison, que les prières ne contiennent aucun mot qui puisse les dévoyer par une pensée profane. Car le Seigneur ne pourra venir en aide à celui qui prie que si son âme est d'abord entrée en lien avec lui.

55va

---

[100] Leroy (*uide app.*) transpose cette phrase (*Ipsa denique – contemplatur*) dans le paragraphe 5 après *possibile uidebatur*, probablement parce qu'elle renvoie à Anna. Ce déplacement ne semble pas indispensable. À sa place, la phrase du ms. suit immédiatement *[Deus] nouit occulta, tacita aspicit*. Comme il le fait si souvent, l'auteur a coutume de relier ses phrases entre elles par *denique*, et à revenir en arrière dans le récit, comme il le fait dans l'exemple du roi Ézéchias (ce dernier paragraphe commence d'ailleurs par *ut dixi* et la phrase se termine par *contemplatur*, qui fait clôture avec *aspicit*). *Ipsa* fait revenir dans l'argumentation finale l'effet le plus miraculeux de la prière, à savoir la fin de la stérilité d'Anna. Selon nous, tout ce qu'écrit Leroy dans son apparat à partir de cette phrase prétendûment déplacée est donc une hypothèse sans fondement (p. 225, l. 119) : « Ce fait, probablement environ une ligne de texte omise à sa place puis suppléée en bas de page (et, par erreur, intégrée ultérieurement au texte en un endroit indu), devrait permettre une double indication : d'abord sur le nombre de lignes minimum par folio du modèle (ou de l'un des modèles antérieurs à notre témoin) ; ensuite, sur le nombre probable de caractères par ligne de ce modèle. Mais on reste bien sûr dans le domaine de l'hypothèse. »

III.

Études sur les sermons[1]

---

[1] La plupart des études de cette partie sont issues des communications présentées lors des Journées d'étude sur « Les sermons donatistes de la catéchèse de Vienne » organisées à Montpellier les 14 et 15 juin 2019 par Sabine Fialon et Jean Meyers. Sauf exception, la bibliographie de ces études est donc arrêtée à cette date.

Quelques réflexions sur la langue et le style des 22 sermons Leroy de la catéchèse de Vienne

Étienne WOLFF

(*Paris*)

Un préalable s'impose avant d'aborder le sujet de cet article : nous ne prétendons pas à l'exhaustivité, des éléments ont pu nous échapper, d'autant que nous n'avons pas participé à l'édition ni à la traduction des sermons Leroy (ce qui permet de faire plus facilement un relevé des phénomènes surprenants) ; nous n'avons pas non plus examiné les 48 autres sermons de la catéchèse de Vienne ; du moins notre étude pourra-t-elle servir de point de départ pour des travaux plus approfondis. Nous n'avons pas entrepris de recherche bibliographique sur la langue et la rhétorique des sermons de l'Antiquité tardive et livrons donc des résultats bruts, sans comparaison avec les prédicateurs célèbres de l'époque, africains (Augustin, Quodvultdeus, Fulgence) ou non (Léon le Grand, Césaire d'Arles, etc.), qui du reste diffèrent beaucoup entre eux dans la langue et le style. Nous nous excusons à l'avance du caractère énumératif et fastidieux de notre intervention. Voici donc les particularités de langue et de style que nous avons relevées à la faveur d'une lecture attentive du texte latin des 22 sermons. Nous les classerons en quatre catégories : faits de morphologie, de syntaxe, de lexique et de style, avec un développement particulier sur les métaphores. Il ne sera donc pas question du contenu des sermons.

1. Morphologie

Dans la morphologie, on peut noter : quelques datif-ablatif pluriels pour des mots abstraits de quatrième déclinaison (*spiritibus*, 11, 10 ; *aspectibus*, 55, 2 ; *profectibus*, 55, 2), mais ces formes sont attestées ailleurs ; deux étranges génitifs pluriels *specum* au lieu de *specuum* (14, 8) et *tonitrum* au lieu de *tonitruum* (35, 1), qui paraissent sans exemple si l'on se fonde sur la *Formenlehre der lateinischen Sprache* de F. Neue et C. Wagener[2] ; un ablatif *mortale* au lieu de *mortali* (50, 4) ; un curieux comparatif *professior* (27, 4), comme si *professus* était un adjectif et non un participe ; un doublet actif d'un verbe déponent (*scrutare* face à *scrutari*, 35, 3), mais la forme se rencontre assez fréquemment ailleurs ; des formes verbales surcomposées (*uentum fuisset*, 8, 6 ; *fuerint...uenerati*, 48, 5, etc.), mais c'est presque banal ; un infinitif parfait *reuiuisse* (au lieu de *reuixisse*), du verbe *reuiuesco* ou *reuiuo* (53, 1) ; le participe *odiens* (55, 4), comme si *odi* était un *infectum*, mais la forme est attestée ailleurs (voir *ThLL* IX, 2, 458, 73-459, 11). Seuls dans cette liste *professior, specum, tonitrum* et *reuiuisse* sont vraiment étonnants.

2. Syntaxe

La moisson est modeste aussi pour la syntaxe, qui reste classique. Nous avons relevé : la construction avec ablatif de comparaison (49, 1) des adjectifs *anterior* (un exemple dans Blaise, aucun dans le *ThLL*) et *prior* (quelques exemples dans le *ThLL*, X, 2, 3, 1316, 7-12) ; un ablatif d'agent précédé de *ab* pour un inanimé (*comeditur a taberna*, 53, 4) ; un emploi factitif de *efficere* avec l'infinitif (*efficiunt formidare*, 34, 3 ; le *ThLL* V, 2, 174, 35-53 donne quelques exemples avec la proposition infinitive) ; plusieurs *non* ou *nec* suivis du subjonctif pour exprimer la défense (par exemple 13, 7 : *nec inde se uiuere deputet* ; 20 B, 6 : *Non taediet ad semen qui festinat ad messem* ; dans un cas au moins, en 28, 3, *non contempnat ciuis...ne...senciat*, on peut expliquer le *non* par le désir d'éviter la succession de deux *ne* dans des valeurs différentes) ; une coordination *et nullus* (17, 4) et une *et ne* (10, 5) ; deux concordances des temps irrégulières (19, 8 : *instruitur...ut homo innocens regeretur* ; 20 B, 2 : *instructus es quomodo opereris*) ; deux interrogatives indirectes à l'indicatif (48, 5 : *Sed uideamus qui sunt qui diligunt Deum* ; 51, 4 : *Vnde quid potestatis in futurum merebitur cerno*, ce dernier cas est peut-être explicable par la volonté d'indiquer le futur dans l'interrogative) ; un infinitif de but (*non orare sed reprobari ascenderat*, 60, 2). L'infinitif de but est le phénomène le plus original, mais Ernout-Thomas (§ 275) notent bien que dans la langue parlée et en poésie, l'infinitif était substitué au supin en

---

[2] Il est vrai, comme me le signale J. Meyers, que le manuscrit a ici, fol. 13ᵛ et 33ᵛ, les abréviations *specu* et *tonitru* avec un tilde sur les *u*, qui pourrait peut-être renvoyer à *specuum* et *tonitruum*, mais ailleurs il écrit les deux *u* comme dans *sensuum*, au fol. 33ᵛ, avec tilde sur le 2ᵉ *u*.

-*tum* après des verbes de mouvement, et que la tournure s'est répandue en bas latin.

3. Lexique

Le lexique offre beaucoup plus de matière. On constate d'abord la présence d'un certain nombre d'hapax (nous qualifions d'hapax les mots qui ne figurent ni dans le *ThLL* ni dans Forcellini ni dans la base Brepolis) et de mots attestés ici pour la première fois. Ce sont les adverbes *massatim* (14, 6) et *triumphanter* (58, 2 ; Brepolis donne quatre attestations médiévales), les verbes composés *coefficere* (34, 2 ; le verbe réapparaît à partir du XIIIe siècle) et *praespectare* (35, 1). Deux autres hapax sont mentionnés ci-dessous.

On trouve ensuite un certain nombre de mots extrêmement rares. Citons le verbe *euideor* (13, 3), ici « sembler, paraître », dont le seul autre emploi contemporain selon le *ThLL* est chez Arnobe, dans le sens de « être vu » ; le verbe *deplacare* (20 B, 6), « apaiser », qui n'a que cinq autres occurrences anciennes (Zénon, deux fois Fulgence le Mythographe, une fois Fulgence de Ruspe, Dracontius) ; le verbe *praeiactare* (48, 1), « se vanter de », attesté en ce sens dans des scholies et chez Augustin au sens propre de « jeter ou proférer d'avance ou en avant » ; le verbe *subitare* (50, 2), « attaquer soudain, surprendre », qu'on lit notamment chez Cyprien et Augustin selon Blaise ; le substantif *animaduersor* (48, 6), « qui blâme, qui punit », attesté autrement seulement chez Cicéron, *Des devoirs* I, 146 (et chez Julien d'Éclane) ; le substantif *procacia* (28, 4), doublet de *procacitas*, qu'on lit chez Ausone, Ambroise et Rufin ; les adverbes (29, 1) *insensate* (voir *ThLL* VII, 1, 1859, 73-80, qui cite notre passage en le mettant sous le nom du Pseudo-Fulgence ; autrement attesté dans la Vulgate) et *sensate* (attesté chez Augustin et dans la Vulgate). On notera à propos de ces mots très rares qu'ils sont majoritairement (sauf pour *procacia*, et dans une moindre mesure pour *sensate* et *insensate*) employés par des auteurs africains. Mais jamais l'emploi ne s'explique par la reprise d'un passage d'un auteur antérieur.

Il y a également des mots qui, sans être rares, sont employés dans un sens inhabituel : ainsi le verbe *praestruere* (28, 3 ; et le substantif *praestructor*, un hapax), au sens de *instruere* ; cet emploi se retrouve chez d'autres auteurs chrétiens (voir *ThLL* X, 946, 26-73) ; le verbe *uentilare* (20, 5 ; 20 B, 2) au sens de « publier à tout vent, vanter sans cesse », qu'on trouve chez Augustin (voir Blaise s.v.).

Certains mots aussi sont employés dans un sens chrétien bien attesté mais qui n'est pas le sens classique. Le meilleur exemple est *praeuaricatio* (27, 1 ; 28, 6 ; 56, 2) et *praeuaricator* (19, 8), qui renvoient à la transgression de la loi divine ou à la trahison de la foi, non à l'entente illégale entre un accusateur et l'accusé.

On relève, ensuite, dans ces sermons, des mots post-classiques (pas antérieurs à Tertullien et souvent plus tardifs), en général pas véritablement rares, qui renvoient exclusivement ou non à des réalités chrétiennes. Dans la première catégorie (réalités chrétiennes), on citera par exemple les substantifs *decalogus* (11, 9), *delinquentia* (17, 1), « faute, péché », *exomologesis* (31, 5 et 6), « pénitence, confession », *humiliatio* (60, 3), *protoplastus* (11, 1 ; 53, 1 ; 55, 4), « le premier créé » (pour Adam), *uiuificator* (56, 1) ; les verbes *humiliare* (31, 5 ; 60, 2 et 3), *iustificare* (27, 3 ; 31, 1 ; 60, 2 et 3) ; l'adverbe *spiritualiter* (11, 10). Dans la deuxième catégorie (réalités non chrétiennes), citons les substantifs *grauamen* (27, 1), « charge », *improperium* (14, 8 et 9), « reproche, outrage » (en revanche *improperare* est attesté dès l'époque classique), *numerositas* (60, 2), « grand nombre, foule » ; l'adjectif *reprobus* (60, 2), « de mauvais aloi, sans valeur, réprouvé » ; les verbes *captiuare* (28, 5), *congaudere* (60, 3), *deuiare* (13, 8, ici peut-être transitif, voir A. Blaise s.v.), *leuiare* (31, 6), « alléger » (terme rare, et surtout médical, voir *ThLL* VII, 2, 1200, 46-66), *reprobare* (27, 6 ; 60, 2 et 3), « rejeter, réprouver », *sordidare* (17, 5 ; 29, 4 ; 31, 5), *taediare* (20 B, 8 ; 53, 1), « être dégoûté ».

Nous mentionnerons enfin quelques composés poétiques, inhabituels pour un texte en prose : *flammifer* (11, 1), *mortifer* (31, 1), *pestifer* (55, 2), *trabifer* (11, 6) : les trois premiers sont fréquents, le quatrième en revanche est un hapax.

En conclusion pour le lexique, on a un vocabulaire assez riche, avec des touches d'originalité.

4. Style

Venons-en au style des sermons. Il est caractérisé par un certain nombre de figures qui visent à des effets oratoires particulièrement sensibles à l'oral (même si certains passages à l'argumentation subtile ou difficiles à comprendre ou aux périodes très longues font douter que les sermons aient été prononcés sous cette forme ; c'est vrai notamment pour les sermons 50 et 51). Ces figures, qui souvent se conjuguent dans un même passage, sont principalement (pour chacune nous nous contentons de quelques exemples) :

- l'anaphore : *Fulgebat enim habitu, fulgebat gloria, fulgebat potencia* (8, 12) ; *Idem diligunt qui amant, idem amant qui colunt* (48, 5) ;
- le polyptote : *Agnoscit eos ipse nec ab eis agnoscitur. A fratribus non dinoscitur sed eos ipse dinoscit* (8, 12) ; *Dum enim misericors honoratur, necesse est inmisericors stimuletur* (20, 1 ; sur ce type de polyptote avec un adjectif et l'adjectif privatif correspondant, voir 20 B, 3 ; 28, 5 ; 51, 2) ; *Terrentur ipsi qui terrent, formidant illi qui efficiunt formidare* (34, 3) ; *Vnde non pugnantis pugna agnoscitur dum pugnans non pugnantes taliter exortatur* (50, 1) ;
- la paronomase : *O miserum mariti ac detestabile meritum* (8, 1) ; *Ex cuius iudicio pecora hominibus deseruiunt, eius iudicia homines deserendo contempnunt* (29, 1) ; *Si noscis, time ; si nescis, inquire* (31, 3) ;
- l'homéotéleute : *Prauitas cordis euersio est hominis, peruersitas uoluntatis pena est peccatoris* (13, 3) ; *Immensitas enim praemiorum diligencius exigit obsequium officiorum* (48, 2) ; et *passim* ;
- l'accumulation verbale : 11, 7 ; 13, 3 ; *Etenim paenitentia salutis portus, reparacio uite, spes uenie, indulgencie ianua, reformatio spei, abolicio peccati est* (19, 6) ; 27, 5 ; 35, 1 ; 49, 4 ; 51, 1 ; 56, 2 ; 60, 1 ;
- l'accumulation par synonymie et symétrie : *Frustra celas, peccator, quod Deo teste fecisti, frustra occultas quod praesente Domino uel cogitando peccasti* (31, 3) ; *Odii malum sine telo perimit, sine gladio interficit, sine ferro occidit* (55, 3) ; *Tu fles et ille exultat, tu gemis et ille congaudet* (60, 3) ;
- le parallélisme de blocs symétriques, généralement avec homéotéleute et souvent dans un rythme ternaire : *Gaude quod alius castigatur ut discas, letare quod alius torquetur ut timeas, exulta quod alius moritur ut uiuas* (13, 3) ; *Dominus quod nouerat querit, quod sciebat exigit, quod probarat exquirit* (14, 4) ; et *passim* ;
- dans les systèmes d'accumulation ou les constructions symétriques, le chiasme ou un autre procédé viennent parfois briser la régularité : *Funduntur alii, alii delitescunt, in fugam multi uertuntur* (13, 8) ; *Contra te est bellum, contra te dimicat celum, contra te terra rebellat, elementa discordant, contre te uniuersa [...] pugnant* (58, 3) ;

- les groupes symétriques peuvent être constitués par un système de comparaison : *Nec enim tam perniciosum est quod peccator fatetur quam perniciosius est quod tacetur* (31, 1) ;
- l'interrogation rhétorique : *Quid ad hec dicemus, fratres carissimi ?* (20 B, 8) ; 27, 5 ; *Quare timet peccator ?* (31, 2) ;
- l'exclamation rhétorique : *O uenerabilis bonitas Dei !* (19, 7) ; *Pro nefas !* (19, 8 ; 27, 4) ; 20 B, 7 ;
- des formules d'insistance orale : *inquam* (11, 5 ; 13, 3 ; 27, 5, etc.) ;
- l'apostrophe au lecteur-auditeur destinataire : *Bona sunt, o homo* (10, 5) ; *Fuge contumaciam, christiane* (17, 5) ; *Iudicaris, homo* (29, 2) ; *Prouocaris muneribus, christiane* (48, 3). Cette apostrophe peut s'adresser à un personnage biblique : *Quid agis nunc, scelestissima mulier, quid meditaris, quid cogitas ?* (8, 8, à la femme de Putiphar). Elle peut s'adresser à une abstraction : *Quid agis, tociens innocentem adpetens, inimica temptatio ?* (8, 3). Elle peut s'adresser au Diable (14, 2 et *passim*). Ceci entraîne un système des personnes verbales assez complexe : le « je » peut s'inclure dans le groupe des pécheurs (17, 4), ou s'en détacher. Dans l'ensemble, ce « je » est le prédicateur qui indique une ligne de conduite et emploie l'impératif ou le subjonctif d'ordre ;
- le paradoxe : *Fiunt ita in fornace refrigeria, extra fornacem incendia* (34, 3) ; *Fides [...] torquetur et gaudet, laniatur et leta est* (58, 2).

Ces figures sont parfaitement appropriées à des textes censés être d'abord délivrés à l'oral. Elles concourent à créer des effets oratoires qui permettront de mieux imprimer dans l'esprit des auditeurs le message moral du sermon.

Les métaphores et images constituent un phénomène à part. Elles touchent des domaines bien précis.

On a d'abord les métaphores militaires pour les combats contre le Démon et la tentation : *Spirituale certamen cum diabolo gererent et noua proelia cum demonibus conmitterent* (11, 10) ; 14, sur Job, *passim*. Il faut être prêt avant la tentation, sur ses gardes avant la guerre, armé avant le combat (*Ante temptacionem esto paratus, esto ante bellum sollicitus, ante pugnam esto armatus*, 28, 1 ; voir aussi 2 et 5) ; 50, 1-3, à propos de la phrase de Paul : « C'est pourquoi je vous demande de ne pas vous laisser abattre par mes épreuves qui sont votre gloire » (Eph. 3, 13) ; 51, 1-5, à propos de la phrase de saint Paul : « Ne savez-vous pas que nous jugerons les anges ? » (1 Cor. 6, 3). Dans ce combat Dieu nous fournit des armes (28, 5).

On a ensuite les métaphores médicales. Le remède n'agit pas quand la maladie est un châtiment divin (13, 3). La confession et la pénitence sont l'antidote qui neutralise le poison des péchés (*Vtere antidoto quo peccatorum uenena frustrantur et medicamentum adhibe quo pericula uulnerum recurentur. Remedium a Niniuitis inuentum communi saluti proficiat*, 17, 5). Si l'on veut être guéri par le médecin, il faut lui montrer la blessure (17, 6) ; ceci pour encourager à la confession. Ne peut être reconnu comme médecin celui qui n'a pu soigner un malade (29, 4) ; de même c'est par ses actes que l'on se montre un chrétien. Une blessure doit être soignée avec compétence pour ne pas entraîner la mort (29, 6) ; de même le pécheur doit se repentir pendant qu'il est temps pour ne pas risquer la mort éternelle. L'état du malade empire quand les remèdes du médecin sont dédaignés (31, 1) ; c'est-à-dire qu'il ne faut pas s'endurcir dans la faute. Le péché est la mort, la confession rend la santé (*cui peccatum intulit mortem, ei confessio adferat sanitatem*, 31, 1). La confession soigne la blessure, la plaie dissimulée risque de tuer (31, 6). Le péché est un poison[3] (*Delictorum labes*[4] *pro ueneno timenda est*, 29, 2), la pénitence un antidote (*Peccatum enim uenenum est hominis, penitentia antidotum peccatoris*, 50, 3). Le pécheur est un blessé (50, 3 ; 51, 4 ; 53, 1-2). Dieu face à nos fautes nous accorde le remède de la pénitence, l'antidote de la confession (*remedio penitencie [...], antidoto confessionis*, 19, 7) ; il est tel un médecin qui désire guérir le malade (*Dum curare desiderat medicus*, 19, 10). Il propose un remède (*Suggerit remedium*, 28, 1).

Le troisième grand réseau métaphorique est celui de la navigation, du port et des tempêtes. Les péchés sont des tourbillons (*ne delictorum tempestatibus aut peccatorum turbinibus aut culparum procellis aut facinorum fluctibus mergeretur*, 19, 8) et le gouvernail de la loi (*gubernaculis legis*, 19, 8) doit en préserver l'homme. Le pilote imprudent est surpris par une tempête soudaine (*Gubernator incautus subita tempestate decepitur*, 28, 1) ; de même le chrétien est surpris par une tentation

---

[3] On trouve aussi le péché comme protubérance qui pèse (*Amputa a te quisquis es uiciorum excessus, amputa a te importuna grauamina peccatorum*, 27, 1), ou comme rejeton, bouture nocive (*culparum surculos et delictorum nociuas fruges*, 27, 1).

[4] La thématique du péché souillure se rencontre aussi en 29, 4 et 6.

inattendue s'il ne songe, avant que vienne la tentation, à la crainte de Dieu. N'est pas pilote qui n'est pas capable de piloter (29, 4 ; voir plus haut le même propos sur le médecin). Le navire disloqué doit être scrupuleusement réparé pour arriver heureusement au port (29, 6 ; voir plus haut un propos identique sur la blessure qui doit être soignée avec compétence). Une tempête soudaine submerge avant qu'on s'en aperçoive (50, 2) ; aussi faut-il être sur ses gardes face à la tentation.

On trouve enfin le thème du juge et de la justice. Le juge prévoyant avertit par un édit pour que nul n'ignore les règles à respecter ; le citoyen ne doit pas mépriser ce qu'a prévu le juge s'il ne veut pas sentir la sévérité de son jugement (28, 3) ; de même Dieu a énoncé les recommandations qui mènent au salut. Le juge est poussé à la sévérité quand une occasion de pardon est méprisée par l'accusé (31, 1) ; de même Dieu châtie quand le pécheur a refusé sa pitié.

À vrai dire, ces métaphores ne sont pas originales. Elles parcourent la littérature philosophique (Sénèque notamment) et la littérature chrétienne. Mais elles sont présentes ici avec une certaine insistance, surtout la métaphore du combat.

Au bout du compte, ces sermons sont écrits dans un style assez recherché, qui présente une certaine originalité pour le lexique et qui, par la multiplication de certaines figures de style, cherche manifestement à frapper le lecteur-auditeur en martelant son message. Le prédicateur a une bonne formation rhétorique et il pratique une pédagogie de la répétition.

Y a-t-il ou non une unité stylistique des 22 sermons ? Et si ce n'est pas le cas, la chose s'explique-t-elle par le fait que les sermons n'ont pas un seul auteur mais plusieurs ? C'est un point difficile à trancher, d'autant qu'une comparaison entre des sermons de longueur assez différente est délicate. Il est possible aussi que ces sermons aient été retouchés, peut-être pour en faire une anthologie de sermons modèles : ainsi se comprendrait l'absence totale d'allusion à des réalités de la vie concrète. En tout cas, il semblerait que certains tics stylistiques comme le tricolon, omniprésents dans la première moitié des sermons, s'estompent ensuite au profit d'un rythme majoritairement binaire. Cela reste cependant une impression qui demanderait une analyse plus poussée.

Qui parle ? À qui ?

Étude de l'énonciation dans les 22 sermons Leroy de la catéchèse de Vienne[*]

Mickaël Ribreau

(*Paris*)

Lorsque nous nous sommes intéressé à l'utilisation par Augustin de la seconde personne du singulier dans ses sermons[1], nous avions constaté que l'évêque d'Hippone l'utilisait de façon massive, dans quasiment toutes ses homélies longues[2] ; cette utilisation, si elle n'est pas propre à Augustin, nous avait semblé particulière, si on la comparait à celle que l'on trouve chez les prédicateurs italiens par exemple[3]. Lorsqu'Augustin utilise ce que nous avons appelé la « seconde personne du singulier collective », il s'adresse à l'ensemble de son auditoire constitué d'individus, interpellés personnellement par l'évêque[4]. Le procédé rhétorique possède un arrière-plan théologique et spirituel : le sermon engage ce qu'il

---

[*] Nous remercions vivement Jean Meyers, qui nous a proposé de rédiger un article sur les 22 inédits de la catéchèse de Vienne. Nous lui sommes reconnaissant de nous avoir fourni le texte, la traduction, ainsi que plusieurs articles ou ouvrages utiles pour notre étude. Nous remercions de même vivement Philippe Blaudeau, qui nous a fourni de nombreux documents pour écrire cet article rédigé en période de confinement ; pour des raisons matérielles, la bibliographie est donc très limitée.

[1] M. Ribreau, « Une écoute individuelle en contexte collectif. Étude de la seconde personne du pluriel et de la seconde personne du singulier dans quelques sermons d'Augustin », *Revue de l'histoire des religions*, 4 (2016), p. 505-532.

[2] On ne rencontre pas la seconde personne du singulier collective dans des sermons très courts, qui n'ont, vraisemblablement pas été transmis dans leur intégralité, comme certains sermons d'Erfurt. Nous ne faisons aucune distinction entre les termes homélies et sermons pour l'Antiquité ; Augustin, par exemple, emploie *sermo*, *tractatus* ou *homilia* pour désigner la même production.

[3] M. Ribreau, « Une écoute individuelle », p. 506-507, n. 4 et 5.

[4] M. Ribreau, « Une écoute individuelle », p. 509-515.

y a de plus intime chez l'homme, sa relation à Dieu[5], que nul ne peut connaître sinon lui-même.

À la lecture des 22 homélies inédites de la catéchèse donatiste de Vienne[6], nous avons été frappé par deux éléments qui touchent l'énonciation : d'une part, le prédicateur est très peu présent, pour ne pas dire absent, alors qu'Augustin se met régulièrement en scène dans ses sermons, en rappelant ce qu'il a dit au cours de l'homélie ou de la célébration ou lors d'une célébration précédente, en se prenant comme exemple ou contre-exemple, ou en évoquant la figure du prédicateur qu'il incarne ; d'autre part, la présence de la seconde personne du singulier collective, ou d'autres secondes personnes du singulier, est massive. Nous nous proposons ainsi d'étudier l'énonciation dans ces sermons, en examinant dans un premier temps la présence du prédicateur ; nous examinerons dans un second temps à qui s'adresse le prédicateur, et dans quel but. Nous poursuivrons les remarques de François-Joseph Leroy, Alden L. Bass, Maureen Tilley et Étienne Wolff, qui, en étudiant le style ou la rhétorique des sermons, ont souligné quelques particularités énonciatives[7].

Avant d'examiner les sermons, la plus grande prudence s'impose. Le corpus étudié pose trois problèmes : s'agit-il de textes donatistes[8] ? Est-ce réellement une collection uniforme[9] ; s'agit-il toujours du même

---

[5] M. RIBREAU, « Une écoute individuelle », p. 526-530.

[6] Nous avons limité notre étude aux 22 inédits, réédités et traduits par le GRAA ; l'étude pourrait être étendue à l'ensemble des sermons de la catéchèse de Vienne.

[7] F.-J. LEROY, « Les 22 inédits », p. 156 ; A. BASS, *Fifth-Century Donatist Catechesis*, p. 74-78 ; M. A. TILLEY, « Donatist Sermons », p. 397 ; É. WOLFF, *supra*.

[8] Si P. Brown, W. H. C. Frend (voir J. MEYERS, « Vingt-deux sermons », p. 136), M. A. Tilley, A. Schindler ont approuvé les opinions de F.-J. Leroy, en revanche, d'autres chercheurs, comme J.-P. BOUHOT, « Adaptations latines de l'homélie de Jean Chrysostome sur Pierre et Elie (CPG 4513) », *Revue bénédictine*, 112 (2002), p. 36-71, ici p. 47, F. DOLBEAU, « Sermons africains : critères de localisation et exemple des sermons pour l'Ascension », dans Praedicatio Patrum. *Studies on Preaching in Late Antique North Africa*, Turnhout, Brepols, 2017, p. 5-39, ici p. 14-15 ou E. ZOCCA (*infra* ; qui modère E. ZOCCA, « La voce della dissidenza », p. 345-351), se sont montrés plus sceptiques. J. MEYERS, « Vingt-deux sermons », p. 136-139, dresse un bilan de l'accueil des découvertes de F.-J. Leroy.

[9] J.-P. BOUHOT, « Adaptations latines », p. 47 ; F. DOLBEAU, « Sermons africains », p. 14-15.

prédicateur[10] ? Enfin, s'agit-il d'une catéchèse ? Ces textes sont-ils adressés, comme cela est communément repris, à la suite des travaux de François-Joseph Leroy, à des catéchumènes, ou à des convertis[11] ? Ces différentes questions, en particulier la deuxième et la troisième, ont une incidence sur l'étude de l'énonciation, comme nous le verrons.

1. Un prédicateur peu présent

a. *Une première personne du singulier peu présente*

Le prédicateur est très peu présent dans les sermons de ce corpus. La première personne du singulier ne sert pas à évoquer la personnalité du prédicateur, sa pensée propre ; elle renvoie davantage à l'action de la prédication, et concerne le sermon lui-même. L'utilisation majoritaire de la première personne relève de la fonction phatique : il s'agit d'évoquer le discours et le lien qui unit le locuteur à son interlocuteur[12].

Cette fonction revêt plusieurs formes. Il s'agit, tout d'abord, d'évoquer ce que le prédicateur a dit ou pourrait dire. La première personne du singulier permet de rappeler ce qui a été dit précédemment, ce qui est plutôt rare dans ces sermons :

> Comme je l'ai dit, il y a des gens qui prient habituellement à grands cris, comme si en étant couchés par terre, ils pouvaient faire pénétrer leurs paroles dans le ciel [...][13].

Si la première personne du pluriel est privilégiée, nous le verrons, pour évoquer la prédication, la première personne du singulier permet de mettre en valeur ce que le prédicateur ne dit pas, par exemple :

> Je ne dis rien de la destruction des tribus Amorrhéennes par la majesté de la Loi, je passe sous silence les diverses plaies qui ont touché les gens

---

[10] Comme le soulignent A. BASS, *Fifth-Century Donatist Catechesis*, p. 43 et J. MEYERS, « Vingt-deux sermons », p. 140.

[11] A. BASS, *Fifth-Century Donatist Catechesis*, p. 80-119 et « An Example of Pelagian Exegesis » ; M. A. TILLEY, « Donatist Sermons », p. 379-381 ; J. MEYERS, « Vingt-deux sermons », p. 143, pose également le problème.

[12] Nous reprenons l'édition et la traduction du GRAA, en la modifiant légèrement parfois.

[13] *Serm.* 60, 6 : *Sunt, ut dixi, qui magnis clamoribus orare consuerunt et quasi iacentes humi celum penetrare uocibus possint* [...].

> d'Ashod, je ne dis rien de l'homme du peuple indigne de cette fonction [...][14].

En outre, la première personne du singulier permet de mettre en valeur un propos, en le relançant par exemple :

> Que dirai-je des miracles [...][15] ?

En outre, dans le sermon 31, la première personne du singulier permet de souligner ce que le prédicateur recherche dans le sermon :

> Je voudrais aussi rechercher les causes de ce silence, je voudrais extirper de l'esprit les idées endurcies[16].

De même, par la première personne du singulier, dans le sermon 55, le prédicateur invite son auditoire à cesser d'être envieux. Pour appuyer sa demande, il utilise *quaeso* :

> Cesse, je t'en prie, cesse de faire de la gloire d'autrui ton propre châtiment, cesse de te mettre à la torture [...][17].

Dans le même ordre d'idée, la première personne du singulier est utilisée en particulier avec le verbe *inquam*, qui permet de mettre en valeur un propos[18]. Par exemple :

> Oui, regarde le Jourdain : malgré sa pente ses eaux ne courent plus [...][19].

Inquam permet d'intensifier une expression, ou de relancer le propos. Dans l'exemple précédent, le prédicateur a invité son auditoire dans la phrase précédente à faire attention, par l'impératif *respice*. Ce verbe est ici répété, et renforcé par *inquam*[20].

---

[14] *Serm.* 11, 7 : *Taceo istius Legis maiestate Amorreorum gentes esse deletas, sileo Azotos diuersis plagis affectos, taceo uirum uum ex populo indignum loco, indignum merito* [...].

[15] *Serm.* 11, 11 : *Quid de uirtutibus dicam* [...] ?

[16] *Serm.* 31, 3 : *Sed uellem silencii istius et causas exquirere, uellem obdurata mentis consilia retractare.*

[17] *Serm.* 55, 4 : *Desine, quaeso, desine alienam gloriam tuam facere penam, desine de fratris commodis habere tormentum* [...].

[18] F.-J. Leroy, « Les 22 inédits », p. 156, relève le phénomène sans s'étendre.

[19] *Serm.* 11, 5 : *Respice, inquam, Iordanem fluuium cuius aquarum procliuitas impetum perdit* [...].

[20] Même chose en *Serm.* 14, 7 : *Et ille, ille inquam* ; 14, 8 : *pugnabat, inquam* (*pugnabat* se rencontre dans la proposition précédente) ; 19, 4 : *Homo, inquam* (*Homo* se rencontre dans la proposition précédente) ; 19, 7 : *O, inquam, uenerabilis*

Dans le sermon 51, le prédicateur parle de sa propre expérience. Il s'agit moins d'évoquer sa personnalité que de se prendre comme exemple pour l'auditoire :

> Mais du présent j'apprends le futur et de l'actualité, je tire déjà le futur. Lorsque j'entends le Seigneur dire : « Allez, en mon nom chassez les demons »[21], je comprends à chaque instant que les juges flagellent les esprits rebelles, que les saints les torturent, les anges aussi l'attestent à l'exemple des anges qui se plaignent d'avoir mérité d'être jugés non par Dieu, mais sur l'ordre de Dieu par un homme[22].

L'évocation d'un cas individuel permet ainsi d'étendre ensuite l'application à une première personne du pluriel, qui lie le prédicateur et l'auditoire :

> Mais pour que nous connaissions le pouvoir du chrétien qu'il tient pour l'instant de la toute-puissance, reprenons de façon plus précise notre sujet même, comme il convient[23].

Enfin, dans de très rares exemples, le prédicateur met en avant la relation qui l'unit à son auditoire et insiste sur ce qu'il exige de lui. Dans le sermon 20 B, le prédicateur lie son activité de prédication au devoir de l'auditoire :

> C'est à toi, maintenant, chrétien, que je m'adresse, j'attends de toi le respect de tes engagements[24].

De même, dans le sermon 11, il attend la soumission de l'auditoire :

> Voici, homme de Dieu, que je viens à toi, j'exige de toi la soumission que tu dois[25].

---

bonitas Dei (*uenerabilis bonitas Dei* se rencontre peu auparavant) ; 20 B, 8 : *disce, inquam* ; 27, 4 : *hic, inquam* ; 27, 5 ; 49, 1 ; 49, 2 ; 49, 4 ; 49, 5 ; 55, 2 ; 56, 2.

[21] Cfr Marc. 3, 14-15.

[22] Serm. 51, 3 : *Sed ex praesentibus futura condisco et de instantibus futura iam cerno. Cum audio dicentem Dominum : « Ite, in meo nomine demonia expellite », idipsum per momenta conspicio ut contumaces spiritus flagellent iusti, torqueant sancti ipsis quoque attestantibus et eiulantibus angelis qui meruerunt non iam Deo sed per Deum ab homine iudicari.*

[23] Serm. 51, 5 : *Sed ut potestatem christianam plena interim de potentia noscamus, rem ipsam ut oportet arcius retractemus.*

[24] Serm. 20 B, 2 : *Te nunc, christiane, conuenio, tua obsequia que promittis exquiro.*

[25] Serm. 11, 8 : *Te iam, homo dei, conuenio, tua obsequia quae a te debentur exquiro.*

On pourrait analyser cette première personne de façon plus fine. Il s'agit ici du prédicateur qui s'exprime, mais qui surtout commente la nécessité pour l'homme d'accomplir les commandements de Dieu. Il s'agit ici de la soumission à la loi de Dieu, comme il le rappelle à la fin du sermon II, en reprenant les mêmes expressions :

> C'est à toi, chrétien, que je m'adresse, j'exige de toi les actes d'obéissance que tu promets. Oui, je m'adresse à toi qui es enchaîné par la surveillance de l'Époux et interpellé par les exhortations du Seigneur[26].

On retrouve ici *inquam* qui permet de renforcer un propos déjà affirmé. En outre, la première personne semble offrir un léger glissement du prédicateur à Dieu. Non pas que le prédicateur se prenne pour Dieu, mais parce que le prédicateur, en tant qu'évêque, est investi d'une fonction qui lui donne une autorité.

Nous avons tenté de lister toutes les utilisations de la première personne du singulier ; elles sont très peu nombreuses, et parfois limitées à une acception. *Inquam* fait exception, car il se rencontre dans plusieurs sermons. L'utilisation de la première personne relève avant tout de la fonction phatique. Le prédicateur utilise cette personne lorsqu'il s'agit d'évoquer l'acte même de la prédication, son but ou le lien qui le lie à l'auditoire ; on ne trouve nulle trace de personnalité, de souvenirs individuels.

b. De « je » à Dieu : le glissement de la citation

Les derniers exemples précédemment évoqués nous invitent à étudier le glissement énonciatif que l'on rencontre dans quelques sermons. Prenons l'exemple du sermon 28 :

> L'Esprit de Dieu donne un conseil, propose un remède et, quand tu demandes de l'aide, il offre le bienfait de sa divinité. Il ne veut pas que se détournent de lui ceux qu'il a rachetés, il ne veut pas, en vertu du principe même de la foi, que l'un des siens soit écarté du chemin de sa déité, il ne veut pas que s'abandonne à la tentation celui qui ne demande qu'à apprendre à la supporter patiemment. Mon fils, dit-il, sois prêt avant la tentation, sois sur tes gardes avant la guerre, sois armé avant le combat[27].

---

[26] *Serm.* 11, 12 : *Te iam christiane, conuenio, tua obsequia quae promittis exquiro. Te, inquam, conuenio, qui gremio uiri constringeris et hortamentis dominicis prouocaris.*

[27] *Serm.* 28, 1 : *Spiritus dei consilium porrigit, suggerit remedium et dum auxilium postulas beneficium sue diuinitatis impertit. Non uult enim a se dimittere quos rede-*

Inquit montre bien qu'il s'agit d'une parole de Dieu ; cependant le passage de la parole énoncée directement par le prédicateur à celle de Dieu est ici subtile et montre une forme de continuité entre le prédicateur et Dieu : le prédicateur parle au nom de Dieu[28].

De même, dans le sermon 31, on rencontre le même glissement :

> Et tu penses pouvoir te cacher alors que tu sais que tu as Dieu pour juge et que tu es reconnu comme coupable par tant de témoins ? La clameur de Sodome et Gomorrhe, dit le Seigneur Dieu, monte jusqu'à moi[29]. Ô admirable bonté de Dieu ! Les crimes des habitants de Sodome crient jusqu'à Dieu et pourtant il diffère la vengeance[30] !

Ces deux exemples permettent de souligner que le prédicateur prend la parole avant tout comme commentateur de la parole de Dieu, contenue dans la Bible, et commentée par le sermon. Le glissement énonciatif constaté renvoie également à la fonction phatique de la première personne du singulier. Le locuteur n'a ici d'existence qu'en tant que commentateur du texte lu.

c. La première personne du pluriel : le prédicateur

La première personne du pluriel présente, tout d'abord, les mêmes caractéristiques que la première personne du singulier. Elle est avant tout phatique, lorsqu'elle exclut l'auditoire. On rencontre, en effet, plusieurs exemples d'un pluriel « de majesté » qui désigne l'action de la prédication, par exemple :

> Pour ne pas nous attarder à énumérer tous les cas un par un, pour prouver ce que nous disons, faisons appel au témoignage de l'Écriture [...][31].

---

mit, non uult in ipso principio fidei suorum quemquam a cursu sue Deitatis arceri, non uult temptacione deficere qui ad hoc postulat ut eam discat tollerare pacienter. Fili, inquid, ante temptacionem esto paratus, esto ante bellum sollicitus, ante pugnam esto armatus.

[28] Même chose en *Serm.* 28, 2.

[29] Gen. 18, 20-21.

[30] *Serm.* 31, 4 : *Et putas te posse latere cum et deum iudicem noris et reus tot testibus tenearis ? Clamor, inquid Dominus Deus, Sodome et Gomorre ascendit ad me. O admiranda bonitas Dei ! Clamant Sodomitarum delicta ad Deum et adhuc uindicta differtur* [...].

[31] *Serm.* 10, 4 : *Ne singula recensendo moremur, scripture testimonio hoc quod dicimus comprobemus* [...]. Même chose, un peu plus loin : *Ne solius Dei obtulisse uideamur exemplum* [...].

La première personne est utilisée ici pour renvoyer à l'action du prédicateur qui prouve, parle, etc. De même, le prédicateur utilise la première personne du pluriel pour évoquer ce qu'il a dit : « Nous avons parlé du Décalogue ; il nous faut parler de l'Évangile[32] » ou « Entre de nombreux exemples, les deux que nous avons rapportés, sont aussi nécessaires[33] ».

De même que la première personne du singulier, la première personne du pluriel permet de revenir sur ce qui est dit :

> Mais revenons à notre propos[34].

Elle permet aussi de relancer le propos sous forme de question :

> Qu'ajouterons-nous, mes très chers frères, nous qui venons après Corneille[35] ?

Cependant cette première personne est ambigüe, il peut en effet s'agir du prédicateur, mais aussi de l'ensemble de l'assemblée, pour laquelle Corneille est un exemple, ce qui nous conduit à la deuxième fonction de la première personne du pluriel.

d. Une première personne du pluriel englobante : l'inclusion de l'auditoire

À plusieurs reprises, il est possible d'interpréter la première personne du pluriel comme un pluriel englobant, dans lequel le prédicateur s'associe à son auditoire ; il peut ainsi appeler son auditoire à faire attention, à « voir », en associant prédicateur et fidèles, par exemple (la première personne est en particulier utilisée dans des formules d'exhortation au subjonctif[36]) :

---

[32] *Serm.* 11, 9 : *Dictum est de decalogo, dicendum nobis est de euangelio* ; de même en 51, 5 : « Reprenons de façon plus précise notre sujet même, comme il convient. Nous avons dit qu'on entend deux voix dans le présent, à savoir celle de qui ordonne et celle de qui subit ». *Rem ipsam ut oportet arcius retractemus. Diximus in praesenti duas uoces, id est iubentis et pacientis, audiri.*

[33] *Serm.* 31, 6 : *Duo de multis exempla adtulimus tam necessaria quam diuersa.*

[34] *Serm.* 51, 2 : *Sed iam ad propositum reuertamus.*

[35] *Serm.* 20 B, 8 : *Quid ad hec dicemus, fratres carissimi, qui minores Cornelio sumus ?*

[36] Par exemple *Serm.* 31, 6 ; 50, 3.

Voyons donc comme ce que dit le Seigneur prépare ceux qui se sont mis à son service par respect pour sa puissance à affronter la menace de la tentation qui les attend[37].

Le prédicateur s'unit à son auditoire pour « voir », comprendre la parole de Dieu. En outre, la première personne du pluriel permet de faire du prédicateur et de son auditoire un tout :

> Dans sa très grande clémence, Dieu nous instruit, il nous exhorte et nous met en garde : tant que nous sommes en ce monde, il nous faut avouer les fautes que nous avons commises. Dieu, en effet, veut nous pardonner nos péchés ; en effet, en nous persuadant de les confesser, il veut que nous purifiions par une prompte confession les fautes que nous commettons ici-bas[38].

À l'ouverture de ce sermon, le prédicateur s'associe pleinement à son auditoire, il ne s'agit plus ici d'un nous de majesté, il ne s'agit plus de renvoyer à l'activité du prédicateur, mais d'évoquer la relation entre Dieu et l'homme, et les exhortations qu'il lui adresse. Le prédicateur est ainsi un homme comme un autre, un pécheur. De même, à la fin du sermon, il reprend cette même personne :

> Si nous avons péché, nous devons confesser au Seigneur les péchés que nous avons commis, de crainte que, si nous en avons commis un sans le confesser, nous ne soyons frappés par la sévérité du Juge[39].

Cette première personne du pluriel englobante permet de créer la communauté chrétienne réunie par Dieu. Il s'agit d'une assemblée de pécheurs qui doit demander l'aide ou le pardon de Dieu :

> C'est Lui qui nous enseigne de ne pas fauter. Lui qui nous conseille de demander le pardon pour nos fautes[40].

---

[37] *Serm.* 28, 5 : *Videamus igitur ut quid dicat hos suo seruicio Dominus ab obsequio sue potencie mancipatos temptacionis future praeparet conflictacioni imminenti.*

[38] *Serm.* 17, 1 : *Clementissimus Deus instruit, ortatur et monet, dum in seculo sumus, ut admissa facinora fateamur. Vult enim Deus peccata ignoscere ; dum enim nos confiteri persuadet, uult quae in mundo delinquimus ut prompta confessione purgemus.*

[39] *Serm.* 17, 8 : [...] *si peccauimus, peccata quae commisimus Domino confiteri debemus, ne si quid commisimus quod non confitemur, iudicis seueritate plectamur.* Même chose en 28, 5 ; 29, 5 ; 29, 6 ; 35, 1 ; 35, 2 ; 48, 2 ; 48, 3 ; 51, 5 ; 55, 4.

[40] *Serm.* 19, 7 : *consulit ne peccemus, consulit ut peccatis ueniam impetremus.*

L'étude de la présence du locuteur s'avère relativement décevante. Le prédicateur n'évoque jamais ses sentiments propres, son état d'esprit, son passé, ses souvenirs, ses propres aspirations. C'est avant tout la figure du prédicateur qui s'exprime. En outre, il s'associe fréquemment à son auditoire : il est, comme lui, pécheur. Comment expliquer cette quasi absence du prédicateur ? On peut considérer, comme une partie importante de la critique, qu'il s'agit de textes adressés à des catéchumènes, dans un contexte liturgique propre. La brièveté des sermons pourrait ainsi expliquer le peu de développement individuel consacré au prédicateur. Cependant, si on compare la longueur des textes avec ceux des « prédicateurs italiens », comme Pierre Chrysologue, ou Gaudence de Brescia, on peut remarquer que les sermons sont de longueur équivalente, et qu'il ne s'agit pas de catéchèse. La faible présence de la première personne est-elle liée à la conservation des sermons ; ont-ils été conservés dans leur intégralité ? La très faible trace d'éléments historiques, contextuels pourrait inviter à le penser, et pourrait expliquer la grande discrétion du prédicateur, surtout si on le compare à Augustin, qui pourrait, cependant, être également une exception. Enfin, on peut également se demander si ces textes n'étaient pas destinés à être repris par des prêtres qui ne pourraient, eux-mêmes, prêcher en improvisant. Il pourrait s'agir d'un recueil de modèle de prédication[41]. L'absence de remarques personnelles ou individuelles liées au prédicateur pourrait ainsi s'expliquer.

2. À qui s'adresse le prédicateur ?

a. Une seconde personne du pluriel peu présente

On peut noter que le prédicateur s'adresse très peu à son auditoire en l'interpellant par une expression au pluriel[42]. Il utilise ainsi une fois *fratres carissimi*[43]. Pour interpeler son auditoire, le prédicateur privilégie des expressions au singulier, qui sont souvent des collectifs : homme

---

[41] Comme la collection Willmart ; voir A. WILMART, « La collection des 38 homélies », W. WENK, *Zur Sammlung der 38 Homilien*, A. L. BASS, « Preaching in the Patristic Era », dans *A Handbook for Catholic Preaching*, éd. E. FOLEY, C. VINCIE, R. FRAGOMENI, J. WALLACE, Collegeville, 2016, p. 51-61, ici p. 57-58.

[42] Comme le soulignait F.-J. LEROY, « Les 22 inédits », p. 156.

[43] *Serm.* 20 B, 8.

(*homo*[44]), chrétien (*christiane*[45]), qui que tu sois (*quisquis es*[46]), nous y reviendrons. Si la seconde personne du pluriel se rencontre dans des citations bibliques[47], elle est quasi absente dans le corpus dans la bouche même du prédicateur. On rencontre cette exception :

> Mais vous ne devez pas omettre entre ces deux une troisième personne qui obéit à qui ordonne pour torturer et torture l'accusé pour qu'il éprouve des tourments[48].

b. Des secondes personnes du singulier multiples : des personnages bibliques à la seconde personne du singulier collective

À l'inverse, la seconde personne du singulier est très présente dans les sermons de la catéchèse de Vienne ; ce qui constitue une des particularités du corpus. Cette seconde personne n'est cependant pas uniforme ; elle recouvre plusieurs cadres énonciatifs[49].

Dans de très rares cas, le prédicateur s'adresse à Dieu. Dans le sermon 35, l'adresse à Dieu s'explique par un calque de la citation biblique :

> Lorsque nous y pensons, nous tremblons, lorsque nous en prenons conscience, nous admirons, lorsque nous les méditons, nous vénérons. C'est pourquoi, en considérant tes œuvres, les justes ont toujours été frappés de stupeur, les grands ont tremblé, les saints prophètes ont été saisis d'effroi selon les mots du prophète : « J'ai considéré tes œuvres et j'ai été saisi d'effroi[50]. »

Le prédicateur s'adresse à des personnages de la Bible cités, en particulier dans deux sermons. Le sermon 8, tel qu'il a été conservé, s'ouvre sur des paroles de la femme de Potiphar adressées à son mari. Après avoir résu-

---

[44] *Serm.* 10, 5 ; 17, 1 ; 20, 4 ; 27, 3 ; 29, 1 ; 29, 2 ; 29, 5 ; 35, 6 ; 48, 1 ; 48, 6.
[45] *Serm.* 11, 12 ; 17, 3 ; 20 B, 2 ; 20 B, 3 ; 27, 6 ; 28, 2 ; 28, 4 ; 28, 6 ; 29, 2 ; 48, 3 ; 50, 3 ; 51, 2 ; 55, 4.
[46] *Serm.* 19, 10 ; 20, 5 ; 27, 1 ; 28, 4 ; 55, 2.
[47] *Serm.* 11, 9 (Ioh. 14, 12) ; 13, 8 ; 19, 1 (Ps. 118, 1) ; 27, 1 (Sap. 1, 1) ; 48, 5 (Ioh. 14, 15).
[48] *Serm.* 51, 5 : *Tercia uero inter utrosque persona, que iubenti paret ut torqueat et reum torquet ut senciat, a uobis non debet praeteriri.*
[49] Qui ont été soulignés rapidement par M. A. TILLEY, « Donatist Sermons », p. 397 ou É. WOLFF, *supra*.
[50] *Serm.* 35, 2 : *Inde semper consideratione operum istorum stupuerunt iusti, tremuerunt magni, prophete sanctissimi expauerunt, dicente propheta : consideraui opera tua et expaui.*

mé l'épisode en poursuivant la narration, le prédicateur s'adresse nommément à la « haine tentatrice », *inimica temptatio* :

> Que peux-tu toi, qui si souvent t'en prends à l'innocent, haine tentatrice ? Pourquoi t'attaques-tu à un cœur simple, pourquoi poursuis-tu un être saint, pourquoi persécutes-tu un homme de Dieu[51] ?

Si l'évocation de mensonge, d'invention[52] et le contexte laissent penser que le prédicateur s'adresse ici directement à la femme de Potiphar, on peut noter le souhait du prédicateur de l'allégoriser : elle est une illustration de la haine. À la fin du sermon, cependant, elle est plus clairement identifiée :

> Que vas-tu faire maintenant, femme si criminelle, que médites-tu, à quoi penses-tu ? [...] Proclame haut et fort que tu as voulu ce que tu as refusé en toute certitude. Que sa grandeur te contraigne à confesser au sujet de quoi tu as tramé un mensonge devant ton mari. Que ton mari maintenant, en t'écoutant, accorde foi à la vérité, lui qui, auparavant, a accordé foi à ton mensonge[53].

De même, à la fin du sermon, il s'adresse non pas aux frères, mais à la haineuse fratrie : *inimica fraternitas*[54]. Le choix de s'adresser à un singulier collectif peut avoir plusieurs effets. Il permet tout d'abord d'opposer un singulier à un autre, qui est Joseph. Il permet ainsi, face à un collectif indéterminé, de mettre en valeur un « saint homme[55] ». En outre, l'insistance sur la haine permet de mieux associer la femme de Potiphar et les frères. Il s'agit de deux figures de la haine qui mettent à l'épreuve Joseph.

Ce sermon se caractérise par une utilisation de la seconde personne qui exclut l'auditoire. Le prédicateur s'adresse ici clairement à des personnages du texte commenté, qu'il tend à allégoriser en en faisant des figures de la haine. Ce sermon se distingue des autres textes du corpus

---

[51] *Serm.* 8, 3 : *Quid agis, tociens innocentem adpetens, inimica temptatio ? Cur grassaris in simplicem, cur sanctum persequeris, cur Dei hominem insectaris ?*

[52] *Serm.* 8, 3 : *Exere quantas poteris uires, concinna falsa, necte mendacia : Dei seruus semper in periculo tutus est, in morte securus.*

[53] *Serm.* 8, 8 : *Quid agis nunc, celestissima mulier, quid meditaris, quid cogitas ?* [...] *Indica quid uolueris, quid ille noluerit. Quin ymmo edicito te uoluisse quod illum constitit noluisse. Cogat te eius sublimitas confiteri de quo falsum apud maritum aptasti. Credat nunc maritus a te audiens uerum, qui antea credidit falsum.*

[54] *Serm.* 8, 10.

[55] *Serm.* 8, 2 et 3.

QUI PARLE ? À QUI ?

par sa dimension dialogique. En effet, il s'ouvre sur une parole rapportée[56], celle de la femme de Potiphar adressée à son mari ; il offre d'autres citations comme le discours de Joseph à Pharaon[57], celui de Joseph à ses frères[58]. Il présente aussi des passages dialogués, formés sur la base du texte biblique, lorsque Joseph et Pharaon dialoguent[59]. La dimension dialogique de ce sermon s'explique également par le fait que le texte source présente lui-même plusieurs dialogues. Le prédicateur a donc dynamisé son propos en amplifiant un phénomène déjà présent dans le texte source.

De même, dans le sermon 14, qui traite des tentations que le diable fait subir à Job, le prédicateur commence par citer des paroles de Dieu adressées au diable[60], puis tisse son sermon d'autres citations[61]. Le prédicateur s'adresse, entre les différentes citations, au diable, par exemple :

> O le plus cruel des ennemis, Job, le plus saint des hommes, ne tire pas son mérite de ce qu'il est loué par le Seigneur, mais il est loué parce qu'il le mérite. [...] Car lorsque tu vois Job, le très saint, faire l'objet de louange, sache que cette louange n'est pas creuse et sans motif, mais que, bien au contraire, elle est le fruit de son mérite[62].

Comme dans le sermon 8, la seconde personne qui exclut l'auditeur, et qui ne comprend que le diable, est issu du texte biblique. Dans les passages bibliques, Dieu s'adresse au diable ; le prédicateur s'inscrit ainsi dans la situation d'énonciation initiale.

Le prédicateur peut également s'adresser à une partie restreinte de son auditoire, en s'adressant à des catégories, comme le riche, dans le sermon 20 B :

> Voilà, ô riche, ce qui t'alourdit, tu es alourdi et écrasé par le poids de ton patrimoine. Tu dois maintenant accepter l'exemple donné par Cor-

---

[56] *Serm.* 8, 1.
[57] *Serm.* 8, 4.
[58] *Serm.* 8, 13.
[59] *Serm.* 8, 6.
[60] *Serm.* 14, 1.
[61] *Serm.* 14, 2 ; 14, 4 ; 14, 5.
[62] *Serm.* 14, 2 : *Scelestissime hostis, Iob sanctissimus a Domino non quia laudatur meretur, sed quia meretur laudatur.* [...]. *Nam quod laudari Iob sanctissimum conspicis, scito istam laudem non esse uacuam et inanem sed magis ex merito prouenisse.* Même chose en 14, 3 ; 6 ; 7.

neille, toi qui méprises les ordres du Seigneur ; apprends à faire pour l'avenir ce que lui a fait alors qu'il n'avait pas été instruit ; apprends, dis-je, de lui dont tu aurais dû être le professeur, à faire ce que lui-même n'avait pas pu connaître [...][63].

Dans le sermon 27, il s'adresse à ceux qui jugent[64], mais l'application reste suffisamment large pour qu'un nombre important de fidèles puissent s'appliquer les préceptes. La seconde personne du singulier vise ainsi à toucher individuellement le plus de personnes de façon collective.

Dans le sermon 29, il peut également distinguer des catégories d'auditeurs, grâce à des relatives :

> Inspire-toi donc, toi qui fais l'ignorant, de l'exemple que te donne le bétail inconscient : toi qui ne crains pas le jugement de Dieu, sois à l'égard du Seigneur tel que tu vois le bétail à ton égard [...][65].

Mais, la résolution plus loin, par le mot homme[66], montre qu'il s'agit moins d'une relative restrictive que d'une relative explicative, il s'agit d'évoquer chaque individu dans l'auditoire qui pourrait avoir les sentiments mentionnés. De même, dans le sermon 58, le prédicateur s'adresse à la « foi dévoyée » :

> C'est qu'il n'était pas juste que la faim qui était survenue pour punir des gens à la foi dévoyée touche les serviteurs de Dieu sans distinction, et que dès lors on ne puisse reconnaître de quelque façon ni la différence des mérites, ni la punition des gens à la foi dévoyée. Foi dévoyée, tout ce que tu entreprends est vain, tout ce que tu tentes est vain, contre toi, c'est la guerre, contre toi le ciel prend les armes, contre toi la terre se rebelle, les éléments ne sont plus en accord, contre toi l'ensemble de ce qui était normalement fait pour toi te combat sur ordre de Dieu. La nature qui appartient au Christ ne peut pas être à ton service : tu méprises son origine, tu dédaignes son maître, tu ne sers pas son créateur. Tu souffres de ce que tu fais, tu auras découvert ce que tu mets en pratique, tu sais

---

[63] *Serm.* 20 B, 8 : *Grauaris in isto, diues, grauaris et onere ipsius patrimonii opprimeris. Accipe uel nunc a Cornelio exemplum, qui dominicum contempnis imperium ; disce iam facere quod ille qui non didicit fecit ; disce, inquam, ab illo quem docere debueras operari <quae> ipse non nosset* [...].

[64] *Serm.* 27, 1 et 3.

[65] *Serm.* 29, 1 : *Accipe igitur, contemptor, a pecudibus mutis exemplum ; qui non metuis diuinum iudicium, esto circa Dominum quales pecudes circa te esse cognoscis* [...]. Même chose en 48, 6.

[66] *Serm.* 29, 2.

ce que tu mets en œuvre. Car de même que tout se soumet à la foi, de même tout est hostile à la foi dévoyée. Passe de la foi dévoyée à la foi, du dédain à l'obéissance, de l'arrogance à la soumission, pour que la foi te rende proche de Dieu, toi qui t'étais rendu étranger à Dieu[67].

Le prédicateur s'adresse dans un premier temps à la « foi dévoyée », comme à une entité ; puis il s'adresse à celui qui se soumet à la foi dévoyée, mais qui, à la fin du passage cité, quitte cette mauvaise foi pour se soumettre à la vraie. Le prédicateur désolidarise progressivement la foi dévoyée de celui qui la porte. Il s'adresse ainsi d'abord à une entité puis à une personne, de façon à toucher chacun. De même, dans le sermon 55, le prédicateur s'adresse à l'envieux[68] ou à l'innocent[69], mais l'application en est très large, nullement restrictive[70]. L'auditoire peut se reconnaître dans ses différentes entités, de même qu'il se reconnaît à la fin du sermon lorsque le prédicateur s'adresse au « chrétien »[71].

Ces derniers exemples nous conduisent à examiner le cas le plus fréquent. La seconde personne du singulier est avant tout une seconde personne du singulier collective. Il s'agit de s'adresser à tous de façon individuelle. Le prédicateur s'adresse ainsi le plus souvent à « l'homme » :

---

[67] *Serm.* 58, 3 : *Nec enim fas erat ut fames que ad uindictam uenerat perfidorum, sine discrimine Dei seruos adtingeret ut iam nec separacio meritorum nec ulcio posset nosci ab aliquo perfidorum. Frustra niteris, frustra conaris, perfidia. Contra te est bellum, contra te dimicat celum, contra te terra rebellat, elementa discordant, contra te uniuersa que pro te esse consuerant Domino iubente te pugnant. Non potest Christi famulari natura : eius auctorem despicis, contempnis Dominum, genitorem non seruis ; quod facis pateris, quod exerces inueneris, quod operaris agnoscis. Vt enim fidei uniuersa subiecta sunt, ita perfidie inimica cuncta redduntur. Mutetur a te perfidia fide, contemptus obsequio, contumacia seruitute ut fides te Deo faciat <proprium qui te Deo> feceras alienum.*

[68] *Serm.* 55, 2.

[69] *Serm.* 55, 2.

[70] *Serm.* 55, 2 : *Innocenti inuides, emulator, frustra liuore fratrem persequeris, frustra in proximum odia iniqua intendis. Contra te est bellum, contra te atrocissimum geritur bellum. Innocens enim emulacionem tuam contempnit et uincit, odia tua despicit et euadit*, « Envieux ! tu persécutes un innocent, c'est en vain que tu poursuis de ta jalousie un frère, en vain que tu brandis ta haine injuste contre ton prochain. Mais c'est contre toi que la guerre est déclarée ! contre toi que la plus atroce des guerres est en marche : l'innocent méprise ta jalousie et en vient à bout, il se moque de ta haine et lui échappe. »

[71] *Serm.* 55, 4.

En effet, s'il t'était arrivé à toi, homme, d'être né dans cette condition, si c'était à toi qu'était échu le sort misérable de la pauvreté et de l'indigence, est-ce que, par hasard, tu ne rougirais-tu pas de demander, garderais-tu les yeux secs et, retiendrais-tu les pleurs de la douleur ? Qui te donnerait si tu te taisais, qui serait attentif à ton silence, qui partagerait avec toi sans tes supplications et tes pleurs[72] ?

Il s'adresse à n'importe quel auditeur, par la formule *quisquis es* :

C'est pourquoi, dans l'indigent, regarde-toi toi même, qui que tu sois, dans le pauvre considère que c'est toi qui es privé de ce qui est indispensable à la vie. Sois envers le pauvre tel que tu voudrais que le riche soit envers toi si tu étais pauvre[73].

Le prédicateur précise parfois à qui il s'adresse ; il donne les contours de cet auditoire, en s'adressant aux chrétiens, de façon individuelle :

Chrétien, je m'adresse à toi, j'exige de toi les actes d'obéissance que tu promets. Oui, je m'adresse à toi qui es enchaîné par la surveillance de l'Époux et interpellé par les exhortations du Seigneur[74].

Il distingue ainsi le chrétien, instruit[75], du païen :

Voilà en effet la distinction que le Christ notre Seigneur a voulue entre nous et les païens, voilà la différence que le Sauveur lui-même a prescrite entre les siens et les autres : toi, tu comprends, lui, on le supplie, toi, tu es touché par ce que tu vois alors qu'à lui il faut des prières, toi, tu as pitié sans attendre, lui attend les pleurs et les gémissements pour faire étalage de sa pitié[76].

---

[72] Serm. 20, 4 : *Nam si tibi, homo, hac condicione nasci contingeret, si tibi egestatis et inopie sors miseranda adesset, nonne forte erubesceres petere, postulare non posses, tu doloris fletus siccis oculis retineres ? Quis tibi tacenti donaret, quis te silentem attenderet, quis nec roganti nec flenti nunc quippiam impertiret ?*

[73] Serm. 20, 5 : *Quare, in egente teipsum quisquis es computa, in paupere necessaria nature te desiderare considera. Esto circa pauperem talis qualem circa te pauper diuitem esse uolueris.*

[74] Serm. 11, 12 : *Te iam christiane, conuenio, tua obsequia quae promittis exquiro. Te, inquam, conuenio, qui gremio uiri constringeris et hortamentis dominicis prouocaris.*

[75] Serm. 20 B, 3 : *instructus.*

[76] Serm. 20, 3 : *Hoc enim inter nos et extraneos esse Christus Dominus uoluit, hanc differentiam inter alienos et suos esse Saluator ipse precepit ut tu intelligas, ille rogetur,*

Le prédicateur s'adresse à un chrétien instruit, qui a renoncé au diable :

> C'est pourquoi je me tourne vers toi, chrétien : je réclame ton engagement, je veux que tu te souviennes des principes de ta foi. N'as-tu pas souhaité, quand tu t'es mis à croire, être à Dieu après avoir été au diable, vivre en liberté après avoir vécu en esclavage, vivre à jamais après avoir échoué pour le siècle et pour l'éternité ? Tiens parole pour pouvoir recevoir la récompense de la parole tenue, efforce-toi d'accomplir ce que tu as promis pour pouvoir recevoir ce en quoi tu as cru ; lutte contre le diable, puisque tu es déjà armé du Christ [...][77].

Peut-on aller jusqu'à parler de catéchèse ? Certains critiques s'appuient notamment sur les mentions de l'instruction, sur l'appel au changement de vie, pour considérer que ces textes s'adressent à des catéchumènes[78]. Le terme *christianus* est-il un obstacle à une telle interprétation ? É. Lamirande a montré que le terme *christianus* pouvait être employé pour qualifier un catéchumène, qui n'a donc pas reçu le baptême ; en raison du signe de la croix qu'il a reçu, le catéchumène peut être appelé *christianus*, mais pas encore *fidelis*[79]. L'importance du terme *fidelis*, proposé comme un modèle à l'auditeur des sermons[80], en particulier dans le sermon 58, pourrait ainsi s'expliquer. Mais ceci ne peut s'appliquer à l'ensemble du *corpus*, si toutefois celui-ci est homogène. L'évocation de l'instruction dans quelques sermons[81] ne suffit pas à déterminer avec

---

tu uisu tum ille precibus mouetur, tu ad miserandum festines, ille fletu et gemitu se misericordem ostentet.

[77] *Serm.* 28, 6 : *Quare, ad te, o christiane, conuertor : tuam sponsionem exposco, fidei tua principia ut recorderis desidero. Nonne hoc optasti cum crederes, ut esses Dei qui fueras diaboli, in libertate <degeres> qui fueras in seruitute, in eternum uiueres qui saeculo et eternitati perieras ? Serua promissi fidem, ut possis accipere fidei seruatae mercedem, contende quod promisisti conplere ut quod credidisti possis accipere ; pugna cum diabolo, quia iam armatus es Christo [...].*

[78] A. Bass, *Fifth-Century Donatist Catechesis*, p. 93-95 ; M. A. Tilley, « Donatist Sermons », p. 379.

[79] É. Lamirande, « La signification de *christianus* dans la théologie de saint Augustin et la tradition ancienne », *Revue d'Études Augustiniennes*, 9 (1963), p. 221-234, ici p. 229-235 ; A. Bass, *Fifth-Century Donatist Catechesis*, p. 96, va dans le même sens, et reprend les mêmes arguments.

[80] En particulier dans le sermon 58 (1 ; 3 ; 4) « De fide », mais aussi en 49, 1 et 20 B, 6.

[81] *Serm.* 11 ; 20 B ; 28 ; 29 ; 50.

certitude l'auditoire. L'étude de l'énonciation et du vocabulaire de l'interpellation ne permet donc pas de confirmer l'hypothèse d'une catéchèse.

On peut ainsi interpréter la plupart des secondes personnes du singulier comme des secondes personnes du singulier collective. Il ne s'agit pas de « tu générique »[82], car le prédicateur s'adresse bien à quelqu'un. Cette seconde personne est inscrite dans le discours ; le prédicateur lui parle et vise un effet sur elle. Chaque individu doit se reconnaître dans cette personne[83].

Notons que la seconde personne du singulier collective est massive dans le *corpus*, mais quelques sermons font exception ; dans ces derniers, soit la seconde personne du singulier est absente[84], soit elle n'est utilisée que pour s'adresser à des personnages bibliques[85], comme nous l'avons signalé. Faut-il déduire de cette disparité énonciative l'existence de plusieurs prédicateurs, comme quelques critiques[86] l'ont suggéré ? Sans être un argument décisif, l'absence d'un tour rhétorique si présent dans les autres sermons, peut cependant aller dans le sens d'une diversité d'auteurs.

Mais, comment expliquer l'utilisation de cet outil énonciatif ?

c. Le calque biblique

La seconde personne du singulier collective est, tout d'abord, utilisée par calque de la Bible. À plusieurs reprises, le prédicateur use d'une seconde

---

[82] J.-M. Barbéris, « "Quand t'es super bobo..." La deuxième personne générique dans le français parisien des jeunes », *Congrès Mondial de Linguistique Française*, 124 (2010), 19 p. (https://doi.org/10.1051/cmlf/2010258) ; voir M. Ribreau, « Une écoute individuelle », p. 508-509.

[83] Nous n'employons pas l'expression « tu diatribique » à dessein, car elle laisse penser que la diatribe existait comme genre, et d'autre part que le sermon serait l'héritier ; sur le lien entre sermon et diatribe, voir M. Ribreau, « Une écoute individuelle » et M. Ribreau, « Sermon et diatribe, une fausse question ? Étude des dialogues dans les sermons d'Augustin », dans *La diatribe antique. Enquête sur les formes dialogiques du discours philosophique*, éd. J.-P. De Gorgio et A.-M. Favreau-Linder, Paris, 2019, p. 211-227.

[84] *Serm.* 39 ; 49 ; 56.

[85] *Serm.* 8 ; 14.

[86] A. Bass, *Fifth-Century Donatist Catechesis*, p. 43 et J. Meyers, « Vingt-deux sermons », p. 140.

personne du singulier collective après avoir cité des passages bibliques qui utilisent le même procédé. Par exemple :

> « Quand, dit le Seigneur, tu fais miséricorde, ne le fais pas claironner devant toi comme font les hypocrites. En vérité, je vous le dis, ils ont obtenu leur salaire. Vous, de votre côté, quand vous faites l'aumône, que votre main gauche ignore ce que fait votre main droite et votre père qui voit dans le secret vous le rendra au grand jour[87]. » Celui qui a donné l'ordre de faire l'aumône y a mis des règles et a montré comment et dans quel esprit nous devions le faire. Tu veux servir ? obéis ; suivre les ordres ? exécute-les ; t'engager ? va jusqu'au bout. Qui agit autrement que Dieu le commande a le salaire de ce qu'il fait ; qui s'affranchit des règles de son maître ne satisfait que sa propre volonté. Ne pas suivre complètement les ordres, c'est non seulement ne pas les exécuter, mais ne satisfaire que sa propre volonté. **2.** Maintenant c'est à toi, chrétien, que je m'adresse, j'attends de toi le respect de tes engagements. C'est pour Dieu que tu pratiques l'aumône. Alors pourquoi ne caches-tu pas ce que tu fais[88] ?

La seconde personne du singulier collective est ici calquée sur le tour biblique. On peut également noter, dans le passage biblique cité, l'absence de rupture entre l'utilisation de la seconde personne du singulier collective et la seconde personne du pluriel. On constate la même chose dans le sermon 28 :

> « Mon fils, dit-il, si tu entres au service de Dieu, tiens-toi dans la justice et dans la crainte et prépare ton âme à la tentation[89]. » Le Seigneur Dieu parle avec les siens de la tentation et daigne leur montrer les causes de la tentation. Chrétien, dit-il, si tu es soumis à la tentation, c'est pour

---

[87] Matth. 6, 2-5.
[88] *Serm.* 20 B, 1-2 : *Dum facis, inquid Dominus, misericordiam, noli tubicinare ante te sicud ypocrite faciunt. Amen dico uobis, consecuti sunt mercedem suam. Vos autem cum facitis helemosinam, nesciat sinistra quid faciat dextera et pater uester qui uidet in abscondito reddet uobis in aperto. Qui fieri helemosinam iussit, faciendi legem imposuit et quomodo uel qualiter faceremus ostendit. Si seruis, pare ; si obtemperas, comple ; si obsequeris, perfice. Compensat enim quod facit qui aliter fecerit quam deus imperauit ; suam perficit uoluntatem qui iubentis excesserit legem. Aliter enim facere quam iubetur non est iussa complere sed et suam uoluntatem perficere. 2. Te nunc, christiane, conuenio, tua obsequia que promittis exquiro. Propter Deum elemosinam facis. Cur non occultas quod facis ?* Même chose en 29, 4 ; 29, 5 ; 31, 1.
[89] Eccli. 2, 1-2.

> que Dieu puisse éprouver les qualités de l'homme que tu es ; si tu es confronté à des difficultés, c'est pour en être prémuni si tu les traverses avec courage ; si le bonheur t'est retiré, c'est pour que ta foi et ta dévotion soient éprouvées dans le malheur. Le Seigneur t'a appris à ne pas succomber ; il t'a averti de ne pas avoir peur ; il t'a exhorté à ne pas t'effrayer à la moindre occasion[90].

Le prédicateur juxtapose également des citations bibliques qui utilisent tant la seconde personne du singulier que la seconde personne du pluriel, par exemple :

> Montrant et prouvant que ce jour-là, plus que tout autre, devait être consacré aux œuvres saintes, lui-même a dit : « Observe le jour du sabbat pour le sanctifier[91] », pour que la place laissée vide par les occupations ordinaires fût occupée par les œuvres de miséricorde, pour montrer par son exemple ce qu'il a voulu que tous ceux qui sont soumis au sabbat fissent ce jour-là. Il disait : « Dites-moi ce qui est permis le jour du sabbat : guérir un homme ou le laisser mourir, rendre la vie à une âme ou la laisser se perdre[92] ? » En effet, si ton bœuf le jour du sabbat tombe dans une fosse, ne vas-tu pas l'en sortir[93] ?

Le prédicateur juxtapose un extrait du Deutéronome qui donne un commandement, et un extrait de Marc. La juxtaposition montre bien que dans les deux cas le locuteur s'adresse à un public large. En outre, dans le texte de Marc, Jésus passe sans transition de la seconde personne du pluriel à une seconde personne du singulier collective. Il prend un cas

---

[90] *Serm.* 28, 2 : *Fili, inquid, accedens ad seruitutem Dei, sta in iustitia et timore et praepara animam tuam ad temptacionem. Dominus Deus cum suis de temptacione colloquitur et temptacionis causas suis demonstrare dignatur. Ad hoc, inquid, Christiane, temptaris ut qualis sis a Domino comproberis ; ad hoc aduersis quaereris ut si fortiter steteris, muniaris ; ad hoc tibi prospéra detrahuntur ut contrariis tua fides ac deuotio comprobetur. Instruxit Dominus ne deficias ; admonuit ne paueas, hortatus est ne forsitan expauescas.*

[91] Marc. 2, 27-28.

[92] Marc. 3, 3-4.

[93] *Serm.* 10, 4 : *Ostendens atque demonstrans hunc diem maxime sanctis operibus frequentandum, ipse enim dixit : Obserua diem sabbatorum ut sanctifices eum, ut operis mundani uacacio misericordie operibus pensaretur, ut ex sese ostenderet quid cunctos sub sabbato constitutos operari die uoluisset. Dicite, inquid, mihi : licet hominem sabbato saluare aut perdere, animam uiuificare an interficere ? Bos enim tuus si sabbato ceciderit in foueam, nonne extrahis eum ? Igitur licet sabbato benefacere.*

QUI PARLE ? À QUI ?

précis que chacun pourrait, intérieurement, ou s'il intervenait, prendre. De même, après avoir cité un extrait biblique, dans lequel la seconde personne du pluriel est utilisée, le prédicteur adapte à chaque auditeur le commandement biblique en le paraphrasant en utilisant la seconde personne du singulier collective :

> Dans le livre de la *Sagesse*, Salomon le très saint commence ainsi : « Chérissez la Justice vous qui jugez la terre[94]. » Le céleste Christ, dans sa sagesse, a repris les premiers mots du livre de la *Sagesse* : « Chérissez la Justice vous qui jugez la terre. » Le Juste exhorte à la Justice, le Juge éduque les juges et Dieu lui-même incite les dirigeants à l'amour de l'intégrité. La justice, dit-il, que tu exiges des autres, juge, sois le premier à l'observer ; la faute que tu condamnes chez tous, condamne-la d'abord chez toi[95].

De la même façon, lorsqu'il cite un passage qui utilise une seconde personne du pluriel, le prédicateur poursuit, sans rupture, en usant de la seconde personne du singulier collective :

> « Vaquez, dit-il, et reconnaissez que je suis le seigneur[96]. » Toi qui es devenu bon par la pratique du bien, tu ne dois plus faire le mal. Deviens un imitateur du créateur afin que, te consacrant aux bonnes actions, tu te réjouisses d'avoir imité l'exemple du Dieu créateur. Que les saintes actions remplissent ta vie, alors tu ne songeras plus jamais à faillir. Si tu vaques à des occupations salutaires, dans cette action tu ne donneras pas prise aux vices. Tu sauras que, pendant le shabbat, il ne faut pas s'abstenir de toute action de la vie courante quand tu reconnaîtras qu'en pratiquant la justice tu ne commets aucun péché[97].

---

[94] Sap. 1, 1.

[95] *Serm.* 27, 1 : *In libro sapientie Salomon sanctissimus inchoat dicens : Diligite iusticiam, qui iudicatis terram. Celestis sapientia Christus primam uocem in libro sapientie protulit dicens : Diligite iustitiam, qui iudicatis terram. Iustus iusticiam admonet, iudex iudices docet et ad integritatis amorem prouocat Deus ipse rectores. Iustitiam, inquid, iudex, quam de aliis exigis presta, culpam quam in singulis dampnas, in te prior ipse condempna.* Même chose en 27, 3.

[96] Ps. 45, 11.

[97] *Serm.* 10, 5 : *Vacate, inquid, et cognoscite quia ego sum Dominus. Qui bonus a bono effectus es, mala operari non debes. Imitator creatoris existe ut bonis operibus deditus factoris dei exemplum gaudeas imitatus ; sancti actus occupent uitam et tunc numquam meditaberis culpam ; si salutaribus uacetur officiis, in opere manus non da-*

Le prédicateur cite tout d'abord un passage du Psaume 45, 11, qui utilise la seconde personne du pluriel, puis enchaîne en ajoutant ses propres phrases, mais en utilisant la seconde personne du singulier collective. La continuité énonciative est renforcée par l'absence de marquage de fin de citation[98].

Dans le sermon 20, le prédicateur cite le Psaume 40, 2, qui utilise une formule large, puis l'applique à l'auditoire :

> « Heureux qui se soucie du pauvre et de l'indigent. » Heureux, dit le Psaume, si tu évites à l'indigent d'avoir à t'implorer, ou si tu ne laisses pas du tout le pauvre te solliciter, ou si tu es sensible dans le silence et l'attention de ton cœur, à l'urgence de leur situation[99].

Le prédicateur applique à chacun la parole du psaume qui prend une dimension à la fois individuelle et collective.

L'utilisation de la seconde personne du singulier collective permet de montrer que le texte biblique s'adresse à chacun, qu'il doit être appliqué par tous, à la fois collectivement et individuellement. Par exemple, à la fin du sermon 20, le prédicateur reprend des images bibliques connues, liées au champ, à la moisson :

> Remplis le champ du Seigneur avec la semence de la miséricorde pour que la semence que tu auras plantée contribue à la prospérité de la moisson. Qu'il ne répugne pas à semer, celui qui espère une moisson, car celui qui n'aura pas voulu semer à temps ne pourra pas jouir d'une moisson. Tu ne retrouveras à l'arrivée que la marchandise que tu chargeras dans le navire. Tu ne dois pas te mettre en route sans viatique pour éviter de jeûner quand les autres se nourriront ; tu spécules sur Dieu avec le bien de Dieu, tu œuvres contre le Christ en te réclamant du Christ alors que ce que tu as reçu de lui, tu dois le lui rendre avec intérêt[100].

---

bitur uiciis. Tunc scies non ab opere uictus sabbato esse uacandum, cum cognoueris tibi iusticiam exercendo numquam esse peccandum.

[98] Même chose en 53, 2-3.

[99] *Serm.* 20, 1 : « *Felix qui intellegit super egenum et pauperem.* » *Felix, inquit, si a te egentem postulare non siueris aut si pauperem minime te rogare permiseris aut si necessitatem huiuscemodi tacito corde et sollicito affectu perseneris.*

[100] *Serm.* 20 B, 8 : *Agrum Domini misericordie semine comple ut semen quod ieceris in fecunditatem proficiat messis. Non tediet ad semen qui festinat ad messem ; non enim potest de messe gaudere, qui suo tempore noluerit seminare ; quod naui impones, hoc in portu recipies ; sine uiatico non debes proficisci ne aliis prandentibus ipse ieiunes ;*

d. Introspection, conscience et confession

La seconde personne du singulier collective est utilisée lorsqu'il est question d'introspection, de pensée. Elle est souvent liée à la mention de l'âme ou de l'esprit, qu'il faut animer[101], des sentiments comme la joie[102] ou la crainte[103], la honte[104]. L'auditoire est ainsi invité, individuellement, à écouter[105], à penser, à considérer, à savoir[106] :

> Ô homme, considère-toi toi-même, ce qui est en toi et hors de toi ; alors vraiment tu seras saisi de stupeur devant le Créateur lorsque tu considéreras en toi l'auteur d'une si grande œuvre[107].

L'auditeur est ici invité à entrer en lui-même, à se regarder lui-même. Introspection et seconde personne du singulier sont ici liées. Par la seconde personne du singulier, le prédicateur invite chaque auditeur à faire preuve d'introspection, à considérer sa conscience[108], à se regarder soi-même :

> C'est pourquoi, dans l'indigent, regarde-toi toi-même, qui que tu sois, dans le pauvre considère que c'est toi qui es privé de ce qui est indispensable à la vie[109].

La seconde personne est fréquemment utilisée lorsqu'il est question du lien qui unit l'homme à Dieu, qui s'exprime en particulier lorsqu'il est question du pardon[110] ou de la confession des fautes :

fenerare de Deo Deum, de Christo operare in Christum ; quod tibi dederit, feneratum restituas.

[101] *Serm.* 11, 5.
[102] *Serm.* 13, 3 ; 51, 3.
[103] *Serm.* 13, 3.
[104] *Serm.* 17, 6 ; 31, 3.
[105] *Serm.* 17, 1 : *audi* ; 60, 1.
[106] *Serm.* 11, 5 : *respice* ; 31, 1 : *in mente habe* ; 31, 2 : *cogita* ; 48, 4 ; 51, 2 ; *sit in meditacionibus Deus, [...] in corde spiritus sanctus.*
[107] *Serm.* 35, 6 : *Te ipsum o homo, intus et foris considera. Tunc uere stupebis artificem cum in te tanti operis consideraris auctorem.*
[108] *Serm.* 31, 3.
[109] *Serm.* 20, 5 : *Quare, in egente teipsum quisquis es computa, in paupere necessaria nature te desiderare considera.*
[110] *Serm.* 29, 5 ; 31, 2 ; 31, 5.

> Dieu a la bonté, ô homme, de vouloir que tu confesses ce qu'il sait. Car, pour savoir ce que tu as commis, il n'a assurément pas besoin de l'apprendre par ta confession : il connaît les secrets de ton esprit, il voit ce que dissimulent tes entrailles, rien ne lui est caché, rien ne lui est inconnu ; il connaît même ce à quoi l'homme ne songe pas encore, mais il veut que ce soit toi qui dévoiles ce que tu as fait, et tout ce qui est caché à la connaissance des hommes, il désire que ce soit révélé par ta confession [...][111].

L'utilisation de la seconde personne du singulier est liée ici à l'évocation de la confession de la faute que seuls celui qui l'a commise et Dieu peuvent connaître. L'opposition entre le secret du cœur et l'aveux public de la faute permet de mieux comprendre l'utilisation de la seconde personne du singulier collective. Le prédicateur cherche à s'adresser à chacun individuellement.

De même dans le sermon 19, le prédicateur oppose action visible aux hommes et jugement de la conscience, en utilisant une seconde personne du singulier collective :

> Ah surprenante et vertigineuse folie du pécheur ! Si tu caches les crimes commis à l'homme, qui n'est ni témoin de ton forfait, ni juge de ta conscience, pourquoi, pécheur, les caches-tu à Dieu, qui était présent quand tu y songeais et qui t'a vu quand tu les commettais ? Car Lui-même est témoin et juge, Lui-même, dis-je, est témoin et juge de l'acte que tu as commis. C'est en vain que tu caches ce qu'Il sait, en vain que tu occultes ce qu'Il a vu en étant Lui-même sur place. Tu pourras en effet en te confessant mériter le pardon au lieu de mériter en fautant le châtiment[112].

---

[111] *Serm.* 17, 1 : *Bonus est Deus, o homo, qui te uult confiteri quod nouit. Nec enim scire aliter quod admiseris non potest, nisi tua confessione didicerit : nouit ille mentis arcana et secreta uiscerum cernit, nichil illi celatum, nichil ignotum est. Eciam illa quae nondum homo cogitat nouit, sed uult a te proferri quod feceris, et si quid hominum nocioni celatur, confessione tua desiderat aperiri* [...]. Même chose en 31, 5.

[112] *Serm.* 19, 1 : *O mira et abrupta peccatoris demencia ! Si homini commissa facinora celas nec admissi testis est, nec consciencie iudex ; Deo uero quid celas, peccator, qui cum cogitares affuit et cum committeres uidit ? Ipse est enim testis qui iudex ; ipse est, inquam, testis facti qui est iudex admissi. Frustra celas quod nouit, frustra occultas quod coram ipse ac praesens aspexit. Poteris enim confitendo ; mereri ueniam qui delinquendo meruisti uindictam.*

Le prédicateur utilise la seconde personne pour décrire le lien intime qui unit l'homme à Dieu, le fils à son père :

> Que ta ressemblance avec le Père montre que tu es son fils, que la beauté de ta vie fasse voir qu'il t'a adopté[113].

Instruit individuellement par l'esprit de Dieu[114], l'auditeur doit donc se soumettre à Dieu[115]. Ainsi, lorsqu'il est question de la volonté de l'auditeur, c'est la seconde personne du singulier collective qui est utilisée :

> En effet, la façon dont tu vois ton seigneur dépend de ta volonté : si tu le veux bienveillant, honore-le comme un père, mais si tu le veux maître, vénère-le comme un juge[116].

Lorsqu'il est question de la connaissance de Dieu, qui est individuelle[117], ou de la prière, par laquelle l'homme entretient la relation qui l'unit à Dieu[118], le prédicateur utilise la seconde personne du singulier collective.

Comme chez Augustin, l'utilisation de cette personne relève d'un arrière-plan théologique qui est esquissé dans le corpus : tout homme, par sa conscience notamment, est lié individuellement à Dieu. L'utilisation de cette personne est ainsi d'autant plus justifiée qu'il est question de la relation intime qui unit l'homme à son créateur.

e. Commandement, conseil et exhortation

La seconde personne du singulier collective est utilisée en particulier lorsqu'il est question de changer de mode de vie, de vivre conformément au bien :

> Toi qui es devenu bon par la pratique du bien, tu ne dois plus faire le mal. Deviens un imitateur du créateur afin que, te consacrant aux bonnes actions, tu te réjouisses d'avoir imité l'exemple du Dieu créateur. Que les saintes actions remplissent ta vie, alors tu ne songeras plus jamais à faillir. Si tu vaques à des occupations salutaires, dans cette action tu ne

---

[113] *Serm.* 55, 4 : *Filium te similitudo patris ostendat, adoptatum generositas morum exhibeat.*
[114] *Serm.* 28, 4.
[115] *Serm.* 29, 2 ; 48, 6.
[116] *Serm.* 28, 4 : *In tua enim uoluntate est qualem sencias dominum : si uis benignum, honora ut patrem ; si uero dominum, uenerare ut iudicem.*
[117] *Serm.* 35, 6.
[118] *Serm.* 20, 4-5 ; 58, 3.

donneras pas prise aux vices. Tu sauras que, pendant le shabbat, il ne faut pas s'abstenir de toute action de la vie courante quand tu reconnaîtras qu'en pratiquant la justice tu ne commets aucun péché[119].

Dans ce passage, le prédicateur mêle réflexion (*meditaberis*) et action, qui domine ici. Deux éléments sont en outre importants : d'une part la notion de commandement, d'autre part celle d'exemple. La seconde personne est liée ici aux notions de péchés, de vices, de fautes, de mal et de bien[120].

La fin du sermon reprend en effet la forme de commandement, plusieurs fois évoqués dans le texte, qui évoque le sabbat, même si ce commandement est ici réécrit. Dans les commandements, on rencontre la seconde personne du singulier collective : il s'agit de s'adresser à chaque auditeur ou lecteur du commandement, pour qu'il l'accomplisse individuellement. Les préceptes évangéliques vont dans le même sens. Dans le sermon 11, le prédicateur traite de la loi de Dieu. Il s'adresse à l'auditoire :

> Que vas-tu plaider, toi qui transgresses la Loi de Dieu ? Quelle défense vas-tu mettre en avant ? C'est à cause de toi que les tables de pierre sont gravées, à cause de toi qu'il rédige toute la Loi pour que naisse la peur qui te fera observer la Loi. Considère la majesté de cette Loi. Plusieurs prodiges en manifestent la puissance : c'est sa présence qui assèche le Jourdain, au milieu de son lit elle ouvre un chemin, à tout le peuple elle offre un passage miraculeux. Oui, considère le Jourdain : malgré sa pente ses eaux ne courent plus, la Loi a changé ce qu'elle lui avait fixé, le flot revient sur lui-même et l'eau se rue en arrière[121].

---

[119] *Serm.* 10, 5 : *Vacate, inquid, et cognoscite quia ego sum dominus. Qui bonus a bono effectus es, mala operari non debes. Imitator creatoris existe ut bonis operibus deditus factoris Dei exemplum gaudeas imitatus ; sancti actus occupent uitam et tunc numquam meditaberis culpam ; si salutaribus uacetur officiis, in opere manus non dabitur uiciis. Tunc scies non ab opere uictus sabbato esse uacandum, cum cognoueris tibi iusticiam exercendo numquam esse peccandum.*

[120] Voir aussi *Serm.* 17, 1 ; 17, 3 ; 27, 1 ; 29, 2 ; 29, 5 ; 31, 2 ; 50, 3.

[121] *Serm.* 11, 4 : *Quid agis, contemptor, Deo quam excusacionem obtendis ? Propter te tabule lapidee inciduntur, propter te ab eo Lex tota conscribitur ut tibi obseruande Legis formido nascatur. Respice maiestatem eiusdem Legis diuersis uirtutibus operatam dum Iordanis fluuius praesencia eius siccatur, dum in medio aluo uie spacium aperitur et uniuerso populo iter mirabile exhibetur. Respice, inquam, Iordanem fluuium cuius*

QUI PARLE ? À QUI ?

Le prédicateur passe ici de l'évocation de la Loi, qui s'adresse à chacun, à une seconde personne du singulier collective lorsqu'il est question de l'application ou de la transgression de cette loi. Le prédicateur associe également conseil, *consilium*, préceptes, *praecepta*[122], ou principes, *principia*[123], à la seconde personne du singulier, selon le même fonctionnement que ce que nous avons pu souligner au sujet du commandement[124].

En outre, le prédicateur associe à plusieurs reprises, comme dans ce passage, exemple et seconde personne du singulier collective : chaque personne de l'auditoire doit imiter le mode de vie d'un personnage biblique, voire de Dieu. L'utilisation de l'*exemplum* permet de souligner à nouveau qu'il ne s'agit pas d'une seconde personne purement individuelle. L'*exemplum* est inscrit dans une communauté donnée, qu'il permet de construire, il doit être appliqué individuellement par tous[125]. Ainsi les exemples sont donnés pour l'auditoire :

> Voici, homme de Dieu, que je viens à toi, j'exige de toi la soumission que tu dois. C'est à ton intention que le Jourdain a été saisi d'effroi, que Jéricho s'est écroulée, que le peuple des Amorrhéens a disparu. Prends exemple sur le passé, tire du passé une leçon salutaire. Crains la Loi comme en son temps le Jourdain l'a crainte, tombe pour adorer comme est tombé le mur de Jéricho, redoute de t'écrouler si tu transgresses la Loi comme s'est écroulé le peuple des Amorrhéens[126].

Le prédicateur reprend ici la théorie antique de l'*exemplum*, selon laquelle il convient d'imiter un précédent, mais en l'appliquant au texte biblique. De même, dans le sermon 19 :

---

aquarum procliuitas impetum perdit, cuius institutum Lex ipsa mutauit, dum in se replicato impetu festinans unda rediit.

[122] *Serm.* 48, 1.
[123] *Serm.* 28, 6.
[124] *Serm.* 28, 1 ; même chose en 60, 1.
[125] Même chose en 13, 3. Sur la conception antique de l'*exemplum* et sa dimension communautaire, voir J.-M. DAVID, « Maiorum exempla sequi » et ID., « Les enjeux de l'exemplarité ».
[126] *Serm.* 11, 8 : *Propter te fluuius Iordanis expauit, Ierico ciuitas corruit, Amorrea nacio interiit. Accipe de transactis exemplum, sume de praeteritis salutare iudicium : metue Legem ut tunc Iordanis metuit fluuius, cade adorando ut Ierico concidit murus, time ne incidas contempnendo quemadmodum Amorreorum incidit populus.*

> Accepte donc les exemples du passé : pour vivre imite celui qui se confesse et, pour ne pas périr, fuis celui qui refuse de le faire : Adam se confesse et il est absous [...][127].

Dans le sermon 13, Amalech est un exemple, ou plutôt un contre exemple. Après avoir évoqué ce dernier, le prédicateur se tourne vers son auditoire :

> Amalech a oublié son propre anéantissement, il s'imaginait que Dieu était absent lorsqu'il combattait, alors qu'il avait entendu raconter les manifestations multiples de sa puissance, et qu'il l'avait lui-même éprouvée tant de fois. Alors si tu avais seulement écouté rapporter les plaies et l'anéantissement de Pharaon, si tu apprenais par le récit de certains les calamités variées et les supplices atroces subis par les Égyptiens, si tu te remémorais les diverses manières dont ont été anéantis les très cruels rois amorrhéens, les autres ennemis du Seigneur et ceux qui s'étaient rebellés contre son peuple, ce genre de malheur suffirait à te servir d'exemple, chasserait alors ta fureur, te prodiguerait le salut et tu n'aurais pas voulu ressembler à ce que tu sais qu'ils ont été. Tu te réjouirais que les exemples des âmes perdues t'aient servi à ne pas avoir été toi-même un exemple pour d'autres [...][128].

Même si le texte est peu clair, nous ne pensons pas que le prédicateur s'adresse ici à Amalech, on ne rencontre en effet aucune adresse qui le laisserait penser. Nous pensons que le prédicateur passer de l'évocation d'Amalech à une adresse large à l'auditoire. L'auditeur est inscrit dans une série d'exemples, et le prédicateur lui propose le contre-exemple d'Amalech, qui, lui-même, avait entendu d'autres exemples ou contre-exemples. Le texte met donc en scène le processus de l'exemple ; le fonctionnement reste le même : l'exemple doit être appliqué par chacun.

---

[127] *Serm.* 19, 1 : *Accipe ad hoc praeteritorum exempla gestorum et imitare confitentem ut uiuas et fuge negantem ne pereas : Adam confitetur et absoluitur* [...].

[128] *Serm.* 13, 7 : *Amalech oblitus est interitus sui, putabat se Deo absente pugnare, cuius uirtutem in multis audierat, in se iam tociens uiderat. Tunc si pharaonis plagas et interitum tantummodo audisses, si Egiptiorum multiformes ruinas et tormenta seuissima quorumdam relatu addisceres, si Amorreos immanissimos reges reliquosque Domini hostes populique eius rebelles diuersis interisse generibus meminisses, hec solummodo causa tibi in exemplum proficeret, tibi hic furorem depelleret, salutem tribueret nec talis esse uoluisses quales illos fuisse cognosceres, gauderes tibi perditorum exempla prodesse ne ipse aliis exemplo fuisses.*

QUI PARLE ? À QUI ? 317

La notion d'exemple peut parfois être restreinte à une partie de l'auditoire, comme les riches qui doivent prendre Corneille comme exemple[129]. Les commandements et l'exemple vont dans le même sens : il s'agit d'exhorter l'auditeur à agir :

> Oui, je m'adresse à toi qui es enchaîné par la surveillance de l'Époux et interpellé par les exhortations du Seigneur[130].

La seconde personne du singulier, sur le modèle biblique, est ainsi fréquemment utilisée à l'impératif[131] ou dans des formules de défense[132]. Il s'agit non seulement d'agir, mais aussi de permettre à Dieu d'agir :

> Saisis-toi du bonheur de la confession, toi dont la volonté était d'observer la Loi pour ton salut ; saisis-toi des remèdes que, malgré ton offense, te tend Dieu pour que le Christ t'accorde l'indulgence malgré ton mépris ; saisis-toi de l'occasion que t'offre un juge bienveillant qui se présente en père du pécheur. Puisque le Médecin désire te guérir, montre-lui la blessure que tu as cachée ; puisqu'il est décidé à avoir pitié des offenses dont il est victime, que celui qui l'a offensé n'hésite pas à se confesser ; et puisque le Juge cherche à être apaisé, que le coupable s'y décide sans hésiter[133].

La seconde personne du singulier collective permet ainsi d'évoquer l'action que doit mener chaque auditeur, ou plutôt le changement de vie qu'il doit accomplir. Par cette personne, le prédicateur vise à toucher chacun, sur le modèle biblique du commandement.

---

[129] *Serm.* 20 B, 8.
[130] *Serm.* 11, 12 : *Te, inquam, conuenio, qui gremio uiri constringeris et hortamentis dominicis prouocaris.* Même chose en 28, 2.
[131] Par exemple *Serm.* 11, 11-12 : *Exerce quantas poteris uires, excita animi deuocionem* [...]. *Fuge malorum contemptus et bonorum appete famulatus* [...] ; 20, 2 : *Sed magis, inquid, esto cautus, esto solicitus et esurientem cum intellexeris <nutrias, nudum cum aspexeris> contegas, indigentem cum attenderis omnia desiderata impercias.*
[132] Par exemple *Serm.* 20, 5 : *noli iactare.*
[133] *Serm.* 19, 10 : *Rape tu, quisquis es, confessionis felicitatem, qui legem obseruare uolueras in salutem ; rape remedia que offensus prouidet Deus ut tibi indulgenciam contemptus tribuat Christus ; rape occasionem beniuoli iudicis qui patrem se exhibet peccatoris ; dum curare desiderat medicus, abstrusum uulnus ostende ; dum offensis cogitat misereri, qui offendit non desinat confiteri ; et dum iudex plaçari quaerit, reus cogitando non desit.*

3. Conclusion

Au terme de cette analyse, nous avons pu souligner la quasi absence du locuteur ; seule la figure du prédicateur, peu développée cependant, est présente. Le type de sermon, s'il s'agit de catéchèse, ou l'état de conservation des sermons (s'agit-il des sermons prononcés intégralement ?) peut expliquer l'absence de développement plus personnel. On peut également se demander s'il ne peut pas s'agir de textes destinés à être appris et prononcés en particulier par des prêtres qui ne pourraient improviser eux-mêmes. Il s'agit ainsi moins de la trace écrite d'une performance orale que de modèles écrits pour une performance orale ultérieure. La quasi absence du prédicateur et l'absence de développement historique ou de mention de réaction de l'auditoire ou à une actualité pourraient ainsi s'expliquer.

En outre, nous avons pu souligner la place massive de la seconde personne du singulier collective. Elle permet au prédicateur de forger la communauté en s'adressant à chaque individu, mais de façon globale : bien qu'il s'adresse à tous, chaque auditeur doit se sentir concerné par la parole du prédicateur, car le texte biblique donne des commandements ou des conseils que chacun doit suivre et appliquer. Il s'agit d'exhorter l'auditoire à agir. L'étude de l'énonciation ne permet pas de corroborer l'hypothèse selon laquelle ces inédits seraient des textes catéchétiques, pas plus qu'elle ne la contredit. On peut souligner cependant que les thèmes de l'instruction, de la *fides*, sont limités à quelques sermons. Enfin, on relève des disparités rhétoriques entre les sermons, ce qui pourrait remettre en cause l'idée d'une collection uniforme, ou laisserait penser qu'il y a au moins deux prédicateurs différents parmi ces inédits. L'étude individuelle des sermons, offerte par le GRAA, permettra de confirmer ou d'infirmer cette idée.

Le *De Gedeone*

Une analyse*

Jean-Noël MICHAUD †
(*Montpellier*)

Le sermon 13 sur Gédéon est d'une extrême complexité dans sa composition et d'une grande subtilité dans sa pensée. Il y a d'ailleurs des raisons de penser qu'il ne s'agit pas d'un sermon, mais d'un texte de méditation fait pour la lecture individuelle. C'est pour cette raison que je voudrais proposer ci-dessous un plan du texte, puis un tableau qui cherche à montrer comment le texte passe du récit biblique à trois focalisations sur le massacre des adversaires par eux-mêmes, puis à une adresse directe à Amalech, *exemplum* du pécheur obstiné, enfin à une réflexion générale sur l'idée que le péché contient en lui-même son châtiment. Selon moi, la division de Leroy en neuf chapitres correspond mal à la structure du texte, et il conviendrait plutôt de le découper en huit chapitres[1] :

1. Introduction

→ *de facibus suis*.

2. 1er gros plan sur le massacre : les 300 témoins, aveuglement des adversaires

→ *potestas urgebat*.

3. La loi générale : le châtiment du péché est le péché lui-même et avertissement à celui qui contemple le sort des ennemis

→ *si alio uapulante timueris*.

---

*Ce texte a été retrouvé parmi les nombreuses notes de Jean-Noël sur les sermons. Il m'a paru mériter publication, et je me suis simplement contenté de l'adapter à la forme d'un article.

[1] Même si elle se justifie pleinement, la nouvelle division en huit chapitres proposée ici par Jean-Noël n'a pourtant pas été reprise dans notre édition pour ne pas compliquer la comparaison entre l'édition provisoire de Leroy et la nôtre.

4. 2ᵉ gros plan : gloire des justes et péripéties du massacre

→ *uirtute proiectum.*

5. 3ᵉ gros plan : les ennemis perdent leur humanité

→ *sic proeliatur ut uincat.*

6. Apostrophe à Amalech qui aurait dû être instruit par les exemples de l'Exode et ses propres défaites

→ *causam fuisse pugnandi.*

7. Folie de celui qui croit échapper au péché par le péché

→ *constiterit denegasse.*

8. Conclusion : aurore, victoire et manifestation à tous les peuples de la puissance divine

→ *monstrata fuisset.*

La justification de ce découpage se trouve dans les pages qui suivent. La dynamique du texte à partir de la reprise du récit biblique se fait en quatre étapes : le texte passe du récit biblique à la triple reprise du massacre, puis à l'apostrophe adressée à l'un des ennemis, Amalech, et enfin à une généralisation sans plus de référence au récit. On peut aider à la visualisation de ce découpage par le tableau suivant :

Le récit du « combat » entre les trois cents et Madian et Amalech	Évocation du massacre des ennemis par eux-mêmes et passage des trois cents au juste ; esquisse du mouvement de généralisation de la colonne 4	Apostrophe à l'un des actants de l'histoire	Généralisation
1 introduction jusqu'au massacre			
	2 1ᵉʳ gros plan sur le massacre : les 300 témoins, vainqueurs sans combattre les ennemis qui tuent même leurs proches		

Le récit du « combat » entre les trois cents et Madian et Amalech	Évocation du massacre des ennemis par eux-mêmes et passage des trois cents au juste ; esquisse du mouvement de généralisation de la colonne 4	Apostrophe à l'un des actants de l'histoire	Généralisation
			3 loi générale : l'accomplissement du péché en constitue le châtiment sans intervention des justes et apostrophe à *tu* : retire une crainte salutaire du châtiment des pécheurs et réjouis-toi avec les justes ; conclusion : ce qui est un mal pour autrui peut être un bien pour toi, si cela te sert d'exemple
	4 2e gros plan sur le massacre : gloire des justes et détails du massacre **5** 3e gros plan sur le massacre : face à des ennemis qui ont perdu leur humanité, invulnérabilité de celui qui est protégé par le ciel, vainqueur sans combattre		
		6 apostrophe à Amalech, *exemplum* du pécheur obstiné, qui, à la différence de Madian, aurait dû se souvenir des exemples du passé et de ses propres échecs	
			7 passage en *ille* : celui qui persévère dans le péché croit trouver la vie et choisit sa mort. Qu'il ne croit pas échapper au péché par le péché, car ce qui est un mal pour l'un ne peut être un bien pour un autre
8 conclusion : aurore de la Victoire, joie des vainqueurs indemnes, défaite des ennemis, manifestation à tous les peuples de la puissance de Dieu			

La base sur laquelle le texte est construit est d'ordre narratif : c'est le récit de la bataille, ou plutôt de la non bataille entre Gédéon et les trois cents hommes qu'il a choisis d'une part, madianites et amalécites de l'autre. Le texte commence par le récit qui va jusqu'à *de facibus suis*, récit qui s'achève avec la fin du texte *Peragitur interea bellum*.

1. Introduction et conclusion (1 et 8)

En fait, le récit proprement dit est tout entier inclus dans ces deux parties du texte : on pourrait les accoler, rien ne manquerait du récit de la bataille : sortie des trois cents dans la nuit, consignes de Gédéon, effroi des adversaires qui se massacrent entre eux. La fin du texte raconte la déroute des ennemis, et la collecte du butin par les trois cents et leurs compagnons qui n'ont pas participé à la sortie. L'ensemble du texte est une méditation sur ce qui est donné dans la phrase : *Et expauerunt Madianite et exsurrexerunt*, etc.

Il semble donc logique de considérer que le début du texte *Et factum est in illa nocte ... de facibus suis* comme l'introduction, et *Peragitur interea ... monstrata fuisset* comme la conclusion. Pourquoi considérer que la conclusion commence à *Peragitur interea* et non plus loin ? Il y a trois raisons à cela, me semble-t-il :

a) l'évocation de la déroute des adversaires n'est pas dans la continuité du raisonnement qui précède immédiatement, ce que manifeste *interea*, qui a deux fois déjà signalé un retour au récit. D'ailleurs, la déroute des adversaires n'ajoute rien à ce qui a été le sujet du texte, qui se fonde sur le massacre des adversaires par eux-mêmes, la déroute n'en est que la conséquence ;

b) il n'y a pas dans cette fin du texte d'idée nouvelle, mais simplement l'illustration d'un thème qui parcourt l'ensemble du texte, celui de la victoire des justes ;

c) deux reprises textuelles manifestent le rapport entre début et fin : *proelium in nocte*, qui reprend *Et factum est in illa nocte*, et *Exeunt cuncti exeuntque omnes*, qui reprend *exierunt trecenti uiri*.

Non sans habileté, l'auteur fait coïncider un phénomène naturel, le lever du jour avec la conclusion, lever du jour qui rend visibles les événements de la nuit ou plutôt leurs résultats[2].

---

[2] Dans l'introduction, l'ordre des mots *Gladius Deo et Gedeon* conduit à comprendre : « Notre épée pour Dieu et pour Gédéon », ce qui ne serait pas assimiler Dieu et Gédéon, mais le considérer comme médiateur, ce qui est parfaitement bi-

2. Gros plans sur le massacre des adversaires par eux-mêmes (2, 4 et 5)

À l'intérieur des éléments narratifs encadrants contenus dans l'introduction et la conclusion, on repère trois passages qui constituent le développement de la dernière phrase de l'introduction, *et expauerunt Madianite... de facibus suis*, et plus précisément des derniers mots de cette phrase : *ita ut sese ipsi suis gladiis interficerent, illi uero trecenti adlucebant eis de suis facibus*. Chacun de ces gros plans est introduit par un mot caractéristique : *exeunt* pour le premier, qui reprend le verbe principal de la première phrase de l'introduction, *interea* pour les deux autres. Ce que résume cette fin de phrase est repris trois fois dans ce qu'on pourrait appeler des gros plans sur le massacre. Chacun de ces gros plans oppose les trois cents à leurs adversaires, mais selon un dispositif différent :

- a) le premier gros plan (**2**) comporte deux parties égales, la première consacrée à l'attitude des trois cents, la seconde à celle de leurs adversaires ;
- b) dans le second (**4**), les justes sont brièvement mentionnés au début, tout le reste est consacré à une description précise du massacre ;
- c) dans le troisième (**5**), la joie des justes est opposée à la description du massacre et à la sérénité de l'innocent, puis la sérénité victorieuse de celui qui est protégé par le ciel, à la fureur vaine des adversaires, et *sic proeliatur ut uincat* constitue ici une anticipation de la conclusion.

Il paraît d'abord surprenant que soient juxtaposés deux gros plans sur le massacre (**4** et **5**), et on peut se demander si les deux passages ne constituent pas un seul et unique temps du texte. Il y a, bien sûr, une évidente progression : chacun des trois gros plans accentuent le caractère matériel et sanglant du massacre, mais il y a aussi une progression moins immédiatement visible dans la façon dont sont évoqués les justes : la première fois, ce sont les trois cents, puis le *populus Dei*, la deuxième fois, ce sont les justes, la troisième fois, les justes à nouveau, auxquels succède un singulier, désigné par *ille*, désignation commode et qui correspond toujours à des propositions relatives. On a donc clairement une progression de l'épisode du combat à une généralisation : le peuple de Dieu, les

---

blique. Mais il est vraiment surprenant qu'à trois lignes de distance, le même mot soit considéré comme déclinable (*cum Gedeone*) et indéclinable. Il faudrait donc, selon moi, soit corriger et écrire *Gedeoni*, soit traduire « Notre épée et Gédéon pour Dieu. »

justes, enfin un aboutissement avec le juste en soi. Nous retrouverons, au niveau suivant, un passage en *ille* qui caractérisera le pécheur impénitent : en d'autres termes, la méditation proprement dite s'esquisse déjà au niveau qui est encore celui des gros plans sur le massacre, et d'autre part il apparaît légitime de distinguer deux moments différents entre les deux passages introduits par *interea*. Dans ce qui appartient encore au niveau narratif s'esquisse le niveau de la méditation.

3. L'apostrophe à Amalech (6)

Une fois ces deux niveaux dégagés, nous parvenons à tout ce qui est réflexion de l'auteur, leçon tirée de ce qu'il a décrit dans les gros plans sur le massacre des adversaires par eux-mêmes. Or la réflexion qui part du premier gros plan est interrompue par les deuxième et troisième gros plans. Et après cela, la réflexion reprend sur une phrase qui distingue le cas de Madian et celui d'Amalech : *Ignorabat namque Madian potentiam Dei, Amalech oblitus est interitus sui, putabat se Deo absente pugnare, cuius uirtutem in multis audierat, in se iam tociens uiderat*. La différence entre les deux porte sur la connaissance de la puissance de Dieu et, face à Madian, Amalech, qui a déjà fait l'expérience de cette puissance, commet deux erreurs : il a oublié son échec passé et il croit qu'il combat en l'absence de Dieu. Il y a ici deux mots importants, *interitus* et *interire*, qui permettent à l'auteur de regrouper l'échec qu'est la mort pure et simple, les défaites et la mort éternelle dans la mesure où les échecs sont des préfigurations de la mort éternelle : si Amalech a oublié son anéantissement, c'est qu'il n'est pas mort.

La seconde partie de la phrase *Ignorabat namque*, etc. nous permet de comprendre la suite, dont elle annonce les deux temps (*Tunc si... exemplo fuisses* et *Quid quod... fuisse pugnandi*) : Amalech avait appris à connaître la puissance de Dieu en beaucoup de personnes ou de peuples, et il l'avait éprouvée de nombreuses fois en lui-même.

Avec le passage consacré à Amalech, nous sommes à une plus grande distance du niveau narratif, il est lié à la narration en ce sens qu'il concerne un des acteurs de cette narration, mais il s'en distingue par le fait qu'y est introduit un élément dramatique, l'apostrophe, une intervention directe de l'auteur, qui distingue le passage à la fois de la narration et de ce que j'ai appelé les gros plans.

4. Dieu a voulu que le péché ait son châtiment en lui-même (3)

Avec les mots *Indignum enim euisum est*, c'est un quatrième niveau que nous atteignons, celui d'une vérité générale. Après le premier gros plan, le texte change clairement de niveau pour énoncer une loi, une loi qui est la volonté de Dieu (annoncée à la fin du paragraphe précédent par *Dei potestas*) et énoncée dans la première phrase : « Dieu n'a pas voulu que les méchants soient anéantis par la main des justes. » Cette loi est illustrée dans chacun des trois gros plans : les justes sont séparés des méchants comme par un mur[3] ; ils ne se battent pas contre eux (1er) ; ils sont heureux tandis que les méchants se tourmentent eux-mêmes (2e) ; la méchanceté ne peut atteindre les justes et ils sont vainqueurs sans avoir eu à combattre (3e et annonce de la conclusion générale). En revanche, les méchants sont punis par eux-mêmes : frappés de démence, ils sont en proie au *furor*, qui les conduit à s'infliger à eux-mêmes un malheur, *iniquum*[4].

À la loi générale qui vient d'être énoncée et expliquée répond un passage à la 2e personne ou passage en *tu*, qui s'adresse à tout être humain :

- que le supplice du méchant incurable, supplice qui te fait peur, te persuade d'éviter de devenir à ton tour un *exemplum* du châtiment qui attend le méchant ;

- sois un juste : *gaude, laetare, exulta*, les verbes mêmes qui caractérisent les sentiments des justes dans les gros plans ;

- enfin une phrase qui apparaît comme l'annonce de ce qui terminera le texte : *aliena mala in propria bona conuerte*.

Le *tu* de ce passage ne s'adresse pas au même interlocuteur que celui qui s'adresse à Amalech, et la présence dans le même texte – et un texte court – de deux *tu*, qui ne se confondent pas, est surprenante : en raison de la distinction faite plus bas entre Madian et Amalech et de la constatation qu'au début du premier gros plan n'ont été nommés que les madianites, on pourrait penser que ce *tu* s'adresse à Madian, mais la suite montre que cela ne peut être la bonne explication. S'agit-il du destinataire du sermon ? On attendrait plutôt un pluriel, et cela pose, avec

---

[3] On pourrait se demander si cette sorte de muraille de verre qui sépare les justes des méchants ne dénoterait pas l'origine donatiste du texte.

[4] *Iniquum* a été traduit par « malheur ». On ne peut évidemment pas traduire par « injustice », car tout le contexte démontre que leur châtiment est parfaitement juste, mais je préférerais « souffrances » ou en tout cas un pluriel, « les malheurs ».

la complexité de la composition, la question du genre auquel ce texte appartient. S'agit-il vraiment d'un sermon ? Georges Devallet a fait l'hypothèse qu'on était en présence, non d'un sermon, mais d'un texte élaboré à partir d'un sermon, ce qu'il appelle de la « patristique fiction ». Ce *tu* ne peut se comprendre qu'à partir du passage qui le précède immédiatement et qui a posé la loi générale que le méchant est puni dans sa méchanceté et par sa méchanceté. À cette loi générale répond un *tu*, tout aussi général, auquel il est impossible de donner un contenu autre que « tout être humain ». Et, reprenant l'hypothèse de Georges Devallet, je la prolongerai en disant que nous avons, dans cette loi générale et l'exhortation qui la suit, le noyau d'un sermon passé ou futur. Si l'on admet dans la phrase précédente *uester*, qui entraîne probablement *interitus uester*, elle constitue la conclusion de tout ce qui a concerné Madian et Amalec, et aussitôt commence un passage en *ille*. Comme plus haut, il s'agit d'une généralisation à partir du cas d'Amalech et qui ne contient plus aucune référence à ce cas ni au récit biblique, sauf l'utilisation de *pugnare* au sens de « pécher ».

5. Le pécheur qui s'obstine dans le mal souhaite objectivement son propre anéantissement (7)

Reste à rendre compte du dernier temps du texte, celui qui commence aux mots *Seuerius pugnatur...*, un développement, tout particulièrement difficile, mais qui peut s'expliquer par un sous-entendu : l'auteur pense à quelqu'un qui a parfaitement compris ce que signifiait le malheur du pécheur, qui a d'abord voulu en tirer la leçon pour lui-même, et qui a ensuite lui-même péché. Autrement dit, il s'agit de celui à qui l'auteur s'adressait dans le passage en *tu* : *Disce qui timeas* et qui ne l'a pas écouté. Cet homme ne pèche pas seulement, il entasse les péchés et il les entasse selon la conviction qu'il peut par le péché échapper aux conséquences du péché. Enfin, l'auteur veut rendre compte des conséquences logiques de l'obstination du pécheur : objectivement il aime ce qui le détruit, il aime sa mort. Le pécheur croit échapper aux conséquences de son péché par un péché nouveau : il croit ainsi se sauver, en réalité il se condamne.

La conclusion du passage reprend en une apparente contradiction la conclusion du passage en *tu*, preuve supplémentaire que le *ille* de ce passage est le même que le *tu* du passage en question : ce qui est mal pour un autre est un bien pour toi, et si le supplice que subit le pécheur est un mal pour lui, il est un bien pour toi s'il te détermine à ne pas pécher ; enfin, ce qui est un mal pour l'un est un mal pour toi : il ne faut pas t'imaginer que ce qui a été le malheur de l'un pourrait être un bien pour toi.

Tout cela est dit d'une façon incroyablement elliptique, qui donne à penser qu'il s'agit de la contraction de plusieurs idées plutôt que d'un développement clairement construit.

Étude comparative entre le sermon 39 et les autres « inédits »

Anne Fraïsse

(*Montpellier*)

La plus grande question que pose le nouveau corpus de Vienne est celle de son unité et des raisons du regroupement de ces sermons, puisque le manuscrit qui les a ainsi collectés est tardif et seul témoin des vingt-deux sermons inédits et de ce regroupement. L'idée d'une origine donatiste, défendue par François-Joseph Leroy[1], repose essentiellement, comme on le sait, sur le sermon 39 (E 18) « Contre les pseudo-prophètes », où se trouve à trois reprises le terme *traditores*. Comme l'a écrit ici même Elena Zocca[2], l'hypothèse d'une attribution du corpus au mouvement donatiste « repose sur deux conditions préalables : la première est que l'ensemble des soixante sermons soit d'une seule main, » et la seconde, par conséquent, est « que l'on puisse s'assurer de l'appartenance au mouvement même d'un seul d'entre eux pour considérer tous les sermons comme donatistes ». Dans sa thèse sur les 28 sermons de l'Escorial, Martin Kirika Losebe l'avait compris[3] et, après avoir assuré, selon lui, l'homogénéité linguistique et stylistique de son corpus dans le premier chapitre, il avait ensuite tenté de montrer que le sceau donatiste du sermon 39 se retrouvait aussi ailleurs[4].

Ce qu'il a fait pour les 28 sermons de l'Escorial, nous voudrions le faire ici aussi pour les 22 « inédits » de la collection de Vienne. Sans

---

[1] Voir en particulier F.-J. Leroy, « L'homélie donatiste ignorée ».

[2] Cfr *infra* E. Zocca, p. 353.

[3] M. Kirika Losebe, *Les vingt-huit homélies*, p. 107 : « Leroy [...] a mis en évidence les éléments donatistes contenus dans l'homélie 39 de notre collection. Ce sceau donatiste, en principe, vaut pour l'ensemble du corpus dont l'homogénéité a été établie dans le chapitre premier de ce travail. »

[4] M. Kirika Losebe, *Les vingt-huit homélies*, p. 107-114 (chap. II.2.2 : « Une catéchèse donatiste »).

prétendre résoudre cette question sur laquelle les spécialistes du donatisme se sont penchés, y compris dans cet ouvrage, il nous a donc paru utile de comparer les vingt-deux sermons dont le GRAA propose la traduction avec le sermon *W* 39 pour essayer de vérifier, au-delà d'une ressemblance de procédés d'écriture et de thèmes que l'on pourrait attribuer à une époque et une rhétorique communes, s'il existe une véritable cohésion justifiant que l'on puisse voir dans ce rassemblement le témoignage d'une catéchèse donatiste.

Le sermon 39 « Sur les faux prophètes » commence par une triple comparaison *ut iudex, ut magister, ut benignus* : Dieu est juge, maître et instructeur bienveillant avec comme seule variante dans le troisième segment un adjectif au lieu d'un nom (on peut se demander si après le tribunal et l'école nous n'avons pas là une comparaison militaire, celle d'un instructeur devant des soldats ou un formateur chargé de l'éducation des esclaves) ; ce tricolon est renforcé par les trois verbes *monuerit, docuerit, instruxerit*, parallèles en sens et forme grammaticale qui soulignent le rôle de Dieu qui enseigne et guide. Il ne s'agit pas là d'une simple figure de style destinée à enjoliver l'expression mais de la structure même du raisonnement qui va se développer sur tout le début du sermon.

La deuxième phrase reprend le même schéma mais du point de vue de la réception par l'homme du plan salutaire de Dieu, de sa relation avec celui qui est non seulement un juge mais aussi un Père. Ce changement de *iudex* à *patrem* est la seule *variatio* par rapport au tricolon de départ puisqu'on retrouve les deux autres éléments de la comparaison avec *magistratum* et *benignas instructiones*. L'attitude négative du pécheur est exprimée par une double série de verbes marquant d'une part le refus de comprendre : *nec agnoscit, nec intellegit, nec cognoscit*, d'autre part le mépris et le rejet, avec le doublement du dernier verbe : *contemnit, negligit, aspernatur ac respuit*. Le dernier *nec*, qui porte clairement, malgré le parallélisme de la forme, sur l'infinitif *pertinere*, souligne que l'homme pécheur a conscience de ses actes et se sait éloigné de Dieu par sa propre faute.

C'est cette attitude, reprise dans la phrase suivante par les termes *contemptor* et *perfidus*, qui explique l'adéquation entre *iudex* et *pater* ; c'est l'homme qui fait du Père celui qui châtie : *pro patre experietur ultorem*. On retrouve pour marquer le changement d'attitude de Dieu une double série de trois termes, ceux du tricolon de départ : *patre*, *magistro, benigno* et ceux qui marquent la réponse de Dieu à la désobéissance de l'homme : *ultorem, uindicem, censorem*.

Mais cette attitude de sévérité n'est pas uniquement celle de Dieu ; la phrase suivante marque clairement le rejet intransigeant du coupable (*nec enim poterit excusari*) et la séparation nécessaire entre ceux qui se conforment à la volonté de Dieu pour leur salut et ceux qui s'en détournent (*nec paterna admonitio profuit nec magistri doctrina praestitit nec instructio diuina persuasit*). Là encore on retrouve les trois éléments du tricolon de départ, avec des variantes qui semblent plus stylistiques que porteuses d'un changement de sens.

Revient ensuite la même évolution de point de vue que dans la phrase deux puisqu'il s'agit de nouveau de la relation de l'homme à Dieu et non plus de Dieu à l'homme autour des trois mêmes éléments : le fils ingrat en présence du juge-Père, le disciple rebelle face à son maître et l'homme indifférent face à la bienveillance de son instructeur : *ut ingratus filius, ut contumax discipulus et benignitatis tantae alienus*. Mais surtout cet homme qui s'oppose à Dieu n'est pas un païen ignorant de Dieu, c'est bien un fils choisi, un élu de Dieu qui refuse sa bonté et cause sa propre perte ; pour cela il doit être exclu de la communauté, éloigné du contact des fils obéissants, rejeté parmi les impies et les étrangers (*cum profanis et cum externis iudicabitur*), expression qui montre bien qu'avant sa faute le pêcheur appartient à cette communauté.

On retrouve cette nécessaire séparation des bons et des mauvais dans les phrases suivantes qui vont introduire la citation de Matthieu (Matth. 7, 15-20[5]), sur les faux prophètes. Annoncé par *At contra*, le portrait du fils fidèle et obéissant *obedientis filii*, exact opposé de l'*ingratus filius*, passe en une phrase du « il » (*qui agnoscit*) au « nous » (*si credimus*) et reprend les trois mêmes termes toujours avec une légère *variatio* (aucune des formulations de ces trois comparaisons n'étant exactement la même au long du texte) : *patrem, magistratum, benignum deum*. On comprend l'unité du sermon en notant que des trois verbes employés pour marquer la volonté consciente du bon fils : *agnoscit,*

---

[5] Matth. 7, 15-20 : *Attendite a falsis prophetis, qui ueniunt ad uos in uestimentis ouium, intresecus autem sunt lupi rapaces ; a fructibus eorum cognoscetis eos. Nunquid colligunt de spinis uuas aut de tribulis ficus ? Sic omnis arbor bona fructus bonos facit, mala autem arbor malos fructus facit. Non potest arbor bona malos fructus facere, neque arbor mala bonos fructus facere. Omnis arbor, quae non facit fructum bonum, exciditur et in ignem mittetur ; igitur ex fructibus eorum cognoscetis eos.*

intelligit, persentit, les deux premiers sont les mêmes que dans le premier paragraphe pour décrire le fils rebelle, et associés aux mêmes termes qualifiant Dieu : *patrem agnoscit, magistrum intelligit*, le troisième élément de la comparaison utilisant dans une organisation de phrase différente (*qui benignum deum salutari instructione persentit*) les mots des toutes premières phrases : *clementissimi dei, salute, benignus instruxerit*. Ainsi *salutari instructione* reprend en les mêlant *benignas instructiones* et *documenta salutaria*. L'opposition entre les deux fils se retrouve dans la relation entre le fils obéissant et le Père-Juge, mais les termes instructeur et maître sont associés à la seule bienveillance de Dieu complétée par la notion de salut, source de joie : *munere aeterno gaudebit*.

La citation de Matthieu, sujet du sermon, est alors introduite par les termes de justice et d'obéissance (*Quare si credimus deum prouidentem et iustum, et prouidentis iussa seruemus et iustitiam iudicis uereamur*), qui achèvent le développement de la comparaison Père-Juge, que l'on ne retrouvera quasiment plus dans la suite du sermon alors qu'elle est omniprésente dans son début. Il semble que le raisonnement bâti sur cette comparaison ait pour but de séparer au nom de Dieu deux types de chrétiens et de préparer la mise en garde contre les faux prophètes, les *traditores*.

Après cette citation, on change de structure, tout en gardant une forme très répétitive mais dans une opposition binaire double, cruauté et innocence, apparence et réalité, *interiorem saeuitiam / innocentia uestitus* reprenant la comparaison animale de la citation biblique (*ouium indumento contecti*) et une construction grammaticale qui accumule relatives et comparatives autour de verbes contradictoires : *Qui ouium indumento contecti quod profitentur infamant, qui aliud docent quam faciunt, aliud agunt quam dicunt, aliud exhibent quam uocantur*. Dans cette accumulation, deux accusations différentes ressortent, l'une exprimée dans les deux relatives strictement parallèles (les faux prophètes ont des paroles et des actes qui divergent), l'autre qui ajoute le déshonneur pour ce qu'ils représentent, la trahison du nom qu'ils portent, déshonneur qui rejaillit sur une communauté au-delà des individus (*quod profitentur infamant, aliud exhibent quam uacantur*), même si cette dernière partie de phrase forme grammaticalement un tricolon avec les deux relatives précédentes. Il y a là un vrai travail rhétorique ; au moment où l'auteur martèle une même idée avec une opposition répétitive très lourde, il introduit un décalage entre la construction et le sens qui fait progresser imperceptiblement le raisonnement. On peut trouver cela, à juste titre, peu élégant mais il faut reconnaître la complexité de l'écriture et du raisonnement qui opposent et croisent progressivement ce que l'on dit et ce que l'on est, ce que l'on enseigne et ce que l'on fait, ce que l'on représente et ce que l'on détruit préfigurant une conclusion encore lointaine : on est ce que l'on fait et de façon irrémédiable qui oblige, au nom du salut divin, à la séparation définitive des bons et des mauvais.

La phrase suivante revient à une structure tripartite sur la seule opposition entre une parole qui est un enseignement (interdictions ou préceptes : *quod exsecrantur, quod prohibent, quod faciendum praecipiunt*) et des actes qui contredisent par hypocrisie (*operum simulatione*) la parole proclamée : *admittunt, faciunt, dissoluunt*. Là encore le dernier verbe amène un élargissement à une communauté exprimée dans la suite par la triple répétition de *apud quos* et présentée comme la négation de toutes les valeurs chrétiennes. Un triple chiasme, souligné par les répétitions de mots et de sonorités, dénonce un monde inversé où la faute devient vertu et la vertu faute : *Apud quos innocentia culpatur et culpa pro innocentia ducitur; apud quos peccare iustum est et iustitiam exercere nefandum, apud quos promereri delinquere est et delicta admittere promereri est.*

On revient ensuite à l'idée précédente de l'opposition entre les paroles et les actes, cause de cette inversion des valeurs avec une accumulation complexe de procédés rhétoriques : alignement rigoureux des mots dans une opposition binaire (*certant facta cum dictis / dimicat doctrina cum factis, alia sermonibus sonant / alia operatione confirmant*) à l'intérieur d'un tricolon marqué par trois *ubi*, dont le dernier segment plus développé s'achève à nouveau sur une opposition *innocentibus poena, reis gloria tribuatur*, inversion des conséquences de la justice divine. On retrouve en écho les termes de justice et d'enseignement et des verbes exprimant le combat (*certant, dimicat*) et la révélation (*sonant, confirmant*). Cette communauté, image inversée de ce que doit être l'Église chrétienne, va aussi à l'encontre de la justice divine : *ut innocentibus poena, reis gloria tribuatur.*

Le paragraphe suivant développe une comparaison animale, tirée de la citation évangélique ; les *lupi rapaces* sont décrits avec deux caractéristiques qui sont celles du diable et de ses partisans, la méchanceté (*crudelitate, deterius, nocentius, peius*) et la perfidie (*malitia, subtilius, submissus*), soulignées par l'accumulation des comparatifs. La phrase suivante passe sans transition des loups aux hommes, du neutre au masculin pluriel, en reprenant les mêmes termes caractérisant la méchanceté, ou des termes de même famille (*nocentes, malitia, crudeles*) ou de sens voisins (*saeuiores, inmanitate*). Mais pour la ruse, le développement parallèle passe, en un jeu d'échos, par l'opposition exprimée plus haut entre *interiorem saeuitiam / innocentia uestitus* que l'on retrouve dans *actu nocentes, uestitu simplices* ; ces hommes qui ne sont pas encore nommés expriment leur ruse par le déguisement et l'hypocrisie qui masquent le contraste entre la réalité de leur cœur et les apparences : trois adjectifs de qualité, *humiles, simplices, mites*, sont opposés à trois autres péjoratifs, *nocentes, saeuiores, crudeles*, avec des terminaisons semblables (*-es* mais également *-u* : *actu, uestitu* repris de la comparaison biblique, *aspectu*), qui autour des trois *sed* illustrent dans la structure même le jeu d'apparences de ces loups déguisés en moutons.

La comparaison se poursuit avec pour la première fois le nom de ceux que dénoncent ce sermon : les *traditores*, pires que les loups, les pires des animaux (*Et tamen, traditores uero*) ; on retrouve tous les éléments de la comparaison, la cruauté qui provoque attaque et combat (*nocere, debellant, impugnant*), la fausseté (*simulant*), l'attitude volontairement mauvaise et désobéissante (*malunt, faciunt*), la conscience de faire le mal (*malunt, optant*) et l'impossibilité, dont les coupables sont également conscients, de faire une même communauté avec les « innocents » (*innocentibus sociare*). Cette impossibilité est justifiée par une nouvelle raison la contagion (*malitiose infestant*) ; ce que risquent les bons, ce n'est pas seulement la persécution, qui s'étend aussi aux bergers du troupeau mais une contamination inévitable. En face des *traditores* sont nommés aussi ceux qu'ils persécutent, les chrétiens, ce qui explicite le premier commentaire de la citation biblique puisque l'on retrouve les mêmes termes *dicunt / dici, faciunt / faciunt*, marquant l'hypocrisie et la différence entre actes et paroles ; mais en plus de l'énonciation du nom des deux partis, s'ajoute la revendication d'un même titre (*Malunt enim dici quod non sunt*).

La suite du sermon est marquée par un passage de la troisième personne à la première, puis à la seconde et précise le *sociare* de la phrase précédente par la définition d'une communauté considérée comme abjecte (*scelestorum, talium*), provoquant rejet et détestation (*detestarer, execrabiles*) et dont la fréquentation (*coniunctio, societas*) est source de perdition (*nocere, perniciem allarura*). Le danger de ce rapprochement est développé dans deux comparaisons, les rapports d'un esclave avec son maître et ceux d'un soldat avec son supérieur qui rappellent le troisième terme du tricolon de départ, l'instructeur. L'attitude de ce mauvais serviteur est celui d'un traître qui change de camp (*inimico domini, imperatoris sui hoste*). Vient alors la menace, la fréquentation des traîtres entraîne, par contamination, un châtiment inévitable exprimé par le parallélisme rigoureux des deux propositions : *numquam seruus cum inimico domini inpune poterit habere consortium, nec miles cum imperatoris sui hoste sine poena potest inire consilium*. L'ennemi est clairement interne et en nombre, il suit un autre maître que Dieu et contamine celui qui accepte de le fréquenter ; toute conciliation avec lui amène le châtiment divin.

L'impossible association du bon et du mauvais, la contagion inéluctable du mal qui fait perdre au bon sa nature même (*huiusmodi naturam*) sont répétées en une comparaison avec les phénomènes naturels (*rerum natura, amaritudo / dulcedinem, lux / tenebris*) avec des similitudes de termes (*coniungitur, sociatur, coniuncta, numquam potest habere consortium*) et la même construction parallèle (*non ex bono malus melioretur sed ex malo bonus contaminetur*).

La comparaison biblique avec l'arbre bon et mauvais (*Non potest arbor bona malos fructus facere neque arbor mala bonos fructus facere*) pourrait paraître contradictoire avec ces affirmations puisque chacun y garde sa nature et produit son fruit propre. Le commentaire qui suit explicite le raisonnement : face à un homme perverti, il y a deux solutions, soit, dans le développement de la métaphore, la greffe, solution individuelle qui permet à celui qui se repent de réintégrer la compagnie de ceux qui portent du fruit, soit le rejet collectif d'une communauté coupable et promise au châtiment.

De même, la citation suivante (*Beati eritis, cum persecuti uos fuerint*) semble arriver sans lien logique. C'est la reprise des termes des paragraphes précédents appliqués dans le commentaire de la citation à la persécution qui permet de comprendre le raisonnement ; *inimicus et hostis, seruis* sont ainsi associés aux verbes de guerre *impugnas* et *debellas, faciunt, facis, facta* opposés à *nomen* quatre fois répété, l'expression *operum simulatione mentiris* démentie par les verbes *sonat* et *monstrant*. On retrouve la cruauté, sous la forme de la persécution (*persecutiones passuros, persecutionem patiuntur, persecutionem facis, persequeris, persequeris*) et la fourberie dans l'accumulation des termes de dissimulation (*adfectas, simulas, occultas, lateas, latebas*). L'opposition entre le bon et le mauvais est exprimée par la rigueur du parallélisme : *si persecutionem pateris, Christianus es, si persecutionem facis, inimicus et hostis es* ;

l'enchaînement est donc le suivant : on reconnaît un arbre à ses fruits, un homme à ses actes ; les actes des *traditores*, ce sont les persécutions, ils ne peuvent donc être chrétiens puisque les chrétiens sont les persécutés. La persécution démasque le faux chrétien, l'antéchrist qui se dissimule derrière un nom, et fait éclater au grand jour l'imposture. La persécution est donc le révélateur de la foi. C'est là un argument fréquent dans la défense donatiste comme l'a écrit Elena Zocca :

> In ogni caso, i seguaci di Donato, pur non rinunciando a rivendicare il titolo di cattolici, preferirono per lo più designare se stessi con perifrasi, quali *ecclesia ueritatis* oppure *ecclesia quae persecutionem patitur non quae facit*[6].

Les exemples bibliques qui suivent, Sodome, l'Égypte, Babylone, Daniel, démontrent par leur contraire pourquoi la séparation d'avec les *traditores*[7] est indispensable, les deux camps opposés étant cette fois clairement énoncés (*Christianos uero cum traditoribus morari non licuit ; a traditoribus uero dei seruis ; isti familiam dei ; isti dei seruos*) ; *licuit*, quatre fois répété, mais aussi *legibus paternis* (le Père-Juge), *inlicita*, *diuinis legis* montrent que cette impossibilité est d'ordre divin. L'auteur insiste particulièrement sur le lien de filiation avec les grands serviteurs de la Bible, persécutés pour leur foi ; la loi est celle des Pères, héritage conservé sans faillir, les lieux de culte sont propriétés de ceux que l'on persécute (*propriis hospitiis*).

François-Joseph Leroy a montré que les trois éléments associés à ces exemples bibliques, violence, privation de ressources et exclusion des lieux de culte évoquent un moment précis de la répression contre les donatistes :

> de plus ce qu'il [l'auteur] affirme de la persécution subie a toute chance de refléter les sanctions impériales prises après la condamnation de 411 aux lendemains de la conférence de Carthage plutôt que les mesures de 405, à la suite du premier édit d'union, confiscations de leurs demeures (leurs basiliques), privation de leur nourriture (eucharistique) et injonc-

---

[6] E. Zocca, « La voce della dissidenza », p. 338.

[7] Il faut noter le glissement de sens du mot *traditores*, qui désigne d'abord ceux qui ont livré les livres saints, puis, comme dans ce sermon, ceux qui acceptent de les réintégrer dans la communauté chrétienne et qui sont aux yeux des donatistes contaminés par leur indulgence et coupables du même sacrilège.

tion sacrilège de prendre part aux célébrations catholiques de la Grande Église[8].

L'emploi des mêmes termes fait le lien avec les paragraphes précédents (*contaminari, contaminare, uiolenter excludunt, crudelitas*).

Les deux paragraphes de conclusion reviennent aux idées centrales du sermon : l'avantage immense (*magnum, magna, magna*) donné par Dieu au juste, c'est la lucidité devant la perversité avec la reprise du thème *Actus sunt qui hominum fructus ostendunt*, qui développe un autre verset de la même citation de Matthieu (Matth. 7, 16).

Plusieurs critiques[9] ont souligné dans les 22 sermons inédits, malgré l'absence de termes explicites, une identité donatiste autour de thèmes récurrents : l'amour comme obéissance à la loi (*Serm.* 48), l'exercice régulier du combat spirituel (14, l'exemple de Job mais aussi 48 ; 51 ; 55 ; 58), élément de l'histoire du salut qui se construit autour des deux voies prises par les deux frères Abel et Caïn (17), la séparation nécessaire des justes et de ceux qui usurpent le nom de chrétiens (31 ; 48), l'exhortation morale à partir presque uniquement dans tous les sermons des exemples bibliques. On peut aussi considérer comme de grands thèmes donatistes les idées suivantes, présentes ici et là dans nos sermons : les traîtres ont tué l'esprit en eux et ne peuvent rien donner (48), les deux routes, mort et vie, conduisent à la nécessaire punition des pécheurs, garantie de la récompense des justes (13 ; 31 ; 34 ; 48 ; 50 ; 51 ; 55 ; 56), et l'affrontement avec le diable est source de joie pour les chrétiens car révélateur de vérité (14 ; 28 ; 50 ; 51).

On retrouve également les constantes de style d'une rhétorique assez scolaire, opposition binaire, variation et développement d'une même idée, répétition de structures grammaticales ou de catégories de mots. Les comparaisons tournent autour des mêmes thématiques, médicales (13 ; 17 ; 28 ; 29 ; 31 ; 50 ; 51 ; 55 ; 56 ; 58 ; 60), juridiques (13 ; 27 ; 31 ; 51 ; 58 ; 60), marines (18 ; 19 ; 29 ; 50) et militaires (13 ; 14 ; 28 ; 48 ; 51 ; 55 ; 58 ; 60).

De façon plus précise, on retrouve dans certains des 22 inédits, souvent sous forme de préceptes très concis, des expressions qui forment la trame du sermon 39, comme la nécessité d'une parole et d'une pensée

---

[8] F., J. LEROY, « Les 22 inédits », p. 152.
[9] James S. Alexander, Alfred Schindler, Elena Zocca, cfr dans ce volume l'introduction de J. Meyers.

semblables[10] ; l'obligation d'accorder ses actes avec les recommandations faites aux autres, actes qui révèlent la vérité d'un être[11] ; le nom de chrétien que l'on usurpe si les actes ne sont pas conformes à ce que l'on proclame[12] ; la haine dissimulée sous l'amour qui est pire que le péché seul[13] ; l'impossibilité de cacher son péché à Dieu et à sa propre conscience[14] ; le péché, pourriture contagieuse qu'il faut fuir[15] ; la

[10] *Serm.* 39, l. 28-29 : *Vbi certant facta cum dictis, dimicat doctrina cum factis, ubi alia sermonibus sonant, alia operatione confirmant* ; 27, 5 : *Loquatur factis qui loquitur uerbis* ; 60, 6 : *non sit in ore aliud, aliud in corde*.

[11] *Serm.* 39, l. 23-25 : *quod profitentur infamant, qui aliud docent quam faciunt, aliud agunt quam dicunt, aliud exhibent quam uocantur. Hi sunt qui quod exsecrantur admittunt, qui quod **faciendum praecipiunt**, **operum simulatione** dissoluunt* ; l. 75-76 : *Actus sunt qui hominum fructus ostendunt* ; l. 79-82 : *Indicium enim mentis operatio est hominis, quoniam factis ostenditur quicquid cordis secreto concipitur. Tamdiu enim latet quod intra **secreta uiscerum** conditur quamdiu **factorum testimonio** comprobetur* ; 27, 5 : *Quod **faciendum praecipit** faciat, quod obseruandum praedicat compleat* ; 58, 1 : *et quamuis fides **archana mentis** obtineat, tamen et **operum testificacione** firmatur*.

[12] *Serm.* 39, l. 36-38 : ***quod uocantur** debellant, **quod profitentur** impugnant ; christianos quod se esse simulant malitiose infestant. Malunt enim dici quod non sunt, ut in aliis damnent quod faciunt* ; l. 57-61 : *Vnde tibi frustra christianum nomen imponis, qui Christum in eius seruis persequeris. Adfectas uocari quod operum simulatione mentiris. **Nomen tuum** Christianum sonat sed facta antichristum monstrant : sub nomine, nomen impugnas ; sub lege, legem debellas. Persequeris fidem quam **profiteri** te simulas* ; 29, 4 : *sic et christianus esse non poterit qui **quod profitetur** infamat* ; 49, 1 (à propos d'Abraham) : *qui fidelis et esse et **uocari** commeruit* ; 50, 4 : *Odii malum nec inter fratres in ecclesia deest, si tamen qui fratrem odit esse in ecclesia potest* ; 58, 1 (*De fide*) : *Hec in raris consistit, etiamsi pluribus **suum nomen** adtribuit. Amat illam qui **quod profitetur** exercet, **infamat** illam qui aliud quam **quod uocatur** ostendit*.

[13] *Serm.* 39, l. 20-21 : *cauete illos qui interiorem saeuitiam innocentia uestitus occultant* ; 50, 3 : *Nonnumquam enim ab hoste aptatur sub pacis imagine bellum et sub tranquillitatis speciem **graue** certamen infligitur* ; 55, 1 : ***Graue** est usitati homicidii malum, **grauius** simulate caritatis est odium*.

[14] *Serm.* 39, l. 84-85 : *Et tamen **occultum non est** quicquid conscientia **teste committitur**, quia etsi alterius notitiam fallit, fallere tamen seipsum non poterit* ; 17, 3 : *nouit ille **mentis arcana** et **secreta uiscerum** cernit, nichil illi celatum, nichil ignotum est* ; 50, 3 : ***nullum** facinus **esse occultum** cui **testis** est qui **commisit**, nisi potuit aliquis aliquando se absente peccare*.

[15] *Serm.* 39, l. 37-46 : *malitiose infestant*. [...] *Nam si mihi **coniunctio scelestorum** nocere non posset, uel si societas talium **perniciem** allatura non esset, detestare*

LE SERMON 39 ET LES AUTRES « INÉDITS » 339

récompense des justes, qui n'existe que dans la mesure où existe aussi la punition des pécheurs et qui impose donc que les deux camps doivent être nettement séparés[16] ; la nécessaire séparation d'avec les pécheurs même s'ils sont les plus nombreux[17]. Comment ne pas voir, dans cette séparation entre la foule et le petit nombre des purs, une allusion possible aux donatistes, vrais chrétiens face à l'Église majoritaire, d'autant que dans le sermon 29, où cet argument est plus longuement développé, il est suivi de l'exemple de Caïn, meurtrier de son frère dont nous verrons plus loin qu'il renvoie aux thèmes du sermon 39.

Quelques-uns des sermons inédits ont des ressemblances à la fois thématiques et structurelles avec le sermon 39. Ainsi, le sermon 31, sur la confession, *Ego sum qui deleo facinora tua*, a un raisonnement qui débute comme le 39 sur l'admirable bonté de Dieu[18]. Cette bonté précède le jugement car c'est l'attitude du pécheur qui transforme un père en

---

*eos ... ex malo bonus **contaminetur*** ; l. 69-70 : *Isti familiam dei sacrilegio **contaminare** nituntur* ; 29, 3 : *Horum hominum **perniciosa** prorsus et **fugienda** persuasio est* ; 55, 3 : *pestifera tabe animus maculatur ... **fuge** odium, Christiane*.

[16] *Serm.* 39, l. 87-88 (Dieu agit en père avec celui qui lui obéit, en juge avec celui qui n'obéit pas d'où la conclusion : pour recevoir les récompenses promises le chrétien doit se séparer du pécheur et obéir à la loi de Dieu) : ***Discedite** ne **malorum consortio** conlatam in uobis gratiam polluatis* ; 48, 4 : *Si enim diligens ingenti praemio munerabitur, negligens contra supplicio destinato plectetur. Nec enim poterunt diligentes despici cum impii ceperint condempnari. **Vt enim praemiis diligens inuitatur, ita negligens supplicio destinatur*** ; 55, 4 : *Quare discernantur a **maliuolis** boni et benigni ab inuidis **separentur**. Mali autem corrigantur aut cedant. Boni in bonitate perficiantur **et ipsi bonitatis praemia et mali correpcionis remedia diuina pietate percipiant***.

[17] *Serm.* 39, l. 87-89 : *Discedite, **quotquot**, templum dei iam estis. Discedite ne **malorum consortio** conlatam in uobis gratiam polluatis, discedite ne quod sanctificauit Christus polluat diabolus* ; 29, 3 : *Nemo sibi **impunitatem de multitudine peccancium** repromittat nemo **cum turbis delinquens periculi immunem** esse se contendat. Amat plus Deus **paucos innocentes quam innumeros peccatores*** ; 50, 3-4 : ***Peccatum** enim uenenum est hominis [...]. **Fugiamus** peccatum [...]. Sed peccatum fortasse leuius uideatur quod publice et **a multis** ammittitur. Nichil leue quod malum*.

[18] *Serm.* 39, l. 1 : ***clementissimi dei**, benignus, patrem, benignas, benigno, paterna admonitio, benignatis tantae* ; l. 31 : *Pietas uenerabilis dei, ueniam, indulgentiam, uenia, misericordia, bonitas, indulget, amat ueniam, **clementissimus deus***.

juge[19]. Le pécheur n'est donc pas excusable lorsqu'il refuse la bonté de Dieu[20]. Le raisonnement sur l'idée que rien ne peut être caché à Dieu ni à la conscience du coupable et que ce qui est volontairement dissimulé est plus grave se retrouve en des termes très proches dans le sermon 31[21], et les procédés de style s'y succèdent également dans le même ordre : accumulation de comparatifs et d'exclamations, puis passage de la troisième personne à une apostrophe à la deuxième personne avec la même structure[22].

Ces ressemblances sont d'autant plus significatives qu'elles se développent dans un contexte différent, l'un polémique, l'autre dans le cadre d'un sermon sur la confession et qu'on les retrouve dans le sermon 17 *Confitemini Domino quoniam bonus*, qui traite également de la confession ; l'introduction est très proche de celle du sermon 39 avec un parallélisme des termes dans le tricolon ; la bonté de Dieu en fait à la fois un juge, un maître et un père[23]. On retrouve également en 17, et dans le même ordre, le thème du pécheur qui refuse la bonté de Dieu et en fait un juge sévère (17, 2 : *Munus enim coeleste contemnit qui quod Deus praecepit negligit*) ; l'idée que l'homme qui cache son crime, connu de Dieu, provoque sa punition (17, 2 : *si celaueris quod me teste fecisti, impunitus non eris*) et l'exhortation à fuir les mauvais exemples et à séparer nette-

---

[19] *Serm.* 39, l. 7-8 : *Qui quidem contemptor ac perfidus digne pro patre experietur* **ultorem** *pro magistro uindicem,* **sentiet** *pro benigno* **censorem** ; 31, 1 : *Sententiam uenia praeuenit [...] sic sibi indulget prior qui amat plus* **ultione** *ueniam confitentibus tribuere quam peccatoribus iurgare. [...] qui* **iudicem senciet**.

[20] *Serm.* 39, l. 9-10 : **Nec enim poterit excusari cui** *nec paterna admonitio profuit nec magistri doctrina praestitit nec instructio diuina persuasit* ; 31, 6 : **Excusari enim peccator non poterit cui** *remedia oblata sunt quae contempsit*.

[21] *Serm.* 39, l. 32-33 : *... quanto submissius* **peius** ; l. 84-85 : *Et tamen* **occultum** *non est quicquid* **conscientia teste committitur***, quia etsi alterius notitiam fallit, fallere tamen seipsum non poterit* ; 31, 3 : *Ceterum Deus tibi* **conscienciam testem** *adplicuit...qui et dixit : Nichil est tectum quod non reueletur et* **occultum** *quod non detegatur... Vnde* **grauius** *peccat qui putat Dominum a se* **commissa** *nescire* ; 50, 2 : *quia* **grauius** *est quod celatur*.

[22] *Serm.* 39, l. 77-78 : *Quem si intellexeris, uitas ; quem si noueris, caues* ; 31, 3 : *Si pudet, parce ; si silere uis, desine. [...] Si noscis, time ; si nescis, inquire*.

[23] *Serm.* 39, 1-3 : *Omnibus notum est* **clementissimi dei** *curam in hominis semper salute consistere ; quippe qui semper* **monuerit** *ut iudex, ut magister docuerit suos semper ut benignus* **instruxerit** ; 17, 1 : **Clementissimus Deus instruit***, ortatur et* **monet**.

ment les bons des mauvais (17, 5 : *Fuge contumaciam, christiane, exempla et prouidorum imitare iudicia, declina opera malignorum et facta exhibe bonorum*). Or cette exhortation est immédiatement suivie de l'exemple d'Abel et de Caïn[24], qui la replace dans un contexte où la persécution fraternelle devient le témoignage de la foi véridique et la promesse de la récompense des bienheureux, argument du sermon 39 en faveur des donatistes.

Le sermon 19 également sur la confession traite des mêmes thèmes en particulier celui longuement développé du pécheur qui fait de Dieu un juge au lieu d'un père avec le même tricolon, père, maître, juge (19, 2-3) :

> **Vt enim pater per filium, dominus per seruum, ita iudex creatur per reum**. Adeo tolle filium et ubi est **pater** ? Adime seruum et **domini deficit nomen** ; sic **iudex** deesse poterit si reatus causa defuerit. Denique Dominus Deus de suo bonus est, de nostro iustus, de suo pius, de nostro seuerus. 3. Nisi enim homo **peccasset**, dominum dispensatorem praemiorum, non **delictorum iudicem** habuisset.

Le sermon 28 *Fili, accedens ad seruitutem Dei* présente également des ressemblances notables avec le sermon 39 sur les faux prophètes ; on peut lire ce sermon comme une incitation morale à la prévoyance et à la préparation face à la tentation. L'Esprit Saint instruit l'homme (*Spiritus dei consilium porrigit, te, homo, dei spiritus format, tibi sua praecepta insinuat, salutaria monita tibi obseruanda monstrat*) et le prépare au combat contre la tentation et au refus du reniement (*tunc in iustitia et fide persiste*). Pour rester dans la justice et la crainte de Dieu, le chrétien doit être armé pour la lutte contre l'ennemi. Mais si le texte ne nomme pas à la fin du paragraphe la tentation inattendue qui surprend le chrétien (*christianus inopinata tentatione decipitur*) ni au début du deuxième paragraphe l'ennemi qui combat les serviteurs de Dieu (*hostis dei servos impugnat*), ce deuxième paragraphe est assez précis pour être lu à la lumière du conflit donatiste auquel s'appliquent les deux sortes de tentations évoquées qui reprennent les deux reproches adressés à leurs adversaires par les donatistes :

---

[24] *Serm.* 17, 5 : *Abel enim a principio ante ullius exemplum prior dedicauit martirium* [...] ; *Cayn, cum nec innocenciam nature seruauit nec pietatis iura in fratris cede pertimuit, perpetrat scelus quod nec ipse sciebat admittere nec frater nouerat praecauere.*

a) l'argument de la *pax uniuersa*, développé par Optat de Milève et Augustin avec le retour des *lapsi* dans l'Église[25], est contré par les donatistes qui considèrent cette paix comme trompeuse (*pax eius atrocissimum bellum, alterum quod sub imagine pacis perniciosa blandiens persuadet*) puisqu'ils refusent la concorde vue comme une contamination des bons par les mauvais et qu'ils jugent en contradiction avec les persécutions dont ils sont l'objet (*quando simulat pacem ut discordiae uirus infundat, quando uerba eius concordiam sonant sed odium intentant facta*) ;

b) pour présenter les tentations auxquelles l'ennemi soumet les justes, ce paragraphe emploie le même vocabulaire que le sermon 39 pour dénoncer les faux prophètes dans le passage qui comporte le terme *traditores*, et il le fait de façon plus détaillée et plus virulente, au point qu'il peut se lire comme un développement des arguments de ce passage. Voici les deux textes pour une comparaison précise :

Luporum genus **quanto** omnibus est bestiis inferius, tanto malitia et **crudelitate deterius** ; **quanto subtilius, nocentius, quanto submissius, peius**. Incessu humiles sed actu **nocentes**, uestitu simplices sed malitia **saeuiores**, aspectu mites sed **inmanitate crudeles**. (*Serm.* 39, l. 31-34)

Duo enim sunt temptacionum genera quibus hostis dei seruos impugnat, alterum quod sub ymagine pacis perniciosa blandiens persuadet, alteram quod **crudeli** persecutione illicita uiolenter extorquet. Sed crudeli subtilis, uiolenta leuis, seuienti blanda infestacio **peior** est : **quanto** enim subtilis molestior et **quanto** leuis **seuior** et **quanto** blanda **crudelior**. Inimicus enim tunc uehemencius nocet quando amicicie blandimenta mentitur, quando uerbis benignitatem ostentat sed crudelitatem factis demonstrat, quando simulat pacem ut discordie uirus infundat, quando uerba eius concordiam sonant sed odium intentant facta. Quitquid enim fuerit ab hoste promissum, hoc ipsum contrarium in opere et inutile inuenitur. Ceterum cum se uiolenter extulerit, aut

---

[25] Cfr A. Schindler, « Du nouveau sur les donatistes », p. 151 : « On peut ajouter sa polémique contre ceux qui désirent une fausse paix. Il pourrait s'agir de la paix à laquelle des gens comme Augustin invitent les donatistes – les invitant de retourner à la prétendue UNA SANCTA, une communauté empoisonnée par de faux sacrements et présente dans la plus grande partie de l'empire – prétendument "catholique", mais en fait l'Église des traîtres. »

uirtute uincitur, aut consilio declinatur ; pax eius atrocissimum bellum, lenitas eius deprauatio est incautorum[26]. (*Serm.* 28, 2)

On retrouve ici la même accusation d'hypocrisie, les actes démentent les paroles, et les promesses de l'ennemi qui entraînent la guerre sont celles des partisans de la concorde (39, 34 : *aspectu mites sed immanitate crudeles* ; 28, 2 : *benignitatem ostentat sed crudelitatem factis demonstrat*) ; on notera aussi la répétition dans un tricolon de *quanto* associé à différents comparatifs et le même thème de la contagion, qui apparaît dans le paragraphe suivant du 39 (*uirus, deprauatio*).

Au-delà de ce paragraphe, toute la structure de l'argumentation du sermon 28 est semblable à celle du sermon 39, avec le même thème de la guerre permanente contre l'ennemi y compris après la création de l'Église (*sine hoste non sumus ex quo christum cognouimus*), la même discussion sur le nom que l'on perd lorsque les actes ne sont plus conformes au nom (*Praeuaricationes enim si facis, nomen infamas ; aut enim facta nomen imponant, aut nomini facta respondeant. Perdet nomen qui aliud quam uocantur exercet...*), et la même conclusion que la persécution et la tentation servent à éprouver les hommes et sont les marques de la foi véritable.

Le paragraphe 3 du sermon 28 développe longuement la triple comparaison par laquelle débute le sermon 39 : le bon père, le maître bienveillant, le juge prévoyant mais avec un parallélisme plus rigoureux[27]. Cette comparaison est suivie du même retournement de point

---

[26] Trad. GRAA : « Il y a en effet deux sortes de tentations par lesquelles l'ennemi attaque les serviteurs de Dieu, celle qui, sous les traits de la paix, pousse par des mots caressants à des actes pernicieux et celle qui, en une cruelle persécution, arrache par la violence des actes interdits. Mais c'est pire d'attaquer avec délicatesse qu'avec cruauté, avec légèreté qu'avec violence, avec douceur qu'avec rage : en effet, plus l'attaque est délicate, plus elle est dangereuse, plus elle est légère, plus elle est sauvage et plus elle est douce, plus elle est cruelle. Car l'adversaire cause un tort plus intense quand il feint les douceurs de l'amitié, quand il se montre bienveillant par ses paroles, mais se révèle cruel par ses actes, quand il simule la paix pour répandre le venin de la discorde, quand ses paroles font entendre la concorde mais que ses actes provoquent la haine. Toutes les promesses tenues par l'ennemi ont donc en fait des effets contraires et sont vaines. Mais quand il s'est montré violent, ou la vertu l'emporte sur lui, ou la réflexion le fait fuir ; sa paix, c'est la plus atroce des guerres, sa douceur, c'est la corruption des imprudents. »

[27] *Serm.* 39, l. 2-6 : *qui* **monuerit ut iudex** (juge qui devient père) ; *ut magister... docuerit* ; *ut benignus... instruxerit* ; *instructiones* ; 28, 3 : *pater... praemo-*

de vue du père au fils, du maître à l'esclave, du juge au citoyen, avec la même progression qu'en 39, d'abord dans une attitude négative[28], puis, dans l'attitude positive du bon fils qui s'achève en exhortation[29]. On y retrouve également l'idée que c'est l'attitude de l'homme qui fait de Dieu un père ou un juge[30] et l'affirmation que perd son nom celui dont les actes ne sont pas conformes à ses engagements[31]. La conclusion des deux sermons est la même, les bons seront séparés des mauvais et chacun recevra la rétribution qui lui revient, donc le chrétien doit obéir à la loi de Dieu pour obtenir sa récompense[32].

La possibilité d'allusions, dans le sermon 28, aux troubles de la répression des donatistes est encore renforcée par l'emploi des mêmes termes dans le sermon 50, qui pourrait également évoquer les tentatives pour faire rentrer dans l'église les donatistes, vécues par eux comme une guerre contre l'ennemi avec l'évocation de troubles soudains (*Inopinata bella, improuisa tempestas*) déguisés sous une fausse paix[33].

Ces ressemblances de thèmes, de raisonnements, de structures, de vocabulaire avec le sermon 39[34] sont-elles suffisantes pour affirmer

---

net ; **benignus** dominus...praestruit ; **iudex ... admonet** ; praestructoribus, **instructioribus**.

[28] *Serm.* 28, 3 : *Inde nec filius dicendus est* **qui patris monitionem contempsit** *nec merebitur ueniam seruus qui praecepto domini construendis non paruit, nec ciuis sine ira plectetur qui prouidentiam iudicis contemnere maluit quam timere.*

[29] *Serm.* 28, 3 : *Quare* **audiat filius praestruentem patrem** *ne faciat contempnendo ultorem ; obseruet seruus benignitatem domini ne in eum acrius cogatur irasci ; non contempnat ciuis prouidenciam iudicis ne censuram senciat iudicantis.*

[30] *Serm.* 39, l. 3-4 : **nec patrem agnoscit** *qui monita tanta contemnit* ; 28, 4 : *Si uis benignum,* **honora ut patrem***, si uero dominum, uenerare ut iudicem.*

[31] *Serm.* 28, 6 : *Praeuaricationes enim si facis,* **nomen infames** *: aut enim facta nomen imponant, aut nomini facta respondeant.* **Perdet nomen** *qui aliud quam uocantur exercet, quia necesse posset quod uult,* **qui quod profitetur impugnat**.

[32] *Serm.* 39, l. 92-93 : *Vt possitis accipere quod promittitur, facite* **quodcumque iubetur** ; 28, 6 : *Vt enim securus ac letus est qui legum iussa conseruat, ita pene est compos qui factis,* **quod iubetur impugnat**.

[33] *Serm.* 28, 2 : *pax eius atrocissimum* **bellum***, Serm.* 28, 2 : *alterum quod* **sub ymagine pacis** *perniciosa blandiens persuadet* ; 50, 3 : *Nonnumquam enim ab hoste aptatur* **sub pacis ymaginem bellum** *et sub tranquillitatis speciem graue certamen infligitur.*

[34] On trouvera en annexe un tableau comparatif du sermon 39 avec le 28 mais également avec d'autres sermons, qui permet de mieux voir les parallélismes existants.

que l'ensemble de ces 22 sermons relèvent d'une catéchèse donatiste, en l'absence de références explicites ? On pourrait penser que non et y voir seulement une rhétorique pesante qui formate forme et pensée. Peu explicite est également ce qui semble être des allusions aux persécutions subies par les donatistes, qu'il est toujours possible de lire de façon morale dans le combat permanent du chrétien contre le Mal. Mais est-il si étonnant que la polémique donatiste ne s'exprime pas directement dans tous ces sermons et faut-il en faire un argument pour réfuter la thèse d'une catéchèse donatiste ? Pas plus qu'actuellement les schismatiques d'une Église ne sont en permanence dans la lutte directe mais s'emploient à construire une doctrine propre en enseignant, en développant et en approfondissant leur pensée, les donatistes avaient sans doute à cœur de se démarquer par l'instruction et l'exemple autant que par la polémique, et c'est par leur position sur les divers sujets traités que leurs auditeurs pouvaient percevoir leurs différences avec l'« autre Église ». Or, vu la nature du conflit, les différences doctrinales étaient assez ténues sur la plupart des sujets et, se considérant comme les vrais chrétiens, les donatistes, dans leur propre église du moins, et en dehors d'un dialogue ou d'un affrontement avec leurs adversaires, n'avaient pas de raison de bâtir tous leurs sermons sur la réfutation de la pensée adverse.

C'est donc bien, malgré l'absence de polémique directe, en retrouvant les échos répétés de thèmes qui, si l'on en croit leurs adversaires, étaient chers aux donatistes, que l'on peut soutenir avec vraisemblance l'hypothèse de François-Joseph Leroy d'une catéchèse donatiste. Et c'est bien ce faisceau de présomptions qui rend ces textes intéressants comme une vision de l'autre côté du miroir d'un conflit que nous ne connaissons que par les vainqueurs.

ANNEXE
Tableau comparatif entre les sermons 39 et 28 (et avec quelques autres)

Sermon 28	Sermon 39
monitorem contempsit *filius*	*Vnde nec patrem agnoscit qui* **monita tanta contemnit**
ne faciat **contempnendo ultorem** *Non* **contempnat** *ciuis prouidenciam iudicis ne* **censuram senciat** *iudicantis*	**Contemptor** *ac perfidus digne patre experietur* **ultorem**, *pro magistro uindicem,* **sentient** *pro benigno* **censorem**
Sermon 29	
Si Deo **patre** *censeris,* **monita patris** *obserua*	*Nec filius dicendus est qui* **patris monitionem** *contempsit*
Sermon 28	**Benignum** *deum*
Ama genitorem quia **bonus** *est Dilige et* **time** *dominum quia* **iudex** *est Amorem patri,* **reuerentiam iudici**	*Obedientis filii et diuinae* **benignitatis** *Iustitiam* **iudicis uereamur**
Sermon 28	Qui **patrem agnoscit**
Si uis **benignum**, *honora ut* **patrem**, *si uero dominum,* **uenerare** *ut* **iudicem**	*nec* **patrem agnoscit** *qui monita tanta contemnit*
Sermon 29	
si Christi te famulum profiteris, **in actibus** *praecipue talem* **demonstra**. *Professionem enim cuiusque rei,* **facta magis quam nomen ostendunt**	*Malunt enim* **dici quod non sunt**, *ut in aliis damnent* **quod faciunt**
Sermon 27	
Aliis imponat quod ipse non portat, quod **faciendum praecipit** *faciat quod obseruandum praedicat compleat* **Loquatur factis qui loquitur uerbis**	*Hi sunt qui quod exsecrantur admittunt, qui quod* **faciendum praecipiunt**, **operum simulatione** *dissoluunt.*
Sermon 50	
Indicium enim mentis operatio est hominis quoniam **factis ostenditur**	*qui aliud docent* **quam faciunt**, **aliud agunt** *quam dicunt, aliud exhibent* **quam uocantur**
Sermon 58	
Amat illam qui **quod profitetur exercet**, *infamat illam* **qui aliud quam quod uocatur** *ostendit*	

Sermon 28 *Perdet **nomen qui aliud quam uocantur exercet**, quia necesse posset quod uult, qui **quod profitetur inpugnat***	*Quod **uocantur debellant, quod profitentur impugnant*** *Sub nomine, **nomen impugnas***
Sermon 29 *Quare aut **fac quod iubetur** si uis **accipere quod promittitur***	*Vt possitis **accipere quod promittitur**, facite quodcumque iubetur*
Sermon 50 ***Nullum** facinus **esse occultum** cui **testis** est qui **commisit nisi potuit** aliquis aliquando **se** absente peccare*	*Occultum non est quicquid conscientia **teste committitur** quia etsi alterius notitiam fallit fallere tamen **seipsum non poterit**.*

Éthique binaire et exégèse dans l'Homéliaire de Vienne

Elena ZOCCA

(*Rome*)

1. *Status quaestionis*

Lorsqu'on se penche sur l'Homéliaire de Vienne, on peut ressentir un mélange d'enthousiasme et de malaise. Les raisons de l'enthousiasme ne sont pas difficiles à comprendre : si l'on pouvait établir à titre définitif la pertinence de cette collection de sermons au Donatisme, nous aurions là, pour la première fois, un instrument exceptionnel pour nous plonger dans la vie quotidienne d'une communauté avec ses émotions et ses besoins, ses codes éthiques et ses règles de comportement.

Le malaise naît, en revanche, du statut incertain du texte. Comme on le sait d'après les études de François-Joseph Leroy[1] et surtout d'après le bel article récemment publié par Jean Meyers[2], sur les soixante homélies contenues dans le manuscrit de Vienne, seulement vingt-deux (en fait vingt et une) étaient inédites, tandis que les trente-neuf autres avaient déjà fait paru dans divers lieux et sous le nom de plusieurs auteurs, y compris le soi-disant Chrysostome Latin[3]. De l'ensemble

---

[1] F.-J. LEROY, « Les sermons africains » ; ID., « Vingt-deux homélies africaines » ; ID., « L'homélie donatiste ignorée » ; ID., « Les 22 inédits » ; ID., « Compléments et retouches à la 3ᵉ édition de la *Clavis Patrum Latinorum*. L'homilétique africaine masquée sous le *Chrysostomus latinus*, Sévérien de Céramussa et la catéchèse donatiste de Vienne », *Revue d'histoire ecclésiastique*, 99 (2004), p. 425-434.

[2] J. MEYERS, « Vingt-deux sermons ».

[3] Pour la découverte de la collection et l'identification des divers corpus déjà connus inclus en son sein, voir au-delà des titres mentionnés ci-dessus : A. WILMART, « La collection des 38 homélies latines » ; J.-P. BOUHOT, « La collection homilétique pseudo-chrysostomienne découverte par Dom Morin », *Revue d'études augustiniennes et patristiques*, 16 (1970), p. 139-146 ; ID., « Les traductions latines » ;

du corpus, en se fondant sur le manuscrit autrichien, Leroy a d'abord publié le Sermon 39 (ex Escorial 18), essentiel pour la revendication de la collection au mouvement donatiste[4], puis les vingt-deux inédits[5], dont l'un, le sermon 29, était en effet déjà paru dans la *Patrologia latina* (issu d'autres traditions textuelles) parmi les sermons pseudofulgentiens[6].

C'est justement à ces vingt-deux « inédits » que le Groupe de Recherche sur l'Afrique Antique (GRAA) a consacré par la suite son attention, en élaborant une nouvelle édition critique accompagnée d'une élégante traduction française. Même si ce travail était encore sous forme provisoire quand les collègues ont bien voulu le partager avec moi, c'est lui que je me permettrai donc d'utiliser ici.

Les autres sermons restent quand même disponibles dans des éditions conduites à partir de traditions textuelles différentes, mais ils sont malheureusement disséminés dans les volumes de la *Patrologia Latina*, ses *Supplementa* et quelques articles publiés dans des revues scientifiques[7].

Si quelqu'un veut se faire une idée sur l'ensemble de la collection, il se trouve par conséquent confronté à une petite difficulté pratique, celle de traquer les sermons dans des lieux disparates, et à un problème philologique beaucoup plus important, car nous n'avons pas d'informations exhaustives sur la conformité ou la divergence des sermons déjà connus par rapport à la recension représentée par le manuscrit de Vienne.

W. WENK, *Zur Sammlung der 38 Homilien* ; A. SCHINDLER, « Du nouveau sur les donatistes » ; A. L. BASS, *Fifth-Century Donatist Catechesis* surtout le chap. 2 ; S. J. VOICU, « Latin Translations of Greek Homilies », dans *Preaching in the Patristic Era : Sermons, Preachers and Audiences in the Latin West*, Leyde-Boston, Brill, 2018, p. 294-326.

[4] F.-J. LEROY, « L'homélie donatiste ignorée », p. 250-262.

[5] F.-J. LEROY, « Les 22 inédits », p. 149-234.

[6] Cfr Ps. Fulg. Rusp., *Sermo* 76 (*De Isaia*), *PL* 65, col. 947C-949.

[7] La liste complète des sources et des correspondances a été dressée par A. L. BASS, *Fifth-Century Donatist Catechesis*, p. 198-202 (Appendix A). Voir aussi F.-J. LEROY, « Vingt-deux homélies africaines », p. 129-137 ; voir aussi B. D. SHAW, *Sacred Violence. Africa Christians and Sectarian Hatred in the Age of Augustine*, Cambridge, Cambridge University Press, 2011, p. 846-849.

2. L'établissement (difficile) du texte

En 1999 en introduisant son édition, Leroy soulignait un certain nombre de divergences entre les leçons rapportées par l'Homéliaire autrichien et les textes déjà publiés. Il remarquait alors que, dans le Sermon 9 du corpus viennois, il y avait une amputation des trois premiers chapitres et de deux lignes du quatrième, ainsi qu'une augmentation de dix lignes dans l'*incipit* du Sermon 26, une plus longue extension et, enfin, une différente conclusion dans le Sermon 53 de la même collection[8]. Il notait également qu'à ce moment-là on connaissait trois recensions différentes du Sermon 59 et quatre du Sermon 45. Malheureusement, il ne précisait jamais s'il avait répertorié toutes les divergences ou bien s'il avait voulu juste en donner quelques exemples.

Je n'ai pas eu le temps de faire un contrôle systématique du manuscrit, mais j'ai conduit un sondage rapide dans le Sermon 29, pour lequel nous disposons d'une double édition, celle de Leroy élaborée à partir de notre manuscrit et celle de la *Patrologia Latina*, où le sermon est rangé au numéro 76 parmi les homélies faussement attribuées à Fulgence. La collation des textes permet de remarquer un certain nombre de différences (cfr Annexe I). La plupart des écarts semblent ne pas être trop significatifs. Paléographes et philologues pourraient les expliquer sans trop de difficultés. Mais il y a au moins un cas qui retient l'attention, en raison d'une ampleur non négligeable (trois lignes dans Migne), d'une position rhétoriquement significative (s'agissant des conclusions), et d'un sujet sensible du point de vue théologique, c'est-à-dire le péché et son soin. En effet, tandis que dans le Sermon du Pseudo-Fulgence on parle sans équivoque du péché du premier homme et de la réparation accomplie par le Christ, dans le sermon viennois le Christ n'est pas nommé, et la référence à une faute ancienne pourrait être tirée au mieux du contexte très large. L'expression *vulnus innatum* ici employée, contrairement à ce que l'on pourrait croire, à l'époque n'a pas de signification technique sur le plan théologique. Augustin ne la connaît pas et même son adversaire, Julien d'Éclane, ne semble jamais l'avoir utilisée[9]. Le caractère neutre de notre *iunctura* est d'ailleurs confirmé par une autre occurrence, que l'on trouve dans le Sermon 17, 6, où elle indique

---

[8] Cfr F.-J. Leroy, « Les 22 inédits », p. 151.

[9] Il utilise en effet une expression similaire, *innatum peccatum*, mais l'Hypponate ne la reprend ni la commente jamais. Cfr Aug., *C. Iul op. inperf.* 4, 87.

tout simplement la blessure qui ne peut pas être guérie par le médecin sans qu'elle lui ait été montrée auparavant[10].

Je ne m'attarderai pas davantage sur cette question. Pour une discussion plus approfondie sur la transgression d'Adam, on peut lire l'article de Raúl Villegas Marín dans ce même recueil. Ce qui m'intéressait ici, c'était essentiellement de soulever la question des variantes textuelles entre les leçons de l'Homéliaire de Vienne et celles issues d'autres traditions. Et je crois avoir montré que, si des situations comparables à celles que nous venons de décrire devaient se produire dans un nombre même limité de cas, il faudrait alors s'interroger sur l'extension de ces variantes, sur leur cohérence ou incohérence interne, sur l'antériorité ou postériorité des unes par rapport aux autres, etc. Tout cela signifie que nous devrions poser sérieusement et préalablement la question de la constitution du corpus et de l'identité de son auteur ; tout en considérant comme « auteur » ou celui qui a le premier composé ces sermons ou, le cas échéant, celui qui pourrait avoir rassemblé des homélies d'autrui, altérant leur physionomie pour des raisons qui, dans l'état actuel de la recherche, nous échappent. Voilà pourquoi, dans un article sur l'homilétique donatiste publié en 2014, j'ai renoncé à utiliser la soi-disant catéchèse de Vienne, tout en déplorant aussi l'absence d'une étude introductive suffisamment détaillée[11]. Depuis lors, toutefois, notre Homéliaire a gagné une attention croissante et parmi les essais qui lui ont été consacrés, le plus fouillé est sans doute la thèse de doctorat de Alden Bass. Il s'agit d'un ouvrage très riche, qui n'est pas insensible aux questions philologiques, mais, malheureusement, elle n'aborde pas notre question ni ne s'engage dans l'analyse d'éventuelles variantes

---

[10] Cfr *Serm.* 17, 6. La *iunctura* découle peut-être du langage médical. Il était en fait habituel de faire la distinction entre la blessure infligée de l'extérieur et celle que produit spontanément la chair (voir déjà Hom., *Od.* IX, 410-412 ; Pind., *Pyth.* III, 37-53). La première était principalement rendue en latin par *uulnus* et la deuxième par *ulcus* (cfr E. FORCELLINI, *Lexikon totius latinitatis*, vol. IV, Padoue, 1940, p. 107). Mais on peut également rencontrer les expressions *uulnus illatum* et *ulcus innatum*, qui continueront à être transmises dans les sens indiqués ci-dessus jusqu'à l'âge moderne (cfr *Amaltheum castello-brunonianum, sive Lexicon Medicum*, Patavi, 1721, p. 782 : *Vulnus late et stricte accipitur : late pro omni plaga externa ... Stricte vulnus dicitur solutio continui facta instrumento secante*). Je tiens à remercier ici mes collègues Valentina Cazzaniga et Innocenzo Mazzini pour leurs précieuses suggestions.

[11] Cfr E. ZOCCA, « La voce della dissidenza », p. 346.

textuelles[12]. Il en va de même pour un long article de Maureen Tilley paru en 2018. Il convient toutefois de préciser que cet essai est sorti posthume en raison de la disparition prématurée de la savante américaine et donc n'a pas été revu par elle[13].

Sic rebus stantibus, tout en souhaitant que quelqu'un veuille assumer la charge non négligeable d'aborder la question évoquée ci-dessus, je préfère limiter mon examen aux 22 sermons dits « inédits », en fait publiés jadis par François-Joseph Leroy en « édition provisoire » en 1999 et réédités à présent par le Groupe de Recherche sur l'Afrique Antique (GRAA).

3. L'hypothèse de la paternité donatiste

Le problème de fond que posent ces Sermons est sans aucun doute celui de leur appartenance religieuse : sont-ils donatistes ou non ?

L'hypothèse d'une attribution du corpus au mouvement repose sur deux conditions préalables : la première est que l'ensemble des soixante sermons soit d'une seule main et la seconde, par conséquent, que l'on puisse s'assurer de l'appartenance au mouvement même d'un seul d'entre eux pour considérer tous les sermons comme donatistes[14]. La teneur donatiste du Sermon 39 (ex Escorial 18) semble être désormais admise par tous[15], tandis que l'hypothèse d'un auteur unique, depuis un consensus initial, suscite maintenant plusieurs perplexités[16]. Des

---

[12] A. L. Bass, *Fifth-Century Donatist Catechesis*. J'en profite pour remercier l'auteur, qui m'a gentiment envoyé une copie de cette thèse, qui malheureusement n'est pas encore publiée.

[13] Voir M. A. Tilley, « Donatist Sermons ». Il faut aussi noter qu'en 2004, F.-J. Leroy, « Compléments et retouche », p. 428, annonçait une thèse de doctorat sur *The Sermons of the Escorial of the Donatist Catechesis* par l'un de ses élèves de l'Université de Lubumbashi (Congo). Cette thèse a effectivement été soutenue en 2007 par Martin Losebe Kirika, mais je n'ai pas pu en obtenir une copie.

[14] Cfr F.-J. Leroy, « Vingt-deux homélies », p. 134 et 140 ; Id., « L'homélie donatiste ignorée », p. 250-262 ; Id., « Compléments et retouches », p. 428, n. 9 ; J. S. Alexander, « Criteria for Discerning Donatist Sermons », p. 3-7 ; A. Schindler, « Du nouveau sur les donatistes », p. 150.

[15] Voir J. Meyers, « Vingt-deux sermons », p. 131-145.

[16] A. L. Bass, *Fifth-Century Donatist Catechesis*, p. 43, en fait, suppose la présence d'au moins deux auteurs distincts à la suite de quelques répétitions et reprises précises entre les différents sermons. Dans le débat qui a suivi la rencontre de Mont-

considérations de style et de contenu appellent à la prudence et, surtout, on peut s'étonner que le ton polémique tant passionné dans le Sermon 39 n'apparaisse nulle part ailleurs, pas même là où notre prédicateur aborde des sujets typiques de la controverse[17]. On pourrait tenter une réponse en invoquant à la fois des raisons externes et internes.

Pour les raisons externes, les études menées sur les modalités de transmission des collections homilétiques antiques – je pense entre autres au volume de Hubertus R. Drobner[18] – nous ont appris qu'il n'est pas rare de trouver des textes tronqués, abrégés, synthétisés ou modifiés dans leur début, et on sait bien que furent souvent supprimées les sections qui ne correspondaient plus aux goûts et aux aspirations du temps. Cependant il faut dire que s'orienter dans cette direction reviendrait, et avec plus de pertinence, à s'interroger sur le compilateur du recueil. Sur le plan du contenu, en revanche, si le but des sermons était effectivement d'ordre catéchétique[19], on pourrait supposer que le prédicateur a préféré se concentrer essentiellement sur la formation religieuse et spirituelle de son auditoire laissant de côté toute polémique. Néanmoins, il convient de garder à l'esprit que les grands homilètes africains, tels qu'Augustin, Quodvultdeus ou Fulgence, n'ont jamais renoncé à aborder dans leurs sermons les sujets controversés même les plus épineux, d'autant plus que leurs fidèles appréciaient tout particulièrement cette rhétorique théologiquement engagée, comme l'a souligné récemment Michel-Yves Perrin[20].

---

pellier, de nombreux doutes sont également apparus, voir notamment la communication de Philippe Blaudeau.

[17] Voir E. Zocca, « La voce della dissidenza », p. 337-354.

[18] H. R. Drobner, *Neu identifizierte Textzeugen zu den Predigten Augustins*, Francfort-sur-le-Main, Peter Lang 2013 (*Patrologia. Beiträge zum Studium der Kirchenväter*, 28).

[19] L'hypothèse, avancée initialement par F.-J. Leroy, « Vingt-deux homélies », p. 134, a été reprise ensuite et développée par A. L. Bass, *Fifth-Century Donatist Catechesis*, p. 80-120. La démonstration du jeune chercheur est convaincante et bien documentée. Cependant, il semble plus difficile de le suivre quand il postule qu'il s'agit d'une re-catéchisation de catholiques convertis au donatisme. Les chiffres n'étaient probablement pas de nature à impliquer des catéchèses distinctes et, en tout cas, les éléments fournis par le texte ne semblent pas suffisants pour étayer cette hypothèse de façon concluante.

[20] Cfr M.-Y. Perrin, « *The Blast of the Ecclesiastical Trumpet* : prédication et controverse dans la crise pélagienne. Quelques observations », dans *Les controverses*

En fin de compte, ces routes ne mènent pas très loin. On pourrait alors se tourner vers la critique interne et essayer de vérifier s'il y a ou non une compatibilité entre nos sermons et ce que nous connaissons de l'univers donatiste.

4. Les « inédits » et le Donatisme : sujets communs et approches différentes ?

Pour éviter qu'on nous reproche de reconstruire l'histoire du Donatisme à partir du portrait dressé par ses adversaires[21], notre analyse utilisera comme pierre de touche exclusivement les documents produits à l'intérieur du mouvement. Nous aurons là un outil de comparaison fiable pour mesurer le « taux » de donatisme décelable dans nos 22 « inédits ». Nos sources – Actes des conciles, textes hagiographiques, lettres, sermons et même une sorte de *vade-mecum* pour les prédicateurs tel que l'*Epistula ad presbyteros et diaconos* de Pétilien[22] – appartiennent à des genres littéraires disparates, qui ne relèvent pas nécessairement de la catégorie des écrits de controverse religieuse. Néanmoins, la polémique, parfois très vive, est omniprésente. Cela montre que la pression du milieu social, culturel et religieux devait être si forte qu'elle rendait la chose inévitable. De toute façon, si nous supprimons idéalement les éléments polémiques les plus explicites, nous pouvons y reconnaître deux marqueurs identitaires qui caractérisent notamment le mouvement : un rigorisme moral très net et la relation essentielle avec les Écritures[23].

---

religieuses. Entre débats savants et mobilisations populaires (monde chrétien, Antiquité tardive - XVIIe siècle), éd. P. NAGY *et al.*, Rouen, PURH, 2011, p. 17-31.

[21] Sur cette polémique, voir M. A. TILLEY, *Donatist Martyr Stories*, p. VII-VIII. La question est rapidement devenue un leitmotiv des études sur le sujet.

[22] Nous connaissons la lettre par la réponse d'Augustin, qui cite le texte de Pétilien pas à pas dans son second livre du *Contra litteras Petiliani*. On peut donc la reconstruire dans son intégralité tout simplement en supprimant les interventions de l'Hipponate. Sur Pétilien, voir A. MANDOUZE, *Prosopographie chrétienne du Bas-Empire*, 1 : *Prosopographie de l'Afrique Chrétienne (303-353)*, Paris, 1982, p. 855-868 ; S. LANCEL, *Actes de la conference de Carthage en 411*, vol. 1, Paris, 1972 (*SCh*, 194), p. 221-238.

[23] En ce qui concerne l'identité donatiste voir E. ZOCCA, « L'identità cristiana nel dibattito fra Cattolici e Donatisti », *Annali di Storia dell'esegesi*, 21/1 (2004), p. 109-130 ; EAD., « L'identità cristiana nell'omiletica donatista », dans *I conflitti religiosi nella scena pubblica* I. *Agostino a confronto con manichei e donatisti*, éd. L. ALI-

Le premier marqueur s'articule généralement autour de formules binaires – bien/mal, fidèles/méchants, disciples du Christ/disciples du diable – souvent soutenues par une rhétorique qui tend à reproduire même au niveau stylistique l'alternance des contraires[24]. Quant au second, il est l'élément sur lequel se fonde l'autoreprésentation du mouvement, soit parce qu'il en définit la genèse – le refus opposé à la livraison des livres sacrés – soit parce qu'il en interprète l'histoire comme un métatexte capable de lui donner sens et direction[25]. Si nous trouvions ces mêmes marqueurs identitaires articulés de façon égale ou similaire dans nos vingt-deux sermons, il serait possible d'en tirer une indication plus consistante en faveur de l'appartenance donatiste.

a. Le rigorisme moral

On peut dire avant tout que nos 22 « inédits » se font l'écho d'un rigorisme moral assez net, qui déclenche une éthique binaire très marquée, soutenue par une rhétorique conséquente.

En ce qui concerne le style, je ne ferai ici que quelques remarques fonctionnelles à mon sujet. Ce qui frappe au premier abord, c'est l'inclination extraordinaire de l'auteur pour des courtes périodes à rythme pressant. Les exhortations sont souvent exprimées par des constructions par accumulation, assez fréquemment polysyndétiques et parfois dans un rapport d'hendiadys ou de synonymie. Mais, surtout, les textes sont parsemés de parallélismes et d'antithèses, articulés en structures chiastiques d'une virtuosité telle qu'ils se révèlent parfois obscurs. La répétition continue des mêmes figures de style s'avère pour la plupart mécanique et donc monotone. On a cependant l'impression que cette rhétorique découle d'une attitude psychologique spécifique du prédicateur (ou des prédicateurs) et reflète les lignes dominantes de sa dimension éthique.

CI, Rome, Città Nuova, 2015, p. 275-296 ; A. PELTTARI, « Donatist Self-Identity and "The Church of The Truth" », *Augustinianum*, 49 (2009), 359-369.

[24] Cfr E. ZOCCA, « Retorica della violenza e violenza della retorica nella letteratura donatista », dans *Cristianesimo e violenza. Gli autori cristiani di fronte a testi biblici « scomodi ». XLIV Incontro di Studiosi dell'Antichità Cristiana (Roma, 5-7 maggio 2016)*, Rome, Institutum Patristicum Augustinianum, 2018, p. 305-321.

[25] Cfr E. ZOCCA, « La voce della dissidenza », p. 343-345 et 351-354. En général sur le rapport entre les Donatistes et la Bible, voir M. A. TILLEY, *The Bible in Christian North Africa* ; EAD., « Donatist Sermons », p. 386-389.

Il pose en effet le rapport entre l'homme et Dieu en des termes tout à fait clairs :

> Alors tu sauras qu'en raison de ta condition il t'appartient d'obéir tandis qu'en raison de sa puissance il appartient à Dieu de commander, si bien que l'un présente l'obéissance de la servitude tandis que l'autre montre la toute-puissance de son pouvoir de sorte que, lorsque l'homme met son mérite dans l'obéissance, il éprouve la libéralité du Dieu puissant[26].

Ce rapport bien défini entre seigneurie et obéissance, selon l'auteur, devrait être connu de l'homme depuis les origines du monde, comme une sorte de loi naturelle, qui entraîne, si on la suit ou si on la méprise, récompense ou châtiment[27]. Une série d'exemples vétérotestamentaires est ainsi appelée à démontrer la thèse et à illustrer, à travers la chaîne ininterrompue de châtiments et récompenses, les composantes d'une justice rétributive qui ne semble pas connaître de doutes ou d'hésitations[28]. Cet équilibre parfait entre obéissance et récompense, d'une part, et entre désobéissance et châtiment, de l'autre, s'avère être le leitmotiv de nos sermons. Il demeure stable tout au long de l'histoire du salut, sans variations particulières dans les différentes étapes qui la rythment : il ne subit aucun sursaut lorsqu'on passe de la loi naturelle à la loi mosaïque, cette dernière étant presque une nécessité qui s'impose à Dieu pour instruire l'homme (qui aurait pu tomber dans le péché par ignorance[29]) ; et il n'est jamais remis en cause, pas même avec l'avènement de l'Évangile, puisque, selon le prédicateur, celui-ci a été écrit par le même auteur que

---

[26] Serm. 35, 6 : *tibi noueris pro condicione parendum, Deo uero pro potentia imperandum, ut alter praebeat obsequium seruitutis, alter exerat imperium potestatis, ut dum homo obsequio promeretur, Dei potentis liberalitas senciatur.*

[27] Serm II, 1 : *Si in origine mundi prothoplasti Dei iussa servassent, si ex ipsis post nata progenies nature iura intra certa metarum spacia coherceret, numquam nec dominus offenderetur, nec dyabolus grassaretur. Proinde nec mors dominaretur in homine, nec diuerso iudiciorum genere mortalium milia caederentur.*

[28] Pour les exemples vétérotestamentaires, voir *Serm.* II, 10 ; 13, 3 ; 14 ; 17, 3-5 ; 19, 1 ; 20 B, 3 ; 29, 3 ; 31, 4 ; 34, 1 ; 58, 3 ; 60, 4-5.

[29] Sur cette « nécessité », voir surtout les *Serm* II, 2 : *populus euidencius fuerat instruendus ut et quid obseruaret addisceret et quid declinaret audiret.* Pour le péché d'ignorance, cfr *Serm* 19, 1 (sur le Ps. 118, 1) : *Denique factus homo lege formatus est ne forsitan ignorando peccaret : instruitur in gubernaculis legis ut homo innocens regeretur, instruitur ne aut delictorum tempestatibus aut peccatorum turbinibus aut culparum procellis aut facinorum fluctibus mergeretur.*

celui du Décalogue, l'Évangile ne présentant aucune autre différence qu'un taux plus élevé de prodiges[30]. D'ailleurs, ces prodiges semblent remplir la même fonction que les exemples vétérotestamentaires rappelés plus haut. On peut signaler seulement une différence : alors que les *virtutes* néotestamentaires sont invariablement des signes positifs, les *exempla* plus anciens admettent la double orientation, en positif ou en négatif. Mais tous sont rappelés avec un but pédagogique, parce qu'ils doivent inciter l'homme à accomplir les *iussa salutaria* et à ne pas mépriser les avertissements divins.

Le prédicateur propose, en effet, une véritable pédagogie de la peur, marquée par un cynisme dépourvu d'inhibitions :

> Réjouis-toi qu'un autre soit châtié pour que tu apprennes, sois heureux qu'un autre soit torturé pour que tu aies peur, exulte qu'un autre meure pour que tu vives. Transforme le malheur d'autrui en bonheur pour toi ; ce qui est un mal pour cet autre est un bien pour toi. En effet tu pourras être corrigé, si quand un autre reçoit des coups tu as peur[31].

Les exemples anciens, ainsi que notre auteur, placent l'homme face à la même alternative, c'est-à-dire le choix entre le bien et le mal, entre le fait d'être sauvé et le fait d'être réprouvé. Un choix qui est décrit comme parfaitement libre :

> Ce que veut la Loi est lié à la responsabilité de l'homme, le droit de Dieu est confié à la volonté des hommes, de sorte que du choix de l'homme naît le jugement du Ciel[32].

L'homme est le protagoniste absolu de la scène : il a reçu la connaissance de ce qu'il doit rechercher ou fuir, ainsi que la conscience des

---

[30] *Serm.* 11, 9 avec citation *ad litteram* de Ioh. 14, 12 : *Dictum est de decalogo, dicendum nobis est de euangelio. Et quamuis decalogus et euangelium unum habeant eundemque auctorem, tamen decalogi uirtutes facile numerantur, euangelii uero numerari non possunt. Non enim uirtutes eius a solo Christo perfecte sunt, cum constet apostolos sanctos maiora etiam ipsos fecisse et in ecclesia numquam ista cessasse dicente ipso domino* : « *Si credideritis, maiora hiis facietis* ».

[31] *Serm.* 13, 3 : *Gaude quod alius castigatur ut discas, letare quod alius torquetur ut timeas, exulta quod alius moritur ut uiuas. Aliena mala in propria bona conuerte ; quod malum est alii, bonum est tibi. Castigari enim poteris si alio uapulante timueris.*

[32] *Serm.* 11, 3 : *Pendet uoluntas Legis in arbitrio hominis, ius diuinum hominum uoluntati committitur ut de electione hominis iudicium celeste nascatur.*

conséquences découlant de l'acceptation ou du refus[33]. Même si on lui attribue une faiblesse naturelle[34], il est donc pleinement libre de s'autodéterminer et parfaitement capable de mener à bien son choix. Cela dit, le système est moins rigide qu'il n'y paraît. On peut en déceler un indice dans l'une de ces accumulations polysyndétiques si chères à notre prédicateur :

> Dominus Deus peccata que committimus aut donat, aut punit ; aut ignoscit aut plectit. Nichil obliuionibus aboletur nisi quae eius bonitate donatur ; aut enim ueniam confitentibus tribuit, aut penam contumacibus irrogabit[35].

Une double variable intervient ainsi dans l'automatisme obéissance/ rétribution : le pardon de Dieu et la confession de l'homme. Le pardon découle de la bienveillance de Dieu, parfois rappelée par les paroles du Psaume 118 (117), 1 : *Confitemini Domino quoniam bonus, quoniam in saeculum misericordia eius*[36]. Bien que l'image du juge divin revienne fréquemment et que le thème du jugement domine tout le discours, Dieu n'est jamais présenté comme sévère par nature. La dimension de la dureté, qui ne manque pas, apparaît secondaire et provoquée par le mépris de l'homme, un mépris manifesté d'abord envers les lois divines et donc envers l'occasion d'indulgence accordée par Dieu. Le prédicateur dit, en effet, qu'Adam s'est vu offrir la possibilité de confesser, qu'il a confessé et que pour cela il a été sauvé, tandis que Caïn, placé devant la même option, l'a rejetée, et c'est pourquoi il a péri[37].

Dans nos sermons la miséricorde de Dieu s'exprime donc à un double niveau : psychologique, en premier lieu, parce qu'il désire toujours le salut de l'homme et ne le condamne qu'à contrecœur[38] ; pratique, en second lieu, puisqu'il fournit à sa créature les moyens concrets pour se

---

[33] *Ibid.*

[34] Cfr *Serm.* 48, 1 : *Quod quitquid praecipitur praesenti substancia licet fragili compleatur.*

[35] *Serm.* 31, 3 : « Le Seigneur Dieu ou bien remet les péchés que nous avons commis, ou bien les punit ; il pardonne ou il brise. Rien n'est aboli par l'oubli sinon ce dont il fait remise par bonté ; ou bien il accorde le pardon à ceux qui se confessent ou bien il condamne les rebelles. »

[36] Cfr *Serm.* 17 et 19.

[37] *Serm* 17, 3.

[38] *Serm* 19, 1.

sauver. La pénitence vient ainsi occuper une position centrale et notre prédicateur la décrit avec ses habituelles figures par accumulation :

> La pénitence est le port du salut, le renouvellement de la vie, l'espoir du pardon, la porte de l'indulgence, la restauration de l'espoir, l'absolution du péché. Elle efface les délits, supprime la faute, calme la colère, apaise les passions et conduit le Juge Lui-même à la pitié[39].

L'effacement du péché se réalise donc par un double mouvement : d'abord la confession, étape nécessaire et incontournable, comme il est souligné avec insistance[40] ; puis la pénitence, remplie de larmes, de contrition et d'humilité sur l'exemple du publicain de l'Évangile[41]. Dieu laisse ouverte cette possibilité pour un temps qu'il faut savoir saisir[42]. Les sermons n'expliquent pas s'il s'agit du Carême ou bien si ce délai s'étend à la vie tout entière. Mais la seconde hypothèse semble la plus probable, puisque le prédicateur exhorte le chrétien à ne pas différer « car qui sait, écrit-il, si nous verrons demain[43] ? »

En tout cela, le rôle du Christ n'apparaît pas prééminent, mais il n'est pas non plus oublié, voire écarté. Dans ce sens, le passage suivant est éclairant :

> Le Seigneur Christ, initiateur du salut, source de vie pour l'homme, vengeur du péché, maître de la justice, pour les siens qu'il a libérés par son sang, a instauré des règles, donné des avertissements... Il a voulu dans ses lois que le chrétien soit clairement édifié par la volonté du rédempteur, qu'il reçoive par son obéissance les récompenses promises et qu'il ne puisse pas recevoir autrement ce qui est promis que par l'accomplissement préalable de ce qui est prescrit[44].

---

[39] *Serm* 19, 6 : *Etenim paenitentia salutis portus, reparacio uite, spes uenie, indulgencie ianua, reformatio spei, abolicio peccati est. Hec delicta diluit, tollit culpam, iram leuat, conmocionem flectit ipsumque iudicem ad pietatem perducit.*

[40] Cfr *Serm* 8, 8 ; 12 ; 19 ; 31 ; 51, 5 ; 60, 3.

[41] Cfr Luc. 18, 10-14, rappelé dans *Serm*. 60, 2.

[42] Cfr *Serm* 29 ; 48, 6.

[43] *Serm* 29, 6.

[44] *Serm* 56 (*De odio*), 1 : *Dominus Christus salutis auctor, uiuificator hominis, peccati uindex, magister iustitie, suis atque a se suo sanguine liberatis praecepta intulit, monita edidit, mandata constituit, quid uelit, quidue nolit, hoc est fugienda peccata exercendaque iustitia. In suis legibus demonstrauit ut christianus structus uoluntati redemptoris appareat et parendo praemia promissa percipiat nec aliter possit accipere*

Même s'il est parfois présenté en médiateur de l'indulgence du Père[45] et en porteur d'un rachat particulier des péchés[46], le Christ demeure circonscrit dans l'automatisme habituel obéissance/rémunération[47]. Ainsi, quand apparaît le grand thème de l'amour, qu'il soit de Dieu ou de l'homme, rien ne semble changer et l'amour même finit par se résoudre dans l'invitation usuelle à l'observance des préceptes divins :

> Si bien que le plus haut degré d'amour, c'est l'obéissance à la loi, selon la parole du Seigneur : « Si vous m'aimez, observez mes commandements [Ioh. 14, 15][48]. »

Vu l'horizon sur lequel se déplace notre auteur, on pourrait s'étonner qu'il identifie dans la foi la qualité particulière du chrétien, et qu'il reconnaisse un rôle spécifique à la descendance d'Abraham[49]. On déduit cependant facilement du contexte que la foi elle-même est lue dans une optique parfaitement cohérente avec l'ensemble du discours que nous avons jusqu'ici esquissé. Il précise en effet que la prééminence particulière de la foi d'Abraham découle de son obéissance aux ordres de Dieu, de sa soumission totale à sa volonté, de sa disponibilité à tout lui sacrifier (même l'héritier tant désiré), jusqu'à conclure : « Voilà la règle du chrétien qui croit, voilà la conduite du fidèle, fils d'Abraham[50]. »

Donc la foi, aussi bien qu'elle est dite résider *in arcana mentis*, subit la même réinterprétation de l'amour : elle perd toute signification et visibilité indépendamment des œuvres qui sont appelées à la témoigner

---

quod promittitur nisi prius fecerit quod iubetur ut contempnenti duplex accidat pena quod et munera promissa perdiderit et supplicia destinata inciderit.

[45] *Serm* 13, 7.

[46] Cfr *Serm* 29, 4 ; 53, 1 ; 56, 2.

[47] Voir aussi *Serm*. 55, 4 : « Nous ne pouvons pas être parfaits si nous n'observons pas les préceptes du Christ. "Vous serez vous aussi parfaits, dit le Seigneur, comme votre Père céleste est lui aussi parfait [Mt 5,48]." Que ta ressemblance avec le Père montre que tu es son fils. »

[48] *Serm*. 48, 5.

[49] *Serm*. 49, 1 : « Celle-ci naît au moment où depuis le monde, elle reçoit l'appel de Dieu, lorsque dans l'Église, elle reçoit le signe du Christ, lorsqu'elle reçoit du Seigneur la promesse de la gloire céleste. De là vient que le chrétien descend de la race d'Abraham, parce que, comme le Christ est la semence d'Abraham, c'est de la semence du Christ que naît le chrétien. »

[50] *Serm*. 49, 2.

et, en quelque sorte, à la certifier[51]. Dans ce cadre, il n'est guère surprenant que les commandements à plusieurs reprises soient déclarés salvifiques[52], ni que le seul déséquilibre admis entre les mérites de l'homme et les récompenses promises pour les temps eschatologiques soit d'ordre quantitatif :

> Aucune soumission n'est à la hauteur de la récompense, aucune vie d'obéissance ne fait le poids devant la gloire future, et tu ne pourras pas égaler par un mérite ce à quoi tu crois, puisque tu ne peux estimer à sa juste valeur cela même en quoi tu crois[53].

On pourrait se demander si le prédicateur a jamais lu Paul ! Il le contredit avec tellement de nonchalance qu'on a presque l'impression qu'il ignore son existence. Difficile de parler pour notre auteur d'une perspective pélagienne[54] ou d'une quelconque connexion avec ce front polémique, même au sens large. Aucun des thèmes abordés dans la controverse sur la grâce n'est ici problématisé ou mis en cause ; on ne ressent pas non plus un écho des inquiétudes qui agitèrent un Augustin ou un Tyconius. Si nous considérons la centaine de citations bibliques qui parsèment nos sermons, nous pouvons constater que celles déduites du corpus paulinien n'atteignent pas la dizaine, et qu'aucune d'elles n'est impliquée dans le débat sur la grâce, sauf pour un cas fort singulier dans le contexte du célèbre *Cave pelagianum errorem*[55], sur lequel je voudrais m'arrêter un instant.

---

[51] *Serm.* 58, 1.

[52] Cfr *Serm.* 13, 7 : *Amat mortem qui salutiferam contempserit legem* ; *Serm.* 19, 1 : *Deus legem proposuit in salutem... qui legem obseruare uolueras in salute* ; *Serm.* 28, 4 : *salutaria monita tibi obseruanda monstrat*, etc.

[53] *Serm.* 11, 11.

[54] Alden L. Bass et Maureen A. Tilley semblent avoir de sérieux doutes à ce sujet, voir A. L. BASS, « An Example of Pelagian Exegesis » ; M. A. TILLEY, « Donatist Sermons », p. 384-386.

[55] Voici la liste, pourtant très courte, des citations pauliniennes : Phil. 2, 15 dans *Serm.* 14, 4 ; Rom. 2, 21-24 dans *Serm.* 27, 1 ; I Cor. 11, 31 dans *Serm.* 27, 1 ; I Cor. 6, 5-6 dans *Serm.* 27, 6 ; I Cor. 2, 9 dans *Serm.* 48, 1 ; Rom. 8, 18 dans *Serm.* 48, 3 ; Rom. 6, 23 dans *Serm.* 56, 5. Tous ces versets ne sont pas impliqués dans la controverse pélagienne. Ils sont également très rares ou absents dans la littérature donatiste survivante. Fait exception la citation de Phil. 2, 13 dans le passage controversé du *Serm.* 48, 2. Sur ce point, voir *infra*.

Il est bien connu que ce curieux avertissement apparaît dans le Sermon 48. L'absence d'autres références à la controverse dans l'ensemble de l'Homéliaire, ainsi que l'incohérence du langage et du contenu, ont fait supposer d'abord à James S. Alexander puis à Alfred Schindler qu'une glose avait glissé dans le texte[56]. Jean Meyers, dans un article très récent, avait contesté cette hypothèse et proposé, en revanche, que le public de nos sermons pourrait avoir été informé de la nouvelle hérésie et que le prédicateur aurait laissé filtrer une pointe polémique, comme il l'avait fait de manière plus importante dans le sermon « donatiste », c'est-à-dire le Sermon 39[57].

Je me permets de formuler une troisième hypothèse. En lisant le Sermon 48 (voir Annexe II), on peut constater que s'appuyant sur une citation paulinienne à caractère eschatologique – I Cor. 2, 9 – le prédicateur compare les devoirs d'obéissance du présent avec les récompenses promises pour l'avenir, en concluant qu'il y a une disproportion absolue entre les premiers et les secondes. Le discours s'inscrirait donc parfaitement dans la perspective décrite ci-dessus, si dans le deuxième chapitre, juste après le *Cave pelagianum errorem*, n'intervenait pas une réflexion un peu désordonnée sur l'*initium fidei* et sur la nécessité inéluctable du secours divin, réflexion qui se conclut sur une citation de Phil. 2, 13, dans laquelle on attribue à Dieu le *velle* et le *posse* (voir dans l'annexe le texte marqué en gras). Or il faut dire qu'il n'y a pas de trace d'un raisonnement similaire dans l'ensemble des soixante sermons, et également que ce verset paulinien n'y est jamais mentionné. Phil. 2, 13, tout en étant souvent impliqué dans la polémique pélagienne, n'est jamais convoqué dans la formulation de notre sermon 48. La leçon la plus fréquemment retenue est *velle et perficere*, ou, mais plus rarement, *velle et operari*[58]. La seule correspondance que j'ai pu trouver est dans

---

[56] Cfr J. S Alexander, « Criteria for Discerning Donatist Sermons », p. 4 ; A. Schindler, « Du nouveau sur les donatistes », p. 152 ; suivis aussi par A. L. Bass, *Fifth-Century Donatist Catechesis*, p. 46-47 et M. A. Tilley, « Donatist Sermons », p. 385.

[57] J. Meyers, « Vingt-deux sermons », p. 142-143. Jean Meyers est à présent revenu sur son hypothèse, comme le montre son article d'introduction, cfr *supra*, p. 29.

[58] Pour autant que nous ayons pu le vérifier, le verset ne figure pas dans la littérature donatiste survivante et est absent même du *Liber Regularum* de Tyconius, où l'auteur réfléchit en profondeur sur la relation entre la loi et les promesses (voir en particulier la troisième Règle). En ce qui concerne les occurrences du verset dans

l'*Hypomnesticon contra pelagianos et celestinianos*, qui cite également : *operatur in eis et velle et posse*[59].

Pourrait-on supposer que quelqu'un, frappé par les affirmations du prédicateur, ait noté en marge une mise en garde contre ce qu'il ressentait comme une grave déviation de Paul, et que cette alerte aurait été introduite ensuite dans le texte, avec une rupture tout à fait insensée dans la logique du passage ? Si, au chapitre deuxième de notre sermon, on supprime toute la section qui va du *Caue pelagianum errorem* à la citation de Phil. 2, 13 (en gras dans l'Annexe II et signalé également sur la copie du manuscrit dans l'Annexe III), on peut aisément constater que le texte qui précède et celui qui suit (tous les deux en romain dans l'Annexe II) se rejoignent parfaitement. Vient ainsi se rétablir une continuité logique tout à fait normale pour notre auteur, qui reproduit la même séquence argumentative que le sermon 11, dont nous avons cité un extrait plus haut. Je livre cette hypothèse au jugement du lecteur[60], en soulignant cependant que si la référence au pélagianisme doit être supprimée du texte, l'on perd alors l'un de nos rares points de repère chronologique. Mais il est temps de reprendre l'analyse des exhortations morales de notre prédicateur.

À l'exception de ce dernier cas, l'éthique binaire représentée dans les « inédits » se concilie très bien avec le rigorisme qui caractérise, nous le savons, le mouvement donatiste. Mais il faut dire que la distinction entre le bien et le mal ne se présente pas ici comme un combat

---

la controverse pélagienne, mais avec une autre formulation, voir. Aug, *Spir. et litt.* 2, 2 ; 29, 50 et 33, 57 (*et velle et operari*) ; *Civ.* 22, 2, 1 (*et velle*) ; *Epist.* 217, 1, 1 (*et velle, et perficere*) ; *C. Iul.* IV, 3, 15 (*et velle*) ; *Grat. Christ.* 1, 5, 6 et 10, 11, 1 (*et velle, et perficere*) ; *Epist.* 186, 1, 3 (*et velle, et operari*), etc.

[59] Cfr *Hypomnesticon* III, 3 : *Talia praedicantibus fides catholica dicit anathema : credit enim quod salus hominis ex Deo sit Christus, cujus vulnere liberum nostrum curatur et reformatur arbitrium vulneratum, qui aversos a se gratuita gratia sua convertit ad se, et ut Deo placeant operibus bonis*, « *operatur in eis et velle et posse* » (sur ce texte, qui devrait remonter au milieu du Ve siècle, voir J. E. CHISHOLM, *The Pseudo-Augustinian Hypomnesticon against the Pelagians and Celestians*, vol. 1 : *Introduction* ; vol. 2 : *Text edited from the Manuscripts*, Fribourg, Univ. Press, 1967 et 1980). On pourrait voir ici une allusion polémique indirecte à ce que le même Pélage écrit dans son *De libero arbitrio* (cfr Aug., *Grat. Christ.* 1, 4, 5). Le texte est discuté par Raúl Villegas Marín dans ce même volume.

[60] Notre collègue Raúl Villegas Marín est parvenu presque aux mêmes conclusions tout en partant de présupposés différents (voir son article dans ce volume).

épique entre deux forces en opposition, en se maintenant plutôt dans le cadre d'un choix moral au caractère beaucoup moins dramatique. C'est ainsi que tombe le thème, ailleurs central, de la persécution des justes[61], à peine effleuré dans nos sermons par les quelques allusions au meurtre d'Abel[62]. En revanche, dans le contexte d'une justice rétributive presque archaïque[63], un accent inédit est mis sur la bonté de Dieu et sa miséricorde[64], sur le délai accordé pour amender ses péchés et gagner le pardon[65]. Même là où apparaissent des thèmes communs avec la production donatiste, comme la haine fratricide et la persécution occulte[66], l'exigence de s'éloigner du mal et de celui qui l'accomplit[67], les attaques portées en temps de paix[68] ou le rejet des ministres pécheurs[69], on ne ressent jamais la tentation d'élever le ton et de faire aboutir le discours dans la polémique. Le seul réquisitoire réel que l'on rencontre frappe les envieux[70], les hypocrites[71], les avares qui lésinent leur secours aux pauvres[72]. Bref, les cibles ordinaires d'un prédicateur de tout temps et de toute latitude.

Si notre auteur était vraiment un donatiste, on devrait alors supposer qu'il a subi une lobotomie !

---

[61] Une centralité qui est pleinement évidente dans l'auto-dénomination avec laquelle les évêques donatistes se qualifient à la Conférence de 411 : *episcopi veritatis catholicae, quae persecutionem patitur, non quae facit* (*Gest. coll.* 3, 258), mais qui constitue l'arrière-plan psychologique et exégétique de beaucoup d'autres textes, voir Pétilien dans Aug., *C. Petil.* 2, 71, 159 ; 2, 89, 196 ; Gaudence dans Aug., *C. Gaud.* 1, 20, 22 ; le *Serm. ss. innoc.* 1 ; 3 ; 5 ; 6-7 ; 10 ; 12, *PLS* 1, col. 288-294 ; *Serm.* 39 (= ex Esc. 18).
[62] Cfr *Serm.* 17, 3 ; 55, 3.
[63] Il y a une correspondance presque mécanique entre obéissance et récompense, transgression et punition, cfr *Serm.* 11, 7 ; 14, 4 et 10 ; 19, 1 ; *Serm.* 20 B, 1 ; 28, 5-6 ; 29, 2 et 5 ; 31, 2 ; 35, 6 ; 48, 4-5 ; 51, 3 et 5 ; 55, 4 ; 56, 1.
[64] Cfr *Serm.* 13, 7 ; 17 ; 19, 1 ; 28, 3 ; 29, 2 ; 31, 1-4 ; 53, 1 ; 55, 4.
[65] Cfr *Serm.* 29, 6 ; 48, 6.
[66] Cfr *Serm.* 8, 3 et 9-13 ; 28, 2 ; 50, 3 ; 55, 1 ; 55, 1-4 ; 56 (*De odio*).
[67] Cfr *Serm.* 17, 3 ; 29, 3.
[68] Cfr *Serm.* 28, 2.
[69] Cfr *Serm.* 56, 2.
[70] Cfr *Serm.* 55.
[71] Cfr *Serm.* 37 ; 51.
[72] Cfr *Serm.* 20 et 20 B.

b. *Rapport avec les Écritures*

Enfin, il faut parler du rapport avec les Écritures. Comme nous l'avons déjà montré en partie, les Écritures sont rappelées dans nos sermons assez fréquemment, et avec des modalités qui s'avèrent cohérentes avec celles préférées par les donatistes. Une fois encore, le prédicateur ne semble pas avant tout intéressé par l'exégèse d'un texte, mais s'avère plutôt engagé à montrer comment chacun de ses principes et règles de comportement est enraciné dans la Bible[73]. Mais le tableau change lorsqu'on passe de la méthode à la liste des versets cités. Non seulement nos sermons ne mentionnent aucune des péricopes utilisées par les Donatistes pour décrire leur église et leur propre histoire[74], mais, vice versa, seule une partie négligeable des citations des vingt-deux inédits se retrouve dans la littérature donatiste.

J'ai conduit une recherche dans les index bibliques du *Dossier du Donatisme* de Maier[75], ceux des *Actes de la Conférence de 411*[76] et du *Liber Regularum* de Tyconius[77], dans l'œuvre de saint Augustin[78], qui garde en son sein des originaux donatistes tels que la lettre de Pétilien ou celles de Gaudence, ou même dans des textes dispersés comme le *Sermo*

---

[73] Les citations *ad litteram* sont souvent introduites par des formules telles que : *ostendit dicens* (*Serm.* 19, 3) ; *dicente Domino* (*Serm.* 48, 5) ; *Et ideo Dominus loquitur dicens* (*Serm.* 27, 3).

[74] Sur ce sujet, je renvoie à M. A. Tilley, *The Bible in Christian North Africa* ; E. Zocca, « L'identità cristiana nel dibattito » ; Ead., « L'identità cristiana nell'omiletica » ; Ead., « La voce della dissidenza ».

[75] Cfr L. Maier, *Le dossier du Donatisme*, I : *Des origines à la mort de Constance II (303-361)*, Berlin, Akademie Verlag, 1987, p. 297 ; Id., *Le dossier du Donatisme*, II : *De Julien l'Apostat à saint Jean Damascène (361-750)*, Berlin, Akademie Verlag, 1989, p. 407-409. Les deux volumes rassemblent une imposante collection de documents relatifs au donatisme depuis les origines jusqu'aux derniers jours de son histoire.

[76] S. Lancel, *Actes de la conférence de Carthage en 411*, t. IV : *Additamentum criticum, notice sur les sièges et les toponymes, notes complémentaires et index*, Paris, 1991 (*SCh.* 373), p. 1567-1569.

[77] Tyconius, *The Rules of Tyconius*, éd. F. C. Burkitt, Cambridge, Cambridge University Press, 1894, p. 104-109.

[78] Pour Augustin, comme il n'y a pas encore d'index biblique complet de son œuvre, nous avons utilisé le moteur de recherche du site www.augustinus.it, qui permet une recherche très fiable sur tous les écrits de l'auteur, y compris les découvertes les plus récentes.

Sanctorum innocentium[79]. Pour ce que j'ai pu constater, seules cinq de nos citations trouvent des parallèles : quatre dans le *Liber Regularum* de Tyconius[80], avec texte différent ou similaire mais pas de coïncidence exégétique ; et une dans la Lettre de Pétilien, encore une fois avec différence de texte et exégèse[81]. C'est trop peu pour affirmer que la trame citationnelle de nos sermons coïncide avec l'appareil scripturaire de la littérature donatiste.

5. Conclusions

Que conclure ? Sans doute ce prédicateur (ou ces prédicateurs ?) semble-t-il comme suspendu dans l'espace et dans le temps. Nous ne trouvons en lui aucune indication qui nous ramène à une communauté concrète, à un milieu géographique ou à un univers culturel spécifique. Il semble étranger à tous les débats théologiques qui agitaient l'Église africaine, au point de donner l'impression de les ignorer totalement. Sa justice rétributive est tellement archaïque qu'il croit que la foi repousse les adversités et procure la prospérité[82]. Son imperméabilité à la problématique paulinienne, à la complexité du rapport foi/œuvres, au rôle central joué par le Christ désorientent et étonnent. L'examen mené sur les citations bibliques n'aide pas non plus, parce que, tout en montrant la même préférence que les Donatistes pour les *Veteres*[83], notre texte ne témoigne d'aucune continuité dans l'exégèse ni ne permet d'identifier de contextes précis.

À la fin de cette analyse, je crains de ne pas avoir recueilli d'éléments de preuve suffisants pour créditer nos vingt-deux sermons au parti donatiste, mais plutôt d'avoir accru les doutes. Pour éclaircir le mystère de cet Homéliaire, il faudra donc chercher d'autres voies. Peut-être la solution viendra-t-elle d'une édition critique complète des

---

[79] Cfr *Sermo In natali sanctorum Innocentium*, éd. A. WILMART, *PLS* I, col. 288-294.

[80] Cfr *Serm.* 48, 1 et Tycon., *L. Reg.* I (éd. BURKITT, p. 4) sur I Cor. 2, 9 (le même texte) ; *Serm.* 48, 2 et Tycon., *L. Reg.* V (p. 63) sur Matth. 11, 28 (texte différent) ; *Serm.* 53, 4 et Tycon., *L. Reg.* VI sur Matth. 25, 40 (texte différent) ; *Serm.* 55, 11 et Tycon., *L. Reg.* VI (p. 68) sur I Ioh. 3, 15 (le même texte).

[81] Cfr *Serm.* 51, 1 et *C. Petil.* 2, 18 et 40 sur I Cor. 6, 3.

[82] Cfr *Serm.* 58, 2.

[83] Sur le texte biblique utilisé par les donatistes, voir P.-M. BOGAERT, « Les bibles d'Augustin », *Revue théologique de Louvain*, 37/4 (2006), p. 513-531, ici p. 518-521.

soixante sermons, ou bien d'une analyse textuelle très fouillée, éventuellement menée avec des instruments sophistiqués tels que ceux adoptés par le Laboratoire d'Analyse Statistique des Langues Anciennes de l'Université de Liège (LASLA). Mais pour l'instant la question ne peut que rester en suspens.

ANNEXE I

Comparaison entre les deux versions du *De Isaia* (*PL* et éd. Leroy)

Serm. 76, De Isaia, PL 65, col. 947C-949B = *Serm. 29 De Isaia* : *Cognouit bos possessorem suum*, d'après le manuscrit latin 4147 de la Bibliothèque Nationale Autrichienne de Vienne, daté de 1435 (dorénavant W).

On présente ici le texte édité en *PL* intégré avec les leçons de *W*

Légende des symboles :

<u>Deus</u>	Le texte souligné indique un ou plusieurs mots de PL présentant une divergence dans W
A̶b̶c̶	Le texte barré indique la suppression d'un ou plusieurs mots de *PL* dans W
[/ **en gras**]	Le texte en gras entre crochet précédé par / remplace dans *W* la leçon de *PL*
[√ **en gras**]	Le texte en gras entre crochet précédé par √ indique l'insertion dans *W* d'un ou plusieurs mots
[✿ **en gras**]	Le texte en gras entre crochet précédé par ✿ indique que *W* présente un ordre des mots différent par rapport à *PL*

<u>Deus</u> [/**Dominus**] per Isaiam loquitur dicens : « <u>Agnovit</u> [/**Cognovit**] *bos possessorem suum, et asinus praesepe Domini sui ; Israel autem me non cognovit, et populus meus me non intellexit* (Is 1, 3). Bos possessorem agnoscit, et <u>possessor Dominum</u> [/**et peccator Deum**] contemnit. Asinus <u>Domini praesepe</u> [✿ **praesepe Domini**] [√ **sui**] observat, et homo divina iussa depravat. Accipe igitur, contemptor, a pecudibus mutis exemplum, qui non metuis divinum iudicium. Esto circa Dominum talis quales <u>circa te pecudes</u> [✿**pecudes circa te**] esse cognoscis. Esto animalium instructus exemplo : quem [/**que**] natura in obsequia [√ **humana**] instruxit, et in famulatum Dominus subiugavit. Et tamen pecora cum sint rationis expertia, in hac parte sine ratione esse non possunt. Tu vero, homo, cum [√**sis**] ratione dispositus, sine ratione dum vivis, <u>Dominum</u> [/**Deum**] genitorem offendis. Erubescat humana perfidia, hominum stultitia confundatur. Pecora ergo <u>hominum</u> [/**hominis**] obsequia

instinctu divino [/**instituta divina**] conservant, et homines Dei iussa obstinata mente declinant. Animalia sensato [/**sensate**] homini famulantur, et homines Deum insensate contemnunt. Pecudes quibus rationem Deus conditor denegavit, non sine ratione homini parere contendunt. Homines vero qui ratione praestant [/**praesunt**] in stultitia, dum Deum [/**Dominum**] non colunt, [√ **dum in stultitia,**] perseverant. Boves Deum [/**Dominum**] humanum suscipiunt, et homines divinum imperium aspernantur. [√ **Ex**] Cuius iudicio pecora hominibus instanter deserviunt, eius iudicia homines deserendo contemnunt. Quale [/**Quod**] malum est ista dementia, quae nec pecudibus posset aequari, dum animalibus mutis in obsequio Domini [/**Dei**] non potest comparari ? Pecudes enim dum homini serviunt, Deo servire noscuntur : homines vero dum Deum [/**dominum**] negligunt, se odisse monstrantur. Quare si rationem pecudes accepissent, Deum rationabiliter et colerent, et timerent ; quae nunc sine ratione tales sunt, quales homines cum ratione esse non possunt. Iudicaris, homo, iudicaris animalis exemplo, pecoris obsequio condemnaris. Nec tibi prodesse poterit excusatio : qui nec divino imperio, nec pecoris exemplo [√ **Deo**] parere desideras. Magna etenim [/**enim**] sunt divina obsequia, bona [/**bone**] vitae compendia : ubi non supplicia de malis actibus metuuntur, sed [/**sepe**] divina praemia de bonis meritis exspectantur. Optat enim Deus bonos esse quos muneret, quam malos quos [√ **non**] sine moerore condemnet. Invitus enim iam punit, quos remunerare mallet, si vellent per bonam vitam evadere. Fuge, Christiane, delicta, qui Deum promereri desideras [/**contendis**] ; horre peccata, qui placere [√ **Christo**] exoptas. Delictorum clades [/**labes**] pro veneno timenda est. Pernicies scelerum pro telo et gladio fugienda. Non ametur delictum, quod genus hominum [/**humanum**] occidit. Fugiatur [/**Fuge**] peccatum, quod hominibus semper paravit interitum. Horrendum [/**Horrendus**] sit Dei servo, quod [/**qui**] aliis videtur fuisse exitio, et in quo alterum conspicis interiisse, in eo [/**inde**] magis ipse debes [/**debeas**] praecavere. Nemo sibi impunitatem de multitudine peccantium repromittat. Nemo cum turbis delinquens se periculi immunem esse [√**se**] contendat. Nec enim Adam idcirco in mortem incidit quia solus cum uxore peccavit, aut Cain ideo interitum meruit quia fratricidium [/**parricidium**] solus admisit [/**ammisit**]. Amat [√**plus**] Deus paucos innocentes quam innumeros peccatores. Et in uno iusto laetatur et gaudet, quod [/**qui**] in multis peccatoribus contristatur et moeret [/**meretur**]. Et ideo [/**Adeo**] cum cataclysmo orbem Dominus [/**Deus**] iudicaret, Noe solum cum affectibus liberavit (Gen. 7, 1) ; et cum Sodomam imbre [/**imbri**] flammifero aboleret [/**aboleuit**], Loth solum cum liberis servavit [/**reservavit**](Gen. 19, 12). Nam et Ninivitas scelera abolerent, nisi eorum poenitentia iram Domini temperaret (Ion. 3, 5). Diligit enim hoc ipse Dominus [√**Deus**] cum minatur, et quos refrenari a delictis exoptat, eis iudicii severitatem intentat. Obiurgat enim Deus ut salvet, corripit ut emendet, improperat ut reformet. Desperata enim quorumdam hominum vox est : Tantae multitudinis non amabit Deus clemens interitum, nec patietur perire populos, quos redemptione sua noluit esse captivos. Alioqui [/**Alioquin**] ad hoc redemisse putabitur, ut sit [/**sint**] qui eius iudicio condemnetur [/**condempnentur**]. Aut enim ad hoc redemit ut salvet, aut non redemisset quos iudicio postmodum destinasset [/**destruxisset**]. Horum [√**Hominum**] perniciosa prorsus [√**et**] fugienda persuasio est : ut enim ipsi facinoribus involuti [/**obuoluti**] sunt, ita et caeteros volunt ipsis suis [✿**suis ipsis**] facinoribus implicari ; et dum peccantes indulgentiam sibi non petendo [/**penitendo**] promittunt, ita miseros suis persuasionibus ipsi involvunt. Caeterum Dominus Christus redemptis nobis iam veniam dedit, iam sordidos et infectos abluit et emendavit [/**mundavit**]. Quare redemptum iam peccare [✿ **peccare iam**] non licet, et mundatum non licet sordidari. « *Ecce, inquit, sanus factus es; iam noli peccare, ne quid tibi deterius contingat* [/**fiat**] (Io 5, 14) ». Qui te incolumem fecit, vivendi tibi legem imposuit ; [/**qui tibi peccata donauit, peccandi finem imposuit**], qui te a sordibus emundavit, noluit te iterum sordidari. Si Deo Patri consenseris [/**Patre censeris**], monita Patris observa : si Christi te famulum profiteris, in actibus Christi praecepta [/**praecipue**] [√**talem**] demonstra. Promissionem [/**Professionem**] enim cuiusque rei facta magis quam nomen ostendunt. Medicum se probare non potest qui mederi aegro non potuit ; gubernator non est qui navem non potest [/**nescit**] gubernare ; philosophus esse non potest qui vitia potius [/**magis**] quam virtutes exercet : sic et Christianus esse non poterit qui quod profitetur infamaverit [/**infamat**]. Quare aut fac quod iubetur, si vis accipere quod promittitur ; aut si non feceris quod iubetur, accipies quod peccatoribus destinatur. Nam si peccatoribus delictorum poenae non rependuntur, nec iustis merita iustitiae retribuentur [/**tribuerentur**]. Porro [√**si**] iustis necesse est merita iustitiae rependi [/**praemium redditur**], necesse est peccatoribus destinata supplicia exhiberi. Nemo se fallat, nemo [√**se**] decipiat, quia [/**qui**] coelestia iussa contemnit, impunitus esse non poterit. « *Si vis, inquit, ad [/in] vitam venire, serva mandata* (Matth. 19, 17) » : subauditur contra, Si mandata divina contempseris, impunitus esse non poteris. [√**Imperatoris**] Saeculi iussa nemo sine poena contemnit [/**contempsit**] : patris iram nisi quis placaverit, abdicatus erit [/**abdicatur**] ; servorum contemptus inultos esse non patimur. Ergo tu ✿ cum [√**Homo**] hominis contemptus patienter non toleras, quomodo putas dum peccas Deum circa te [/**domini offensam**] posse placari ? Unde [√**aut**] cessa peccare, si vis de praeteritis impetrare ; aut si adhuc peccandum putaveris [/**peccaueris**], necesse est [√**ut**] divino iudicio subiugeris. Quare dum licet, dum tempus est, dum poenitere permittitur, dum adhuc qui deliquit potest delicta propria recusare, sancta vita praeterita peccata recurentur. Non differamus in crastinum, quia crastinum an videamus incertum est. Multos enim haec dilatio trucidavit, quos subreptos, non vitae aeternae [/**iusticie**] reddidit, sed potius morti perpetuae addixit [/**adduxit**]. Quam moleste deliquimus [/**delinquimus**], tam modeste [/**dolenter**] Dominum deprecemur. Vitium quod in mundo contractum est, hic relinquatur in mundo. Indignantis Domini offensam [√**sanctis actibus depla-**

cemur, non contemnamus], patientiam Domini [/**Dei**], quae nos [**v̄et**] poenitentiae et correptioni servavit. Maculata vestis [**√diligenter lauetur ut niteat ; uexata nauis sollicite recuretur ut feliciter ad portus optatos perueniat ; uulnus innatum perite curetur ut non hominem ipsum occidat**] per primi hominis peccatum, nunc per fidem Christi diligenter a nobis recuretur, ut feliciter ad convivium sponsi candidati intromittamur. Haec a nobis impleantur, haec perficiantur a cunctis. Nec ad pecudum homo provocetur exemplum [/**exempla**], sed sanctorum potius sequatur actus, et merita : ut non post mortem more pecudum pereamus, sed in aeterna saecula divinis muneribus condonemur [/**consolemur**].

ANNEXE II
La mise en garde contre l'hérésie pélagienne

Le texte souligné dégage les éléments principaux du raisonnement que vient interrompre d'une manière incompréhensible et totalement illogique le *Cave pelagianum errorem*.

Serm W. 48 <*Quod oculus non uidit*> (1 *Cor.* 2)

Si duo ista leges et praemia, praecepta et munera, iussa et dona christianus expendat, hoc est si quod lege praecipitur et quod praemio destinatur, quid quale sit adsidue christiana <pietate> denuo meditetur inueniet multo facilius esse quod praecipitur quam est illud quod praemio destinatur. Primo quod praecepta cuncta narrantur, praemia uero narrari non possunt ; secundum, quod quitquid praecipitur praesenti substantia licet fragili compleatur, quicquid autem promittitur nisi eadem substantia resurrectione reparata frui non datur. Ita enim praesens substantia nunc poterat diuina iussa perficere ut promissa praemia eadem substantia non ualet contractare ut iam ex distantia substantiarum comprobetur distancia rerum et noscatur multo	Si le chrétien pèse et compare les couples que forment les règles et les récompenses, les préceptes et les bienfaits, les ordres et les dons, c'est-à-dire ce que la loi prescrit et ce qui est préparé comme récompense, et s'il s'applique encore à réfléchir avec une piété chrétienne sur leur nature et leur valeur, il découvrira que ce qui est prescrit est bien plus facile à imaginer que ce qui est prévu comme récompense. En premier lieu, parce que toutes les règles sont exprimées, alors que les récompenses ne peuvent l'être ; en second lieu, parce que tout ce qui est prescrit peut être accompli durant son existence par une personne, malgré sa fragilité – alors que tout ce qui est promis, la même personne ne peut en jouir que régénérée par la résurrection. En effet, durant son existence, une personne pouvait alors accomplir les ordres de Dieu, tout en étant incapable d'atteindre les récompenses promises, si bien que la différence entre les existences se trouve alors confirmée par la différence entre les résultats, et qu'il soit bien

facilius esse quod praecipitur quam est illud quod in futurum destinatur, sicut scriptum est : Quod oculus non uidit nec auris audiuit nec in cor hominis ascendit quae praeparauit Deus his qui diligunt eum (I Cor 2). *Ignotum est quod promittitur, inauditum est quod paratur, suspicari non potest quod sanctis omnibus destinatur. Maiora sunt praemia quam merita, officium munere uincitur, donis obsequia superantur nec, homo, meruisse poteris praeiactare : cum suis gloria merearis cuius dono efficitur ut munereris !*

2. Caue pelagianum errorem ! Primo tuum est quod uenis, sed donum est quod uocaris. « Venite ad me, inquid, omnes qui laboratis et ego uobis requiem dabo. (Mt 11, 28) » *Tuum est, inquam, quod uenis, sed donum est quod uocaris, tuum est quod certas, tuum est quod dimicas, sed ille uires exagerat, fortitudinem donat uictoriam subministrat. Vt uelis, tuum est, ut possis, illius. Contra Apostolum gerimus ! Ille enim, ille ait :* « Deus est qui operatur in nobis uelle et posse. » (Phil. 2, 13)

Non enim cum remuneracionis tempus aduenerit dicere quispiam poterit suo merito dona talia meruisse cum tanta sit immensitas munerum quantum glorie non fuerit meritum et cognoscantur talia esse donorum celestia praemia qualia sua quisque non nouerit merita, maxime quia ipsa merita in hominibus defuissent nisi diuina pietas conatus hominum adiuuisset.

compris que ce qui est prescrit est bien plus facile à connaître que ce qui est destiné pour l'avenir, comme il est écrit : « Ce que l'œil n'a pas vu, ce que l'oreille n'a pas entendu, ce qui n'est pas monté jusqu'au cœur de l'homme, c'est ce que Dieu a préparé pour ceux qui l'aiment. » (I Cor 2) Ce qui est promis n'est pas connu, ce qui est préparé n'est pas entendu, on ne peut imaginer ce qui est réservé pour tous les saints. Les récompenses sont supérieures aux mérites, le devoir accompli s'incline devant la rétribution, l'obéissance est dépassée par les dons. Et toi, homme, tu ne pourras te targuer d'avoir mérité une récompense : puisses-tu la mériter, avec ses élus, grâce à la gloire de celui qui par son don rendra effective ta récompense !

2. Prends garde à l'hérésie pélagienne ! La démarche initiale vient de toi, mais c'est par un don que tu es appelé. « Venez à moi, dit-il, vous tous qui êtes dans la peine, et moi, je vous donnerai le repos. » (Mt 11, 28) Oui, la démarche initiale vient de toi, mais c'est par un don que tu es appelé. C'est toi qui luttes, toi qui te bats, mais c'est lui qui grossit tes forces, te donne du courage, te procure la victoire. Le vouloir, c'est toi qui l'as, mais le pouvoir, c'est lui qui te le donne. Face à cela, nous citons l'apôtre ! Car il dit, oui il dit : « C'est Dieu qui suscite en nous vouloir et pouvoir. » (Phil. 2, 13)

Car lorsque viendra le temps de la rétribution, qui pourra dire que c'est son propre mérite qui lui a valu de tels dons, alors que les récompenses sont aussi immenses que la gloire imméritée ; et qu'on sait bien que ces dons, récompenses célestes, sont d'une qualité qu'on ne peut reconnaître à ses mérites propres, surtout parce que ces mérites-là auraient fait défaut aux hommes si la bonté de Dieu n'était venue au secours des efforts des hommes.

ANNEXE III

Texte du *Serm.* 48 dans le ms. Lat. 4147 de la Bibliothèque Nationale Autrichienne de Vienne, fol. 44v

Un indice de datation précise dans les sermons dits donatistes du *codex* de Vienne ?

À propos des emplois de *censor, censoria potestas* et *censura*

Philippe BLAUDEAU

(*Angers*)

À la mémoire de Jean-Marie Lassère et de Christine Hamdoune

Dans une discrète mise en garde exprimée avec précision, François Dolbeau avertit ceux qui prendraient pour argent comptant les conclusions de François-Joseph Leroy au sujet des soixante homélies fournies par le manuscrit de Vienne (ÖNB 4147, AD 1435). Il s'exprime en effet de la façon suivante :

> L'origine donatiste d'un des textes suffit-elle à faire attribuer les 59 autres à un prédicateur donatiste, ou au moins africain ? Une seule mention de l'hérésie pélagienne et le silence observé à l'égard des Ariens suffisent-ils pour étayer une datation de l'ensemble entre 411 et 429. En postulant l'unité absolue du corpus, au lieu d'examiner chaque pièce en elle-même et par rapport aux autres, le découvreur peut avoir raison mais risque aussi de fourvoyer durablement la recherche[1].

La méthode préconisée par le savant est sans équivoque et le travail qui reste ainsi à accomplir considérable. Surtout, son avis tend à saper le fragile accord difficilement dégagé ces dernières années par un bon nombre de chercheurs attachés à ces « sermons donatistes », à commencer par Alden Bass[2]. Résumons-le. L'ensemble aurait été conçu avec une visée pédagogique, dont le but aurait été principalement catéchétique. Pro-

---

[1] F. DOLBEAU, « Sermons africains », p. 15.
[2] Cfr A. L. BASS, « Dissident Preaching in Africa : inherently Violent ? », dans Praedicatio Patrum. *Studies on Preaching in Late Antique North Africa*, éd. G. PARTOENS *et al.*, Turnhout, Brepols, 2017 (*IPM*, 75), p. 397-415, spécialement p. 403-411. Voir aussi J. MEYERS, « Vingt-deux sermons ».

noncé à l'intention de catéchumènes ou de catholiques convertis peut-être, pour être également consigné, il se serait concentré sur des thèmes volontiers vétéro-testamentaires et aurait misé sur une relative brièveté. Fournissant aussi peu de *realia* que possible, le corpus supposé aurait pu répondre à un ordonnancement liturgique, sans s'inscrire dans un rapport précis aux fêtes du calendrier chrétien, puisque seule Pâques s'y trouve mentionnée. Il se serait encore caractérisé par une saveur donatiste prononcée dans le sermon 39 (où trois fois les *traditores* sont vilipendés[3]), perceptible de façon plus subtile ailleurs, sous des apparences bien ordinaires. Cette logique d'appartenance se révélerait alors dénuée de polémique mais se manifesterait par l'insistance sur certaines thématiques comme la souffrance des justes (associée à un net refus du recours à la violence), l'exhortation au combat spirituel, à l'exemple des martyrs, ou la nécessaire cohérence entre nom et conduite chrétiens. Elle pourrait expliquer encore une conscience assez sommaire d'une justice rétributive[4] qui s'articulerait tout au long du dossier avec une conception binaire des comportements et intentions, bons ou mauvais. Les soixante homélies exprimeraient donc une position cohérente qui correspondrait à une unité d'auteur (ou une dualité). Celui-ci se situerait dans la lignée de Cyprien de Carthage et viserait à un style généralement caractérisé par sa *simplicitas* ou mieux sa *mediocritas*. Quitte à réécrire sans doute certaines pièces après communication verbale (sermons 50 et 51), le prédicateur ferait ainsi montre d'une capacité oratoire et rhétorique contrôlée en recourant de façon répétée aux allitérations, assonances

---

[3] Cfr *infra* n. 11.
[4] Voir aussi W 38, E 17, *PL* 39, col. 2245. ; W 54, *PLS* IV, col. 843. Voir aussi E. Zocca, « La voce della dissidenza », p. 350. Précisons qu'ici et dans la suite de notre étude, nous signalerons les sermons, en considérant la forme actuelle des soixante pièces du codex de Vienne, par leur numéro dans celui-ci (W), et ajouterons à la suite les précisions utiles (éventuelle présence dans le *codex* de l'Escurial [E ; El Escorial R III. 5 ; xive s.] et publication moderne disponible [*PL*, *PLS* IV – reprenant l'édition de 1536 parue chez Chevallon à Paris]). Notre citation des vingt-deux inédits renverra au travail d'édition-traduction du GRAA plutôt qu'à celui de Leroy, en raison de l'amélioration scientifique notable apportée à la connaissance de cet ensemble par l'équipe montpelliéraine. Remarquons encore que la formule des vingt-deux inédits est discutable car le W 29 ne l'est guère (il figure en tant que supplément non attribuable à Fulgence de Ruspe en *PL* 65, col. 947-949) ; en revanche le W 20 connaît deux formes (20 et 20 B) : on peut estimer de la sorte que le compte est rétabli.

et tricolons surtout. De la sorte, il s'inscrirait en bonne place parmi les orateurs donatistes, sans toutefois égaler Pétilien, qui n'avait guère hésité à se revêtir du surnom de Paraclet, tant son habileté à se faire l'écho de l'inspiration divine était jugée persuasive[5]. Quant au moment où notre anonyme aurait accompli son travail, plutôt que de penser avec Leroy à un *Sitz im Leben* situé entre la Conférence de Carthage (411) et la conquête vandale (à partir de 429)[6], il serait plus judicieux de placer son œuvre entre 400 et 410, à un moment où l'insertion de l'homélie 39 n'aurait répondu ni à une inadvertance ni à une signature après un ralliement contraint[7]. Elle aurait bien au contraire conféré à l'ensemble sa tonalité, au moment même où sans l'interdire tout à fait, la coercition impériale allait s'accroître sur le mouvement donatiste, assimilé par une loi à une hérésie en 405[8].

Or, dès avant que François Dolbeau ne porte un coup sévère à cette reconstitution, des restrictions et des doutes avaient été exprimés. Brièvement dans un article[9], plus amplement dans une note inédite communiquée à l'Institut des Sources chrétiennes[10], Jean-Pierre Bouhot contestait déjà l'ampleur de la collection délimitée par Leroy.

---

[5] Augustin, *Contra litteras Petiliani* 3, 16, 19 : *sibi propter advocationem, in qua potentiam quondam suam iactat, paracleti nomen imponat, atque ob hoc se cognominalem spiritus sancti, non esse, sed fuisse deliret*. Voir aussi A. L. BASS, « Dissident Preaching », p. 408-409.

[6] F.-J. LEROY, « Les 22 inédits », p. 152.

[7] J. MEYERS, « Vingt-deux sermons », p. 142.

[8] En fonction des dispositions reprises dans le *Code Théodosien* XVI, 5, 38 ; XVI, 6, 3 (12 février 405) ; XVI, 6, 5 (même date) et surtout XVI, 6, 4 (même date, mais dont une première version est sans doute établie tout début 405). Cfr R. DELMAIRE, dans *Les Lois religieuses des empereurs romains de Constantin à Théodose II (312-438)*, I : *Le Code Théodosien XVI*, éd. reproduite de T. MOMMSEN, trad. J. ROUGÉ, introd. R. D., comm. R. D. et F. RICHARD, Paris, Cerf, 2005 (*SCh.*, 497), p. 282-283, 344-345, n. 1 et 470-471.

[9] J.-P. BOUHOT, « Adaptations latines », p. 47 : « On ne saurait accepter l'attribution donatiste de ces soixante homélies à un prédicateur donatiste. »

[10] Intitulée « Note sur les sermons africains du Ve siècle dans *Chrysostomus latinus* », et datée du 18 février 2002, elle compte six pages dactylographiées et a été dressée puis envoyée à l'Institut des Sources chrétiennes (Lyon), sur sa demande. Les pages 4-6 concernent spécialement notre sujet. Nous tenons ici à remercier chaleureusement M. Jean-Pierre Bouhot de nous avoir autorisé à en prendre connaissance.

Il admettait, sans lui assigner d'appartenance partisane, qu'un recueil africain du ve siècle pût certes être à l'origine des vingt-deux inédits du manuscrit de Vienne, mais de ceux-ci seulement. Par ailleurs, deux autres collections africaines pouvaient être encore distinguées au sein du codex ÖNB 4147. La plus importante en nombre, dénommée l'*Escurialensis* d'après son manuscrit le plus remarquable, aurait été riche de trente sermons (dont le fameux n° 18 = *W* 39). Elle n'aurait porté aucun signe communautaire distinctif puisque Jean-Pierre Bouhot, qui reste isolé sur ce point, récusait brièvement l'analyse de l'emploi du pluriel *traditores* développée par François-Joseph Leroy[11]. Bref, au total, Jean-Pierre Bouhot suggérait bel et bien que toutes les soixante homélies se rapportaient au ve siècle mais sapait la proposition que telle d'entre elles pût enregistrer la voix d'un prédicateur donatiste.

Sans même connaître cette mise au point, Elena Zocca a souligné de son côté qu'il importait certes de ne pas exclure l'éventualité que l'on ait affaire, avec ces soixante sermons, à l'*ipsissima vox* des donatistes, si difficile d'accès. Mais elle a simultanément insisté sur deux arguments empêchant toute garantie : l'absence, d'une part, d'édition critique complète ; le manque, d'autre part, d'une étude introductive suffisamment détaillée susceptible de rendre compte de l'effacement de toute polémique anticatholique (à l'exception du sermon *W* 39)[12].

Nul besoin d'insister davantage : la prudence la plus grande est désormais requise dans l'étude même des inédits privilégiés par le GRAA. Il importe de procéder donc à une analyse patiente et appliquée de chacune des pièces, puis de mener une comparaison serrée entre elles, sans rien négliger du contenu des trente-huit autres homélies du *codex* de Vienne, le tout en mobilisant les compétences codicologiques, philologiques et historiennes indispensables à l'enquête. Relevant de ce dernier champ, le présent travail retient donc le thème des facultés et qualités attribuées au Dieu Trinitaire, incarné dans la Personne du Fils en Jésus-Christ. L'objectif est de discerner si une éventuelle influence du modèle d'énonciation du pouvoir impérial dans une telle série de qualifications, appuyé sur le révélé biblique, peut inciter à repérer quelque élément de datation et de catégorisation identitaire du ou des homéliastes.

---

[11] Apparaissant par trois fois dans le *W* 39 (E 18) : cfr F.-J. Leroy, « L'homélie donatiste ignorée », ligne 35 (p. 260) et lignes 64 et 67 (p. 261). Voir aussi l'analyse développée à ce sujet, *ibid.*, p. 252-255.

[12] E. Zocca, « La voce della dissidenza », p. 346-347.

UNE DATATION PRÉCISE DANS LES SERMONS DITS DONATISTES 379

Disons-le tout net, un relevé des attributs divins en la matière s'avère à première vue décevant car il n'échappe guère à la banalité et ne paraît pas pouvoir fournir d'information décisive. Ainsi, le contexte de composition n'est-il guère précisé au-delà de ce qui a déjà été proposé à bon droit (1er tiers du Ve s) lorsqu'il est dit que Dieu est en toute chose très clément (*clementissimus*[13]). De même on ne s'étonne guère de Le voir d'abord regarder et même admirer, comme si à l'instar de l'empereur, il assistait à tel spectacle, où le témoin véritable, à l'exemple de Job, ne chute pas[14]. En outre, Dieu combat[15], commande[16], récompense[17] et surtout est appelé à exercer ses prérogatives de juge[18], parce qu'il est le législateur par excellence[19], l'Auteur de la Loi, « écrite de sa propre main[20] ». Avant de devoir sanctionner ou punir bien malgré lui[21], il menace et use d'une pédagogie de la peur[22], pour ne pas avoir à user de châtiment que l'empereur dans ce monde applique quant à lui[23].

---

[13] W 60, 1 ; Voir aussi W 46 (E 24), *PLS* IV, col. 726.

[14] W 14, 8 ; voir aussi W 28, 5 ; 31, 5 ; 34, 3-4. En W 47 (E 28), *PLS* IV, col. 739, ce même thème est présent et offre même enrichissement : le fait que Dieu regarde procure un surcroît de force à celui qui affronte l'adversaire. Voir aussi W 16, *PL* 39, col. 1853.

[15] W 13, 2 ; ailleurs dans la collection des soixante sermons, on insiste sur le fait que Dieu combat aux côtés de celui qui lutte contre Pharaon (W 9, *PL* 39, col. 1791) ou contre l'ennemi (tel David face à Goliath). Cfr W 21 (E 9), *PLS* IV-1, col. 689 ; W 47 (E 28), *PLS* IV, col. 738-739.

[16] Les textes recourent alors volontiers au verbe *impero* ou au vocabulaire qui lui est apparenté. Cfr W 19, 4 ; W 51, 4. Voir aussi W 3 (E 2), *PLS* IV, col. 669 ; W 5 (E 3), *PLS* IV, col. 671 ; W 32 (E 14), *PLS* IV, col. 702.

[17] W 51, 5.

[18] W 48, 6 ; W 51, 4.

[19] Le thème est spécialement récurrent : cfr spécialement W 11 *passim* ; voir aussi W 5 (E 3), *PLS* IV, col. 673 ; W 30 (E 15), *PLS* IV, col. 703.

[20] W 11, 3.

[21] W 28, 3 ; W 29, 2 ; voir aussi W2 (E 4), *PL* 95, col. 1209 ; W 16, *PL* 39, col. 1851 ; W 18, *PLS* II, col. 1200, § 3 ; W 32 (E 14), *PLS* IV, col. 702 citant Ez. 18, 32 ; W 57 (E 26), *PLS* IV, col. 736.

[22] W 53, 1. Voir aussi W 9, *PL* 39, col. 1789 ; E 13 (W 25) = *PL* 39, 1832 (la lèpre de Naaman retombée sur Guéhazim, le serviteur d'Élisée comme exemple pour tous les peuples) ; E 15 (W 30), *PLS* IV, col. 704 ; E 17 (W 38), *PL* 39, col. 2244 ; E 20 (W 41), *PLS* IV, col. 714-716 (sur le figuier rendu sec par le Seigneur).

[23] W 29, 5 : « Personne ne peut sans encourir un châtiment ignorer les ordres de l'empereur de ce monde (*imperatoris saeculi iussa*). » Dans le sermon W 16, *PL* 39,

Dévoilant l'insupportable dévoiement du tyran de Babylone, Dieu accomplit donc toute justice[24].

Exaltée de la sorte et articulée à l'idée de rétribution déjà énoncée, cette faculté de discernement s'exprime volontiers par l'usage d'une série de vocables issus d'une même racine, *census*. Ainsi les emplois de *censura*, *censor* ou de *censeo* sont-ils nombreux dans les inédits. Ils relèvent le plus souvent du sens commun qui, dérivé de la magistrature romaine, distinguée entre autres par Caton l'Ancien (234-149 av. J.-C.), en vient à signifier les opérations de discernement, d'examen, d'inspection puis à qualifier la sentence et la sévérité du jugement et des mœurs. Dès lors le *censor* désigne celui qui mène une telle action, qu'évoque encore l'adjectif *censorius*, *-a*, *-um*. On trouvera en annexe un relevé des occurrences de ces substantifs et épithètes dans les vingt-deux sermons[25]. Bornons-nous ici à signaler qu'ils trouvent aisément des correspondances dans les autres pièces du *codex* de Vienne, à commencer par le sermon 39[26], et plus largement dans l'œuvre de figures patristiques contemporaines

---

col. 1852 (§ 4), on voit l'argument symétrique être utilisé de façon analogique : si le soldat s'engage avec ardeur pour obtenir de l'empereur la récompense (*stipendium*), combien plus le fidèle doit-il combattre dans les épreuves et les tentations.

[24] W 34, 2-4. Signalons que dans les non inédits du codex de Vienne, le terme de *tyranus* est également employé contre le même Nabuchodonosor jetant les trois jeunes Hébreux dans la fournaise jusqu'à ce que la vue de leur intégrité préservée l'engage à se convertir (W 33, *PL* 39, col. 1855-1856). Ailleurs dans les mêmes soixante homélies, le mot est aussi utilisé pour dénoncer la cruauté de Pharaon à l'endroit des garçons nouveaux-nés hébreux : cfr W 9, *PL* 39, col. 1790 ou pour fustiger la débauche d'Hérode Antipas aboutissant à l'exécution de Jean le Baptiste (W 45, *Sancti Aurelii Augustini, Hipponensis episcopi, Sermones*, éd. D. A. B. CAILLAU, Paris, 1842, p. 136, § 2).

[25] Limitons-nous donc à fournir ici les références : W 8, 12 ; W 19, 3 ; W 27, 2 ; W 28, 3-4 ; W 31, 2 ; W 51, 5.

[26] W 39 (E 18), dans F.-J. LEROY, « L'homélie donatiste ignorée », lignes 7-8, p. 259 : *Qui quidem contemptor ac perfidus digne pro patre experietur ultorem, pro magistro uindicem, sentiet pro benigno censorem*. D'après notre relevé, les vocables signalés apparaissent aussi en W1 (E1) = *PL* 95, col. 1206 (*ne censura puniat iudicantis* [sc. *Dei*]) et en W 18, *PLS* II, col. 1199, § 2 (*Non potest patris censeri nomine qui fuerit diversus in opere* : en conséquence, l'auditeur est exhorté à craindre le censeur céleste, col. 1200, § 4). Voir aussi W 32 (E 14), *PLS* IV, col. 701 : *Melius siquidem illaesos benignitas corrigit quam laesos censura convertit* ; ou W 40 (E 19) = *PLS* IV, col. 712. Dans l'homélie W 57 (E 26), *PLS* IV, col. 734, on relève encore une for-

UNE DATATION PRÉCISE DANS LES SERMONS DITS DONATISTES 381

– ou peu s'en faut – à l'instar d'Ambroise de Milan. À titre d'exemple, voici comment il assigne ses limites à la médiation corporelle dans l'acte de célébration chrétienne :

> L'Écriture nous a appris à chanter avec gravité, à moduler avec sagesse (*Ps.* 46, 8). Elle nous a même appris à danser avec sagesse, quand le Seigneur dit à Ézéchiel : « Frappe de la main, et bats du pied » (*Ez.* 6, 11) : car Dieu, censeur des mœurs (*Deus morum censor*), ne va pas réclamer les mouvements bouffons d'un corps agité, commander aux hommes des claquements sans dignité, des applaudissements de femmes, et rabaisser un si grand prophète à des divertissements d'acteurs, à une mollesse efféminée[27].

Dans la tonalité générale de ce concert, une note surprend cependant. Au terme de l'homélie *W* 8 (*De Ioseph*), le propos ne se limite pas à l'usage commun des mots déjà signalés mais se fait plus précis et marque un emploi qu'on ne retrouve ni dans les autres inédits, ni dans le reste des soixante sermons, sauf erreur de notre part. Le texte mérite donc d'être cité ici :

> Et donc, quand poussés par la faim les frères de Joseph sont arrivés en Égypte, lui les reconnaît mais ils ne le reconnaissent pas. Ses frères ne le distinguent pas mais lui les distingue. Car la simplicité de leur tenue les avait fait reconnaître tandis que sa dignité cachait celui qu'il avait été : il était en effet dans l'éclat de la position, dans l'éclat de la gloire, dans l'éclat de la puissance. Finalement ils se prosternent et lui dissimule, ils le regardent à la dérobée et lui se détourne, ils le vénèrent et lui les menace de son pouvoir de censeur (*et ille* potestate censoria *comminatur*)[28].

Joseph, identifié au Christ lui-même[29], se voit donc revêtu d'une attribution qui renvoie à une composante caractéristique, technique même pourrait-on dire, de la titulature impériale augustéenne. À vrai dire, elle donne le sentiment d'être « archéologique » ou plus simplement

---

mule, celle de la note qui va dans le même sens : *Interior notatur licet immune sit corpus*.
[27] Ambroise de Milan, *Traité sur l'évangile de saint Luc* VI, 8.
[28] W 8, 12 (nous soulignons).
[29] *Yoseph enim personam Christi portauit* (W 8, 9) ; l'expression ne se limite pas à souligner qu'il figure le Christ. Voir la note *ad loc.* dans l'édition et par comparaison W 24 (E 12), *PLS* IV, col. 699 (où l'œuvre d'Élisée et son enseignement valent comme *figura Christi*).

désuète. En effet, elle a disparu dès avant la fin du Ier s. ap. J.-C. parce que Domitien avait accaparé le titre de *censor perpetuus* et que, dès lors, il n'apparaissait plus utile d'en faire mention[30]. Le IVe siècle voit cependant renaître l'intérêt de l'empereur pour une telle qualification. Une première fois, Constantin en exploite le sens et le prestige, non pas pour lui-même mais, au gré de son dessein familial et dynastique, pour son demi-frère Flavius Dalmatius. Désigné comme *censor* dès avant 333, ce dernier est ainsi placé au-dessus du préfet du prétoire d'Orient et réside à Antioche. C'est la raison pour laquelle il intervient dans l'affaire d'Arsénius où, un temps, Athanase d'Alexandrie est mis en accusation[31]. Toutefois, distante et sans lendemain, la décision constantinienne ne paraît guère être à l'origine du regain d'intérêt pour la titulature en question dont témoignerait assez discrètement notre homélie.

Il n'en va pas de même pour une deuxième initiative, prise cette fois par le jeune Honorius (né en 384), à l'instigation de son *comes* et Maître des milices praesentalis Stilichon[32]. Au nom de l'empereur, une proposition est lancée à l'intention du sénat romain en 395-396. Elle ne nous est connue qu'indirectement, par l'intermédiaire de Quintus Aurelius Symmachus[33]. Dans quatre de ses lettres, le *princeps senatus* fait allusion à un discours intitulé « rejet de la censure » (*reputata censura*[34]) qu'il

---

[30] Cfr notamment J.-M. LASSÈRE, *Manuel d'épigraphie romaine*, Paris, Picard, 2005, p. 602.

[31] Cfr Athanase d'Alexandrie, *Apologia contra arianos*, éd. H.-G. OPITZ, dans *Athanasius Werke*, II-1, Berlin-Leipzig, De Gruyter, 1935, p. 144 : Ταῦτα γράψαντος καὶ Ἰσχύρα ὅμως πάλιν τὴν τοιαύτην κατηγορίαν θρυλοῦσι μὲν πανταχοῦ, ἀναφέρουσι δὲ καὶ τῷ βασιλεῖ Κωνσταντίνῳ. κἀκεῖνος περὶ μὲν τοῦ ποτηρίου φθάσας ἦν ἀκούσας αὐτὸς ἐν τῇ Ψαμαθίᾳ παρόντων ἡμῶν καὶ καταγνοὺς τῆς συκοφαντίας τῶν ἐχθρῶν, γράφει δὲ εἰς τὴν Ἀντιόχειαν Δαλματίῳ τῷ κήνσωρι ἀκοῦσαι περὶ τῆς τοῦ φόνου δίκης. ὁ τοίνυν κήνσωρ ἐπιστέλλει μοι παρασκευάσασθαι πρὸς ἀπολογίαν τοῦ ἐγκλήματος. Voir aussi T. BARNES, *Athanasius and Constantius. Theology and Politics in the Constantinian Empire*, Cambridge (Ms), Harvard Univers. Press, 1993, p. 21 et ID., *Constantine. Dynasty, Religion and Power in the Later Roman Empire*, Chichester, Wiley-Blackwell, 2011, p. 164.

[32] « Flavius Stilicho », *PLRE*, p. 853-858.

[33] « Q. Aurelius Symmachus signo Eusebius 4 », *PLRE*, p. 865-871.

[34] IV-29 ; V-45 ; V-9 ; VII-58 ; V-9. La dernière (à Théodore), plus que les autres, mérite d'être citée (*Correspondances*, II : *Livres III-V*, éd. et trad. J.-P. CALLU, Paris, Les Belles Lettres, 1982, p. 160) : « Je vous ai donc envoyé deux petits discours que nous venons de publier. L'un a retenu dans son bond un candidat aux faisceaux urbains, à l'autre a donné argument la censure depuis longtemps condamnée par

a prononcé lors de la délibération de l'assemblée puis remanié avant de le diffuser. De ces références, on peut retirer que la séance fut animée par des avis contradictoires sur le point de savoir s'il fallait rétablir la magistrature censoriale, comme le suggérait Honorius dans un but d'apaisement, semble-t-il. En effet, il se serait agi ensuite pour celui qui aurait revêtu cette fonction de contrôler le nouvel état de l'album sénatorial. Il aurait été dressé en comblant par *adlectio* les manques suscités par la bataille de la Rivière Froide et les disparitions qui la suivirent. En effet, celle-ci avait marqué l'écrasement de l'usurpation qu'avait fomentée la coalition dirigée par Arbogast et Nicomaque Flavien au nom d'Eugène. Or, après des échanges nourris, l'illustre conseil de la Ville estima que cette compétence, elle aussi, revenait au seul empereur. Il y a lieu de croire que c'est ce même débat qui inspira à l'auteur de l'*Histoire Auguste* un développement vigoureux[35], fictivement situé sous le règne de Dèce[36]. Outre un certain souci didactique destiné à rappeler la nature

---

un décret du sénat (*alteri argumentum dedit iam priidem decreto senatus inprobata censura*) mais dans un ouvrage plus copieux, j'ai développé l'opinion que j'avais exprimée quand l'affaire fut jugée. »

[35] Comme l'a bien démontré André Chastagnol, dans *Histoire Auguste. Les Empereurs romains des IIe et IIIe siècles*, éd. et trad. A. CHASTAGNOL, Paris, Robert Laffont, 1994, p. 783-784.

[36] À double titre : il s'agit d'un récit fictif et la date qu'il avance, le 27 octobre 251, est postérieure au décès de l'empereur concerné. Voici l'affaire telle qu'elle est rapportée dans le pastiche (*Vies des deux Valériens* VI, dans *Histoire Auguste*, éd. et trad. A. CHASTAGNOL, p. 790-791) : « Sous le consulat des deux Dèces, le 6 des calendes de novembre, le Sénat, sur convocation écrite de l'empereur, tenait séance dans le temple des Castors, et on demanda l'avis de chacun pour savoir à qui devait être attribuée la charge de censeur – car les deux Dèces avaient confié ce choix à la décision du très illustre Sénat –. Dès que le préteur eut prononcé la formule : "Que pensez-vous, pères conscrits, au sujet de cette élection d'un censeur ?" (*ireturque per sententias singulorum, cui deberet censura deferri – nam id Decii posuerant in senatus amplissimi potestate –, ubi primum praetor edixit : "Quid vobis videtur, p. c., de censure deligendo?"*) et eut sollicité l'avis de celui qui, en l'absence de Valérien – qui se trouvait alors sur le front avec Dèce – était à ce moment le prince du Sénat, tous s'écrièrent d'une seule voix, en interrompant la procédure habituelle du recueil des votes : "la vie de Valérien est en soi une censure ! À lui de juger de tous, lui qui est le meilleur de tous ! À lui de juger notre vie, lui auquel il n'y a rien à reprocher !" [...] Dès que Dèce eut reçu le sénatus-consulte, il convoqua tous les gens de la cour et ordonna d'inviter aussi Valérien ; puis après lecture du senatus-consulte, il déclara devant cette assemblée des personnages les plus en vue : "Heureux Valérien,

antique de la charge, non sans exagération ni anachronismes sans doute volontaires[37], son propos révèle l'enjeu d'une renégociation, certes limitée mais suggestive, des rapports d'autorité entre empereur de la *pars Occidentis* et sénat. C'est, pensons-nous, cette actualité de la question censoriale et de sa relation à l'exercice du pouvoir impérial qui a pu inspirer quelques jugements à Rufin d'Aquilée dans son *Histoire ecclésiastique* : laudatifs, ils sont adressés à Constantin et à Valentinien I[er38]. Surtout, cette considération renouvelée pour la *censoria potestas* pour-

toi qui jouis des suffrages de tout le Sénat et plus encore des sentiments d'affection du monde romain tout entier, assume cette censure que t'a conférée l'État romain et que tu es le seul à mériter, pour juger les mœurs de tous, pour juger nos mœurs (*Suscipe censuram, quam tibi detulit Romana res publica, quam solus mereris, iudicaturus de moribus omnium iudicaturus de moribus nostris*)." [...] Mais voici la réponse de Valérien : "Je t'en prie, très saint empereur, ne m'assujettis pas à l'obligation de devenir le juge du peuple, des soldats, du Sénat, des gouverneurs des tribuns et des généraux du monde entier. Ce sont là les tâches pour lesquelles vous avez reçu le nom d'Auguste ; c'est à vous qu'appartient de droit la censure ; un simple particulier ne saurait exercer cette charge (*Ne, quaeso, sanctissime imperator, ad hanc me necessitatem alliges, ut ego iudicem de populo, de militibus, de senatu, de omni penitus orbe iudicibus et tribunis ac ducibus. Haec sunt, <propter> quae Augustum nomen tenetis ; apud vos censum desedit, non potest hoc implere privatus*).' »

[37] *Ibid.* : « À toi d'estimer qui devra rester dans la Curie, de ramener l'ordre équestre à son ancienne dignité, de déterminer le montant du cens, de confirmer, de répartir, de fixer les impôts, de recenser les propriétés de l'État (*Tu aestimabis, qui manere in curia debeant, tu equestrem ordinem in antiquum statum rediges, tu censibus modum pones, tu vectigalia firmabis, divides, statu<es, tu> res publicas recensebis*). Il sera de ta compétence de rédiger des lois ; tu devras assigner aux soldats leur rang ... » Voir aussi J.-M. LASSÈRE, *Manuel d'épigraphie*, p. 581-582.

[38] On sait l'ouvrage composé peu après 402. Il répond autant à la demande de l'évêque Chromace qu'au dessein de Rufin face aux nécessités du moment pour les populations latines chrétiennes, à commencer par celles d'Aquilée. Voir sur ce point F. THÉLAMON, *Païens et chrétiens au IVe siècle. L'apport de l'Histoire ecclésiastique de Rufin d'Aquilée*, Paris, Institut d'études augustiniennes, 1981, p. 21-23 notamment. Les passages de Rufin d'Aquilée (*Eusebius Werke*, II : *Die Kirchengeschichte*, 2 : *Die lateinische Übersetzung des Rufinus*, éd. Th. MOMMSEN, Leipzig, 1908, IX, 6, p. 901 et XI, 10, p. 1017) sont les suivants : 1) *Deiectoque Licinio atque omni memoria tyrannicae dominationis ablata soliditatem Romani regni cum filiis solus obtinuit [scil. Constantinus]. Tum vero status quidem rei publicae aequabili moderatione et* censura dignissima *Romani nominis habebatur* ; 2) *In occiduis vero partibus Valentinianus fide religionis inlaesus* vetere Romani imperii censura *rem publicam gubernabat*.

rait être à l'origine de la formulation si spécifique qui figure dans le sermon *W* 8 pour mieux qualifier l'étendue du pouvoir de Joseph. Elle confirmerait donc au moins pour cette homélie un *Sitz im Leben* postérieur de quelques années seulement à 395-396 et engagerait à imaginer une certaine proximité avec la situation romaine. Faudrait-il croire dès lors pour autant que le premier des 22 inédits puisse correspondre à une composition italienne plutôt qu'africaine ? Un élément du texte incite à ne pas aller trop loin en la matière et suggère plutôt de ne pas tout à fait écarter l'hypothèse d'une inspiration donatiste : l'insistance sur l'*inimica fraternitas* dont Joseph fait l'expérience[39]. Certes, cette formule peut procéder de la simple interprétation du texte de la Genèse commenté. La retenir comme un indice d'appartenance identitaire expose donc au risque de surinterprétation. Toutefois le rapport du nombre qui caractérise l'épisode biblique (une majorité malveillante – la catholicité favorisée par l'empereur – face à un membre fidèle mais seul et isolé – l'Église donatiste) conforte plus qu'il n'empêche le bénéfice du doute.

Au total donc, si le traitement par élimination de passages entiers sûrement appliqué au contenu des sermons complique sérieusement la tâche de l'historien, le texte des inédits laisse encore percer quelques indications utiles à leur mise en contexte. La proposition ici énoncée ne permet que de confirmer le moment le plus précoce d'énonciation de l'homélie *W* 8 (vers 400-405). En soi, il n'invalide ni ne garantit la thèse d'une origine donatiste donc africaine. Seul un travail patient attaché à la lettre de chacune des soixante pièces permettra de vérifier la pertinence de la thèse de Leroy ou de la rejeter. Mais la tâche, facilitée par le travail accompli déjà sur les inédits, en vaut la peine et le GRAA mieux que d'autres lieux offrira le cadre adapté à un tel effort.

---

[39] W 8, 3. Une brève mention de la persécution de Joseph par ses frères figure aussi en W 46 (E 24), *PLS* IV, col. 728.

ANNEXE
Emplois de *censura*, *censor* et *censorius*, *-a -um* dans les vingt-deux inédits

Serm. 8 : *De Ioseph*

12. *Igitur postquam urgente fame in Egiptum Ioseph fratres uenerunt, agnoscit eos ipse nec ab eis agnoscitur. A fratribus non dinoscitur sed eos ipse dinoscit. Illos enim simplex cultus ostenderat, illum dignitas qui fuerat obtegebat : fulgebat enim habitu, fulgebat gloria, fulgebat potencia. Denique illi adorant et ille dissimulat, illi suspiciunt et ille auertitur, illi uenerantur et ille* potestate censoria *comminatur.*

> « Et donc, quand poussés par la faim les frères de Joseph sont arrivés en Égypte, lui les reconnaît mais ils ne le reconnaissent pas. Ses frères ne le distinguent pas mais lui les distingue. Car la simplicité de leur tenue les avait fait reconnaître tandis que sa dignité cachait celui qu'il avait été : il était en effet dans l'éclat de la position, dans l'éclat de la gloire, dans l'éclat de la puissance, Finalement ils se prosternent et lui dissimule, ils le regardent à la dérobée et lui se détourne, ils le vénèrent et lui les menace de son pouvoir de censeur. »

Serm. 19 : *Confitemini Domino quoniam bonus, quoniam in saeculum misericordia eius.*

3. *Bonum, inquam, Deum ostendit non iustum ut iudicem, non censorium ut terrentem sed placatum, benignum et mitem, qui possit benignitate ignoscere, non seueritate punire, qui pietate flectatur non qui iracundia moueatur, qui clemencia parcat, non qui* censura *defendat. Bonitas enim indulget, seueritas plectit ; pietas tribuet ueniam, inferet* censura *uindictam ; misericordia persuadet penitenciam quia iustitia festinat ad penam.*

> « Oui, il proclame un Dieu bon et non un Dieu juste comme un juge, ni comme un censeur qui terrifie, mais il le montre accessible, bienveillant et conciliant, qui peut pardonner par bienveillance, au lieu de punir par sévérité, qui peut se laisser fléchir par compassion, au lieu de se laisser emporter par la colère, qui peut épargner par clémence, au lieu de sanctionner par censure. Car la bonté est indulgente, la sévérité réprime ; la compassion accordera le pardon, la censure conduira au châtiment ; la miséricorde invite à la pénitence là où la justice se hâte de punir. »

Serm. 27 : *Diligite iusticiam, qui iudicatis terram.*

2. *Iudex enim iusticiam omnifariam debet implere tam in propriis moribus gubernandis quam in iudiciis publicis exequendis, ut dum in actibus suis adhibet gubernatorem iustitiam, in corrigendis aliis eam adhibeat iudicem quam ceteris ut iudicet adhibet ipse* censorem ; *ut dum se per eam gaudet ornatum, gaudeat eius intercessu populum uidere correptum et tales conetur alios iusticie magisterio perficere se qualem gloriatur per ipsam iusticiam extitisse, ut iustitia a iudice tali perfecta in cunctis populis enitescat.*

> « Un juge, en effet, doit respecter la justice en toute occasion, aussi bien dans le pilotage de sa vie privée que dans l'instruction des jugements publics ; ainsi, en prenant la justice comme pilote de ses actions, au moment de punir les autres, il prendra comme juge celle que lui-même prend comme censeur pour juger dans tous les autres cas ; ainsi, le plaisir qu'il prend à être orné par elle lui donnera le plaisir de voir le peuple placé entre ses mains et il n'aura de cesse, sous le magistère de la Justice, de rendre les autres tels qu'il se glorifie d'être devenu grâce à la Justice même ; aussi, la Justice, confortée par un tel juge, brillera chez tous les peuples. »

Serm. 28 : *Fili, accedens ad servitutem Dei, sta in iustitia et timore et praepara animam tuam ad temptacionem.*

3. *Vult enim gaudere de filio pater qui praestruit, desiderat seruum prouidum dominus qui praemonuit, non uult iudex ulcisci qui ad hoc monet ne cogatur irasci. Quare audiat filius praestruentem patrem ne faciat contempnendo ultorem ; obseruet seruus benignitatem domini ne in eum acrius cogatur irasci ; non contempnat ciuis prouidenciam iudicis ne* censuram *senciat iudicantis. Diligendus est enim pater qui praestruit, amandus est dominus qui praemonuit, honorandus est iudex qui salutem cohortando donauit.*

4. *Te, o homo, Dei Spiritus format, tibi sua praecepta insinuat, salutaria monita tibi obseruanda monstrat. Nec enim unquam utile consilium quisquam sine dampno contempsit, nemo nisi demens contraria appetiuit. Si seruus es, time ; si filius, dilige. Aut quia utrumque es, propter* censuram *Dominum metue et propter clemenciam patrem honore debito dilige ; redde amorem patri, reuerentiam iudici ; ama genitorem quia bonus est, dilige et time dominum quia iudex est. In tua enim uoluntate est qualem sencias dominum : si uis benignum, honora ut patrem ; si uero dominum, uenerare ut iudicem.*

> « Aussi le fils doit écouter les instructions de son père pour ne pas l'obliger en les méprisant à le corriger ; l'esclave doit respecter la bienveillance de son maître pour ne pas attirer sur lui une trop vive colère ; le citoyen ne doit pas mépriser ce qu'a prévu le juge pour ne pas sentir la sévérité de son jugement. Il faut en effet chérir le père qui a mis en garde, il faut aimer le maître qui a averti par avance, il faut honorer le juge qui a offert le salut par ses encouragements.
>
> Toi, homme, c'est l'Esprit de Dieu qui t'instruit ; il insinue en toi ses préceptes, il te montre qu'il faut suivre les recommandations qui mènent au salut. Jamais personne en effet n'a méprisé sans dommage un utile conseil, personne si ce n'est le fou n'a suivi le chemin contraire. Si tu es esclave, crains, si tu es un fils, chéris. Ou plutôt, puisque tu es l'un et l'autre, crains ton maître à cause de sa sévérité et entoure ton père de l'affectueux respect qu'il mérite à cause de sa clémence ; rends à ton père son amour, à ton juge sa déférence ; aime ton géniteur puisqu'il est bon, aime et crains ton maître puisqu'il est ton juge. En effet, la façon dont tu vois ton seigneur dépend de ta volonté : si tu le veux bienveillant, honore-le comme un père, mais si tu le veux maître, vénère-le comme un juge. »

Serm. 31 : *Ego sum, ego sum qui deleo facinora tua.*

2. *Quare timet peccator ? Clemenciam quam offendit, bonitatem quam negligit uereatur dum licet peniteat, dum permittitur doleat. In eius enim manu utrumque consistit et reatus et uenia. Non timeat confiteri qui peccare non timuit. Immo festinet ad ueniam qui festinauit ad culpam. In Deo enim et misericordia uelox est et tarda uindicta sed fit de tarditate non numquam fenerata* censura.

> « Pourquoi le pécheur a-t-il peur ? Il craindrait la clémence qu'il repousse, la bonté dont il ne veut pas, alors qu'il est possible de se repentir, alors qu'il est permis de s'affliger. La même main, en effet, détient l'accusation et le pardon. Qu'on ne craigne pas d'avouer si on n'a pas craint de pécher. Il faut même courir vers le pardon quand on a couru à la faute ! En Dieu la miséricorde est prompte et la vengeance lente, mais la lenteur ajoute parfois des intérêts à la punition. »

Serm. 51 : *De apostolo. Nescitis quia angelos sumus iudicaturi ?*

5. *Sed ut potestatem christianam plena interim de potentia noscamus, rem ipsam ut oportet arcius retractemus. Diximus in praesenti duas uoces, id est iubentis et patientis, audiri. Tercia uero inter utrosque persona, que iubenti paret ut torqueat et reum torquet ut senciat, a uobis non debet praeteriri. Neque enim diabolus christiani iussu ipse flagellat aut torquet, ipse excludit aut fugat. Quem constat* potestate censure *nonnumquam tormentis ac penis difficulter excludi.*

« Mais pour que nous connaissions le pouvoir du chrétien qu'il tient pour l'instant de la toute-puissance, reprenons de façon plus précise notre sujet même, comme il convient. Nous avons dit qu'on entend deux voix dans le présent, à savoir celle de qui ordonne et celle de qui subit. Mais vous ne devez pas omettre entre ces deux une troisième personne qui obéit à qui ordonne pour torturer et torture l'accusé pour qu'il éprouve des tourments. En effet, le diable lui-même, sur l'ordre du chrétien, flagelle ou torture, lui-même chasse ou met en fuite. On sait qu'on le repousse difficilement par le pouvoir d'une sentence, parfois dans les tortures et les souffrances. »

Serm. 56 : *De odio*

2. *Est enim peccatum origo mortis, tormentorum causa, pene principium, supplicii negocium, seueritatis materia,* censure *fomes, uenenum praeuaricationis, hominis interitus contemptoris. Peccatum enim a diabolo duxit exordium et in hominis consummatur interitum. Quale malum est quo euadere non potuit nec ille qui primus occidit ? Quale, inquam, malum est ubi qui interficit interficitur, qui occidit moritur, qui perimit seueriore sentencia iugulatur ? Fugienda maxime christiano res est cui cuncta peccata indulgencia Christi donauit.*

« En effet, le péché est l'origine de la mort, la cause des tourments, la raison du châtiment, le motif du supplice, la matière de la sévérité, l'aliment du jugement, le poison de la forfaiture, l'anéantissement de l'homme indifférent. En effet, le péché a trouvé son commencement dans le diable et s'achève dans l'anéantissement de l'homme. Quel mal y a-t-il à ce que celui qui le premier donna la mort n'ait pu lui échapper ? Quel mal, dis-je, y a-t-il quand celui qui tue est tué, celui qui donne la mort périt, celui qui fait mourir succombe à une sentence plus sévère ? C'est ce que doit fuir surtout le chrétien à qui l'absolution du Christ a remis tous les péchés. »

La transgression d'Adam et ses conséquences selon les sermons de la catéchèse de Vienne

Raúl VILLEGAS MARÍN

(*Barcelone*)

1. Bilan historiographique

Dans son *De gestis Pelagii*, Augustin d'Hippone décrit ses rencontres fortuites avec le moine breton Pélage dans les ruelles de Carthage en ces termes :

> Postmodum eius faciem Carthagine, quantum recolo, semel uel iterum uidi, quando cura collationis, quam cum haereticis Donatistis habituri eramus, occupatissimus fui, ille uero etiam inde ad transmarina properauit[1].

Ces rencontres eurent lieu dans la période précédant la conférence entre catholiques et donatistes en 411. Augustin s'était rendu à Carthage pour préparer les débats tandis que Pélage, ayant dû quitter Rome pour échapper aux Goths d'Alaric, s'était arrêté à la grande ville africaine avant de poursuivre son voyage vers l'Orient. À cette époque-là, Augustin ignorait qu'il allait consacrer une bonne partie des années suivantes à combattre les idées du moine breton.

Ce passage illustre parfaitement la transition entre la deuxième et la troisième périodes du parcours d'Augustin comme polémiste, selon la célèbre division de Gustave Bardy (Manichéisme, 387-400 ; Donatisme, 400-412 ; Pélagianisme, 412-430)[2]. Cette division, tout en étant quelque

---

[1] Augustin, *Gest. Pel.* 22, 46, éd. K. F. URBA et J. ZYCHA, Praha-Wien-Leipzig, 1902 (*CSEL*, 42), p. 100.

[2] G. BARDY, *Saint Augustin, l'homme et l'œuvre*, Paris, 1940. C'est aussi l'approche qui sous-tend l'ouvrage incontournable de G. BONNER, *St. Augustine of Hippo. Life and Controversies*, Londres, 1963.

peu schématique, nous aide à comprendre pourquoi la première polémique augustinienne contre la pensée de Pélage et de Celestius est empreinte d'arguments empruntés à sa polémique contre les donatistes. Ainsi, par exemple, dans le *De gestis Pelagii* – qui date du printemps 417 –, Augustin met en avant de façon explicite l'existence d'un lien de complicité entre les « erreurs Donatiste et Pélagienne » :

> Obiectum est Pelagio, quod diceret « ecclesiam hic esse sine macula et ruga ». Vnde etiam Donatistae diuturnum nobiscum habuerunt in nostra collatione conflictum : sed illos de permixtione malorum hominum tamquam palea cum frumentis propter areae similitudinem potius urgebamus. Qua similitudine etiam istis respondere possumus, nisi ecclesiam in solis uellent fortassis intellegi, quos nullum omnino asserunt habere peccatum, ut possit ecclesia hic esse sine macula et ruga[3].

Nous avons ici affaire à un procédé hérésiologique très fréquent dans les polémiques doctrinales du Christianisme ancien, celui qu'on appelle « culpabilité par association » ou bien « tradition dans l'erreur[4] ». Ce procédé permet à l'hérésiologue d'opposer à une nouvelle hérésie des arguments invoqués dans le passé contre d'autres déviations doctrinales. En l'espèce, Augustin établit un lien entre « Donatisme » et « Pélagianisme » sur la base de l'appel que les évêques donatistes et Pélage faisaient à *Eph.* 5, 27 (*ut exhiberet ipse sibi gloriosam ecclesiam non habentem maculam aut rugam*), bien que les premiers aient donné à ce passage une portée ecclésiologique, et Pélage, lui, une portée anthropologique[5].

---

[3] Augustin, *Gest. Pel.* 12, 27, éd. K. F. URBA et J. ZYCHA, p. 80. Voir aussi Augustin, *Perf. iust.* 15, 35, éd. K. F. URBA et J. ZYCHA, p. 35-36 – il s'agit de la réponse d'Augustin aux *Definitiones* de Celestius, rédigée en l'an 415 : *tunc plene atque perfecte erit ecclesia non habens maculam aut rugam aut aliquid huius modi, quia tunc etiam erit uere gloriosa. cum enim non tantum ait, ut exhiberet sibi ecclesiam non habentem maculam aut rugam, sed addidit gloriosam, satis significauit, quando erit sine macula et ruga aut aliquid eius modi : tunc utique, quando gloriosa. non enim modo in tantis malis, in tantis scandalis, in tanta permixtione hominum pessimorum, in tantis obprobiis inpiorum dicendum est eam esse gloriosam, quia reges ei seruiunt, ubi est periculosior maiorque temptatio.*

[4] Voir, par exemple, B. JEANJEAN, *Saint Jérôme et l'hérésie*, Paris, 1999, p. 390-402 ; A. CAMERON, « How to Read Heresiology », *Journal of Medieval and Early Modern Studies*, 33 (2003), p. 471-492.

[5] Voir à ce propos A. ZUMKELLER, « Eph. 5, 27 im Verständnis Augustins und seiner donatistischen und pelagianischen Gegner », *Augustinianum*, 16 (1976),

Il me semble que ces textes d'Augustin – plus le fait que l'on ait daté les sermons de la collection de Vienne de la période de la polémique augustinienne contre le « Pélagianisme[6] » – constituent l'une des raisons qui expliquent l'intérêt porté par des chercheurs de nos jours aux affinités qui, d'après eux, existeraient entre la pensée de notre « Anonyme donatiste » et la « doctrine Pélagienne ». Ainsi, par exemple, James S. Alexander a écrit : « the author of these sermons appears more interested in Pelagianism than Donatism » ; et le même Alexander a aussi ajouté : « there is an important, yet often neglected, link between the two [*sc.* : le Pélagianisme et le Donatisme], which these sermons fully illustrate[7]. » Plus récemment, Alden Bass a analysé le recours de l'« Anonyme donatiste » aux *exempla* vétérotestamentaires, ce qui, selon lui, trahirait une « influence pélagienne » sur notre auteur. D'après Alden Bass, bien qu'il n'y ait rien de spécifiquement « pélagien » dans l'emploi rhétorique des *exempla*, « what sets the *exempla* of the Vienna homilies apart, however – and what links them with Pelagius – is the salvific nature of the examples. » Et le même Bass conclut : « the Vienna homilies establish a definite link between the thought-worlds of Africa's most well-known controversies[8]. »

Même si les études de James S. Alexander et d'Alden Bass ne manquent pas d'intérêt, il me semble que leur point de départ conceptuel est erroné. Il faudrait tout d'abord définir ce qu'est le « Pélagianisme ». N'oublions pas que, comme l'a dit – parmi bien d'autres – Brinley R. Rees, « there is no recognised body of doctrine which can fairly be

---

p. 457-474 ; A. DUPONT, Gratia *in Augustine's* Sermones ad Populum *during the Pelagian Controversy. Do Different Contexts Furnish Different Insights ?*, Leyde, 2012 (*Brill's Series in Church History*, 59), p. 331-332, n. 102.

[6] François-Joseph Leroy a daté ces sermons entre les années 411 et 429 : voir, par exemple, F.-J. LEROY, « L'homilétique africaine », p. 429. Cependant, selon Jean Meyers, l'absence de polémique anticatholique dans les sermons viennois – à la seule exception du sermon 39 – pourrait aussi laisser supposer que ces textes remontent à des années « tranquilles » pour l'église donatiste, celles qui précédèrent la promulgation de la loi *Cod. Theod.* 16, 5, 52 du 30 janvier 412, laquelle – d'après Meyers – « porta définitivement le coup fatal au donatisme ». Dans cette hypothèse, les sermons de Vienne seraient presque tous antérieurs à la controverse pélagienne : voir J. MEYERS, « Vingt-deux sermons », p. 135 et p. 141-142.

[7] J. S. ALEXANDER, « Criteria », p. 4.

[8] A. BASS, « An Example of Pelagian Exegesis », p. 204 et 209.

described tout court as "Pelagianism[9]" ». Certes, des historiens tels qu'Andreas Kessler, Jean-Marie Salamito ou Winrich Löhr ont essayé d'identifier les traits communs dans la pensée des auteurs couramment qualifiés de « Pélagiens », mais leurs conclusions sont loin d'être universellement acceptées[10]. Quoi qu'il en soit de cela, de toutes ces études il ressort que les historiens doivent se garder d'employer des étiquettes hérésiologiques anciennes, telles que celle de « Pélagien », comme si c'étaient des catégories historiographiques tout court. Tout récemment, Alison Bonner est allée plus loin en affirmant :

> if historical accuracy is the aim, the word « Pelagianism » should not be used, either as a referent to an historical group or as a theological label, or as any other type of referent, because it is inherently misleading. The term should be abandoned altogether because it introduces a faulty paradigm into every sentence in which it is used[11].

Ces remarques sont aussi valables pour les sermons de l'« Anonyme donatiste ». Même dans le cas où l'on pourrait déceler l'influence de tel ou tel auteur couramment qualifié de « Pélagien » sur la pensée de notre prédicateur, on devrait aussi tenir compte de l'individualité de celui-ci et se garder d'en conclure trop vite à une affinité entre « le courant de pensée Pélagienne » et « la Théologie Donatiste de la liberté humaine et de la grâce » – si tant est qu'il y en eût une[12] ! Il me semble donc plus

---

[9] B. R. REES, *Pelagius. A Reluctant Heretic*, Woodbridge, 1988, p. 89.

[10] A. KESSLER, *Reichtumskritik und Pelagianismus. Die pelagianische Diatribe De diuitiis. Situierung, Lesetext, Übersetzung, Kommentar*, Fribourg, 1999, notamment p. 23-24 ; J.-M. SALAMITO, *Les virtuoses et la multitude. Aspects sociaux de la controverse entre Augustin et les pélagiens*, Grenoble, 2005 ; W. LÖHR, *Pélage et le pélagianisme*, Paris, 2015, p. 171-214. Pour un aperçu de la plus récente bibliographie sur la controverse pélagienne, voir M. RIBREAU, « Des *Virtuoses et la multitude* de J.-M. Salamito à *Pélage et le pélagianisme* de W. Löhr. Augustin et la Controverse pélagienne. Bilan bibliographique et perspectives (2005-2015) », *Revue des études tardo-antiques*, 5 (2015-2016), p. 307-349; et, tout récemment, A. DUPONT, R. VILLEGAS MARÍN, G. MALAVASI et M. CHIRIATTI (éd.), *Sancti viri, ut audio. Theologies, Rhetorics, and Receptions of the Pelagian Controversy Reappraised*, Louvain, 2023 (*Bibliotheca Ephemeridum Theologicarum Lovaniensium*, 336).

[11] A. BONNER, *The Myth of Pelagianism*, Oxford, 2018, p. 305-306.

[12] Comme le notait la regrettée Maureen A. Tilley dans la conclusion d'une étude consacrée à la prédication donatiste – y compris les sermons de la collection de Vienne – (M. A. TILLEY, « Donatist sermons », p. 397) : « the Donatist ser-

juste d'analyser les propos de notre auteur sur la chute d'Adam et ses conséquences sur la nature humaine en les plaçant tout simplement dans le contexte parénétique chrétien où ils furent exprimés. Je renonce donc à toute démarche « taxonomique » consistant à qualifier telle ou telle idée comme « Pélagienne ».

Avant d'aborder brièvement la question, je voudrais faire quelques remarques introductives :

a) notre approche repose sur l'hypothèse que l'ensemble des sermons de Vienne est d'un même auteur. Cette hypothèse, tout en étant largement acceptée par les chercheurs, n'est pas assurée ;

b) compte tenu de la fluidité de la tradition manuscrite des sermons, le rétablissement du texte original « Donatiste » des pièces rassemblées dans notre collection restera toujours hypothétique[13]. Ainsi, par exemple, la belle étude d'Elena Zocca dans ce même volume montre bien que certains des sermons de la collection de Vienne transmis dans d'autres collections et déjà édités ont fait l'objet d'interpolations « normalisatrices » en ce qui concerne, par exemple, la théologie du péché originel. D'où la nécessité d'une édition critique du corpus de Vienne comprenant aussi les sermons déjà édités ailleurs. Faute d'une telle édition, les conclusions de notre étude doivent être tenues comme provisoires[14].

---

mons examined in this chapter may not be characteristic of all Donatist sermons from all preachers on all occasions. » Pour une approche prudente à la prédication donatiste, fondée sur les rares exemples sûrs de celle-ci qui nous sont parvenus, voir E. Zocca, « La voce della dissidenza ».

[13] Il faudrait aussi tenir compte de la question, très complexe, de la relation entre prédication orale, mise par écrit des sermons et tradition manuscrite de ceux-ci. Voir à ce propos, par exemple, A. Olivar, *La predicación cristiana antigua*, Barcelona 1991, p. 902-944 ; F. Dolbeau, « La transmission de la prédication antique de langue latine », dans *Preaching in the latin Patristic Era : Sermons, Preachers, Audiences*, éd. A. Dupont et al., Leyde, Brill, 2018, p. 31-58.

[14] Par souci de clarté, je parle dans cet article de la « prédication de l'Anonyme donatiste » même quand je cite des passages de sermons déjà édités dont le texte pourrait ne pas coïncider avec celui du manuscrit de Vienne. J'insiste sur le fait que, même après une édition critique de l'ensemble de la collection de Vienne, on n'atteindra jamais la certitude de disposer des *ipsissima uerba* d'un évêque donatiste en train de prêcher à ses ouailles.

2. La création de l'homme et sa chute chez l'« Anonyme Donatiste »

Selon le sermon *Hom. Pauli Diaconi* I, 68 (W[ien] 1 ; E[scorial] 1), Dieu a créé Adam avec le pouvoir d'obéir à Dieu, et de gagner ainsi la vie, ou bien de le mépriser, ce qui entraînerait sa mort[15]. Dans l'*Homilia de lapsu primi hominis* (*W* 2), on lit qu'Adam a été doué de prudence (*prudentia*), de sagesse (*consilium*), et de capacité de raisonnement (*rationis capax*)[16], ce qui le rend capable d'éviter le péché. À ces dons il faut ajouter la Loi, qui lui apprend la volonté de Dieu et lui montre ce qui lui arriverait dans le cas où il oserait la mépriser[17]. Selon E 2 (*W* 3), dans le Paradis, Dieu a voulu mettre à l'épreuve la volonté de l'homme : celui-ci devait se soumettre volontairement à la Loi de Dieu[18], obtenant ainsi, en récompense de sa victoire dans le *certamen* contre le péché, les *regna coelestia*[19].

Le mépris de la Loi divine de la part d'Adam et Ève, les *Protoplasti*, a donc entraîné leur mort. Le binôme *contemptum / mors* revient à plusieurs reprises dans la prédication de notre « Anonyme »[20]. Il est

---

[15] *Hom. Pauli Diac.* I, 68, *PL* 95, *Hom.* 60, col. 1205-1208 (W 1 ; E 1), ici col. 1206 : *habens in propria potestate et obedientiam et contemptum, obedientiam qua uiueret, contemptum quo digne pro meritis interiret.*

[16] *Homilia de lapsu primi hominis*, *PL* 95, col. 1208-1210 (W 2), ici col. 1208 : *nemo est qui nesciat principio hominem sic a deo plasmatum ut instrueretur prudentia, consilio formaretur, rationis capax, diuina prouidentia redderetur.*

[17] *Ibid.* : *addidit praeterea legem qua dei uoluntatem agnosceret, et quid contemnenti euenire posset, addisceret.*

[18] E 2, *PLS* IV, col. 669-671 (W 3), col. 669 : *igitur propter hoc et plantauit, et interdixit : ut posset esse, per quod uoluntas hominis monstraretur. Dat mandatum, ut probet obsequium : imponit legem, ut exploret hominis uoluntatem, insinuat praeceptum, ut eius noscat arbitrium.*

[19] *Ibid.*, col. 669-670 : *sic enim deus Adam cum diabolo certare uoluit, sic eum uictoriam perpetrare optauit : ut maiora praemia uictor acciperet, quam acceperat a deo formatus : ut qui sine certamine mundum possederat, post certamen regna coelestia possideret.*

[20] *Hom. Pauli Diac.* I, 68 (W 1 ; E 1), col. 1206 : *unde effectum est ut contemnendo in mortem incideret, qui obediendo uiuere posset* ; E 2 (W 3), col. 669 : *non enim in arboris fructu, sed in hominis contemptu mors ipsa pendebat.* Voir aussi *Homilia de lapsu primi hominis* (W 2), col. 1208 : *sic uitam quam habuit perdidit, et mortem quam ignorabat accepit* ; E 2 (W 3), col. 670 : *sic et uitam quam habuit, perdidit, et mortem quam ignorabat, accepit* ; W 11, 1 : *si in origine mundi protoplasti dei iussa seruassent, si ex ipsis post nata progenies naturae iura intra certa metarum spatia coer-*

pourtant à noter que, chez lui, l'image d'Adam reste malgré tout positive, car il est souvent présenté comme un exemple de repentance, confession des péchés, et absolution – à l'opposé de Caïn[21].

L'« Anonyme Donatiste » signale à plusieurs reprises que les conséquences de la transgression d'Adam et Ève s'étendent à tout le genre humain. En apostrophant ses auditeurs, il remarque qu'en tuant nos parents, le diable nous a aussi tués[22], car la sentence de mort passée contre eux s'étend à tout le *genus humanum*[23]. La *transgressio* d'Adam a entraîné sa soumission, et avec lui celle de tous les hommes, à l'esclavage du diable[24].

En effet, les conséquences de la transgression d'Adam sur la nature humaine vont bien au-delà de la mort physique. Souvent, l'« Anonyme » décrit ces conséquences en des termes métaphoriques empruntés à l'Écriture. Dans le sermon E 21 (*W* 42), l'homme dépouillé et blessé par les brigands de Luc. 10, 30-37, c'est Adam, tandis que le Samaritain qui a pitié de lui, c'est le Christ[25]. Dans *W* 29, 6, le prédicateur signale

---

ceret, numquam nec dominus offenderetur, nec diabolus grassaretur. Proinde nec mors dominaretur in homine, nec diuerso iudiciorum genere mortalium milia caederentur.

[21] W 19, 9 : *accipe ad hoc praeteritorum exempla gestorum et imitare confitentem ut uiuas et fuge negantem ne pereas : Adam confitetur et absoluitur, Cayn negat parricidium et punitur ; Ade confessio proficit in salutem, Cayn negacio operata est mortem.*

[22] E 3, *PLS* IV, col. 671-673 (W 5), col. 672 : *at cum nos cum parentibus nostris occidit, nec ulli nostrum aliquando pepercit, cur inimicum, cur hostem diligimus, cur cum serpenti antiquo foedera illicita commiscemus ?*

[23] E 26, *PLS* IV, col. 733-735 (W 57), col. 735 : *gustus primo leuis non est, qui Adam protoplastum in origine mundi decepit, et cum eo, genus humanum sententia mortis addixit.*

[24] W 28, 5 : *ut enim dyabolus inpugnare non poterat quos suos ex transgressione iam fecerat.*

[25] Sur ce passage et sa possible dimension ecclésiologique – l'auberge où l'homme blessé trouve son salut étant pour le prédicateur l'Église (celle « donatiste », et non pas celle des *traditores*) –, voir M. A. TILLEY, « Donatist sermons », p. 383-384 et p. 388. L'interprétation de l'homme blessé comme allégorie d'Adam et de sa descendance, blessée par le péché, et du Bon Samaritain comme le Christ, se trouve déjà chez Irénée de Lyon et, de façon plus explicite, chez Origène. Augustin a fait un usage important de la parabole de Luc, interprétée en ces termes, dans sa polémique anti-pélagienne, usage repris plus tard par l'auteur anonyme de l'*Hypomnesticon*. Voir à ce propos D. SANCHIS, « *Samaritanus ille*. L'exégèse augustinienne de la parabole du Bon Samaritain », *Recherches de science religieuse*, 49 (1961), p. 406-

que la veste de l'homme a été souillée (*maculata uestis*), mais, comme le montre l'étude d'Elena Zocca publiée dans ce même volume, la suite du texte qu'on lit dans le *sermo* 76 du pseudo-Fulgence édité dans *PL* 65 (*per primi hominis peccatum*...) est absente dans le manuscrit de Vienne[26].

Suite au *contemptus* de la Loi divine de la part d'Adam, et de son obéissance au Diable, l'homme a été dépouillé de sa *gloria*, de sa *dignitas*[27]. Dans le sermon Ps.-Augustin, *App.* 56, *PL* 39, col. 1851-1853 (*W* 16), l'homme est décrit comme *temporalis et mendicus*, bien qu'ici, cette misère ne soit pas explicitement présentée comme une conséquence du péché d'Adam. Cela vaut aussi pour *W* 48, où le prédicateur tient à souligner que ce que Dieu a promis à l'homme surpasse de beaucoup ce qu'Il lui a commandé de faire, puisque la *substantia* humaine, tout en étant fragile, peut accomplir les commandements de Dieu, tandis que pour jouir des promesses divines, cette *substantia* doit être restaurée par la résurrection[28].

3. L'état de l'homme après sa rédemption par le Christ

D'après l'« Anonyme », le Christ a libéré le genre humain de l'esclavage du diable[29]. Le Christ a rétabli l'homme après sa mort et lui a donné une règle de vie et des exemples à éviter[30]. Il lui a pardonné ses péchés, l'a soigné de ses blessures, l'a purifié avec sa grâce[31]. La foi en Christ rend

---

425 ; J. E. CHISHOLM, *The Pseudo-Augustinian* Hypomnesticon, vol. I, p. 142-143 ; R. ROUKEMA, « The Good Samaritan in Ancient Christianity », *Vigiliae Christianae*, 58 (2004), p. 56-74.

[26] Ps.-Fulgence, *Sermo* 76, *PL* 65, col. 947-949, ici col. 949.

[27] *Homilia de lapsu primi hominis* (W 2), col. 1209 : *unde addicitur homo ex contemptu morti, qui maluit obedire serpenti. Spoliantur gloria, dignitate priuantur, facti sunt quod non erant, dum amittunt quod fuerant.*

[28] W 48, 1 : *quod quitquid praecipitur praesenti substancia licet fragili compleatur, quicquid autem promittitur nisi eadem substantia resurrectione reparata frui non datur.*

[29] W 28, 5 : *Diaboli eramus antequam redempti essemus.*

[30] *Homilia de lapsu primi hominis* (W 2), col. 1210 : *unde tibi, Christiane, excusatio nulla est, qui post seruitutem liberatus es, post captiuitatem redemptus, post uexationem curatus, post interitum restitutus : habes in monitis quod exerceas, habes exempla quae timeas.*

[31] *Ibid.* : *noli, inquit, peccare post ueniam, noli uulnerari post curam, noli sordidari post gratiam.*

à l'homme tout ce qu'il avait perdu suite à la chute d'Adam. Par le bois de la croix, l'homme retrouve la *uita* qu'il avait perdue par le bois de l'arbre du Paradis[32]. Cependant, bien que dans le baptême, les hommes aient renoncé au diable, par la suite celui-ci fera de son mieux pour les récupérer[33].

Or, dans leur état actuel, les hommes, ces Chrétiens qui composent l'auditoire du prédicateur, possèdent la liberté de mener une vie droite (*uiuendi recte libertas*). Cela est prouvé par le fait que Dieu a annoncé des récompenses pour les justes et des supplices pour les méchants. Dans l'hypothèse où les hommes auraient été privés de leur liberté, on pourrait accuser le Créateur et Juge de pousser les hommes soit à mépriser sa Loi, et à en recevoir le châtiment, soit à se soumettre à celle-ci, et à en être récompensés[34]. C'est en exerçant leur liberté de choix que les hommes accomplissent ou bien méprisent les commandements de Dieu – ses *edicta*, qui sont affichés dans les églises tout comme les édits des empereurs le sont dans les forums des villes[35]. Ainsi, Dieu jugera les hommes selon les jugements qu'ils auront faits lors de leurs vies[36]. Selon le prédicateur d'*E* 15 (*W* 30), par Is. 1, 19-20 (*si uolueritis et audieritis me, bona terrae comedetis, si autem nolueritis, et non audieritis me, gladius uos consumet. Os enim domini locutum est ista*), Dieu a annoncé qu'il a

---

[32] E 2 (W 3), col. 670 : *sed deceptum Adam et diaboli fraudibus circumuentum clementissimus liberat deus : ut per Christum credendo acciperet, quod per diabolum contemnendo amiserat [...] Lignum enim per Adam operatum est mortem ; lignum per Christum operatum est uitam.*

[33] W 28, 5 : *ut enim dyabolus inpugnare non poterat quos suos ex transgressione iam fecerat, ita inpugnare non desinit quos sibi renuncisasse nunc conspicit.*

[34] E 15, *PLS* IV, col. 703-705 (W 30), col. 703 : *si uelle aut nolle uestrum non esset : hoc est, si uiuendi recte, an secus libertas adempta nobis fuisset : nec bonus unquam coelestae munus digne perciperet, nec malus supplicium competens inueniret : sed totum deo deputaretur authori, qui alios impingeret in contemptum, formaret alios in obsequium.*

[35] *Ibid.* : *sed cum diuinae legis edicta in ecclesia pendeant : quibus quid fieri deus aut uelit, aut nolit, eius familia instruatur, ut liberae quis uoluntatis arbitrio praecepta aut impleat, aut contemnat.*

[36] *Ibid.* : *ut iudicio hominis dei iudicium celebretur, ut qui libertatem concessam in obsequium dederit, muneretur : qui in contemptum duxerit, condemnetur.* Voir aussi E 19, *PLS* IV, col. 710-713 (W 40), col. 713 : *et ex uoluntate nostra diuinitus celebratur iudicium, ut homo quicquid nunc uoluerit, eligat : et quod elegerit, ex eo ipso, iudicio coelesti subiaceat.*

créé l'homme libre, maître de sa vie, auteur de sa propre volonté[37]. Il est à souligner qu'ici, l'« Anonyme » ne fait aucune différence entre l'état d'Adam juste après sa création et celui des hommes du présent.

Le pécheur ne peut pas alléguer qu'il est incapable d'accomplir la Loi divine : s'il ne peut pas le faire, c'est parce qu'il ne veut pas le faire[38]. Dans l'état présent de l'homme, vouloir, c'est pouvoir : *in te est, ut possis, quia in te est, ut uelis*[39]. Or, l'optimisme anthropologique que distillent les sermons 30 et 40 de la collection de Vienne – tels qu'ils sont préservés dans la collection de l'Escorial et édités dans *PLS* IV – contraste vivement avec les propos plus nuancés du sermon 48 du manuscrit de Vienne. Ici, on précise que, même s'il appartient à l'homme de répondre à l'appel de Dieu, cet appel n'en reste pas moins un don divin (*Primo tuum est quod uenis, sed donum est quod uocaris. Venite ad me, inquit, omnes qui laboratis et ego uobis requiem dabo. Tuum est, inquam, quod uenis, sed donum est quod uocaris*). Ensuite, s'il appartient au Chrétien de combattre contre le péché, c'est Dieu qui lui accorde la force et lui octroie la victoire (*tuum est quod certas, tuum est quod dimicas, sed ille uires exagerat, fortitudines donat, uictoriam subministrat*). Bref, s'il appartient à l'homme de vouloir le bien, le pouvoir de l'accomplir, c'est Dieu qui le lui donne : *ut uelis, tuum est, ut possis, illius*[40].

Le contraste entre cette sentence de *W* 48 et celle d'*E* 19 que nous venons de lire (*in te est, ut possis, quia in te est, ut uelis*) est assez frappant. Il est aussi à noter que le passage de *W* 48 dont il est ici question est

---

[37] E 15 (W 30), col. 703 : *ostendit dominus hominem se liberum condidisse, ostendit uiuendi compotem, ostendit propriae uoluntatis authorem.*

[38] E 19 (W 40), col. 713 : *nec enim quisquam poterit excusari, quasi uoluerit et non potuerit : cum constet eum idcirco non potuisse, quia noluit : ut nolens uolentis exemplo damnetur, et uolens uoluntate propria, quia impleuit quae uoluit, muneretur.*

[39] *Ibid.*, col. 712.

[40] W 48, 2 : *Caue Pelagianum errorem ! Primo tuum est quod uenis, sed donum est quod uocaris. Venite ad me, inquit, omnes qui laboratis et ego uobis requiem dabo. Tuum est, inquam, quod uenis, sed donum est quod uocaris, tuum est quod certas, tuum est quod dimicas, sed ille uires exagerat, fortitudines donat, uictoriam subministrat. Vt uelis, tuum est, ut possis, illius. Contra Apostolum gerimus ! Ille enim, ille ait : Deus est qui operatur in nobis uelle et posse. Non enim cum remuneracionis tempus adueniat, dicere quispiam poterit suo merito dona talia meruisse cum tanta sit immensitas munerum quantum glorie non fuerit meritum et cognoscantur talia esse donorum celestia praemia qualia sua quisque non nouerit merita, maxime quia ipsa merita in hominibus defuissent nisi diuina pietas conatus hominum adiuuisset.*

introduit par la formule *caue Pelagianum errorem* ! Or, en 2001, Alfred Schindler a avancé l'hypothèse que ce *caveat* pourrait être « une glose ultérieure, ajoutée par un copiste médiéval ou *in margine* par un lecteur quelconque de n'importe quelle époque qui connaissait bien le pélagianisme[41] ». Certes, on peut bien se demander si notre évêque donatiste aurait pu être au courant des enjeux théologiques d'une controverse développée au sein de l'Église catholique, et s'il aurait donné son accord au verdict de culpabilité contre l'« erreur pélagienne » rendu par ces mêmes évêques catholiques africains qui encourageaient l'autorité impériale à persécuter l'Église donatiste.

À ce sujet, je rejoins l'avis d'Elena Zocca, exprimé dans ce même volume, selon lequel tout ce passage de *W* 48, et pas seulement le *caveat*, serait une interpolation. Lors de la transmission textuelle de *W* 48, un copiste bon connaisseur des enjeux de la controverse pélagienne et particulièrement sensible aux menaces de ce « courant de pensée » aurait pu relever dans des énoncés semblables à ceux qu'on lit encore dans E 19 (*W* 40 : *in te est, ut possis, quia in te est, ut uelis*) des échos de « Pélagianisme ». En effet, dans le *De libero arbitrio* de Pélage, par exemple, on lisait :

> Nos sic tria ista distinguimus et certum uelut in ordinem digesta partimur : primo loco posse statuimus, secundo uelle, tertio esse : posse in natura, uelle in arbitrio, esse in effectu locamus. Primum illud, id est posse, ad deum proprie pertinet, qui illud creaturae suae contulit, duo uero reliqua, hoc est uelle et esse ad hominem referenda sunt, quia de arbitrii fonte descendunt[42].

Même si les termes employés par l'« Anonyme » ne coïncident pas exactement avec ceux de Pélage – je ne peux pas m'attarder ici sur cette

---

[41] Voir A. Schindler, « Du nouveau sur les donatistes », p. 152. Cette hypothèse a été acceptée, parmi d'autres, par M. A. Tilley, « Donatist sermons », p. 385. Avant de se rallier à l'idée de Schindler à la suite de la démonstration faite ici par Elena Zocca, J. Meyers, « Ving-deux sermons donatistes », p. 142-143, avait cependant suggéré que « le fait de souligner que les idées donatistes sur le libre arbitre ne tombent pas dans "l'erreur Pélagienne", dont il faut se garder, c'est aussi une manière détournée de signaler aux Catholiques que s'ils cherchaient des hérétiques en Afrique, il fallait aller les chercher du côté des Pélagiens et non du côté des Donatistes ».

[42] Pélage, *Lib. arb.*, apud Aug., *Grat. Christi* 1, 4, 5, éd. K. F. Urba et J. Zycha, p. 127-128.

question, mais on notera que le *posse* de l'« Anonyme » correspond à l'*esse* de Pélage –, l'idée qu'ils expriment est à peu près la même : accomplir le bien est à la portée de l'homme. En lisant des propos semblables dans *W* 48, un copiste avisé aurait cru bon de prévenir le lecteur des risques de l'erreur pélagienne et d'interpoler le texte du sermon en y ajoutant des propos soulignant qu'accomplir le bien reste toujours un don de Dieu (*tuum est quod certas, tuum est quod dimicas, sed ille uires exagerat, fortitudines donat, uictoriam subministrat. Vt uelis, tuum est, ut possis, illius*)[43]. On notera que si l'hypothèse de l'interpolation s'avère exacte, la mention du pélagianisme dans *W* 48 ne peut plus être invoquée pour dater la collection de Vienne.

Revenons maintenant à des textes « plus sûrs » de notre « prédicateur donatiste ». Selon lui, Dieu a armé l'homme pour que celui-ci puisse entreprendre le combat contre le diable – une image qui revient souvent dans sa prédication[44]. Dans le sermon *E* 25 (*W* 52), l'auteur multiplie les ablatifs absolus *deo adiuuante / iuuante, Christo comite, fauente domino* pour mettre en valeur l'aide que Dieu offre à l'homme dans ce combat, mais ces formules très brèves ont pu être insérées dans le texte à tout moment durant sa tradition manuscrite. Chez notre auteur, l'aide de Dieu consiste essentiellement en la loi révélée et en les *exempla* des Écritures, qui montrent à l'homme ce qu'il doit accomplir et quel sera le lot des justes et des pécheurs dans l'au-delà. Cette loi révélée coïncide avec la loi naturelle. Les préceptes de la loi révélée ne limitent pas la liberté humaine, parce que vivre selon ces préceptes, c'est vivre selon la

---

[43] Par ailleurs, l'anti-pélagianisme de l'auteur de cette interpolation semble plus proche du synergisme d'un Jérôme que de la théologie augustinienne de la grâce. Voir à ce propos, par exemple, G. Caruso, *L'eredità dell'antropologia origeniana nei pelagiani e in Girolamo*, Rome, 2012, p. 625. J'ai montré ailleurs que dans les décennies qui suivirent la fin de la controverse pélagienne, l'anti-pélagianisme hiéronymien fut mieux accueilli que celui d'Augustin dans les milieux monastiques : voir R. Villegas Marín, « Jerome's Contribution to the Making of the Pelagian Heresy », dans Hieronymus noster. *International Symposium on the 1600th Anniversary of Jerome's Death*, sous presse.

[44] Ps.-Augustin, *App.* 56, *PL* 39, col. 1851-1853 (*W* 16), ici col. 1853 : *pugna cum diabolo, qui iam armatus es Christo* ; *W* 28, 5 : *spectat nostra certamina Deus, nostra proelia libenter conspicit Christus ; optat uictores existere quos armauit [...] optat quod promisit implere, si quos armauit uideat inuicto certamine dimicare.*

nature[45]. Cette loi naturelle a rendu justes auprès de Dieu Abel, Énoch, Noé et d'autres *sancti* mentionnés dans l'Écriture, le mépris de celle-là ayant rendu pécheurs bien d'autres[46].

4. Conclusions

Il ne fait pas de doute que les propos de l'« Anonyme donatiste » concernant le libre arbitre de la descendance d'Adam, laquelle sera jugée par Dieu selon l'usage qu'elle aura fait de celui-ci, ou concernant l'identité essentielle entre loi révélée et loi naturelle – vivre en Chrétien, c'est vivre *secundum naturam* – ressemblent à ceux de Pélage et d'autres auteurs qualifiés de « Pélagiens ». Or, de ces ressemblances, on ne peut pas conclure à l'influence de tel ou tel de ces auteurs sur l'« Anonyme ». En fait, l'idée d'une identité essentielle entre loi révélée et loi naturelle, laquelle a un fondement scripturaire dans *Rom.* 2, 14-15, revient très souvent chez les auteurs chrétiens sous influence stoïcienne, qui s'en servirent notamment dans leurs polémiques contre les juifs : ce fut le cas, par exemple, de Tertullien dans son *Aduersus Iudaeos*[47]. Quant au libre arbitre de l'homme dans son état actuel, et à sa capacité de se soumettre à la discipline de Dieu, ce sont des points sur lesquels ont insisté

---

[45] E 15 (W 30), col. 704 : *sed dicet aliquis : cur me deus liberae uoluntatis fecit, qui legem mihi, secundum quam uiuam, praestitit ? Aut cur mihi ordinem uiuendi lex ipsa praescribit, si natura mihi uiuendi libertatem attribuit ? nulla libertas recipit conditionem, nulla conditio non affert seruitutem […] Sed ita hoc ipsum o homo uere dixisses, si lex cum natura pugnaret : id est, si aliud lex, aliud natura praeciperet. At cum lex natura procuret, et natura ipsa legis instituta conseruet : et legis praecepta seruare, sit naturaliter uiuere.*

[46] W 11, 2 : *et quamuis ab exordio mundi sine lege homo non fuerit, quam legem et Abel sanctissimus nouerat et Enoch translatus perfecerat et Noe arche fabricator impleuerat. Ceterique sancti seruauerant aut prophani contempnendo perierant, tamen liberatus ab Egipto populus euidencius fuerat instruendus ut et quid obseruaret addisceret et quid declinaret audiret.*

[47] Tertullien, *Adu. Iud.* 2, 7, éd. A. KROYMANN, Turnhout, Brepols, 1954 (*CCSL*, 2), p. 1342 : *denique ante legem Moysei scriptam in tabulis lapideis legem fuisse contendo non scriptam, quae naturaliter intellegebatur et a patribus custodiebatur. Nam unde Noe iustus inuentus, si non illi naturalis legis iustitia praecedebat ? unde Abraham dei amicus deputatus, unde fides statim, si non de aequitate et iustitia legis naturalis ? unde Melchisedech sacerdos dei summi nuncupatus, si non ante Leuiticae legis sacerdotium Leuitae fuerunt, qui sacrificia deo offerebant ?*

des auteurs tels que Tertullien[48] ou Cyprien[49]. Nous avons ici affaire à des idées très enracinées dans la pensée chrétienne, lesquelles ne sont devenues « problématiques » qu'avec la « querelle pélagienne ». Or, cette controverse s'est développée au sein de l'Église catholique, et il n'y a pas de raison de penser qu'elle ait touché aussi l'Église donatiste.

À cet égard, on pourrait qualifier la théologie de l'« Anonyme » de « pré-augustinienne » – ou, plutôt, de « non-augustinienne ». Certes, l'insistance de l'« Anonyme » sur le thème de la soumission à la loi divine donne un air un peu « archaïque » à sa prédication, ce qui peut s'expliquer par le fait que l'Église donatiste est restée en marge de la « renaissance de Paul »[50], que l'Église catholique a connue au IVe siècle, et des controverses doctrinales qui s'ensuivirent – telles que la Pélagienne. On notera à ce propos qu'Augustin lui-même tint à reconnaître qu'avant l'apparition de l'« hérésie pélagienne », aucun auteur catholique ne s'était occupé des questions traitées durant cette controverse, et qu'ils s'étaient principalement attardés « à la prédication des diverses vertus par lesquelles nous servons le Dieu vivant et véritable pour la conquête de la vie éternelle et du vrai bonheur[51] ».

Pour ce qui est des propos de l'« Anonyme » concernant la chute d'Adam et ses séquelles sur la nature humaine, laquelle, dans son état actuel, est fragile et se trouve souillée avant de recevoir le baptême, tout en restant capable de se soumettre à Dieu, des auteurs tels qu'Arnobe de Sicca, Tertullien ou Cyprien se sont exprimés en des termes similaires. Ce n'est pas pour rien que je ne cite ici que des auteurs africains : on

---

[48] Tertullien, *Adu. Marc.* 2, 5, éd. R. BRAUN, Paris, Cerf, 1991 (*SCh*, 368), p. 44-46 : *liberum et sui arbitrii et suae potestatis inuenio hominem a Deo institutum, nullam magis imaginem et similitudinem Dei in illo animaduertens quam eiusmodi status formam [...] Hunc statum eius confirmauit etiam ipsa lex tunc a Deo posita. Non enim poneretur lex ei, qui non haberet obsequium debitum legi in sua potestate, nec rursus comminatio mortis transgressioni adscriberetur, si non et contemptus legis in arbitrii libertatem homini deputaretur.*

[49] Cyprien, *Epist.* 59, 7, éd. W. HARTEL, Vienne, 1871 (*CSEL*, 3/2), p. 674 : *seruans scilicet legem qua homo libertati suae relictus et in arbitrio proprio constitutus sibimet ipse uel mortem adpetit uel salutem.*

[50] J'emprunte le terme à S. VOLLENWEIDER, « Paul entre exégèse et histoire de la réception », dans *Paul, une théologie en construction*, éd. A. DETTWILER, J.-D. KAESTLI et D. MARGUERAT, Genève, 2004, p. 441-459, ici p. 455.

[51] Augustin, *Praed. sanct.* 14, 27 – je cite dans le texte la traduction française de J. CHÉNÉ et J. PINTARD, dans *BA* 24, Paris, 1962, p. 547.

a beaucoup discuté sur les racines dans la pensée chrétienne africaine de la doctrine augustinienne du péché originel, un sujet qui fait l'objet de recherches en cours menées notamment par Anthony Dupont[52]. La « spécificité africaine » d'une telle doctrine n'a pas encore été démontrée, mais les sermons de l'« Anonyme donatiste » pourraient sans doute enrichir le dossier[53]. Car, au-delà de l'état de schisme entre donatistes et *traditores*, ceux-ci partageaient une même tradition de pensée chrétienne, dont les sermons de la collection de Vienne constituent un témoignage précieux.

---

[52] A. DUPONT, « Was There an *Africitas Theologica* ? Preliminary Inquiry into the Regional Specificity of the North African and Augustinian Theology of Original Sin and Grace (ca. 200-450 CE) », *Eirene*, 50 (2014), p. 317-332 ; H. TAMAS et A. DUPONT, « Two Notes on Pre-Augustinian Discussions on Free Will and Human Sinfulness in North African Christian Literature », *Ephemerides Theologicae Lovanienses*, 92 (2016), p. 505-512 ; A. DUPONT, « Original Sin in Tertullian and Cyprian : Conceptual Presence and Pre-Augustinian Content ? », *Revue d'études augustiniennes et patristiques*, 63 (2017), p. 1-29 ; A. VANSPAUWEN et A. DUPONT, « The Doctrine of Original Sin Amongst Augustine's African Contemporaries. The Case of Evodius of Uzalis' *De Fide Contra Manichaeos* », *Zeitschrift für Antikes Christentum / Journal of Ancient Christianity*, 21 (2017), p. 459-471.

[53] Je note pourtant qu'une telle démonstration risque de tomber dans la téléologie.

Cura pauperum

La compétition entre catholiques et donatistes pour le mécénat sur les nord-africains pauvres dans les sermons de la catéchèse de Vienne

Carles Buenacasa Pérez

(*Barcelone*)

Dans les sermons de la catéchèse de Vienne, il n'y a que trois sermons centrés sur le thème de la charité et le soin des pauvres. Il s'agit des sermons 20 et 20 B (« Heureux celui qui se soucie du pauvre et de l'indigent, au jour du malheur, Dieu le libérera de ses ennemis ») et le sermon 53 (« Sur la miséricorde »). A priori l'assistance économique des pauvres au moyen d'aumônes n'est pas une question décisive pour établir la nature donatiste de ce corpus homilétique. Mais, si l'on soupçonne l'appartenance donatiste de l'auteur (ou des auteurs) de cette collection, le choix de ce thème pourrait se définir comme étant « d'intérêt pour la prédication donatiste », comme j'espère le montrer dans cette étude.

Au cours des premiers siècles de l'histoire du christianisme, les activités de bienfaisance et d'assistance développées par l'Église chrétienne nord-africaine (tant donatiste que catholique) ont été l'une des raisons essentielles qu'avaient les pauvres, veuves et orphelins païens pour se convertir au christianisme. Les soins aux nécessiteux peuvent, sans aucun doute, être considérés comme l'une des causes qui ont favorisé l'augmentation constante du nombre de fidèles chrétiens de basse condition sociale à l'époque pré-constantinienne.

1. La nécessité du patronage des laïques riches pour l'entretien des pauvres

Avant les accords de Milan de l'année 313 entre Constantin Ier et Licinius, l'Église africaine n'avait pas un revenu constant et régulier qui lui permettait de faire face à ses dépenses avec une solvabilité financière et patrimoniale, car elle dépendait essentiellement de sa capacité à encourager le patronage de ses fidèles riches et à les convaincre de pratiquer la charité[1]. C'est pourquoi Cyprien de Carthage a rédigé son *De opere et eleemosynis*[2], où, suivant Clément d'Alexandrie, il a réinventé la figure de l'homme riche pour la transformer et la faire passer du fléau des écrits du Nouveau Testament à une personne choisie par la divinité chrétienne pour mener à bien la mission prestigieuse de prendre soin des pauvres (la *cura pauperum*) et pour gagner ainsi, d'après les mots de Cyprien, les « trésors du ciel » (Cypr., *De opere et eleemosynis*, 7) :

> Entre autres recommandations divines et prescriptions célestes, le Seigneur ne nous recommande et ne nous prescrit rien plus fréquemment que de nous attacher à donner des aumônes, que de ne pas couver notre fortune de la terre, mais de mettre plutôt en réserve les trésors du ciel [...]. Amassez-vous des trésors dans le ciel où ni les mites ni la rouille ne font de ravages, où les voleurs ne déterrent rien.

Et, plus tard, il ajoute encore (Cypr., *De opere et eleemosynis*, 20) :

> [...] quand tu fais l'aumône, c'est un trésor de valeur que tu mets en réserve pour le jour du besoin, car l'aumône délivre de la mort, et elle ne laisse pas entrer dans les ténèbres.

---

[1] Cyprien constatait le manque de charité des riches africains, cfr Cyprien, *De unitate ecclesiae* 26 ; *De lapsis* 6. Sur l'organisation économique de l'Église carthaginoise au temps pré-constantinien, voir H. BACH, *Les ressources et les dépenses de l'Église de Carthage pendant la première moitié du troisième siècle*, Paris, 1881, p. 17-30 ; C. BUENACASA PÉREZ, « La creación del patrimonio eclesiástico de las iglesias norteafricanas en época romana (siglos II-V) : renovación de la visión tradicional », *Antigüedad y Cristianismo*, 21 (2004), p. 493-509.

[2] Sur le *De opere et eleemosynis*, cfr M. POIRIER, « Charité individuelle et action sociale : réflexion sur l'emploi du mot *munus* dans le *De opere et eleemosynis* de Saint Cyprien », *Studia patristica* (*Papers presented to the Sixth International Conference on Patristic Studies held in Oxford 1971*), 12/1 (1975), p. 254-260 ; ID., « Dans l'atelier d'un évêque écrivain. Enquête sur la manière dont Cyprien de Carthage conduit sa pensée, compose et rédige son ouvrage, dans le *De opere et eleemosynis* », *Revue des Études Latines*, 71 (1993), p. 239-250 ; G. DUNN, « Cyprian's Care for the Poor : the Evidence of *De opere et eleemosynis* », *Studia patristica* (*Papers presented to the Fourteenth International Conference on Patristic Studies held in Oxford 2003*), 42 (2006), p. 363-368 ; L. CANETTI, « Christian Gift and Gift Exchange from Late Antiquity to the Early Middle Ages », dans *Gift Giving and the « Embedded » Economy in the Ancient World*, éd. F. CARLÀ et M. GORI, Heidelberg, 2014, p. 337-339.

Il s'agit d'un idéal en parfaite harmonie avec les Évangiles (Matth. 6, 19-20 et Luc. 16, 9), où l'on trouve la très connue parabole du chameau : « Je vous le dis encore, il est plus facile à un chameau de passer par le trou d'une aiguille qu'à un riche d'entrer dans le royaume de Dieu. »

En principe, à partir de cette parabole évangélique, il ne devrait pas y avoir de place pour les riches au sein de l'Église. Mais, au troisième siècle, des auteurs comme Tertullien témoignent que les riches étaient bien représentés dans les communautés chrétiennes nord-africaines[3]. Comme on le retrouve dans les textes de Cyprien que nous venons de présenter, les évêques nord-africains ont dû faire de sérieux efforts théologiques pour justifier l'appartenance des riches à leurs communautés. Mais le premier qui a entrepris cette tâche n'a pas été Cyprien, mais Clément d'Alexandrie, véritable idéologue de la conciliation de cet apparent oxymore : « riche » et « chrétien »[4]. L'idée principale qui sous-tend son argumentation était celle de la « richesse utile », c'est-à-dire au service des pauvres, bien résumée dans le passage suivant (Clem., *Quis diues saluetur* 19, 6 et 32, 1) :

> Ainsi, tu vends bien ta fortune, qui est en grande partie superflue et te ferme la porte des cieux, en l'échangeant contre ce qui peut te sauver. Qu'elle aide à ceux qui sont matériellement pauvres et qui en ont besoin, mais toi, qui la remplaces par la richesse spirituelle, tu peux dès maintenant avoir un trésor aux cieux [...]. Commerce magnifique ! Marché divin ! L'immortalité s'achète à prix d'argent, et le don des biens périssables de ce monde fait obtenir en échange une demeure éternelle dans les cieux.

Au IVe et Ve siècles, les appels à l'aumône des riches vont continuer et on pourrait donc dire que l'Église africaine attend des riches plus qu'elle

---

[3] Tertullien reproche la cupidité des chrétiens carthaginois : Tertullien, *Ad nationes* 1, 5 ; *De cultu feminarum* 2, 9, 4.

[4] P. C. Díaz Martínez, « Del rechazo de la riqueza a la aparición de un patrimonio monástico. Evolución doctrinal de la Iglesia primitiva », *Studia Historica : Historia Antigua*, 2-3, 1 (1984-1985), p. 215-224 ; E. Osborn, *Clement of Alexandria*, Cambridge, 2005 ; A. van den Hoek, « Widening the Eye of the Needle : Wealth and Poverty in the Works of Clement of Alexandria », dans *Wealth and Poverty in Early Church and Society*, Grand Rapids, 2008, p. 67-75 ; P. Mattei, *Le christianisme antique de Jésus à Constantin*, Paris, 2008, p. 215-217 ; V. Toneatto, *Les banquiers du Seigneur. Évêques et moines face à la richesse (IVe-début IXe siècle)*, Rennes, 2012, p. 57-62.

n'attend du reste des fidèles[5]. Mais ce n'est pas le cas dans les sermons d'Augustin, destinés à être lus devant un public large et divers, où les riches étaient peu représentés. Dans ses textes, tous les chrétiens sans exception sont encouragés à faire des aumônes, donc Augustin cherche à assister un plus grand nombre de *pauperes* que son rival donatiste à Hippone.

Dans le sermon 20 de la catéchèse de Vienne, les idées de Clément et de Cyprien ne sont pas tout à fait présentes, étant donné que l'auteur ne mentionne jamais les « trésors du ciel ». Il s'agit d'une question de miséricorde qui permet de gagner la louange divine, mais pas la salvation. Tout le sermon est une réflexion inspirée directement par le *Psaume* 40 (41), 2 : « Heureux celui qui se soucie du pauvre et de l'indigent, au jour du malheur, Dieu le libérera de ses ennemis » (*Beatus qui intellegit super egenum et pauperem, in die malo liberabit eum Dominus*). À mon avis, les deux passages les plus représentatifs sur les idées développées dans ce sermon sont les suivants (*Serm.* 20, 1 et 3) :

> L'esprit de Dieu, quand il loue ceux qui sont attentifs aux pauvres, adresse des reproches aux cœurs stériles et passifs. En effet, quand il honore le miséricordieux, il aiguillonne du même coup celui qui ne l'est pas.
>
> En effet, se soucier du pauvre et de l'indigent, c'est prévenir les prières de l'affamé en le nourrissant, c'est arrêter les pleurs de celui qui est nu en l'habillant, c'est devancer les gémissements de celui qui est dans le besoin en l'aidant. Voilà en effet la distinction que le Christ notre Seigneur a voulue entre nous et les païens, voilà la différence que le Sauveur lui-même a prescrite entre les siens et les autres : toi, tu comprends, lui, on le supplie, toi, tu es touché par ce que tu vois alors qu'à lui il faut des prières, toi, tu as pitié sans attendre, lui attend les pleurs et les gémissements pour faire étalage de sa pitié.

---

[5] R. Finn, *Almsgiving in the Later Roman Empire. Christian Promotion and Practice (313-450)*, Oxford, 2006. Concernant la définition de l'aumône comme *deposita pietatis* : R. Staats, « *Deposita pietatis* : die alte Kirche und ihr Geld », *Zeitschrift für katholische Theologie*, 76 (1979), p. 1-29 ; M. Mazza, « *Deposita pietatis*. Problemi dell'organizzazione economica in comunità cristiane tra II e III secolo », *Atti dell'Accademia Romanistica Costantiniana*, 9 (1993), p. 187-216 ; G. Barone-Adesi, « Dal dibattito cristiano sulla destinazione dei beni economici alla configurazione in termini di persona delle *uenerabiles domus* destinate *piis causis* », *Atti dell'Accademia Romanistica Costantiniana*, 9 (1993), p. 231-265.

À mon avis, l'auteur de ces sermons considère qu'on n'a besoin que du témoignage de la Bible pour encourager l'aumône. Et il s'agit d'une caractéristique propre de la théologie donatiste[6]. En outre, si le développement du sermon 53 suit, plus ou moins, les lignes générales du sermon 20, il va introduire plus tard la question des « trésors du ciel », mais sans citer Cyprien (*Serm.* 53, 2 et 4) :

> Et l'on ne pourra venir en aide à ces personnes qu'il faut soigner que par l'aumône. « Fais l'aumône dans le cœur du pauvre, est-il dit, et ses prières pour toi t'éloigneront de tout mal. » Il est en effet facilement soigné des blessures de ses péchés celui qui a pris soin des pauvres dans le besoin et qui a tiré l'homme de la maladie : c'est ainsi qu'il sentira la miséricorde celui qui fait preuve de pitié et qu'il la trouvera auprès de Dieu celui qui ne refuse pas à son prochain ses devoirs de pitié.
>
> Le patrimoine que rongent les mites, que dévorent les boutiques, qu'aliènent les chicanes terrestres et les disputes du forum, transmets-le au Christ, confie-le à Dieu pour en percevoir au ciel les intérêts.

Le devoir des riches était de donner, celui des évêques de dépenser[7]. Ainsi, cet encouragement de la charité a permis aux évêques de renforcer la capacité économique et sociale des communautés chrétiennes pré-constantiniennes[8]. C'est pourquoi Cyprien, pendant son exil lors de la persécution de Dèce, a recommandé à ses prêtres de ne pas négliger les tâches d'assistance aux pauvres (comme un *paterfamilias* par rapport à la grande famille chrétienne)[9]. De même, dans les *Constitutiones apostolorum*, la *cura pauperum* est l'une des obligations liées à la gestion

---

[6] M. A. TILLEY, *The Bible in Christian North Africa*.

[7] C'est pourquoi Cyprien invitait les laïcs africains à faire l'aumône par l'intermédiaire des évêques : Cyprien, *De opere et eleemosynis* 18 et 15. De même, Augustin d'Hippone rappelait que l'Église mettait sur la main des pauvres ce qu'elle avait reçu des riches (Aug., *Sermones* 107A). Voir aussi C. LEPELLEY, « Le patronat épiscopal aux IVe et Ve siècles : continuités et ruptures avec le patronat classique », dans *L'évêque dans la cité du IVe au Ve siècle. Image et autorité*, éd. É. REBILLARD et C. SOTINEL, Rome, 1998 (*CEFR*, 258), p. 17-33.

[8] Comme l'a souligné C. RAPP, « Charity and Piety as Episcopal and Imperial Virtues in Late Antiquity », dans *Charity and Giving in Monotheistic Religions*, éd. M. FRENKEL et Y. LEV, Berlin-New York, 2009, p. 75-87, ici p. 87 : « Charity becomes a means of exercising, strengthening and securing episcopal power similar to effect of imperial municifence. »

[9] Cyprien, *Epistulae* 5 ; 13 ; 39 et 79.

épiscopale, et là on peut lire que les évêques ont été institués par Dieu pour être de bons intendants, qui doivent rendre compte à Dieu de leur service[10].

En outre, il faut également tenir compte du fait qu'à partir du quatrième siècle, cette inquiétude épiscopale pour monopoliser les tâches d'assistance sociale – comme l'ont bien montré les études de Paul Veyne, Evelyne Patlagean, Christel Freu et Peter Brown[11] – est étroitement liée à l'apparition d'une nouvelle catégorie sociale, celle du *pauper*, mot qu'il serait plus exact de comprendre au sens de « miséreux », bien qu'il soit généralement traduit par « pauvre ». Le mot *pauper* non seulement incluait les « pauvres » *stricto sensu*, mais aussi une large partie de la masse plébéienne à différents degrés de précarité économique. Un exemple très intéressant de tout ça est le catalogue complet des activités d'assistance et des bénéficiaires que Lactance a rédigé dans ses *Institutions divines* : souci des défavorisés, hospitalité pour les humbles, maintien des affamés, libération des captifs, protection des orphelins et des veuves, soin pour les malades, sépulture des pèlerins et des indigents[12].

Ainsi, une fois que la *paupertas* ne définissait plus seulement une catégorie sociale, mais aussi un « état » décrété par la divinité chrétienne pour tester ses fidèles[13], le patrimoine ecclésiastique et, surtout, les ressources économiques des évêchés à travers la captation de l'aumône des fidèles pouvaient être justifiés comme « la propriété des pauvres ». Plus riche était l'Église, plus riches étaient ses pauvres,

---

[10] *Constitutiones apostolorum* 2, 24, 7.

[11] P. Veyne, *Le pain et le cirque. Sociologie historique d'un pluralisme politique*, Paris, 1976 ; E. Patlagean, *Pauvreté économique et pauvreté sociale à Byzance (4ᵉ-7ᵉ siècles)*, Paris, 1977, p. 9-72 ; P. Brown, *Poverty and Leadership in the Later Roman Empire*, Hannover-London, 2002 ; C. Freu, *Les figures du pauvre dans les sources italiennes de l'antiquité tardive*, Paris, 2007, en particulier p. 23-236. Voir aussi H. Pétré, *Caritas. Étude sur le vocabulaire latin de la charité chrétienne*, Louvain, 1948, en particulier, p. 25-348 ; S. R. Holman, *The Hungry are Dying : Beggars and Bishops in Roman Cappadocia*, New York, 2001 ; T. S. Miller, *The Orphans of Byzantium*, Washington, 2003.

[12] Lactance, *Diuinae institutiones* 6, 2.

[13] R. Villegas Marín, « *Diuersae sunt uocationes* : la experiencia personal de la salvación en algunos autores provenzales del siglo V y la oposición a la teología agustiniana de la gracia », dans *La vie des autres. Histoire, prosopographie, biographie dans l'Empire Romain*, éd. S. Benoist et C. Hoët-van Cauwenberghe, Villeneuve d'Ascq, 2013, p. 314-319.

comme l'écrit Augustin dans une lettre qui est un des textes les plus programmatiques de la dernière phase des écrits augustiniens dans la querelle anti-donatiste[14] :

> Ces biens ne sont pas à nous, mais aux pauvres, dont nous sommes en quelque sorte les administrateurs : nous ne pourrions pas, sans une usurpation condamnable, nous en attribuer la propriété.

2. Le soin des pauvres dans le conflit entre catholiques et donatistes pour la prééminence religieuse en Afrique du Nord

En ce qui concerne l'Afrique, le besoin d'argent représentait pour les évêques catholiques un moyen pour obtenir la prééminence religieuse dans ses communautés face à ses rivaux donatistes[15]. C'est dans ce sens que l'on pourrait interpréter l'inquiétude d'Augustin, se trouvant loin de son siège, lorsqu'il s'adresse à son clergé d'Hippone par le biais d'une lettre dans laquelle il les prie de ne pas négliger les pauvres d'Hippone pendant son absence[16]. À mon avis, Augustin – qui a fait des tâches d'assistance l'un des axes de son exercice épiscopal – était conscient de la manière dont, dans des lieux où donatistes et catholiques cohabitaient, le fait de négliger économiquement les défavorisés pouvait se traduire par un transfert massif à la foi la plus généreuse et constante dans ses actes de charité. Ainsi, dans le sermon 252, Augustin explique même comment les donatistes avaient promis l'aide matérielle à un catholique anonyme avec des problèmes économiques s'il se convertissait au donatisme, ce que le catholique avait fait[17]. Une autre des stratégies donatistes dénoncées par Augustin consistait à offrir aux familles catholiques un lien de parenté (c'est-à-dire une aide économique) si elles se convertissaient au schisme[18].

---

[14] Augustin, *Epistulae* 185, 9, 35. Voir G. BARONE-ADESI, « Il ruolo sociale dei patrimoni ecclesiastici nel Codice Teodosiano », *Bullettino dell'Istituto di Diritto romano « Vittorio Scialoja »*, 83 (1980), p. 221-245 ; P. BROWN, *À travers un trou d'aiguille*.

[15] Sur la richesse de l'Église africaine, cfr A. LEONE, « Clero, proprietà, cristianizzazione delle campagne nel Nord Africa tardoantico : *status quaestionis* », *Antiquité Tardive*, 14 (2006), p. 95-104.

[16] Augustin, *Epistulae* 122.

[17] Augustin, *Sermones* 252, 5.

[18] Augustin, *Sermones* 46, 15.

En ce qui concerne les donatistes, il est vrai que la *matricula pauperum* donatiste n'est pas attestée par les sources, mais nous pensons que son existence ne peut être mise en doute, car, comme chez les catholiques, la charité était une activité qui encourageait l'adhésion des classes populaires. En fait, les circoncellions pourraient peut-être être considérés comme l'élément constitutif, du moins au début, de cette *matricula pauperum* donatiste, à partir de laquelle les circoncellions seraient recrutés. Cela expliquerait non seulement l'extraordinaire adhésion des circoncellions vers le schisme, mais, surtout, donnerait un nouveau sens aux « orgies » qu'ils avaient l'habitude de réaliser selon Augustin et le témoignage des catholiques. Ces orgies, donc, ne seraient rien d'autre que les « agapes » par le moyen desquels chaque évêque donatiste fournissait de la nourriture aux pauvres en y intégrant la *matricula pauperum* de sa communauté, circoncellions inclus[19].

Même si Pétilien regrettait la pauvreté de l'Église donatiste[20], il y a beaucoup de témoignages indirects (littéraires et archéologiques) qui peuvent contester ses paroles. Si les dirigeants du schisme donatiste pouvaient subvenir aux besoins économiques de leurs pauvres, c'était parce qu'ils tiraient des revenus de leur patrimoine foncier et des aumônes des laïcs, car, comme les catholiques, ils avaient su stimuler le mécénat privé – le mécénat des empereurs était totalement hors de portée pour les évêques donatistes. Ainsi, les évêques appartenant au schisme ont bénéficié de l'apport économique de leurs adeptes ayant un niveau de vie confortable. Parmi les partisans du schisme, un sujet qui a été très étudié par Claude Lepelley[21], il y avait des personnalités remarquables appartenant aux classes urbaines socialement élevées et cultivées et qui revêtaient des hautes fonctions dans l'administration romaine nord-africaine, cas de Celer, dans les propriétés duquel une basilique donatiste fut construite[22]. Ce serait donc dans ce contexte

---

[19] L'étroite corrélation entre les circoncellions et les évêques donatistes, qui jouaient un rôle de patrons, a été déjà soulignée par Optat de Milève (*Contra Parmenianum Donatistam* 3, 4, 3-6).

[20] Augustin, *Contra litteras Petiliani* 2, 92, 202.

[21] C. LEPELLEY, « Les sénateurs donatistes », *Bulletin de la Société nationale des antiquaires de France*, 1990, p. 45-56. Voir aussi J. FERNÁNDEZ UBIÑA, « The Donatist Conflict as Seen by Constantine and the Bishops », dans *The Role of the Bishop in Late Antiquity : Conflict and Compromise*, éd. A. FEAR *et al.*, Londres, 2013, p. 43-44.

[22] Augustin, *Epistulae* 139, 2.

que l'on pourrait comprendre le témoignage de la lettre 46 d'Augustin, dans laquelle il déplore les conversions intéressées au schisme dans le but de rechercher un patronat utile.

Si Claude Lepelley a bien étudié les adeptes au schisme qui avaient un nom connu – et seulement eux –, j'ai pu ajouter à sa liste quelques autres témoignages sur les protecteurs du donatisme constitués par mentions indirectes à des personnages anonymes. Tel serait le cas : 1) des *maiores* qui ont collaboré avec Donat de Carthage à la création des basiliques non nécessaires[23] ; 2) le *laudabilis uir* chez qui le donatiste Maximien a dîné avant de subir le martyre en l'an 347[24] ; 3) les *laudatores tui* qu'Augustin mentionne dans sa polémique contre Maximinus, évêque donatiste, qui ne peuvent être que sympathisants d'une catégorie sociale pertinente, car sinon Augustin ne les aurait pas mentionnés[25] ; 4) les laïcs donatistes qui, selon Augustin, se laissent séduire par le mensonge de leurs évêques[26] ; et 5) les partisans de l'évêque Maximien, qui lui ont construit une basilique lorsqu'il a affronté Primien et s'est séparé du donatisme[27].

Les évêques schismatiques ont ainsi obtenu de leurs riches patrons des dons en argent et des donations de terres, le cas le plus connu étant le don de la très riche Lucilla aux évêques donatistes qu'elle favorisait[28]. Pour obtenir ces revenus, les prêtres donatistes et les catholiques avaient l'habitude de se rendre chez leurs riches paroissiens et leur adressaient des lettres pour les maintenir dans leur orbite et leur demander d'exercer leur influence au sein de leurs communautés[29]. Et c'est aussi l'esprit des sermons 20 et 20 B de la catéchèse de Vienne que je viens de commenter plus haut.

À mon avis, c'est dans ce contexte de recherche de patronage économique que l'on pourrait expliquer la présence du sermon 20 B dans le corpus de Vienne, caractérisé précisément par la nature diversifiée des thématiques choisies. Dès le début du sermon, il y a une chose qui frappe le lecteur, à savoir la mention des « hypocrites » : « Quand, dit le

---

[23] Optat, *Contra Parmenianum Donatistam* 2, 1.
[24] Macrobe, *Passio Isacis et Maximiani* 4, 21.
[25] Augustin, *Epistulae* 23, 2.
[26] Augustin, *Ad Donatistas post collationem* 1, 1.
[27] Augustin, *Contra Cresconium* 4, 47, 57.
[28] Optat, *Contra Parmenianum Donatistam* 1, 16, 1 ; 1, 18, 3 et 1, 19, 4.
[29] Augustin, *Epistulae* 33, 2.

Seigneur, tu fais miséricorde, ne le fais pas claironner devant toi comme font les hypocrites » (Matth. 6, 2). Si les communautés chrétiennes donatistes avaient une si étroite dépendance des aumônes pour le soin des pauvres, comment un évêque donatiste pourrait-il véritablement accuser ses patrons économiques d'« hypocrites » ? À mon avis, l'hypocrite pourrait être, selon l'avis d'un donatiste, celui qui fait l'aumône, mais dans le coté catholique, et d'une façon ostentatoire et pompeuse à seule fin de sauver son âme (conformément à la théologie augustinienne de la salvation par le moyen de l'aumône). Et l'insistance à faire l'aumône discrètement et en accord avec les instructions bibliques est liée de près, d'un coté, au rigorisme donatiste et, de l'autre, à son adhésion presque exclusive aux principes bibliques (*Serm.* 20 B, 4 et 8 ; puis 1-2) :

> Que soit une honte la fortune des riches, un déshonneur l'opulence des nantis. Dans l'Évangile, une veuve abandonna en présence du Seigneur tout ce qu'elle avait pour l'offrir à Dieu.
>
> Voilà, ô riche, ce qui t'alourdit, tu es alourdi et écrasé par le poids de ton patrimoine [...], toi qui méprises les ordres du Seigneur.
>
> Quand, dit le Seigneur, tu fais miséricorde, ne le fais pas claironner devant toi comme font les hypocrites. En vérité, je vous le dis, ils ont obtenu leur salaire. Vous, de votre côté, quand vous faites l'aumône, que votre main gauche ignore ce que fait votre main droite et votre Père qui voit dans le secret vous le rendra au grand jour. Celui qui a donné l'ordre de faire l'aumône y a mis des règles et a montré comment et dans quel esprit nous devions le faire. Tu veux servir ? obéis ; suivre les ordres ? exécute-les ; t'engager ? va jusqu'au bout. Qui agit autrement que Dieu le commande a le salaire de ce qu'il fait ; qui s'affranchit des règles de son maître ne satisfait que sa propre volonté. Ne pas suivre complètement les ordres, c'est non seulement ne pas les exécuter, mais ne satisfaire que sa propre volonté. Maintenant c'est à toi, chrétien, que je m'adresse, j'attends de toi le respect de tes engagements. C'est pour Dieu que tu pratiques l'aumône.

Par rapport à ce texte, je trouve aussi très intéressante la définition de la foi au début du *Sermon* 58, 1 : « Cette foi, les patriarches l'ont, les prophètes la connaissent, les apôtres la possèdent, les martyrs l'embrassent, les confesseurs l'ont en eux. » Il s'agit d'une définition de la foi un peu étrange et archaïque plus proche de l'idéologie donatiste que de la théologie catholique.

De tout cela, on comprend un peu mieux pourquoi les évêques catholiques – notamment Augustin – se sont approchés de riches donatistes dans le but de priver l'Église schismatique de leur patronat. Le meilleur exemple est constitué par les lettres 56 et 57, adressés par Augustin à Celer, éminent aristocrate africain et partisan du donatisme[30].

Et ce serait mon hypothèse pour expliquer ce corpus. Il pourrait s'agir d'un dossier standard de sermons donatistes adressé aux riches laïcs africains pour leur montrer la nature de la foi donatiste, spécialement dans un contexte, celui des premières années du ve siècle, quand Augustin et Aurélius de Carthage s'efforçaient de faire entrer le schisme donatiste dans la catégorie des hérésies. Le caractère érudit de la compilation et le ton cultivé des thématiques choisies permet de faire l'hypothèse que les destinataires de ces sermons étaient cultivés aussi et n'appartenaient pas à la *plebs* en général.

Pour tenter d'endiguer ce flux de dons pieux vers les évêques schismatiques, Augustin a cherché à invalider les *uestigia ecclesiae* qui semblaient construire des ponts entre les deux Églises (y compris la pratique de la charité), soulignant à l'intention des laïcs donatistes que leurs aumônes aux pauvres – contrairement à celles des catholiques – ne leur rapportaient pas le salut éternel[31]. En ce sens, le début du sermon 56 (*De odio*) de la catéchèse de Vienne me paraît très intéressant, car il semble répondre à l'argumentation augustinienne fondant dans les promesses du Christ les règles de la salvation (*Serm.* 56, 1) :

> Le Seigneur Christ, initiateur du salut, source de vie pour l'homme, vengeur du péché, maître de la justice, pour les siens qu'il a libérés par son sang, a instauré des règles, donné des avertissements, fixé des décrets sur ce qu'il veut ou ce qu'il ne veut pas, c'est-à-dire qu'il faut fuir le péché et respecter la justice. Il a voulu dans ses lois que le chrétien soit clairement édifié par la volonté du rédempteur, qu'il reçoive par son obéissance les récompenses promises et qu'il ne puisse pas recevoir autrement ce qui est promis que par l'accomplissement préalable de ce qui est prescrit.

---

[30] Augustin, *Epistulae* 57, 2.
[31] Augustin, *De baptismo* 4, 17, 24 ; *Sermo ad Caesariensis ecclesiae plebem* 3. Voir É. LAMIRANDE, *La situation ecclésiologique des Donatistes d'après saint Augustin. Contribution à l'histoire doctrinale de l'œcuménisme*, Ottawa, 1972, p. 21-50.

3. L'autofinancement de l'Église donatiste et sa dépendance au mécénat des laïcs

Il ressort de ces témoignages que la querelle entre catholiques et donatistes pour la prééminence économique dans les communautés nord-africaines, outre sa dimension théologique et politique[32], présentait également un aspect économique remarquable. Il faut tenir compte du fait que les aumônes des privés étaient beaucoup plus essentielles pour la survie des donatistes que pour celle des catholiques, car l'Église schismatique s'autofinançait et vivait sous la menace constante de la confiscation de ses patrimoines. Par contre, l'Église catholique comptait avec ses propres revenus, avec les donations des clercs et des particuliers, et avec les subventions offertes par l'État romain[33], dont l'Église donatiste était toujours exclue.

Le cas le plus connu du soutien impérial aux activités d'assistance de l'Église catholique africaine est celui de Constant Ier, qui, en l'an 347, a distribué une importante somme d'argent parmi les évêchés africains catholiques[34]. En outre, cet empereur a également émis une constitution, adressée au *comes per Africam*, ordonnant de distribuer parmi les familles pauvres une aide alimentaire que devaient fournir les greniers publics – sans doute en prenant pour base pour la distribution la *matricula pauperorum* de l'Église catholique de chaque localité[35].

Si les donatistes perdaient la protection des privés – ou si celle-ci devenait insuffisante –, ils risquaient d'endurer de graves difficultés financières. On comprend donc mieux que, dans le contexte d'une ville comme Hippone, qui, selon le témoignage d'Augustin, était dominée par les donatistes dans les premières années de son épiscopat, l'activité épistolaire augustinienne de cette époque a été adressée aux riches mécènes du donatisme. Ce sont ses lettres envoyées à Eusebius (*Epp.* 34-35), au groupe de Glorius (*Epp.* 43-44), à Séverin (*Ep.* 52), à Celer (*Epp.* 56-57) et à Naucelius (*Ep.* 70). C'est aussi pour cela que, lors de la Conférence à Carthage de 411, l'une des décisions du juge Marcellin a été prise dans le but d'affaiblir le soutien que les évêques donatistes

---

[32] B. D. Shaw, *Sacred violence*, p. 159-167.

[33] Cfr ce qu'écrit C. Corbo, Paupertas : *la legislazione tardoantica*, Naples, 2006, p. 158 : « L'imperatore delega la Chiesa, quest'ultima si affida in primo luogo all'*episcopus*, costui stabilisce, a sua volta, l'indirizzo pratico dell'azione caritativa. »

[34] Optat, *Contra Parmenianum Donatistam* 3, 3.

[35] *Codex Theodosianus* XI, 27, 2 (322).

recevaient de leurs patrons en ordonnant la confiscation des biens de tous ceux qui possédaient des bandes de circoncellions dans leurs propriétés et ne faisaient rien pour les combattre[36].

L'ampleur et la puissance du patrimoine économique que les riches donatistes ont transféré à leurs évêques peuvent être déduites, par exemple, des dénominations de certains évêchés donatistes. Ainsi, *Villa Regiensis*, le siège de l'évêque Candidus, mentionnée dans le *Contra Cresconium*, pourrait s'expliquer par le don par un laïc donatiste d'un *fundus* en entier dans lequel un évêché avait été créé pour garantir le culte donatiste à la communauté agricole locale. De même, dans la liste des évêques donatistes présents aux procès-verbaux de la Conférence de 411 figurent des dénominations relativement abondantes suggérant l'emplacement de quelques sièges épiscopaux schismatiques dans des propriétés rurales, par exemple : *Horrea, Horrea Caelia, Horrea Aniciensia, Turris Rutunda*. Pareillement, les noms *Arae* ou *Aras* semblent suggérer des évêchés dans des contextes ruraux (probablement liés à d'anciens lieux de culte païens christianisés par les donatistes).

On peut déduire de tout ce qui précède que le facteur économique était l'une des raisons qui ont permis d'élargir l'éventail des causes pour lesquelles les catholiques ont cherché avec zèle la condamnation du donatisme en tant qu'hérésie en l'an 405. Ainsi, une fois le donatisme qualifié d'hérésie, il fut possible d'étendre aux fidèles donatistes les restrictions économiques qui pesaient sur les hérétiques, principalement l'interdiction légale de tester[37], en rendant illégaux – et, donc, passibles de mise en accusation – tout type de legs laissés aux évêchés donatistes. Si les dons étaient plus difficiles à prouver ou à éviter, ce n'est pas le cas des testaments, qui constituaient une preuve documentaire du crime et pouvaient faire l'objet d'un appel. Cela fut le cas de l'évêque donatiste Augustin, cité dans les écrits augustiniens pour illustrer les ordonnances générales qui empêchaient les hérétiques de tester (*testatio actiua*) et de recevoir des dons (*testatio passiua*). L'évêque donatiste était devenu le bénéficiaire de l'héritage d'une riche dame donatiste, mais il fut contraint de restituer tous ses biens au frère de la dame, donc il avait fait appel aux empereurs[38]. Dans le sermon 47 (daté de 410), Augustin

---

[36] *Edictum cognitoris*, apud *Gesta conlationis Carthaginiensis habitae inter Catholicos et Donatistas* 3.

[37] *Codex Theodosianus* XVI, 6, 4 (405).

[38] Augustin, *Contra epistulam Parmeniani* I, 12, 19.

mentionne que, nonobstant, les donatistes cherchaient le concours des avocats pour les aider à contourner la loi[39].

4. Conclusion

De tout ce qui précède, nous pouvons conclure que les Églises catholique et donatiste de chaque site souhaitaient disposer d'un patrimoine solide et de sources de revenus régulières et importantes pour monopoliser la *cura pauperum* de leurs communautés, une activité transcendantale des évêques qui servait à stabiliser leur prééminence dans chaque communauté[40].

Dans un monde où l'apparence de richesse se traduisait dans une capacité d'intervenir sur la scène politique, ni l'Église donatiste ni l'Église catholique ne pouvaient se permettre d'être inférieures à la richesse de sa rivale. Comme l'a écrit Ambroise de Milan – un bon connaisseur des passions et des ambitions de ses concitoyens –, le comportement humain est si solidement fondé sur l'admiration de la richesse que, si une personne n'était pas riche, elle n'était pas considérée comme digne d'honneur[41]. Tout cela justifie également l'exposition de richesse ou la passion pour la splendeur et l'argent que les catholiques ont critiquée parmi les donatistes, mais que ceux-ci pratiquaient autant ou plus que leurs rivaux.

Les donatistes, comme les catholiques, ont organisé une exposition de richesse sans laquelle le monde antique ne concevait pas le pouvoir social et politique. Priver les évêques donatistes de leurs terres et de leurs bâtiments signifiait les annuler socialement et, en même temps, mettre en évidence la faiblesse de leurs dirigeants et le caractère criminel de la foi qu'ils professaient. Ne pas avoir de basiliques signifiait simplement ne pas exister. C'est dans ce sens que devrait être compris le dialogue tendu entre Privacien de *Vegesela* et Donat de *Cillium* lors de la Conférence de Carthage en l'an 411, quand ce dernier (évêque donatiste) a accusé son rival catholique d'avoir « effacé » les donatistes de

---

[39] Augustin, *Sermones* 47, 22.

[40] Cfr E. MAGNANI, « Almsgiving, *donatio pro anima* and Eucharistic Offering in the Early Middle Ages of Western Europe (4th-9th century) », dans *Charity and Giving in Monotheistic Religions*, éd. M. FRENKEL et Y. LEV, Berlin, de Gruyter, 2009, p. 112 : « Indeed, the service of caring for the poor helped to define the place of the Church in the Roman society and to control the clergy action. »

[41] Ambroise, *De officiis* 2, 26, 129.

Vegesela en leur enlevant leurs églises et leurs *martyria*[42]. Priver les évêques donatistes de leurs bâtiments et de leurs revenus les empêchait d'entreprendre efficacement la *cura pauperum* dans leurs communautés et transférait aux catholiques l'hégémonie sociale dont ils jouissaient dans de nombreux endroits en Afrique.

Afin d'assurer leur survie économique, les évêques donatistes ont cherché à attirer vers eux le mécénat des riches patrons. Pour combattre l'argumentation augustinienne sur les *uestigia ecclesiae* refusant le caractère salvateur des aumônes données par les hérétiques, les sermons de la catéchèse de Vienne 20, 20 B et 53 réaffirment les fondements bibliques qui la justifiaient. Ainsi, les évêques donatistes opposaient une argumentation en faveur de l'aumône offerte dans le schisme qui ne pouvait être contestée car elle était directement fondée sur les messages bibliques.

---

[42] *Gesta conlationis Carthaginiensis habitae inter Catholicos et Donatistas* 1, 133.

Conclusions générales

Jean MEYERS
(*Montpellier*)

Dans l'introduction, j'ai cherché à expliquer les raisons qui ont poussé le GRAA à entreprendre une nouvelle édition critique des 22 sermons Leroy dans l'espoir de pouvoir ainsi répondre aux nombreuses questions que pose encore à la recherche le manuscrit de Vienne. Les deux questions les plus importantes pour l'analyse de ces sermons sont évidemment celle de l'homogénéité du recueil et de son caractère donatiste. Quelles conclusions pouvons-nous tirer des études qui précèdent ? Avant de répondre à cette question, rappelons d'abord ici les acquis de chaque contribution.

Dans son article sur la langue des sermons, Étienne Wolff révèle un goût manifeste pour les métaphores, qui malheureusement ne sont guère originales. Elles parcourent la littérature philosophique (celle de Sénèque notamment) et la littérature chrétienne. Mais elles sont présentes ici avec une certaine insistance, surtout la métaphore du combat. Y a-t-il ou non ici une unité stylistique des 22 sermons ? Et si ce n'est pas le cas, la chose s'explique-t-elle par le fait que les sermons n'ont pas un seul auteur mais plusieurs ? C'est un point difficile à trancher selon É. Wolff d'autant qu'une comparaison entre des sermons de longueur assez différente est délicate. Il est possible aussi que ces sermons aient été retouchés, peut-être pour en faire une anthologie de sermons modèles : ainsi se comprendrait l'absence totale d'allusion à des réalités de la vie concrète. En tout cas, il semblerait que certains tics stylistiques comme le *tricolon*, omniprésents dans la première moitié des sermons, s'estompent ensuite au profit d'un rythme majoritairement binaire. Cela reste cependant une impression qui demanderait une analyse plus poussée.

Mickaël Ribreau, devant la faible présence de la première personne dans les sermons, se demande si cette caractéristique est liée à leur conservation : ont-ils été conservés dans leur intégralité ? Il pourrait peut-être s'agir d'un recueil de modèles de prédication, ce qui expliquerait la très faible trace d'éléments historiques, contextuels ainsi que l'absence de remarques personnelles ou individuelles liées au prédicateur, bref sa grande discrétion, si surprenante surtout si on le compare à Augustin, qui pourrait cependant être également une exception. L'évocation de l'instruction dans quelques sermons (11 ; 20B ; 28 ; 29 ; 50) ne suffit pas à déterminer avec certitude l'auditoire, et l'étude de l'énonciation et du vocabulaire de l'interpellation ne permet pas de confirmer l'hypothèse d'une catéchèse. Faut-il déduire de cette disparité énonciative l'existence de plusieurs prédicateurs, comme quelques critiques l'ont suggéré ? Sans être un argument décisif, l'absence d'un tour rhétorique si présent dans les autres sermons peut cependant aller dans le sens d'une diversité d'auteurs. On peut également se demander s'il ne peut pas s'agir de textes destinés à être appris et prononcés en particulier par des prêtres qui ne pourraient improviser eux-mêmes. Il s'agirait ainsi moins de la trace écrite d'une performance orale que de modèles écrits pour une performance orale ultérieure. Dans tous les cas, l'étude de l'énonciation ne permet pas de corroborer l'hypothèse selon laquelle ces inédits seraient des textes catéchétiques, pas plus qu'elle ne la contredit. On peut souligner cependant que les thèmes de l'instruction, de la *fides*, sont cependant limités à quelques sermons. Enfin, on relève des disparités rhétoriques entre les sermons, ce qui pourrait remettre en cause l'idée d'une collection uniforme, ou laisserait penser qu'il y a au moins deux prédicateurs différents parmi ces inédits.

Jean-Noël Michaud est surpris par l'extrême complexité dans la composition du sermon 13 sur Gédéon et par la grande subtilité dans sa pensée, ce qui semble bien suggérer, selon lui, qu'il ne s'agit pas d'un sermon, mais d'un texte de méditation fait pour la lecture individuelle. Il se demande aussi si cette sorte de muraille de verre qui sépare les justes des méchants dans le *De Gedeone* ne dénoterait pas l'origine donatiste du texte. Mais tout cela est dit d'une façon incroyablement elliptique, qui donne à penser qu'il s'agit de la contraction de plusieurs idées plutôt que d'un développement clairement construit. Selon lui, il est peu probable qu'une telle contraction puisse être de l'auteur même du sermon, ce qui l'amène à penser qu'elle est sans doute le résultat d'un travail d'abréviation du texte.

Après une analyse fouillée et très détaillée, Anne Fraïsse révèle entre le sermon 39 et d'autres sermons du recueil, en particulier le sermon 28, d'incontestables similitudes de thèmes, de raisonnements, de structures et de vocabulaire. Certes, ces ressemblances pourront ne pas sembler déterminantes en l'absence d'un ton polémique semblable à celui du sermon 39. Mais est-il si étonnant que la polémique donatiste ne s'exprime pas directement dans tous ces sermons et faut-il en faire un argument pour réfuter la thèse d'une catéchèse donatiste ? Vu la nature du conflit, les différences doctrinales étaient assez ténues sur la plupart des sujets et, se considérant comme les vrais chrétiens, les donatistes, dans leur propre Église du moins, et en dehors d'un dialogue ou d'un affrontement avec leurs adversaires, n'avaient pas de raison de bâtir tous leurs sermons sur la réfutation de la pensée adverse. C'est donc bien, malgré l'absence de polémique directe, en retrouvant les échos répétés de thèmes qui, si l'on en croit leurs adversaires, étaient chers aux donatistes, que l'on peut soutenir avec vraisemblance l'hypothèse de François-Joseph Leroy d'une catéchèse donatiste. Malheureusement, ces incontestables similitudes de thèmes, de raisonnements, de structures et de vocabulaire ne fonctionnent pas pour la totalité des 22 sermons.

Avec une argumentation implacable, Elena Zocca démontre que la dimension pélagienne doit être écartée tout comme l'interpolation du célèbre passage *Cave pelagianum errorem*. Rien dans l'analyse, en dehors du sermon 39, ne permet, selon elle, de créditer une origine donatiste du recueil. Si le prédicateur est donatiste, il a dû subir, comme elle le dit avec humour, « une lobotomie ». Nous ne trouvons en lui aucune indication qui nous ramène à une communauté concrète, à un milieu géographique ou à un univers culturel spécifique. Il semble étranger à tous les débats théologiques qui agitaient l'Église africaine, au point de donner l'impression de les ignorer totalement. Sa justice rétributive est tellement archaïque qu'il croit que la foi repousse les adversités et procure la prospérité.

S'il faut rejeter l'origine donatiste du recueil, ainsi que sa dimension pélagienne et son allusion à Pélage, nous n'avons plus aucun indice chronologique fiable pour le dater. Comme le souligne Philippe Blaudeau, l'effacement sûrement appliqué aux sermons complique sérieusement la tâche de l'historien, mais le texte des inédits laisse encore percer quelques indications utiles à leur mise en contexte et permet notamment de confirmer le moment le plus précoce d'énonciation de l'homélie 8 (vers 400-405). Il n'invalide ni ne garantit la thèse d'une origine donatiste, donc africaine. Seul un travail patient attaché à la lettre de chacune des soixante pièces permettra de vérifier la pertinence de la thèse de Leroy ou de la rejeter.

Dans son étude sur les propos de l'« Anonyme » concernant la chute d'Adam et ses séquelles sur la nature humaine, laquelle, dans son état actuel, est fragile et se trouve souillée avant de recevoir le baptême, tout en restant capable de se soumettre à Dieu, Raúl Villegas Marín souligne leur proximité avec la pensée d'auteurs tels qu'Arnobe de Sicca, Tertullien ou Cyprien, qui se sont exprimés en des termes similaires. On pourrait donc qualifier la théologie des sermons de « pré-augustinienne » – ou, plutôt, de « non-augustinienne ». Certes, l'insistance de l'« Anonyme » sur le thème de la soumission à la loi divine donne un air un peu « archaïque » à sa prédication. Il ne fait pas de doute que les réflexions concernant le libre arbitre de la descendance d'Adam, laquelle sera jugée par Dieu selon l'usage qu'elle aura fait de celui-ci, ou concernant l'identité essentielle entre loi révélée et loi naturelle – vivre en Chrétien, c'est vivre *secundum naturam* – ressemblent à ceux de Pélage et d'autres auteurs qualifiés de « Pélagiens ». Mais, de ces ressemblances, on ne peut pas conclure à l'influence de tel ou tel de ces auteurs sur notre recueil.

Dans sa contribution sur la *cura pauperum*, Carles Buenacasa Pérez met en évidence les résonances donatistes de quelques sermons. Il rappelle en effet qu'afin d'assurer leur survie économique, les évêques donatistes ont cherché à attirer vers eux le mécénat des riches patrons. Pour combattre l'argumentation augustinienne sur les *uestigia ecclesiae* refusant le caractère salvateur des aumônes données par les hérétiques, les donatistes rappelaient les fondements bibliques de celles-ci, comme le font précisément les sermons de Vienne 20, 20 B et 53, qui réaffirment les fondements bibliques de l'aumône sans publicité et dans la discrétion. Mais si ces trois sermons sont conformes à l'argumentation biblique des évêques donatistes en faveur de l'aumône offerte dans le schisme, ils ne sauraient bien sûr garantir à eux seuls le donatisme de l'ensemble du recueil.

Enfin, comme l'a montré ma présentation de la tradition manuscrite, il s'est produit, entre le VIe et le IXe siècle, un changement dans la transmission des sermons, que François Dolbeau a bien étudiée[1] : les modes de transmission antérieurs (sermons isolés ou par petits blocs,

---

[1] F. DOLBEAU, « La Transmission de la prédication antique de langue latine », dans *Preaching in the Patristic Era. Sermons, Preachers and Audiences in the Latin West*, éd. A. DUPONT *et al.*, Leyde-Boston, 2018, p. 31-58.

sermonnaires homogènes) continuent d'exister, mais d'autres types apparaissent (recueils hétérogènes, plus épais, subordonnés aux évolutions liturgiques), mais surtout la compétence rhétorique étant en recul, la notion d'auteur se perd et favorise le travail de compilateurs, qui simplifient souvent et recomposent les textes. Désormais, des recueils hétérogènes mêlent la production de plusieurs orateurs (nommés ou non), et ce sont eux qui « occupent le devant de la scène ». Ces recueils visaient à fournir le moyen à des prêtres peu cultivés de prêcher à partir de ces modèles mais aussi à procurer aux moines des lectures pour l'office de la nuit. Les sermons y sont donc souvent retouchés et tronqués. Or on avouera que les caractéristiques de ce nouveau mode de transmission pourraient bien expliquer plusieurs aspects de notre recueil : hétérogénéité due à plusieurs orateurs non nommés, simplification des sermons et recomposition, effacement des données personnelles et historiques.

Comme on le voit, les opinions sur certains points restent divergentes. Selon l'esprit des colloques organisés par le GRAA, nous n'avons pas cherché à imposer aux contributeurs un point de vue ou une approche unique. Chacun est resté libre de sa démarche et de ses opinions. Mais force est de reconnaître – et ce que j'écris ici n'engage bien sûr que moi – que la plupart des études qui précèdent tendent à montrer qu'il y a vraisemblablement au moins deux auteurs différents, malgré des affinités certaines de style et de pensée entre plusieurs sermons, et que le caractère donatiste de l'ensemble est une hypothèse qui doit être abandonnée, tout comme celle de sa dimension catéchétique. La plupart de ces sermons n'ont sans doute jamais été prononcés, mais ont plutôt été écrits ou en tout cas réécrits pour servir de modèle ou de lecture propice à la méditation. Seul le sermon 39 peut encore être regardé comme donatiste, même s'il n'est pas impossible non plus de donner un sens plus neutre aux *traditores* qu'il dénonce[2]. Le recueil de Vienne n'est donc pas un corpus tardo-antique d'origine donatiste : il s'agit selon toute vraisemblance d'un ensemble hétérogène, probablement confectionné au IXe siècle au prix de refontes et d'abréviations nombreuses, qui en compliquent considérablement l'analyse et l'interprétation. Mais l'origine africaine et la datation des différents sermons dans les premières années du Ve siècle ne semblent pas devoir être remises en cause.

[2] Cfr les remarques de P. Blaudeau, p. 378.

Pour résoudre définitivement – si c'est possible – tous les problèmes que pose encore le recueil de Vienne découvert par Leroy, il faudrait bien sûr une édition critique et une étude attentive et rigoureuse de tous les sermons pièce par pièce. C'est la tâche à laquelle travaille actuellement Marie Pauliat dans le cadre d'un post-doctorat à Leuven. Mais, dans l'attente de l'achèvement de ce travail, nous espérons avoir apporté dans ce volume une contribution utile aux futurs chercheurs en leur fournissant au moins quelques éclaircissements et quelques pistes de recherche sur certaines des questions les plus importantes.

Bibliographie générale

La bibliographie spécifique concernant les manuscrits des sermons n'est pas reprise ici.

ALEXANDER J. S., « Criteria for Discerning Donatist Sermons », dans *St Augustine and his Opponents Other Latin Writers. Papers presented at the Thirteenth International Conference on Patristic Studies held in Oxford 1999*, Louvain, 2001 (*Studia Patristica*, 38), p. 3-7.

BACH H., *Les ressources et les dépenses de l'Église de Carthage pendant la première moitié du troisième siècle*, Paris, 1881.

BARBERIS J.-M., « "Quand t'es super bobo..." La deuxième personne générique dans le français parisien des jeunes », *Congrès Mondial de Linguistique Française*, 2010, 19 p. (http://www.linguistiquefrancaise.org/articles/cmlf/pdf/2010/01/cmlf2010_000258.pdf).

BARDY G., *Saint Augustin, l'homme et l'œuvre*, Paris, 1940.

BARNES T., *Athanasius and Constantius. Theology and Politics in the Constantinian Empire*, Cambridge (Ms), Harvard University Press, 1993.

ID., *Constantine. Dynasty, Religion and Power in the Later Roman Empire*, Chichester, Wiley-Blackwell, 2011.

BARONE-ADESI G., « Dal dibattito cristiano sulla destinazione dei beni economici alla configurazione in termini di persona delle *uenerabiles domus* destinate *piis causis* », *Atti dell'Accademia Romanistica Costantiniana*, 9 (1993), p. 231-265.

BASS A. L., *Fifth-Century Donatist Catechesis : An Introduction to the Vienna Sermon Collection ÖNB m.lat. 4147*, Ph. D. diss., Saint Louis University, 2014.

ID., « An Example of Pelagian Exegesis in the Donatist Vienna Homilies (Ö.N.B. lat. 4147) », dans *The Uniquely African Controversy : Studies on Donatist Christianity, Proceedings of the International Donatist Studies Symposium*, éd. M. GAUMERT *et al.*, Louvain, 2014, p. 197-210.

ID., « Preaching in the Patristic Era », dans *A Handbook for Catholic Preaching*, éd. E. FOLEY, C. VINCIE, R. FRAGOMENI, J. WALLACE, Collegeville, 2016, p. 51-61.

ID., « Dissident Preaching in Africa : Inherently Violent ? », dans Praedicatio

Patrum. *Studies on Preaching in Late Antique North Africa*, éd. G. Partoens *et al.*, Turnhout, Brepols, 2017 (*IPM*, 75), p. 397-415.

Bogaert P.-M., « Les bibles d'Augustin », *Revue théologique de Louvain*, 37/4 (2006), p. 513-531.

Bonner A., *The Myth of Pelagianism*, Oxford, 2018.

Bonner G., *St. Augustine of Hippo. Life and Controversies*, Londres, 1963.

Bouhot J.-P., « La collection homilétique pseudo-chrysostomienne découverte par Dom Morin », *Revue d'études augustiniennes et patristiques*, 16 (1970), p. 139-146.

Id., « Les traductions latines de Jean Chrysostome du ve au xvie siècle », dans *Traductions et traducteurs au Moyen Âge, Colloques internationaux du CNRS, IRHT 26-28 mai 1986*, Paris, CNRS, 1989, p. 31-39.

Id., « Adaptations latines de l'homélie de Jean Chrysostome sur Pierre et Elie (CPG 4513) », *Revue bénédictine*, 112 (2002), p. 36-71.

Brown P., *Poverty and Leadership in the Later Roman Empire*, Hannover-Londres, 2002.

Id., *À travers un trou d'aiguille. La richesse, la chute de Rome et la formation du christianisme*, Trad. de l'anglais par B. Bonne, Paris, Les Belles Lettres, 2016 (éd. angl., 2012).

Buenacasa Pérez C., « La creación del patrimonio eclesiástico de las iglesias norteafricanas en época romana (siglos ii-v) : renovación de la visión tradicional », *Antigüedad y Cristianismo*, 21 (2004), p. 493-509.

Cameron A., « How to Read Heresiology », *Journal of Medieval and Early Modern Studies*, 33 (2003), p. 471-492.

Canetti L., « Christian Gift and Gift Exchange from Late Antiquity to the Early Middle Ages », dans *Gift Giving and the « Embedded » Economy in the Ancient World*, éd. F. Carlà et M. Gori, Heidelberg, 2014, p. 337-339.

Caruso G., *L'eredità dell'antropologia origeniana nei pelagiani e in Girolamo*, Rome, 2012.

Chambert-Protat P. *et al.* (éd.), *La controverse carolingienne sur la prédestination. Histoire, textes, manuscrits*, Turnhout, Brepols, 2018 (*Haut Moyen Âge*, 32).

Chisholm J. E., *The Pseudo-Augustinian Hypomnesticon against the Pelagians and Celestians*, vol. 1 : *Introduction*; vol. 2 : *Text edited from the Manuscripts*, Fribourg, Univ. Press, 1967 et 1980.

CORBO C., Paupertas : *la legislazione tardoantica*, Naples, 2006.

DAVID J.-M., « *Maiorum exempla sequi* : l'*exemplum* historique dans les discours judiciaires de Cicéron », *Mélanges de l'École française de Rome. Moyen-Age, Temps modernes*, 92, 1 (1980), p. 67-86.

ID., « Les enjeux de l'exemplarité à la fin de la République et au début du principat », dans *Valeurs et mémoire à Rome*, Strasbourg, 1996, p. 9-17.

DÍAZ MARTÍNEZ P. C., « Del rechazo de la riqueza a la aparición de un patrimonio monástico. Evolución doctrinal de la Iglesia primitiva », *Studia Historica : Historia Antigua*, 2-3, 1 (1984-1985), p. 215-224.

DOLBEAU F., « Sermons africains : critères de localisation et exemple des sermons pour l'Ascension », dans Praedicatio Patrum. *Studies on Preaching in Late Antique North Africa*, Turnhout, Brepols, 2017, p. 5-39.

ID., « La transmission de la prédication antique de langue latine », dans *Preaching in the latin Patristic Era : Sermons, Preachers, Audiences*, éd. A. DUPONT et al., Leyde, Brill, 2018, p. 31-58.

DROBNER H. R., *Neu identifizierte Textzeugen zu den Predigten Augustins*, Francfort-sur-le-Main, Peter Lang, 2013 (*Patrologia. Beiträge zum Studium der Kirchenväter*, 28).

DUNN G., « Cyprian's Care for the Poor : the Evidence of *De opere et eleemosynis* », *Studia patristica* (*Papers presented to the Fourteenth International Conference on Patristic Studies held in Oxford 2003*), 42 (2006), p. 363-368.

DUPONT A., Gratia *in Augustine's* Sermones ad Populum *during the Pelagian Controversy. Do Different Contexts Furnish Different Insights ?*, Leyde, 2012 (*Brill's Series in Church History*, 59).

ID., « Was There an *Africitas Theologica* ? Preliminary Inquiry into the Regional Specificity of the North African and Augustinian Theology of Original Sin and Grace (ca. 200-450 CE) », *Eirene*, 50 (2014), p. 317-332.

ID., « Original Sin in Tertullian and Cyprian : Conceptual Presence and Pre-Augustinian Content ? », *Revue d'études augustiniennes et patristiques*, 63 (2017), p. 1-29.

DUPONT A., VILLEGAS MARÍN R., MALAVASI G. et CHIRIATTI M. (éd.), Sancti viri, ut audio. *Theologies, Rhetorics, and Receptions of the Pelagian Controversy Reappraised*, Louvain, 2023 (*Bibliotheca Ephemeridum Theologicarum Lovaniensium*, 336).

FERNÁNDEZ UBIÑA J., « The Donatist Conflict as Seen by Constantine and the Bishops », dans *The Role of the Bishop in Late Antiquity : Conflict and Compromise*, éd. A. FEAR et al., Londres, 2013, p. 43-44.

Finn R., *Almsgiving in the Later Roman Empire. Christian Promotion and Practice (313-450)*, Oxford, 2006.

Freu C., *Les figures du pauvre dans les sources italiennes de l'antiquité tardive*, Paris, 2007.

Holman S. R., *The Hungry are Dying : Beggars and Bishops in Roman Cappadocia*, New York, 2001.

Jeanjean B., *Saint Jérôme et l'hérésie*, Paris, 1999.

Kessler A., *Reichtumskritik und Pelagianismus. Die pelagianische Diatribe* De diuitiis. *Situierung, Lesetext, Übersetzung, Kommentar*, Fribourg, 1999.

Kirika Losebe M., *Les vingt-huit homélies anonymes de la collection Escorial du Chrysostomus Latinus (P.L.S. 4). Étude philologique et édition critique*, Thèse inédite, Université de Lubumbashi, 2006-2007.

Kriegbaum B., *Kirche der Traditoren oder Kirche der Martyrer ? Die Vorgeschichte des Donatismus*, Innsbruck-Vienne, Tyrolia-Verlag, 1986 (*Innsbrucker Theologissche Studien*, 16).

Lamirande É., « La signification de *christianus* dans la théologie de saint Augustin et la tradition ancienne », *Revue d'Études Augustiniennes*, 9 (1963), p. 221-234.

Id., *La situation ecclésiologique des Donatistes d'après saint Augustin. Contribution à l'histoire doctrinale de l'œcuménisme*, Ottawa, 1972.

Lancel S., *Actes de la conference de Carthage en 411*, t. I, Paris, 1972 (*SCh*, 194).

Id., *Actes de la conférence de Carthage en 411*, t. IV : *Additamentum criticum, notice sur les sièges et les toponymes, notes complémentaires et index*, Paris, 1991 (*SCh*, 373).

Lassère J.-M., *Manuel d'épigraphie romaine*, Paris, Picard, 2005.

Leone A., « Clero, proprietà, cristianizzazione delle campagne nel Nord Africa tardoantico : *status quaestionis* », *Antiquité Tardive*, 14 (2006), p. 95-104.

Lepelley C., « Les sénateurs donatistes », *Bulletin de la Société nationale des antiquaires de France*, 1990, p. 45-56.

Id., « Le patronat épiscopal aux IVe et Ve siècles : continuités et ruptures avec le patronat classique », dans *L'évêque dans la cité du IVe au Ve siècle. Image et autorité*, éd. É. Rebillard et C. Sotinel, Rome, 1998 (*CEFR*, 258), p. 17-33.

Leroy F.-J., « Les sermons africains pseudo-augustiniens Caillau S. Y. I, 46 et Scorialensis 19 (Chrystostomus Latinus) sur l'épisode de Zachée (Lc 19) », *Wiener Studien*, 106 (1993), p. 215-222.

Id., « Vingt-deux homélies africaines nouvelles attribuables à l'un des anonymes du Chrysostome latin (*PLS* IV) », *Revue Bénédictine*, 104 (1994), p. 123-147.

Id., « L'homélie donatiste ignorée du Corpus Escorial (Chrysostomus Latinus, *PLS* IV, sermon 18) », *Revue Bénédictine*, 107 (1997), p. 250-262.

Id., « Les 22 inédits de la catéchèse de Vienne. Une édition provisoire », *Recherches Augustiniennes*, 31 (1999), p. 149-234.

Id., « Compléments et retouches à la 3ᵉ édition de la *Clavis Patrum Latinorum*. L'homilétique africaine masquée sous le *Chrysostomus latinus*, Sévérien de Céramussa et la catéchèse donatiste de Vienne », *Revue d'histoire ecclésiastique*, 99 (2004), p. 425-434.

Löhr W., *Pélage et le pélagianisme*, Paris, 2015.

Magnani E., « Almsgiving, *donatio pro anima* and Eucharistic Offering in the Early Middle Ages of Western Europe (4th-9th century) », dans *Charity and Giving in Monotheistic Religions*, éd. M. Frenkel et Y. Lev, Berlin, de Gruyter, 2009, p. 111-121.

Maier L., *Le dossier du Donatisme*, I : *Des origines à la mort de Constance II (303-361)*, Berlin, Akademie Verlag, 1987.

Id., *Le dossier du Donatisme*, II : *De Julien l'Apostat à saint Jean Damascène (361-750)*, Berlin, Akademie Verlag, 1989.

Mandouze A., *Prosopographie chrétienne du Bas-Empire*, 1 : *Prosopographie de l'Afrique Chrétienne (303-353)*, Paris, 1982.

Marone P., « I *Sermones* del *corpus* di Vienna ÖNB MS LAT. 4147 », *Ager Veleias*, 15.08 (2020) [www.veleia.it], 226 p.

Ead., *Donatism. Online Dynamic Bibliography. UPDATE 2023*, Sapienza Università di Roma, 2023 (en ligne sur Academia-edu), 373 p.

Mattei P., *Le christianisme antique de Jésus à Constantin*, Paris, 2008.

Mazza M., « *Deposita pietatis*. Problemi dell'organizzazione economica in comunità cristiane tra II e III secolo », *Atti dell'Accademia Romanistica Costantiniana*, 9 (1993), p. 187-216.

Meyers J., « Vingt-deux sermons donatistes du temps d'Augustin encore trop méconnus : les "inédits" de la catéchèse de Vienne révélés en 1994 par François-Joseph Leroy. À propos d'un nouveau projet du GRAA », *Commentaria classica*, 6 (2019 [suppl.]), p. 131-145 (repris dans *In ricorda di Sandro Leanza. Giornate di studio di Letteratura cristiana antica*, éd. M. A. Barbàra et M. R. Petringa, Messine, Sicania, 2019, p. 148-162).

MILLER T. S., *The orphans of Byzantium*, Washington, 2003.

OLIVAR A., *La predicación cristiana antigua*, Barcelone, 1991.

OSBORN E., *Clement of Alexandria*, Cambridge, 2005.

PATLAGEAN E., *Pauvreté économique et pauvreté sociale à Byzance (4ᵉ-7ᵉ siècles)*, Paris, 1977.

PELTTARI A., « Donatist Self-Identity and "The Church of The Truth" », *Augustinianum*, 49 (2009), 359-369.

PERRIN M.-Y., « *The Blast of the Ecclesiastical Trumpet* : prédication et controverse dans la crise pélagienne. Quelques observations », dans *Les controverses religieuses. Entre débats savants et mobilisations populaires (monde chrétien, Antiquité tardive-XVIIIᵉ siècle)*, éd. P. NAGY et al., Rouen, PURH, 2011, p. 17-31.

PÉTRÉ H., *Caritas. Étude sur le vocabulaire latin de la charité chrétienne*, Louvain, 1948.

PEZÉ W., *Le virus de l'erreur. La controverse carolingienne sur la double prédestination : essai d'histoire sociale*, Turnhout, Brepols, 2017 (*Haut Moyen Âge*, 26).

POIRIER M., « Charité individuelle et action sociale : réflexion sur l'emploi du mot *munus* dans le *De opere et eleemosynis* de Saint Cyprien », *Studia patristica* (*Papers Presented to the Sixth International Conference on Patristic Studies held in Oxford 1971*), 12/1 (1975), p. 254-260.

ID., « Dans l'atelier d'un évêque écrivain. Enquête sur la manière dont Cyprien de Carthage conduit sa pensée, compose et rédige son ouvrage, dans le *De opere et eleemosynis* », *Revue des Études Latines*, 71 (1993), p. 239-250.

RAPP C., « Charity and Piety as Episcopal and Imperial Virtues in Late Antiquity », dans *Charity and Giving in Monotheistic Religions*, éd. M. FRENKEL et Y. LEV, Berlin-New York, 2009, p. 75-87.

REES B. R., *Pelagius. A Reluctant Heretic*, Woodbridge, 1988.

RIBREAU M., « Des *Virtuoses et la multitude* de J.-M. Salamito à *Pélage et le pélagianisme* de W. Löhr. Augustin et la Controverse pélagienne. Bilan bibliographique et perspectives (2005-2015) », *Revue des études tardo-antiques*, 5 (2015-2016), p. 307-349.

ID., « Une écoute individuelle en contexte collectif. Étude de la seconde personne du pluriel et de la seconde personne du singulier dans quelques sermons d'Augustin », *Revue de l'histoire des religions*, 4 (2016), p. 505-532.

ID., « Sermon et diatribe, une fausse question ? Étude des dialogues dans les sermons d'Augustin », dans *La diatribe antique. Enquête sur les formes dialogiques du discours philosophique*, éd. J.-P. DE GORGIO et A.-M. FAVREAU-LINDER, Paris, 2019, p. 211-227.

ROUKEMA R., « The Good Samaritan in Ancient Christianity », *Vigiliae Christianae*, 58 (2004), p. 56-74.

SALAMITO J.-M., *Les virtuoses et la multitude. Aspects sociaux de la controverse entre Augustin et les pélagiens*, Grenoble, 2005.

SANCHIS D., « *Samaritanus ille*. L'exégèse augustinienne de la parabole du Bon Samaritain », *Recherches de science religieuse*, 49 (1961), p. 406-425.

SCHINDLER A., « Du nouveau sur les donatistes au temps de saint Augustin ? », dans *Augustinus Afer. Saint Augustin : africanité et universalité. Actes du colloque international Alger-Annaba, 1-7 avril 2001*, éd. P.-Y. FUX et al., Fribourg, 2003, p. 149-153.

SHAW B. D., *Sacred Violence. African Christians and Sectarian Hatred in the Age of Augustine*, Cambridge, Cambridge University Press, 2011.

STAATS R., « *Deposita pietatis* : die alte Kirche und ihr Geld », *Zeitschrift für katholische Theologie*, 76 (1979), p. 1-29.

TAMAS H. et DUPONT A., « Two Notes on Pre-Augustinian Discussions on Free Will and Human Sinfulness in North African Christian Literature », *Ephemerides Theologicae Lovanienses*, 92 (2016), p. 505-512.

THÉLAMON F., *Païens et chrétiens au IVe siècle. L'apport de l'Histoire ecclésiastique de Rufin d'Aquilée*, Paris, Institut d'Études augustiniennes, 1981.

TILLEY M. A., *Donatist Martyr Stories. The Church in Conflict in Roman North Africa*, Liverpool, 1996 (*Translated Texts for Historians*, 24).

EAD., *The Bible in Christian North Africa. The Donatist World*, Minneapolis, 1997.

EAD., « Donatist Sermons », dans *Preaching in the latin Patristic Era : Sermons, Preachers, Audiences*, éd. A. DUPONT et al., Leyde, 2018, p. 373-398.

TONEATTO V., *Les banquiers du Seigneur. Évêques et moines face à la richesse (IVe-début IXe siècle)*, Rennes, 2012.

VAN DEN HOEK A., « Widening the Eye of the Needle : Wealth and Poverty in the Works of Clement of Alexandria », dans *Wealth and Poverty in Early Church and Society*, Grand Rapids, 2008, p. 67-75.

VANSPAUWEN A. et DUPONT A., « The Doctrine of Original Sin Amongst Augustine's African Contemporaries. The Case of Evodius of Uzalis' *De Fide Contra Manichaeos* », *Zeitschrift für Antikes Christentum / Journal of Ancient Christianity*, 21 (2017), p. 459-471.

Veyne P., *Le pain et le cirque. Sociologie historique d'un pluralisme politique*, Paris, 1976.

Villegas Marín R., « *Diuersae sunt uocationes* : la experiencia personal de la salvación en algunos autores provenzales del siglo V y la oposición a la teología agustiniana de la gracia », dans *La vie des autres. Histoire, prosopographie, biographie dans l'Empire Romain*, éd. S. Benoist et C. Hoët-van Cauwenberghe, Villeneuve d'Ascq, 2013, p. 314-319.

Id., « Jerome's Contribution to the Making of the Pelagian Heresy », dans Hieronymus noster. *International Symposium on the 1600th Anniversary of Jerome's Death* (sous presse).

Voicu S. J., « Latin Translations of Greek Homilies », dans *Preaching in the Patristic Era : Sermons, Preachers and Audiences in the Latin West*, Leyde-Boston, Brill, 2018, p. 294-326.

Vollenweider S., « Paul entre exégèse et histoire de la réception », dans *Paul, une théologie en construction*, éd. A. Dettwiler, J.-D. Kaestli et D. Marguert, Genève, 2004, p. 441-459.

Wenk W., *Zur Sammlung der 38 Homilien des Chrysostomus Latinus (mit Edition der Nr. 6, 8, 27, 32 und 33)*, Vienne, 1988 (*Wiener Studien Beiheft*, 10).

Wilmart A., « La collection des 38 homélies latines de S. Jean Chrysostome », *Journal of Theological Studies*, 19 (1918), p. 305-327.

Zocca E., « L'identità cristiana nel dibattito fra Cattolici e Donatisti », *Annali di Storia dell'esegesi*, 21/1 (2004), p. 109-130.

Ead., « La voce della dissidenza : omiletica donatista fra testo, contesto e metatesto », *Auctores Nostri*, 14 (2014), p. 337-354.

Ead., « L'identità cristiana nell'omiletica donatista », dans *I conflitti religiosi nella scena pubblica* I. *Agostino a confronto con manichei e donatisti*, éd. L. Alici, Rome, Città Nuova, 2015, p. 275-296.

Ead., « Tertullien et le donatisme : quelques remarques », dans Tertullianus Afer. *Tertullien et la littérature chrétienne d'Afrique*, éd. S. Fialon et J. Lagouanère, Turnhout, Brepols, 2015 (*Instrumenta patristica et mediaevalia*, 70), p. 63-104.

Ead., « Retorica della violenza e violenza della retorica nella letteratura donatista », dans *Cristianesimo e violenza. Gli autori cristiani di fronte a testi biblici « scomodi ». XLIV Incontro di Studiosi dell'Antichità Cristiana (Roma, 5-7 maggio 2016)*, Rome, Institutum Patristicum Augustinianum, 2018, p. 305-321.

Zumkeller A., « Eph. 5, 27 im Verständnis Augustins und seiner donatistischen und pelagianischen Gegner », *Augustinianum*, 16 (1976), p. 457-474.

INDICES

Index nominum antiquorum

Abel : 67, 107, 109, 245, 341, 365
Abdenago : 183
Abraham : 205-213, 259, 261, 361
Adam : 105, 107, 121, 125, 165, 209, 221, 245, 316, 352, 369, 391, 396-399, 404, 426
Alaric : 391
Agar : 213
Amalech : 79, 83, 85, 316, 320-321, 324-325
Ambroise : 57, 283, 381, 420
Amorrhéens : 71, 73, 75, 85, 315-316
Anna : 275, 277
Antioche : 382
Apulée : 141
Arabes : 213
Arae : 419
Aras : 419
Arbogast : 383
Ariens : 375
Arnobe : 283, 404, 426
Arsénius : 382
Ashdod : 71
Athanase d'Alexandrie : 382
Augustin : 17, 23, 28, 38-39, 42, 102-103, 109, 115, 141, 211, 283, 289, 305, 306, 313, 362, 366, 367, 377, 391-394, 397-398, 402, 404-405, 413-414, 417-419, 412, 421, 426
Aurélius de Carthage : 417
Ausone : 283

Baal : 135
Babylone : 22, 187, 336, 380

Caïn : 107, 109, 125, 165, 245, 339, 341, 359, 397

Candidus [évêque] : 419
Carthage : 22-23, 336, 391, 408
Castors (temple des) : 383
Caton l'Ancien : 380
Celer : 414, 417
Celestius : 392
Césaire d'Arles : 39, 281
Chaldéens : 185, 187
Chromace : 384
Chrysostome (Ps.) : 18-20, 25, 33-34, 349
Cicéron : 141, 145, 283
Circoncellions : 414, 419
Claude de Turin : 38
Clément d'Alexandrie : 409
Constant Ier : 418
Constantin : 147, 382
Corneille (le centurion) : 137, 139, 317
Cyprien : 57, 211, 283, 404, 408-409, 411, 426

David : 119, 207, 245, 273, 379
Dèce : 383, 411
Domitien : 382
Donat : 336, 415
Donat de Cilium : 420
Dracontius : 283

Égypte : 20, 53, 57, 59, 67, 211, 336, 381, 386
Égyptiens : 67, 85, 316
Élie : 22, 135, 259
Élisée : 63, 379, 381
Énoch : 67, 403
Ésaü : 245
Eugène : 383

Eusebius : 418
Ève : 397
Ézéchias : 273, 277
Ézéchiel : 381

Flavius Dalmatius : 382
Florus de Lyon : 38-39
Fulgence de Ruspe : 17, 281, 283, 351, 354, 376
Fulgence le Mythographe : 283
Fulgence (Ps.-) : 40, 351, 398

Gaudence de Brescia : 298, 365-366
Gédéon : 79-89, 319-327, 424
Glorius : 418
Goliath : 379
Gomorrhe : 179, 295
Goths : 391
Guéhazim : 379

Habacuc : 19, 189
Hébreux : 61, 75, 89, 187, 380
Hérode Antipas : 380
Hippone : 289, 391, 410, 411, 413, 418
Honorius : 22, 382-383
Horrea : 419
Horrea Caelia : 419
Horrea Aniciensia : 419

Isaac : 209, 211, 213
Isaïe : 163, 173
Ismaël : 213
Israël : 163, 211, 263
Israélites : 20, 67

Jacob : 47, 173, 245
Jean (l'apôtre) : 241
Jean (le Baptiste) : 380
Jéricho : 63, 69, 73, 315
Jésus [fils de Nave] : 63
Job : 91-101, 286, 301, 337, 379
Jonas : 181

Joppé (Jaffa) : 137
Joseph [fils de Jacob] : 47-59, 245, 300-301, 381, 385-386
Joseph [époux de Marie] : 47
Jourdain : 69, 73, 292, 314-315
Judée : 261
Juifs : 63, 133, 213, 247, 403
Julien d'Éclane : 283, 351

Laban : 245
Lactance : 412
Lamech : 245
Léon le Grand : 281
Licinius : 407
Loth : 167, 179, 221, 369
Lucilla : 415

Macchabées : 65
Madian : 79, 83, 320-321, 324-326
Marcellin : 418
Marie [Vierge] : 47
Maximien [évêque] : 415
Maximien [martyr donatiste] : 415
Maximinus [évêque donatiste] : 415
Milan : 381, 407, 420
Misach : 183

Naaman : 379
Nabuchodonosor : 183, 380
Naucelius : 418
Nave : 63
Nicomaque Flavien : 383
Ninive : 181
Ninivites : 110-113, 167, 287
Noé : 67, 109, 111, 167, 403

Optat de Milève : 342, 414
Orient : 382, 391

Paraclet : 377
Paul (saint) : 19, 141, 149, 211, 215, 217, 223, 253, 286-287, 362, 364, 404

INDEX NOMINUM ANTIQUORUM

Pélage : 29, 364, 391-392, 401-403, 425-426
Pétilien : 355, 365-367, 377, 414
Pharaon : 49, 55, 57, 67, 85, 301, 316, 379, 380
Philon d'Alexandrie : 49
Pierre Chrysologue : 298
Potiphar : 49, 299-301
Primien : 415
Privacien de Vegesela : 420

Quodvultdeus : 281, 354

Rome : 391
Rivière Froide (bataille de) : 383
Rouge (mer) : 67
Rufin : 283, 384

Salomon : 141, 145, 259, 309
Samaritain : 397
Saül : 245
Sedrach : 183
Sénèque : 141, 288, 423
Séverin : 418

Simon (Pierre) : 137
Simon (le Corroyeur) : 137
Sodome : 20, 22, 167, 179, 181, 209, 295, 336
Sodomites : 67
Stilichon : 382
Symmaque : 382

Tertullien : 57, 87, 159, 284, 403-404, 409, 426
Théodore : 382
Tobie : 135
Turris Rutunda : 419
Tyconius : 57, 362-363, 366-367

Vaison [concile de] : 36
Valérien : 383-384
Valentinien Ier : 384
Vegesela : 420-421
Villa Regiensis : 419

Zénon : 283

Index locorum sacrae Scripturae

Genesis
1, 28 : 116
3, 9 : 104
4, 2-12 : 106
4, 4 : 108
4, 23-24 : 245
6-7 : 108
6, 13-7, 21 : 66
7, 1 : 166
12, 1 : 206
13, 16 : 211
15 : 208
15, 1-7 : 204
15, 2-6 : 208, 211
18, 20-21 : 178, 209, 295
18-21 : 208-209
19, 12 : 166
19, 24 : 66
21, 10 : 212, 213
39, 17-18 : 46
39, 19-20 : 46
40, 4 : 48
40, 5-40 : 49
41 : 49
41, 1 : 50
41, 33-34 : 50
41, 55 : 54
42-45 : 49
45, 4-5 : 58

Exodus
2, 20 : 64
20, 8 : 60
20, 11 : 60
36, 20-22 : 141

Leviticus
2, 12 : 137

Deuteronomium
5, 12 : 62
28, 59-60 : 66

Iosue
3, 14-17 : 68
6 : 63
6, 15-16 : 62
6, 20 : 68
22, 16 : 159
24, 18 : 70

Iudices
7, 16-22 : 78
17, 18 : 79

I-IV Reges
I, 5, 6 : 70
II, 6, 3-4 : 71
II, 6, 6 : 71
II, 6, 6-7 : 70
III, 17 : 135
III, 17, 1 : 260
III, 17, 4 : 22
III, 17, 9 : 134
III, 17, 15-16 : 260
III, 18, 38 : 258
III, 18, 45 : 258
IV, 4, 8-37 : 62-63
IV, 20, 1-6 : 272

Tobias
9-12 : 134

Iob
1, 8 : 90, 92
1, 10 : 90
1, 12 : 92
1, 14 : 94
1, 21 : 95
2, 7 : 96
2, 8 : 96
2, 9 : 96
2, 13 : 98
42, 10 : 100

Psalmi
4, 2 : 252
15, 1 : 206
23, 10 : 186
36, 7 : 248-249
40, 2 : 126, 310
45, 11 : 64, 309-310
46, 8 : 381
118, 1 : 102-103, 116, 357

Prouerbia
19, 17 : 138, 238
22, 22-23 : 143
24, 23 : 145
24, 23-24 : 144
28, 27 : 238

Sapientia
1, 1 : 140

Ecclesiastes
2, 1 : 158
2, 1-2 : 152, 154, 307
2, 15 : 258
15, 18 : 200
21, 1 : 266
21, 1-3 : 266
23, 28 : 276
28, 3-5 : 274
29, 15 : 234

35, 18 : 270
35, 21 : 270
44, 16-18 : 66

Isaias
1, 3 : 162
1, 19-20 : 399
2, 4 : 74
43, 25 : 19, 172-173
52, 5 : 141
52, 11 : 20
59, 13 : 159
66, 2 : 270

Ieremias
10, 10 : 200
31, 31-34 : 211
48, 10 : 198, 200

Ezra
6, 11 : 381
18, 32 : 379

Daniel
1, 8 : 22
3, 16-17 : 182
3, 17 : 258
3, 36 : 208
6, 22 : 208
14, 31 : 22

Ioel
2, 27 : 64

Ionas
1, 2 : 180
3 : 110
3, 1-4 : 180
3, 5 : 166, 369

Micha
4, 3 : 74

Habakuk
  3, 2 : 188

Zacharias
  7, 13 : 266

Macchabei
  2, 38-41 : 64

Euangelium secundum Mattheum
  5, 11 : 20
  5, 44 : 248
  5, 48 : 236, 248
  6, 2 : 416
  6, 2-5 : 132-133, 307
  6, 19-20 : 238-239, 409
  7, 2 : 142
  7, 15-16 : 20
  7, 15-20 : 331
  7, 16 : 337
  8, 6-8 : 262
  8, 10 : 262
  10, 26 : 176
  11, 28 : 196, 367
  12, 8 : 62
  12, 11-12 : 62
  12, 10-13 : 62
  19, 17 : 168, 370
  21, 22 : 266
  24, 48 : 236
  25, 3-4 : 200
  25, 34 : 252
  25, 28-29 : 236
  25, 40 : 238, 367
  25, 41 : 200, 252

Euangelium secundum Marcum
  2, 23 : 62
  2, 27-28 : 308
  2, 28 : 62
  3, 1-5 : 62
  3, 3-4 : 62, 308
  3, 14-15 : 293

  4, 22 : 176
  12, 41-44 : 134
  12, 44 : 136
  16, 17 : 226

Euangelium secundum Lucam
  6, 9 : 62
  6, 6-10 : 62
  6, 36 : 236
  8, 17 : 176
  10, 16 : 198
  10, 30-37 : 397
  15, 11-32 : 112, 115
  16, 9 : 409
  16, 11 : 234
  18, 10-14 : 268, 360

Euangelium secundum Iohannem
  3, 15 : 252
  5, 1-17 : 62
  5, 14 : 166, 232, 250
  7, 23 : 62-63
  8, 58 : 204
  9, 1-14 : 62
  14, 12 : 72, 358
  14, 15 : 200, 361
  18, 14 : 56

Actus apostolorum
  9, 36-42 : 137
  9, 42-10, 23 : 137
  10, 3-5 : 136
  10, 4 : 137
  16, 26 : 258

Ad Romanos
  1, 20 : 60
  2, 14-15 : 403
  2, 21-24 : 140-141, 362
  6, 4 : 252
  6, 23 : 252, 362
  8, 18 : 198, 362

Ad Corinthios I
 1, 9 : 256
 2 : 371-372
 2, 9 : 194, 362-363, 367
 6, 3 : 19, 222-223, 287, 367
 6, 5-6 : 148-149, 362
 9, 25 : 92
 11, 31 : 140, 362

Ad Corinthios II
 6, 16 : 21
 6, 17 : 20

Ad Ephesios
 3, 13 : 214, 287
 5, 27 : 392

Ad Philippenses
 2, 13 : 196, 362-364, 372
 2, 15 : 92, 362

Ad Hebraeos
 7-10 : 211
 8, 8-10 : 210
 11, 4-7 : 66

Epistula Iacobi
 2, 7 : 141

Epistula Petri II
 2, 2 : 141

Epistula Iohannis I
 3, 10 : 252-253
 3, 8 : 252
 3, 15 : 240, 252, 367

Index locorum auctorum

Actes de la conf. de Carthage
    1, 133 : 420-421
    3 : 418-419
    3, 258 : 22, 365

Ambroise
    De Ioseph 3, 11 : 57
    De off. 2, 26, 129 : 420
    In evang. Luc. 6, 8 : 381

Anonyme [donatiste ?], *Serm.* (entre [ ] le n° dans Escorial)
    1 [1] : 380, 396
    2 [4] : 379, 396, 398
    3 [2] : 379, 396, 399
    5 [3] : 379, 397
    8 : 306, 385, 425
    8, 1 : 301
    8, 2 : 300
    8, 3 : 300, 365, 385
    8, 4 : 301
    8, 6 : 301
    8, 8 : 300, 360
    8, 9 : 381
    8, 9-13 : 365
    8, 10 : 300
    8, 12 : 380, 381, 386
    8, 13 : 301
    9 : 351, 379, 380
    10, 4 : 295, 308
    10, 5 : 299, 309-310, 314
    11 : 305, 379, 424
    11, 1 : 357
    11, 2 : 357, 403
    11, 3 : 358, 379
    11, 4 : 314-315
    11, 5 : 292, 311
    11, 6 : 284
    11, 7 : 292, 365
    11, 8 : 293, 315
    11, 9 : 296, 299, 358
    11, 10 : 357
    11, 11 : 292, 362
    11, 11-12 : 317
    11, 12 : 294, 299, 304, 317
    12 : 360
    13 : 319-327, 337, 424
    13, 2 : 379
    13, 3 : 311, 315, 357, 358
    13, 7 : 316, 361, 362, 365
    13, 8 : 299
    14 : 306, 337, 357
    14, 1 : 301
    14, 2 : 301
    14, 3 : 301
    14, 4 : 301, 362, 365
    14, 5 : 301
    14, 6 : 301
    14, 7 : 292, 301
    14, 8 : 292, 379
    14, 9 : 284
    14, 10 : 365
    16 : 379, 398, 402
    16, 4 : 379-380
    17 : 39-40, 44, 337, 359, 365
    17, 1 : 195, 297, 299, 311, 312, 314, 340
    17, 2 : 340
    17, 3 : 299, 314, 338, 359, 365
    17, 3-5 : 357
    17, 4 : 282
    17, 5 : 341
    17, 6 : 311, 351-352

17, 8 : 297
18 : 337
18, 2 : 380
18, 3 : 379
18, 4 : 380
19 : 40, 44, 337, 359, 360
19, 1 : 312, 316, 357, 359, 362, 365
19, 2-3 : 341
19, 3 : 366, 380, 386
19, 4 : 292, 379
19, 6 : 360
19, 7 : 292-293, 297
19, 8 : 282
19, 9 : 397
19, 10 : 299, 317
20 : 365, 376, 407-421, 426
20, 1 : 310, 410
20, 2 : 317
20, 3 : 304, 410
20, 4 : 299, 304
20, 4-5 : 313
20, 5 : 299, 304, 311, 317
20 B : 305, 365, 376, 407-421, 424, 426
20 B, 1 : 365
20 B, 1-2 : 307, 416
20 B, 2 : 293, 299
20 B, 3 : 299, 304, 357
20 B, 4 : 416
20 B, 6 : 305
20 B, 8 : 293, 296, 298, 302, 310-311, 317, 416
21 [9] : 379
24 [12] : 381
25 [13] : 379
26 : 351
27 : 337, 346
27, 1 : 299, 302, 309, 314, 362
27, 2 : 380, 387
27, 3 : 299, 302, 366
27, 4 : 293, 362
27, 5 : 293, 338
27, 6 : 299, 362

28 : 40, 44, 305, 337, 341, 343, 346, 347, 424
28, 1 : 294-295, 315
28, 2 : 295, 299, 308, 317, 342-343, 344, 365
28, 3 : 343-344, 365, 379
28, 3-4 : 380, 387-388
28, 4 : 299, 313, 344
28, 5 : 297, 379, 397, 398, 399
28, 5-6 : 365
28, 6 : 299, 305, 315, 344
29 : 40, 44, 305, 337, 339, 346, 347, 351, 360, 368-371, 376, 424
29, 1 : 299, 302
29, 2 : 299, 302, 313, 314, 365, 379
29, 3 : 339, 357, 365
29, 4 : 338, 361
29, 5 : 297, 299, 311, 314, 365, 379
29, 6 : 297, 360, 397-398
30 [15] : 379, 399, 400, 403
31 : 41, 44, 337, 360, 365
31, 1 : 311, 340
31, 1-4 : 365
31, 2 : 311, 314, 365, 380, 388
31, 3 : 292, 311, 340, 359
31, 4 : 295, 357
31, 5 : 311, 379
31, 6 : 296, 340
32 [14] : 379, 380
33 : 380
34 : 337
34, 1 : 357
34, 2 : 283
34, 2-4 : 380
34, 3 : 285
34, 3-4 : 379
35, 1 : 297
35, 2 : 297, 299
35, 3 : 282
35, 6 : 299, 311, 313, 357, 365
37 : 365
38 [17] : 376, 379

39 [18] : 20-22, 27, 306, 329-347, 353-354, 365, 376, 377, 378, 393, 424, 425, 427
39 [18], 1 : 339
39 [18], 1-3 : 340
39 [18], 1-6 : 27
39 [18], 2-6 : 343
39 [18], 3-4 : 344
39 [18], 7-8 : 340, 380
39 [18], 9-10 : 340
39 [18], 18-20 : 20
39 [18], 20-21 : 338
39 [18], 23-25 : 338
39 [18], 28-29 : 338
39 [18], 31 : 339
39 [18], 31-34 : 342
39 [18], 32-33 : 340
39 [18], 34 : 343
39 [18], 35 : 378
39 [18], 34-36 : 21
39 [18], 36-38 : 338
39 [18], 37-46 : 338-339
39 [18], 54-57 : 20
39 [18], 57-61 : 338
39 [18], 63-72 : 21-22
39 [18], 64 : 378
39 [18], 67 : 378
39 [18], 69-70 : 339
39 [18], 75-76 : 338
39 [18], 77-78 : 340
39 [18], 79-82 : 338
39 [18], 84-85 : 338, 340
39 [18], 86-91 : 20-21
39 [18], 87-88 : 339
39 [18], 87-89 : 339
39 [18], 92-93 : 344
40 [19] : 380, 399, 400, 401
41 [20] : 379
42 [21] : 397
45 : 351, 380
45, 2 : 380
46 [24] : 379, 385

47 [28] : 379
48 : 23, 337, 398, 400
48, 1 : 299, 315, 359, 362, 367, 398
48, 2 : 28, 37-38, 297, 362-364, 367, 371-373, 400-402
48, 3 : 297, 299, 362
48, 4 : 311, 339
48, 4-5 : 365
48, 5 : 299, 361, 366
48, 6 : 299, 302, 313, 360, 365, 379
49 : 306
49, 1 : 293, 338, 361
49, 2 : 293, 361, 362
49, 4 : 293
49, 5 : 293
50 : 305, 337, 346, 347, 376, 424
50, 1 : 285
50, 1-3 : 286
50, 2 : 340
50, 3 : 296, 299, 314, 338, 344, 365
50, 3-4 : 339
50, 4 : 338
51 : 337, 365, 376
51, 1 : 367
51, 1-5 : 287
51, 2 : 293, 296, 299, 311
51, 3 : 293, 311, 365
51, 4 : 379
51, 5 : 293, 296, 297, 299, 360, 365, 379, 380, 388-389
52 : 402
53 : 42, 44, 351, 407-421, 426
53, 1 : 361, 365, 379
53, 1-2 : 287
53, 2 : 411
53, 2-3 : 310
53, 4 : 361, 367, 411
54 : 376
55 : 337, 365
55, 1 : 338, 365
55, 1-4 : 365
55, 2 : 299, 303

55, 3 : 339, 365
55, 4 : 292, 297, 299, 303, 313, 339, 365
55, 11 : 367
56 : 306, 337, 365
56, 1 : 360-361, 365, 417
56, 2 : 293, 361, 365, 389
56, 5 : 362
57 [26] : 379, 380, 397
58 : 337, 346
58, 1 : 305, 338, 362, 416
58, 2 : 367
58, 3 : 303, 305, 313, 357
58, 4 : 305
59 : 351
60 : 337
60, 1 : 311, 315, 379
60, 2 : 360
60, 3 : 360
60, 4-5 : 357
60, 6 : 291, 338

Athanase d'Alexandrie
Apol. c. arianos : 382

Augustin
Ad Don. post coll. 1, 1 : 415
C. Gaud. 1, 20, 22 : 365
Civ. 1, 16 : 211
Civ. 1, 16, 23 : 211
Civ. 22, 2, 1 : 364
C. Cresc. 4, 47, 57 : 415
C. Iul. 4, 3, 15 : 364
C. Iul. 4, 87 : 351
C. Parm. 1, 12, 19 : 419
C. Petil. 2 : 355
C. Petil. 2, 18 : 367
C. Petil. 2, 40 : 367
C. Petil. 2, 71, 159 : 365
C. Petil. 2, 89, 196 : 365
C. Petil. 2, 92, 202 : 414
C. Petil. 3, 16, 19 : 377
De bapt. 4, 17, 24 : 417
Epist. 23, 2 : 415
Epist. 33, 2 : 415
Epist. 34-35 : 418
Epist. 43-44 : 418
Epist. 46 : 415
Epist. 46, 15 : 413
Epist. 52 : 418
Epist. 56-57 : 417-418
Epist. 57, 2 : 417
Epist. 70 : 418
Epist. 122 : 413
Epist. 139, 2 : 414
Epist. 185, 9, 35 : 413
Epist. 186, 1, 3 : 364
Epist. 217, 1, 1 : 364
Epist. 252, 5 : 413
Gest. Pel. 12, 27 : 392
Gest. Pel. 22, 46 : 391
Grat. Christ. 1, 4, 5 : 364, 401
Grat. Christ. 1, 5, 6 : 364
Grat. Christ. 10, 11, 1 : 364
Perf. iust. 15, 35 : 392
Praed. sanct. 12, 24 : 38
Praed. sanct. 14, 27 : 404
Serm. 8 (Dolbeau) : 103
Serm. 31 : 39
Serm. 47, 22 : 419
Serm. 57 : 39
Serm. 107A : 411
Serm. 361, 19-20 : 109
Serm. de cap. euang. 2 : 109
Spir. et litt. 2, 2 : 364
Spir. et litt. 29, 50 : 364
Spir. et litt. 33, 57 : 364

Augustin (Ps.)
App. 56, col. 1851-1853 : 398, 402
Serm. 312 : 232

Cicéron
De off. 1, 146 : 283
Phil. 14, 33 : 145

Verr. 3, 98 : 145
Pro Cluent. 154 : 145
Pro Rab. 16 : 145

Claude de Turin
Tract. ad Eph. 1 : 38

Clément d'Alexandrie
Quis diues 19, 6 : 409
Quis diues 32, 1 : 409

Code Théodosien
XI, 27, 2 : 418
XVI, 5, 38 : 377
XVI, 5, 52 : 22
XVI, 6, 3 : 377
XVI, 6, 4 : 377, 419
XVI, 6, 5 : 377

Constitutiones apostolorum
2, 24, 7 : 412

Culex 260 : 65

Cyprien
Ad Quir. 1, 20 : 57
De unit. eccl. 26 : 408
De lapsis 6 : 408
De op. et eleem. 7 : 408
De op. et eleem. 15 : 411
De op. et eleem. 18 : 411
De op. et eleem. 20 : 408
Epist. 5 : 411
Epist. 13 : 411
Epist. 39 : 411
Epist. 59, 7 : 404
Epist. 63 : 211
Epist. 79 : 411
Serm. 53, 2 : 411
Serm. 53, 4 : 411

Florus de Lyon
Lib. de ten. uer. 1 : 38-39

Lib. adv. Ioan. 2, 4, 5 : 38
Lib. adv. Ioan. 2, 4, 8 : 38
Lib. de tribus epist. 1 : 38-39

Fulgence de Ruspe (Ps.)
Serm. 76 : 350

Grégoire le Grand
Hom. eu. 17, 10 : 75

Hilaire de Poitiers
Trin. 1, 9 : 211

Histoire Auguste
Vie des deux Valériens 6 : 383

Homère
Od. IX, 410-412 : 352

Horace
Sat. II, 8, 65 : 145

Hypomnesticon
III, 3 : 364

Jérôme
Epist. 36, 4 : 245

Lactance
Div. inst. 6, 2 : 412

Macrobe
Passio Is. et Max. 4, 21 : 415

Optat de Milève
C. Parm. 1, 16, 1 : 415
C. Parm. 1, 18, 3 : 415
C. Parm. 1, 19, 4 : 415
C. Parm. 2, 1 : 415
C. Parm. 3, 3 : 418
C. Parm. 3, 4, 3-6 : 414

Philon d'Alexandrie
De Ios. 85-87 : 49

Pindare
Pyth. III, 37-53 : 352

Plaute
As. 323 : 87

Rufin
Hist. eccl. IX, 6 : 384
Hist. eccl. XI, 10 : 384

Salluste
Cat. 20, 6 : 145

Sermo in natali ss. innocentium
1 : 365
3 : 365
5 : 365
6-7 : 365
10 : 365

Sulpice Sévère
Vita Martini 24, 5 : 99

Symmaque
Epist. IV, 29 : 382

Epist. V, 9 : 382
Epist. V, 45 : 382
Epist. VII, 58 : 382

Tertullien
An. 40, 1 : 209
An. 53 : 203
Ad nat. 1, 5 : 409
Adv. Iud. 2, 7 : 403
Adv. Iud. 10, 37 : 57
Adv. Marc. 2, 5 : 404
Adv. Marc. 5, 6 : 159
Apol. 6 : 159
Cor. 11 : 159
De cultu fem. 2, 9, 4 : 409
Res. 49 : 159
Scorp. 5 : 159

Tyconius
L. Reg. I : 367
L. Reg. V : 367
L. Reg. VI : 367